시가서 개론

시가서 개론
An Introduction to the Old Testament Poetic Books

초판 발행   1999년 2월
초판 제3쇄 2010년 3월
지은이   C. Hassell Bullock
옮긴이   임영섭
발행처   은성출판사
등록   1974년 12월 9일 제9-66호
ⓒ 1999년 은성출판사

주소   서울시 강동구 성내동 538-9
전화   070) 8274-4404
팩스   02) 477-4405
홈페이지   http://www.eunsungpub.co.kr
전자우편   esp4404@hotmail.com

출판 및 판매에 관한 모든 권한은 본 출판사가 소유하고 있습니다. 출판사의 사전 서면 허락없이 상업적인 목적으로 번역, 재제작, 인용, 촬영, 녹음 등을 할 수 없음을 알려드립니다.

Printed in Korea
ISBN: 89-7236-188-7 33230

Originally published in English under the title: An Introduction to the Old Testament Poetic Books by C. Hussell Bullock in 1997. All rights to this book, not specifically assigned herein, are reserved by the copyright owner. All non-English rights are contracted exclusively through Moody Press, U. S. A.

AN
INTRODUCTION
TO THE
OLD TESTAMENT
POETIC BOOKS

REVISED AND EXTENDED

by
C. Hassel Bullock

translated by
Y. S. IM

시가서 개론

C. 헤슬 벌럭 지음
임영섭 옮김

목차

초판서문/ 9
개정판 서문/ 13
제1장 서론/ 15
제2장 지혜신학/ 69
제3장 욥기/ 95
제4장 시편/ 171
제5장 잠언/ 228
제6장 전도서/ 277
제7장 아가서/ 328
참고 문헌/ 376

초판 서문

교사와 학생의 관계는 다른 관계들과 아주 달라서, 상호 간에 보완해주는 역할을 한다. 전도자는 이에 대해 지혜자의 말씀은 "찌르는 채찍" 같고, 회중의 스승의 말씀은 "잘 박힌 못"과 같다(전 12:11)고 적절히 묘사하고 있다. 학생들의 의식에 파고 들어가 그들의 정신세계를 비집어 여는 지혜로운 교사가 있다면, 그것은 좀 더 안정되고 생산적인 삶을 이루고자 하는 관심 때문일 것이다. 궁극적으로 개인이 안정될 때 안정된 사회가 이루어진다. 그러므로 지혜교사들은 사회의 최소 단위, 즉 각 개인에게서 시작해서 그들의 사고를 더 넓은 사회질서의 창으로 투영시키려 했다. "주를 경외함"에 의해 그 동기가 유발되고, 또 인간의 삶을 이해하고 이 세상과 조화되는 삶을 살고자 하는 소원에 이끌리어, 지혜자들은 마음을 다하고 성품을 다하여 각고의 노력을 기울였다.

고대 지혜학교에서 아름답게 구현된 교사와 학생간의 이 특별한 관계는 여기에 나타난 그 노력의 동기를 유발하고 또 그 노력을 진척시켰다. 나도 지혜교사들의 그 동기와 추진력을 갖고자 하는 마음으로 다섯 권의 시가서를—전문적인 의미에서는 이 다섯 권 중에서 단지 세 권만이(욥기, 잠언, 전도서) 지혜서로 불린다—소개하고 또 그 해석을 위한 지침을 제공하는 한 권의 책을 저술했다. 그러므로 나는 기본적인 개론적 문제들 외에 각각의 책에 대한 해석학적인 문제들을 다루는 데 몇 장을 할애했고, 또 그 책 자체에 대한 분석을 제공하여 그 자료를 통해 학생들을 인도하고자 했다. 이 책은 결코 각 책의 주석이나 광범위한 저작들을 대신하고자 한 것이 아니라, 독자들에게 성경과 그외 이차적인 문헌들에 대한 입문을 제공하기 위한 것이다. 더구나 이 책의 서론에는 성경의 자료를 그 문학적 배경에서 살펴보기 위하여 고대 근동의 유사문헌들에 대한 광범위한 논의가 담겨 있다. 만약 여기에 대해 방향이 서있지 않은 학생이라면 첫 장에서 난해함을 느낄 수도 있겠지만, 계속 연구해 가면서 점점 더 잘 이해하게 될 것이다.

  이 작업을 위해 많은 노력과 시간이 투여되었는데, 마지막 단계에서 내가 느끼는 것은 이 성과로 인해 많은 사람들이 내게 빚을 진 것이 아니라, 내가 나를 도와주고 격려해주고 수고를 아끼지 않은 많은 사람들에게 크게 빚진 자가 되었다는 것이다. 무엇보다도 이 작업을 지원하기 위해 내게 연구비를 제공해준 위튼 대학(Wheaton College) 동창회에 감사를 표한다. 또한 내 원고를 타자하느라 수고한 모든 사람들, 마리아, 필킨, 제인 말스턴, 케렌 메이슨, 그리고 쥬디 클로펜스타인에게 감사드린다. 깊은 관심을 가지고 원고 전체를 읽고 또 읽고, 체계화하고 타자를 쳐준 도나 코자르스키에게, 또한 조교로서 연구 작업과 검토를 함께 한 존 롤위츠, 브루스 셧, 그리고 켄 홀리에게 심심한 감사를 드린다. 또한 내 수업에 함께 하면서 나의 이해를 도와준 많은 학생, 비록 무명으로 남아 있지만 내 마음과 생각 속에 깊이 새겨져 있는 그들에게 감사를 빼놓을 수 없다.

  나의 귀여운 자녀들, 그들에게 멋진 아빠가 되지 못하고 일만 하고 있을 때 내 주변에서 놀곤 했던 스캇과 레베카에게 미안하다. 그리고 내 아내, 내가 가정과 집안 일을 잘 돌보지 못해도 깊은 사랑으로 그것을 견뎌낸 론다에게 사랑과 함께 이 책을 바친다. 끝으로 하나님 우리 주 예수 그리스도의 아버지에게 간구와 찬송의 말씀을 올린다.

> 내 눈을 열어서
> 주의 법의 기이한 것을 보게 하소서
> (시 119:18)

개정판 서문

지금까지 이 책의 초판을 사용해주신 모든 분들께 심심한 사의를 표한다. 배운다는 것은 점진적이게 마련이므로, 이 책이 출판되고 나서 여러 해 동안 이 책의 내용을 생각하고 또 생각하게 되었다. 처음 두 장만 제외하고는 기본적인 틀은 바꾸지 않았고 또 거기에 담겨 있는 기본적인 사상들은 변함이 없다. 하지만 계속해서 대학 강의실에서 여러 가지를 느끼고, 또 이 사회와 교회에 적극적으로 대처하면서 몇 가지 내용들을 더 예리하게 분석하려고 했다. 이 책을 통해 느끼게 되는 어떤 힘이 내 안에서 계속 자라고 있는데, 그 어느 때보다 내가 더 확신하는 바는 이 책을 계속 연구하면서 그것을 진지하게 현대의 삶에 적용하면 그 효과가 새롭게 나타날 것이라는 사실이다. 이 책의 목적이 주로 학문적인 데 있기는 하지만, 그것이야말로 바로 이 책이 목표하는 바이다. 제2장에서 다룬 지혜와 시편에 대한 나의 논의는 여기에 배인 신학을 현대의 삶에 적용하고자 하는 하나의 시도이다.

솔직히 어떤 문제들에 있어서는 내 사고가 충분히 성숙하지 못했기에 "이제 다 왔다"고 말할 수 없는 부분도 있다는 것을 인정해야 할 것 같다. 아가서가 바로 그런 경우임을 밝히는 데 주저하지 않겠다. 여기에서 나는 문자적 해석방법(풍자적 해석방법을 곁들여)을 취하였다. 그러나 나는 한편으로 이집트 연가들과 또 그것들이 아가서 연구에 끼치는 중대성을 고려하면서, 이 책이 정경화 과정에서 갖는 의미를 포함하여 이것이 이천 년동안 풍유적 해석 방법으로 읽혀져 왔다는 사실을 고려하여 풍유적 해석 방법에 대해서도 개인적인 입장을 취하였다.

책이란 결코 진정으로 완성될 수 없다고 생각한다. 이것이 내가 재판을 펴는 타당한 이유일 것이다. 탈무드를 연구한 사람들은 모든 단편들이 둘째 페이지에서부터 시작된다는 것을 알 것이다. 이 관습에 대한 전통적인 설명은, 이것이 처음부터 우리에게 아무도 그것을 다 알 수 없다는 것을 상기시키기 위한 것이라고 한다. 만약 미드라쉬 해석 방법이 여전히 유효하다면(그것이 없다면 얼마나 우리가 비참해질 것인가!), 오늘날 출판사들이 의례적으로 책 뒷부분에 빈 여백을 남겨 놓는 것은 물론 꼭 의도적인 것은 아니겠지만, 지식에는 끝이 없다는 것을 상기시키는 것이 아닐까 하는 제안을 해 본다. 아직도 배울 것이 많이 남아 있고 쓸 것도 많이 있다. 그 과정의 한 단계로서 이 재판을 내놓는다.

무디 출판사에 감사드리며, 특히 메슬스에게 감사드린다. 이 재판이 나오도록 허락해 주시고 격려해 주신 게리 크누스만과 데이나 고울드에게 감사드리며, 아울러 매우 친절하게 함께 수고해준 편집부 직원들에게도 감사드린다. 특별히 로버트 레이미 씨께서 이 재판을 꼼꼼하게 편집해 주셔서 많은 진전이 있었기에 감사드리는 바이다. 이 작업을 마칠 수 있도록 끝까지 나를 도와준 조교 밸러리 허지스 양에게도 감사드린다. 끝으로 진실한 친구요 전문 사서로서 내 연구를 도와주고 또 이 책에 필요한 도서목록을 모아 준 돈 패트릭씨에게 사의를 표한다.

그리고 하나님께 영광을!

1
서론

 이 책에서는 인류 역사상 가장 탁월한 문헌들 중의 일부이며, 모든 사람들의 심금을 울리는 가장 설득력있는 사상이 담겨 있는 구약 성경의 시가서들을 다룰 것이다. 시가서들은 역사에 중점을 둔 것은 아니다. 사실 시편을 제외하고는 상대적으로 시가서에 역사적인 언급들이 거의 없다. 시가서들이 역사적인 사건들을 반영하고 있는 것은 아니지만, 이것들은 분명히 역사적 정신과 공존한다. 히브리 신앙을 주변 나라들의 신앙과 구분하게 하고 또 범신론적이고 권력을 탐하는 그런 세상에서 신앙을 유지하게 하는 데 필수적인 사상들이 바로 시가서들이 고심하고 있는 문제들이다.
 이 시가서들은 모세 오경의 핵심적인 신학을 반영하고 있는데, 대체로 선지서들이 하는 것처럼 (예를 들면, "그러므로 여호와께서 가라사대"라는 식) 하나님의 말씀을 인간에게 직접적으로 전달하려고 하는 것이 아니라, 하나님의 명령 앞에서 야기되는 문제들을 다루고 있다. 부분적으로, 이 다섯 권(특히 욥기와 많은 시편) 안에 나타난 대변자들은 인간의 편에서 하나님께 대변하고 있어서, 보통 하나님 편에서 인간에게 선포하는 선지자들과 대조된다. 그렇지만 전도서의 경우는 하나님과 인간 사이의 대화라기보다는 인간들의 독백과 같은 형식을 띠고 있으며, 아가서의 경우는 인간 중심적인 경향이 짙게 나타난다.

또한 시가서에는 일종의 보편성이 나타나 있다. 이것은 시가서에서 다루어지고 있는 몇 가지 주제들, 즉 고난에 대한 문제, 죄로 부패된 양심, 인생의 허무함, 남녀간의 열정적인 사랑과 같은 주제들은 모든 나라와 인종을 망라하는 전 인류의 문제이기 때문이다. 이 책들의 저자들은 인간 내면 깊숙이 잠재한 문제들을, 때때로 겉으로 드러낼 용기가 없어 감추어둔 문제들을 다루고 있다.

그러므로 욥기와 전도서, 그리고 무수한 시편들의 과감한 정신은 시가서가 가지고 있는 또 다른 특징이다. 시가서 문학은 종종 도전적이고 회의주의적인 분위기를 지닌다. 그러면서 이것은 인간 존재에 깊이 뿌리박혀 있는 문제들을 언급한다. 이 책들은 인간에 대한 하나님의 생각보다는 하나님과 그 분의 응답에 대한 인간들의 생각에 중점을 두었다.

그런데 하나님의 성령이 인간의 노력 즉, 자신의 세상을 이해하려고 하는, 또한 하나님과의 관계에 대한 의미를 헤아리고자 하는 인간의 노력 위에 운행하신다. 지혜 문헌이 신학적으로 창조 사건에 집중하고 있는 것은 결코 우연이 아니다. 왜냐하면 인생의 의미를 찾다 보면 당연히 그 시작점으로 돌아가기 때문이다. 우리가 이제 연구할 시가서들이 개인적이고 사적인 속성을 가지고 있다는 것은, 각 개인들이 하나님께 중요하다는 사실이 구약 성경에 분명하게 나타나고 있다는 것을 입증한다. 하나님은 인류를 한 개인으로부터 시작하게 하셨다. 또한 그의 사랑은 집단에게 뿐만 아니라 개인들에게도 끊임없이 지속된다. 오경을 읽는 사람은 그 속에서 자기 자신에 대한 것이 아주 희미하게 나타나고 있다는 것을 알게 될 것이다. 역사서에서는 많은 사실들과 사건들로 인해 압도당할 것이고, 선지서를 읽을 때에는 자신들의 사회와 세상에 대한 깊은 확신과 관심이 간간이 있음을 보게 될 것이다. 하지만 시가서에서는 읽는 곳곳에서 자기 자신을 발견하게 될 것이다.

시가서

시가서로 알려진 다섯 권의 성경은 히브리 성경에서 "성문서" 즉, 케투빔이라고 일컬어지는 세번째 부분에 속한다.[1] 헬라어로는 이 부분을 하기오그라파(거룩한 문서들)라고 부른다. "시가서"라는 용어는 분명히 그 내용들이 시적인 특성을 가지고 있다는 것을 의미한다. 물론 전도서도 시가서에 포함되기는 하지만, 이것은 고도의 산문체 형식으로 되어 있고, 간간이 운율적인 기교가 나타나기도 한다(예 11:7-12:8).

중세 시대에 마소라 학자들은 욥기와 잠언, 그리고 시편에 특별한 시적(詩的) 액센트 체계를 붙임으로써 이 세 권을 따로 분류하였다. 이 세 권을 기억하기 좋게 "진리의 책"이라고도 부르는데, 그것은 이 책들의 히브리어 제목 첫 글자를 모으면 에메트(진리)가 되기 때문이다. 그 외 다섯 권 중에 다른 두 권, 즉 전도서와 아가서는 성문서 중에서도 특히 다섯 권의 메길롯("두루마리들")에 포함되었다. 그 다섯 권은 아가, 룻, 예레미야 애가, 전도서, 그리고 에

---

1) 히브리 성경은 다음과 같이 세 부분으로 구분된다.
   I. 율법서 (오경)
   II. 선지서
      A. 전선지서 (여호수아, 사사기, 사무엘서, 열왕기서)
      B. 후선지서 (이사야, 예레미야, 에스겔, 그리고 열 두 소선지서)
   III. 성문서

스더이다. 이와 같이 분류한 이유는 예전적 의식에 의한 것으로, 유대인들은 지금까지도 중요 절기마다 각 책들을 읽고 있다.

　메길롯의 다섯 권의 순서는 각 해당 절기의 순서에 따른 것으로, 아가(유월절), 룻(오순절), 예레미야 애가(두 성전의 함락을 추모하기 위한 아빕월 구일 금식일), 전도서(장막절), 그리고 에스더(부림절)의 순서로 배열되었다. 유월절을 기념하면서 아가서를 읽었다는 것은 이 책을 영적으로 해석하는 것이 고대 유대교의 규범이었다는 것을 암시한다. 즉, 아가서가 야훼와 이스라엘 사이의 사랑을 강조하고 있다는 것이다. 유월절은 이 특별한 관계를 의식화하여 기념한 것이므로 아가서가 적절했던 것 같다. 그런데 장막절에 전도서를 읽는다는 것은 어쩐지 이 절기의 즐거운 분위기와 맞지 않는 것처럼 보인다. 이 점에 대해서 빅터 라이첼트(Victor Reichert)는 이렇게 말한다.

> 경건과 회의주의를 병행하는 것은 언뜻 보면 모순처럼 보이지만, 이것은 역설적인 유대주의 사고방식에서 나온 것 같다. 신앙과 이성은 마치 앞뒤에 기록한 고대 양피지의 양면과 같다. 회당장들이 전도서를 읽은 것은 아마도 유대인들이 장막절에 즐거워하라는 명령을 받을 때에도 '헛되고 헛되니 모든 것이 헛되도다'라는 우울한 후렴구를 반복함으로써, 중용을 잃지 않게 하려는 목적이 있었을 것이다. 어떤 경우에라도 유대적 사고방식은 즐거운 마음으로 세상에서의 책임을 감당해야 할 것을 강조한다. 그러기에 앞서 먼저 전도서를 접함으로써, 어느 정도 불행에 대비하는 것이 타당하다.[2]

　헬라어 칠십인역은 시가서를 역사서 다음에, 그리고 선지서 앞에 두었는데 그 순서는 시편, 잠언, 전도, 아가, 그리고 욥기이다. 라틴어 벌게이트 역본은 욥기를 제일 뒤에 두지 않고 맨 앞에 두었다. 영역 성경은 이 순서에 따랐다(한글 개역성경도 여기에 준함—역자

---

2) Victor E. Reichert and A. Cohen, "Ecclesiastes," *The Five Megilloth*, p. 105.

주). 이 순서는 시대적인 배경을 고려한 것이 분명하다. 욥은 족장 시대에 살았던 것으로 여겨졌고, 또 시편은 대부분 족장 시대보다 수백 년 뒤에 다윗이 지었다고 보기 때문에 욥기가 시편보다 앞에 놓였다. 나머지 세 권은 다윗의 아들 솔로몬과 관계가 있기 때문에 시편 뒤에 온 것이다. 그래서 잠언, 전도서, 그리고 아가는 솔로몬의 모음집으로 함께 묶여졌다.

이 책들을 연구하면서 염두에 두어야 할 것은 현재 성경의 순서가 반드시 신적 영감의 권위에 의해 정해진 것이 아니라는 사실이다. 신적 영감은 그 내용에만 제한된다. 그 순서는 여러 번역본들과 사본들이 증거하듯이 역사적인 전승에 따른 여러 편집자들의 작업 결과일 뿐이다.

다섯 권의 시가서 중에서 욥기, 잠언, 그리고 전도서 이 세 권은 구약에서 지혜 문헌으로 분류가 된다. 시편의 대부분과 아가의 경우는 엄밀하게 기술적인 의미에서의 "지혜" 문헌에 분류될 수는 없겠지만, 이것들은 분명히 지혜 문학과 유사한 점들을 가지고 있다. 앞으로 논의되겠지만, 몇몇의 시들은 지혜시로 분류되며, 아가서 역시 지혜 문헌들의 문학적인 양식 뿐만 아니라(예를 들면 노래), 지혜문학의 교훈적인 특성도 가지고 있다.

그러므로 이 다섯 권의 성경을 그 제목대로 "시가서"라고 함과 동시에 "지혜 문헌"이라고 해도 과언이 아니다. 실제로 이 자료들은 지혜의 범주에 해당한다. 그러므로 우리는 이 책들을 고대 이스라엘과 근동 지역의 지혜 문학의 흐름 속에서 이해하는 것이 좋을 것 같다.

개인적 원동력으로서의 지혜

성경의 지혜는 고대 이스라엘에서 하나의 원동력이었는데 여기에는 세 가지 차원, 즉 개인적, 우주적, 그리고 문학적 차원이 있다. 개인적 차원은 신학적이고도 실제적인 범주들로 특징지워진다. 우주적 차원은 최고의 신학적 범주들을 다루는 것으로서, 지혜를 하나님의 속성으로 설명한다. 문학적 차원은 지혜를 전달하는 수단으로서, 후세들을 위하여 지혜의 말씀과 교훈을 기록하는 것이다. 세 가지 차원에 따른 지혜의 특성에 대해 더 자세하게 살펴보기로 하자.

개인의 기술에서

구약에서 이 단어가 명사 "지혜"(호크마)로 쓰이는 경우와 형용사 "지혜로운"(하캄)으로 쓰이는 경우를 살펴보면, 이 단어가 실제적인 예술이나 기술을 가리키는 데 사용되었다는 것을 알 수 있다. 성막 건축자인 브살렐(출 35:30-36:1), 아론의 제사장 의복을 만든 장인들(출 28:3), 그리고 실을 잣는 여인들(출 35:25-26)과 같이 성막을 고안하고 건축했던 기술자들에 대하여 이 용어들이 사용되었다. 브살렐과 오홀리압의 경우 야훼께서 "지혜로운 마음(문자적으로는 마음의 호크마)을 그들에게 충만하게 하사 여러 가지 일을 하게 하시되 조각하는 일과 공교로운 일과 수놓는 일을 하게 하시고"(출 35:35)라고 했다. 이 용어들은 성막에 대한 기사 외에서도 다양하게 쓰이고 있다. 금장색(렘 10:9), 뱃사람(시 107:27; 겔 27:8), 곡하는 여인들(렘 9:17), 술객과 박사들(창 41:8; 사 44:25), 그리고 군사적인 책략가나 관원들(사 10:13; 29:14; 렘 49:7)의 특별한 기술을 묘사할 때에도 이 용어들이 사용되었다. 그리고 열왕기상 4:32에서는 이 용어가 음악적인 재능과도 밀접한 관계가 있는데, 이것은 잠언 뿐 아니라 노래도 역시 하나님께서 솔로몬에게 주신 지혜의 결과이기 때문이다.

개인의 철학에서

"지혜"와 "지혜로운"이라는 뜻으로 사용된 이상의 용례들이 지혜의 개인적 차원에 있어서 핵심적인 것은 아니다. 언어의 특성상 하나의 단어에 가지각색의 의미가 있을 수 있으며, 또한 위에 언급한 실례들은 다만 이 용어들이 전문적인 예술이나 기교에 대한 뜻으로 쓰인 경우들만 언급한 것뿐이고, 실제로 이 단어가 성경의 지혜 문학에서 쓰일 때, 그 지혜의 본질적 의미가 어떤 것인지는 아직 밝혀지지 않았다. 지혜 문헌의 자료들을 살펴보면 지혜는 개인적 삶의 원동력으로서, 사람으로 하여금 삶의 요소와 문제들을 받아들여 이를 분류하고 정돈하게 함으로써 이 모든 것들을 의미있게 종합할 수 있도록 돕는다. 이것의 범위는 아주 광범위해서 고난을 이해하려고 애쓰는 의인이나, 또는 태만함을 벗어나기 위해서 노력해야 할 게으른 사람에게 모두 필요하다. 잠언에서 주로 주제가 되고 있는 가정의 기본관계에 대한 예를 들어보자. 잠언은 한편으로 자녀에 대한 부모의 책임을 말하고(잠 13:22, 24; 22:6), 다른 한편으로는 부모에 대한 자녀의 책임을 이야기한다(1:8-9; 15:5). 또 가정은 상호 존중하는 부부관계로 든든해진다는 것을 권고하는가 하면(12:4; 19:14; 31:10-31), 간음이나 난잡한 성행위에 대해서 경고하기도 한다(5:1-14).

그런데 지혜가 미치는 범위는 가정 단위를 넘어서 개인적, 사회적 행동까지 규정함으로써, 건실하고 창의적인 사회를 만들 수 있게 한다. 자아 존중(10:17; 13:13), 유순한 말(10:19; 11:12), 그리고 정직(15:17; 16:11)과 같은 윤리적인 덕목들이 있으며, 참소(10:18; 19:5), 시기(23:17-18), 그리고 탐식(10:18; 19:5)과 같이 지혜의 규례대로 조정되야 할 악행들이 있다. 더 나아가 지혜는 백성들의 왕에 대한 관계(25:6-7), 왕이 백성에게 대해 가져야 할 태도(14:28; 25:4-5), 그리고 재판에서의 정의(24:23)까지도 포함한다. 이것들을 다 열거하려면 끝이 없을 것이다.

이 원리들과 규례들이 고대 이스라엘 백성들의 수평적인 삶의 지침이었다고 할 수 있는데, 다른 한편으로 지혜는 그들의 수직적인 삶을 지탱하기도 했다. 야훼의 주권적 의지가 이 세상에서 최고의 의지이다. 각 사람은 그의 세심한 인도하심을 받는다.

> 사람이 마음으로 자기의 길을 계획할지라도 그 걸음을 인도하는 자는 여호와시니라(잠 16:9).

> 사람의 마음에는 많은 계획이 있어도 오직 여호와의 뜻이 완전히 서리라(잠 19:21).

인간적인 재능도 필요하지만, 오직 하나님만이 인생의 성공을 보장하실 수 있다.

> 너의 행사를 여호와께 맡기라 그리하면 너의 경영하는 것이 이루리라(잠 16:3).

> 너는 마음을 다하여 여호와를 의뢰하고 네 명철을 의지하지 말라 너는 범사에 그를 인정하라 그리하면 네 길을 지도하시리라(잠 3:5-6).

참으로 지혜로운 삶의 근본적인 개념은 "야훼를 경외하는 것"이다. 여기에는 여러 가지 의미가 함축되어 있다. 가장 기본적인 의미는 야훼에 대한 각 사람의 태도나 성향에 대한 것으로, 이것은 사람들이 왕에 대해 갖는 두려움에 비유되어 설명되고 있다.

> 내 아들아 여호와와 왕을 경외하고 반역자로 더불어 사귀지 말라 대저 그들의 재앙은 속히 임하리니 이 두 자의 멸망을 누가 알랴 (잠 24:21-22).

오늘날 신학적인 어휘 연구를 지나치게 사용(남용)함으로 말미암아 문제점이 혼동될 수 있다는 위험 부담이 있기는 하지만, "야훼를 경외한다"는 것이 지혜에 대한 가장 긍정적인 의미로서의 경건을 의미한다고 할 수 있다. 이 말은 하나님과 이웃에 대한 올바른 관계로서 묘사되는 하나의 영적 성향으로서 지혜에 대한 포괄적이고 종교적인 표현이다.[3]

두번째 의미는 첫번째 의미와 무관하지 않다. 지혜는 도덕적인 덕행이나 올바른 행동과도 무관하지 않다. 욥에 대해서 묘사할 때도 이 용어들이 사용되었는데, 그는 "순전하고 정직하여 하나님을 경외하며 악에서 떠난 자더라"고 했다(욥 1:1, 참조. 잠 8:13). "하나님을 경외하는 것"과 "악에서 떠난 것"은 병행하는 표현으로서, 후자가 전자의 의미를 더욱 확대한다. 위에서 본 바와 같이 잠언은 윤리적 덕행이 하나님을 경외하는 사람의 중요한 인격적 특징의 일부라는 사실을 널리 증거하고 있다. 시내 산의 계시는 분명히 하나님의 뜻을 전달함에 있어서 지혜의 양식을 의도적으로 따른 것은 아니다. 그러나 잠언과 욥기의 신학적, 도덕적 원리들은 십계명의 원리들, 즉 성적인 순결, 부모를 공경함, 이웃과의 진실한 관계 등을 요구하는 그 원리들과 일맥상통하다.[4]

세번째 의미도 두번째 의미와 맞물려 있다. 인간의 약함과 하나님의 강함을 아는 것이 하나님을 경외하는 지름길이다(잠 3:5-7).

---

3) Bernard Bamberger, "Fear and Love of God in the Old Testament," HUCA 6 (1929): 43-47.
4) Brevard S. Childs, *Old Testament Theology in a Canonical Context*(Philadelphia: Fortress, 1985), p. 64.

이것이 하나님과 사람에 대한 균형잡힌 시각이다.

야훼를 경외하는 것은 하나의 세계관으로서 사람이 살아가는 모든 요소들과 일을 종합하게 하는 것이라고 말해도 결코 틀린 말이 아닐 것이다. 각 사람으로 하여금 이 세상과 하나님을 동시에 접하면서 균형을 잃지 않게 하는 것은 바로 이 "교육적 기준"이다(우리의 연구 기준은 객관성인 것과 비교하라).

헨리 블로처(Henry Blocher)는 세 권의 지혜서는 하나같이 야훼를 경외하는 것이 지혜의 근본이라는 신학적 전제를 입증하고 있다고 주장한다. 잠언에서 "야훼에 대한 경외"는 하나의 문학적 기교인 수미쌍관법(首尾雙關法, inclusion)을 이루고 있다. 왜냐하면 이 책은 "야훼를 경외하는 것이 지식의 근본"(1:7a)이라는 말로 시작하여 야훼를 경외하는 덕스러운 여인에 대한 이야기(31:30)로 끝을 맺기 때문이다. 또한 욥기의 저자는 시작 부분에 그 주인공을 소개하면서 하나님을 경외하는 지혜의 귀감으로 묘사하였고(1:1), 또 지혜시 끝 부분에서는 하나님의 말씀을 통해 그 주인공의 성품을 더욱 강조하였다(28:28을 보라). 마찬가지로 전도서 역시 "하나님을 경외하고 그 명령을 지키는 것"이 인간의 본분이라고 했다(전 12:13).[5]

우주적 원동력으로서의 지혜

지혜는 개인적 원동력일 뿐만 아니라 우주적 원동력이기도 하다. 이와 같은 지혜의 이차적 차원은 잠언 8:22-31에 잘 나타나 있다. 어떤 학자들은 믿기를 이 구절에서 지혜는 하나님과 구별되면서도

---

5) Henri Blocher, "The Fear of the Lord as the 'Principle' of Wisdom," *The Tyndale Bulletin* 28(1977): 3-4.

하나님의 속성을 나타내는 실체로서, 외경인 솔로몬의 지혜서에 있는 '지혜'나(지혜서 1:6-7; 6:12-24; 7:1-8:18) 요한복음의 '로고스'와 같은 존재라고 한다. 그 결정적인 단어는 카나(잠 8:22)인데, 이것은 일반적으로 "얻다" 혹은 "소유하다"를 의미하며, 간혹 "창조하다"(신 32:6; 시 139:13)라는 의미로도 쓰인다. 여기의 문맥에서는 "소유하다"라는 의미가 적절하다고 할 수 있다(한글 개역성경의 '가지셨으며'와 같은 의미―역자주). 그 이유는 야훼께서 창조주이시고 지혜는 단지 창조 전에 또 창조 사역 중에 그에게 내재되어 있었기 때문이다.[6]

필자의 견해로는 솔로몬이 신적 속성을 의인화하려고 한 것 같다. 그렇게 함으로써 그는 마치 사람을 하나님의 생명의 발산으로 보듯이, 지혜를 신적 생명의 발산으로 간주했던 것이다. 율법과 예언서는 이스라엘에게 생명을 위하여 하나님께로 돌아오라고 권고했는데, 여기에 의인화된 지혜는 각 사람으로 하여금 지혜에게로 돌아와 생명을 얻으라고 권고한다. 이것은 더욱 지혜가 신적 속성을 상징하는 것이라는 견해를 뒷받침한다. 히브리 사고방식에서는 생명의 근원으로서의 하나님과 생명의 근원으로서의 지혜라는 식의 이원론이 인정되지 못한다. 지혜가 하나님과 그 창조 세계 양쪽 모두에 연결되어 있어서, 하나님과 사람 그리고 이 세상을 하나의 고리로 아주 긴밀하게 엮어 놓는다는 것이 바로 이 논의의 취지이다.

하나님은 이스라엘에게 율법을 통해서는 계명과 율례로, 선지자들을 통해서는 그의 말씀으로, 그리고 현자들을 통해서는 지혜로 말씀하신다. 하나의 계시적인 원리로서 지혜는 사람에게 이해력을 부여하는 "우주의 원리"였다.[7] 지혜가 없으면 이 세상과 인간은 그저 무의미한 존재일 뿐이다. 지혜는 물질적인 우주와 인간의 사회

---

6) R. B. Y. Scott, *Proverbs and Ecclesiastes*, pp. 71-72.
7) Walther Eichrodt, *Theology of the Old Testament*, 2:89.

적 질서 그 모든 곳에 스며있는 하나님의 임재이다(잠 2:1-15; 8:22). 또한 지혜는 하나님 뜻을 전달하기 위하여 자연과 인간의 체험에 기록된 말씀이다.

성경에 있는 지혜 문학에서 구속사가 현저하게 나타나지는 않지만 그럼에도 불구하고 하나님께서 이 우주를 주권적으로 다스리신다는 사상이 그 문헌들의 배경을 이루고 있다. 이것은 분명히 역사를 포함한다. 왜냐하면 이것은 하나님을 역사와 자연을 움직이는 역동적인 힘의 근원으로 표현하기 때문이다(욥 9:4; 11:6; 12:13; 32:8; 37:16; 잠 2:6; 8:22-31). 이 어렴풋한 개념은 지혜를 역사의 동력으로 묘사한 솔로몬의 지혜서에서 그 결실을 맺는다(지혜서 10-19). 지혜를 통한 하나님의 계시는 매우 중요한 것이어서, 지혜에 대한 각 사람의 태도는 그 사람의 운명을 결정한다(잠 8:32-36). 마치 오경에서 각 사람의 율법에 대한 응답 여하에 따라, 혹은 선지서에서는 선지자들의 말씀에 대한 반응에 따라 그 사람의 번영과 행복이 결정되는 것처럼, 지혜서에서는 신적 계시의 매개체인 지혜에 대한 응답 여하에 따라 그 운명이 결정된다.

문학적 원동력으로서의 지혜

구약에 있는 세 권의 지혜서(욥기, 잠언, 전도서)와 시편 중에 있는 지혜시들[8], 그리고 구약 전반에 흩어져 있는 지혜 문학의 단편들은 고대 이스라엘에서 지혜운동이 얼마나 중요한 것이었는가를

---

8) 본서 지혜시에 관한 장을 보라.

증거하고 있다. 그 문학적 유산은 선지서만큼이나 풍부하게 여러 가지 장르들로 표현되어 있다. 구약에서 마샬이라는 단어는 다양한 용도로 쓰이는데, 격언이나 수수께끼를 가리키며, 비교와 유추를 포함하는 긴 문장을 의미하기도 한다. 그 용어 자체는 "비슷한, 비교하는"이라는 뜻의 동사에서 파생한 것이다.

지혜의 장르

구체적으로 말하자면, 잠언(proverb, 혹은 경구)이라는 문학적 양식은 지혜 문학에서 가장 널리 쓰이는 것이다. 이것은 짧고 함축적으로—간결하다는 것이 그 효과를 더하는 것이기도 하다—그리고 재치있게 어떤 생각이나 진리를 표현하는 방법이다. 이것은 그 표현된 진리에 쉽게 접근할 수 있는 길을 듣는 이의 마음에 제공한다. 이것은 단지 몇 마디 말로 진리를 일깨움으로써, 특정한 상황에 대한 마음가짐과 태도를 변화시키는 효과를 가지고 있다.

> 많은 재물보다 명예를 택할 것이요 은이나 금보다 은총을 더욱 택할 것이니라(잠 22:1).

이 잠언은 하나의 진리를 담고 있어서, 사람들로 하여금 이 진리를 따르지 않으면 무모한 행동으로 말미암아 스스로의 명예를 손상하게 되는 상황에 이르게 된다는 것을 자각하게 하여 잘못된 길에서 돌아서게 한다. 그리고 여기에 사용된 비유들은—많은 재물, 은과 금—사람에게 있어서 명예가 얼마나 값진 것인가를 강조한다. 이와 같이 이 잠언은 심리적인 방법과 문학적인 형식을 통해 우리에게 깊은 인상을 준다.

수수께끼(riddle)는 오묘한 말로 된 지혜 문학 양식이다. 이것은 하나의 생각을 기발하게 변형시켜 듣는 이들로 하여금 혼란스럽게 하기도 하지만, 그 의미를 더 깊이 생각하도록 유도한다. 삼손은 블레셋 사람들에게 수수께끼를 냈고(삿 14:14), 스바의 여왕은 솔로몬의 지혜가 어느 정도인지를 시험하기 위해 직접 찾아가서 그에게 수수께끼를 냈다(왕상 10:1). 잠언 1:6에서 보면 수수께끼와 잠언이 같은 것으로 되어 있는데, 실제로 사사기 14:14에 있는 것처럼 고전적인 형식으로 된 수수께끼는 지혜문헌에 남아있지 않다. 하지만 크랜쇼우(Crenshaw)는 수수께끼 형식의 자취가 몇몇 잠언들의 저변에 깔려 있다는 흥미로운 제안을 하고 있다.[9]

풍유법(allegory)에 대한 분명한 실례는 전도서 12:1-7에서 찾아볼 수 있다. 여기에는 노년의 늙어가는 과정이 묘사되어 있다. 그 외에 구약에 나타난 풍유법은 사사기 9:8-15와 에스겔 17:2-10에서 볼 수 있다.

변론(dialogue) 형식은 욥기에서 현저하게 나타나 있다. 하지만 욥기 말고는 정경에 있는 지혜 문학에서 변론이 많지는 않다.

자전적 설화(autobiographical narrative) 형식으로 된 전도서 1:12-2:16에서는 서술자가 스스로의 체험을 진술한다.

선지자적 연설(prophetic address)은 잠언에서 두 번 쓰인 문학적 양식으로, 지혜의 메시지를 전달한다(1:20-33; 8:1-36). 여기에서 지혜는 여 선지자의 입술을 통해 말한다. 이미 언급한 바와 같이 지혜와 예언은 기본적으로 상충되는 것이 아니다.

---

9) 이 점에 대해서는 James L. Crenshaw, "Wisdom," *Old Testament Wisdom*, ed. John H. Hayes(San Antonio: Trinity Univ., 1974), p. 242를 보라. 그는 잠언 5:1-6, 15-23; 6:23-24; 16:15; 20:27; 23:27,29-35; 25:2-3; 27:20을 주목하고 있다. 229-62에 있는 지혜 문학의 장르에 대한 논의 역시 도움이 될 것이다.

지혜를 듣는 대상

　지혜 문학은 사회 공동체보다는 각 개인을 대상으로 하는 것이므로, 국가적인 관심사는 이차적인 문제이다. 이러한 점에서 이 문학은 율법서나 선지서와는 다르다. 이와 같은 지혜문학의 특성 때문에 정경에 있는 지혜문학의 저자들은 역사를 주요 주제로 다루지 않았다. 물론 그렇다고 해서 그들이 역사에 전혀 관심이 없었다고 할 수는 없다. 다만 과거에 대한 그들의 관심사는 역사적이라기보다는 철학적인 것으로, 과거를 어떤 시각으로 보느냐 하는 것이 문제였다. 그들은 역사적인 사건을 기록하는데는 그다지 많은 관심을 기울이지 않았다. 그러므로 공동체에 대한 것이 지혜의 주 관심사는 아니었지만, 그럼에도 불구하고 지혜는 개인들로 하여금 선한 생활에 힘쓰도록 함으로써 장기적인 안목에서 좋은 사회를 만드는데 기여했다고 할 수 있다.

　지혜 문학의 한가지 목적은 젊은이들에게 어떻게 선한 생활을 할 것인지, 그리고 어떻게 사회질서에 잘 순응할 것인지를 가르치는 것이었다. 잠언의 경우 종종 장차 미래의 지도자가 될 상류층의 젊은이들이 그 대상이었다. 전도서 역시 상류층의 관심사를 다루고 있다. 즉, 부귀와 희락은 덧없는 것이지만, 삶의 즐거움을 누리기 위해서 그것들을 적절하게 사용해야 한다는 것을 다루고 있다. 선생들은 제자들에게 도덕적이고 문화적인 삶을 위하여 필요한 것들, 즉 왕 앞에서의 예절, 개인적인 명예, 도덕, 그리고 그 외 여러 문제들에 대한 것들을 전수할 책임을 지고 있었다. 그들은 제자들이 올바른 결정을 할 수 있도록, 그리고 책임있는 지도자의 삶을 살아갈 수 있도록 도와주었다.

　그러나 지혜가 꼭 상류층에만 국한된 것은 아니었다. 욥기의 경우 그 주인공이 부자이고 그 사회의 지도자인 것은 사실이지만, 거기에 나타난 문제들은 시간을 초월하여 모든 사회 계층에 해당하는 것들이었다. 불의(不義)에는 계급의 구분이 없으며, 이유 없는 고난에도 차별이 없다.

전도서는 그 시대의 사회적 문제에 대한 애가로서, 사회계층을 넘어 누구에게라도 해당될 수 있는 문제들을 다루고 있다. 잠언서 역시 일반 사람들의 체험과 관심사를 총망라하는 대중적인 잠언들과 도덕적인 훈계들을 제시한다. 구약 성경의 지혜문학에 나타난 실용성을 생각해 볼 때, 비록 왕국 안에서의 지혜 활동이 보통 사람들이 접근할 수 없는 최고 지성인의 것이었다 하더라도 보통 사람들도 지혜문학에 매료되어 있었다는 것은 분명하다. 지혜 활동이 솔로몬의 궁에서 활발했다고 생각한다(왕상 4:29-34). 실제로 스바 여왕이 그의 지혜에 대한 명성을 듣고 공식적으로 그를 방문했다(왕상 10:1-9). 그녀는 모든 것을 보고 나서 항상 그의 궁전에 있는 사람들이 얼마나 복이 있는가를 말했다. "복되도다 당신의 사람들이여 복되도다 당신의 이 신복들이여 항상 당신의 앞에 서서 당신의 지혜를 들음이로다"(왕상 10:8).

히스기야 시대에도 유다의 궁에서는 지혜 활동이 활발했는데, 이는 그 왕이 자기 "사람들"(이는 분명히 학자들을 지칭하는 용어이다. 위의 성경 구절에서 "당신의 사람들"이라는 문구를 보라)로 하여금 솔로몬의 잠언들을 모아서 편집할 수 있도록 장려했던 후원자였다는 사실로 알 수 있다(잠 25:1).

결혼, 가정, 양육, 그 외 집안의 안정과 책임에 대해 강조하고 있는 것으로 볼 때, 지혜 문학은 가정 교육의 일환으로 널리 통용되었던 것으로 추정된다.

지혜 문학의 삶의 정황

근세기에 이르러 양식 비평이 발달하면서 특정한 문학 양식이 일어나게 된 실제 삶의 정황에 대한 관심이 높아졌다. 이 연구 방법은 우리에게 그 문학을 더욱 잘 이해하고, 또 그 문학적 틈새를 통해 그 사회의 사회학적 구조를 들여다 볼 수 있는 하나의 길을 제공하였다. 위에서 논의한 바에 따르면 지혜의 삶의 정황은 다양할 수밖에 없다. 종종 왕궁이 지혜의 사상을 싹트게 하고 또 이것을 보존하는 역할을 했다는 데는 이론의 여지가 없으나, 그렇다고 해서 지혜가 반드시 왕궁만의 독점물이었던 것은 아니다. 지혜가 이 세상의 일들에 주목하는 특성이 있으며, 또 가정에 관심을 기울이고 있다면, 우리는 이로써 가정이야말로 잠언적인 지혜가 생겨나고 유지되는 곳이었다고 생각할 수 있을 것이다.

서기관

어떤 학자들은 왕정 시대의 "서기관"을 왕의 궁정에서 일하는 사무관이었을 것이라고 믿는다. 그것이 얼마나 중요한 직분이었는가는 다음 성경 구절들에 잘 나타나 있다. 사무엘하 8:17; 20:25; 열왕기하 12:10; 18:18; 역대상 27:32; 예레미야 36:12; 37:15. 그 시대에는 모든 사람들이 글쓰는 능력을 갖추고 있지 않았기 때문에, 쓰고 읽을 수 있는 능력을 갖춘 사람들에게 더 많은 기회가 주어졌을 것은 너무나도 당연한 일이다. 그러므로 왕정 시대에는 서기관들과 지식인들이 아주 밀접하게 연관되어 있었거나, 혹은 같은 사람들이었을 가능성이 높다. 포로 시대 이후에는 분명히 서기관들이 지혜 문학의 교사였다.

지혜와 율법, 그리고 예언

지혜는 하나의 종교적인 현상으로서 율법, 예언과 함께 종교 생활의 주류에 속하였다. 그런데 대체로 이 세 가지는 다 함께 고대 이스라엘의 종교적 체험을 이루는 것이었지만, 지혜는 율법이나 예언과는 구분되는 다른 특성을 가지고 있다.

예언은 율법과 현격한 차이가 있음에도 불구하고, 근본적으로 율법에 역행하는 것이 아니라 오히려 이스라엘로 하여금 모세의 율법을 통해 주어진 하나님의 계명이 요구하는 바를 자각하게 하는 것이었다. 예언이 이스라엘에 끼친 영향은 이루 말할 수 없지만, 이것은 이스라엘과 유다를 우상 숭배에서 돌이키는 데 실패하였고, 그래서 B.C. 722년과 586년에 있었던 역사적인 재난을 피할 수 없었다. 그러나 아이러니컬하게도 이 큰 실패는 오히려 큰 성공이 되었는데, 유다의 경우에 특히 그러했다. 예언자들은 모든 것을 다 잃고 흩어진 자들을 확신시키고 위로하였다. 6세기 후반부에 유다만 팔레스타인으로 돌아올 수 있었던 것은 유다 자손들이 영적으로 주께 돌아왔다는 것을 의미한다. 회개한 백성들은 결국 선지자들이 옳았다는 것을 깨달았다. 그러나 유다의 회복으로 입증된 그 위대한 역사적 성공이 있은 다음에 예언은 그쳤고, 결국 유다가 정치적 독립을 회복할 때에는 더 이상 선지자들이 나타나지 않았다. 즉, 이 시기에 가까워지면서,[10] 더 이상 예언의 소리가 들리지 않게 되었다 (마카비상 4:46). 그러나 그 불안스러운 침묵 뒤에 그 옛날 선지자들이 일으켰던 종교적 체험은 묵시 문학적 메시지라는 양식으로 다

---

10) 이 점에 대해서는 James L. Crenshaw, "Wisdom," *Old Testament Wisdom*, ed. John H. Hayes(San Antonio: Trinity Univ., 1974), p. 242를 보라. 그는 잠언 5:1-6, 15-23; 6:23-24; 16:15; 20:27; 23:27,29-35; 25:2-3; 27:20을 주목하고 있다. 229-62에 있는 지혜 문학의 장르에 대한 논의 역시 도움이 될 것이다.

시 부흥하게 되었다.

　지혜의 역할을 예언과 비교한 논의가 많이 있었다. 어떤 학자들은 예레미야 8:8-9에 근거해서, 지혜가 야훼의 말씀을 능가하려고 시도하였을 때 선지자들이 지혜를 문제시하게 되었다고 추측한다.[11] 백성들과 제사장들이 희생 제사 자체가 어떤 구속적 가치를 가지고 있다고 주장하면, 선지자들은 오히려 희생 제사에 대해 아주 강경하게 비난했다(참고. 사 1:10-15; 28:7; 렘 2:8; 7:22; 호 4:4-6; 5:1; 암 7:10-11; 미 6:6-8; 말 1:6-2:17). 그러나 선지자들이 지혜를 하나님의 속성으로 여겼으며(사 28:23-29; 렘 10:12), 또한 지혜문학과 비슷한 스타일(예를 들면, 잠언 형식과[49:24; 렘 13:12; 15:12; 23:28; 31:29; 겔 16:44; 18:2] 공통된 어휘[12])을 사용했다는 사실은 그들이 지혜를 전적으로 배제한 것은 아니었다는 입장을 지지한다.

　지혜가 예언에 대해 우호적인 입장을 취하고 있다는 것은 잠언 8장에서 잘 나타난다. 여기에서 지혜는 성문 앞에서 그 메시지를 외치는 여선지자로 의인화되었다. 이 시는 지혜와 예언의 관심사인 진리와 공의 그리고 의로움을 함께 묶어서, 양자의 기능을 잘 조화시켰으며[13], 또한 이 둘을 다 함께 왕의 통치에 권위를 주는 것으로 묘사하였다. 이 시는 먼저 지혜와 예언이 함께 연합하여 이 세상을 섭리에 따라 유지하는 기능이 있음을 설명한다(4-21절). 그 다음에 이 시는 창조로 관심을 돌리는데, 여기에서 지혜로 하여금 선지자적 역할을 취하게 함으로써, 지혜와 마찬가지로 예언을 창조에 연결시켰다.

---

11) Johannes Lindblom, "Wisdom in the Old Testament Prophets," *WIANE*, pp.195-96. 맥케인(McKane)은 선지자들과 지혜자들간에 문제가 없이 지냈다는 의견에 대해 강한 반론을 제기한다. 오히려 그는 그들의 기본 전제가 서로 많이 다르기 때문에 이 두 집단 사이에 강한 반목이 있었다고 주장한다.
12) Ibid., pp. 197-204. 야훼를 지혜의 근원으로 제시하는 다음 구절들을 참고하라. 욥 9:4; 11:6; 12:13; 32:8; 37:16; 잠 2:6; 8:22-31.
13) 이 복합 기능을 호 12:13과 비교하라. 여기에서는 이스라엘의 존재를 예언 활동의 결과로 돌린다.

비록 B.C. 586년에 성전이 무너짐으로 말미암아 율법의 제도적인 구조가 끊어지기는 했지만, 그래도 율법은 예언보다 더 보편적인 현상이었다. 왜냐하면 율법은 이스라엘 백성의 삶의 모든 측면을 규정하는 것이었기 때문이다. 물론 제사장 제도가 잠시 중단되기는 했지만, 이것마저도 고대 이스라엘 백성들의 종교적 삶에 자리잡은 율법의 위치를 박탈하지는 못했다. 아마도 구전된 율법은 B.C. 586년 이전에 이미 형성되어 있었고,[14] 계속되는 발전은 포로시대에 회당이 세워지는 데 이바지하였던 것으로 보인다. 구전 율법은 일상 생활의 소소한 것까지 규정했다는 점에서, 기록된 율법의 영향력을 더 증대시키는 효과를 가져왔다. 지혜 역시 이와 비슷한 방향으로 발전되었다. 지혜는 삶과 거기에 따르는 문제들을 이해하도록 돕는 광범위한 신학적, 철학적 범주들을 제시하는가 하면(보통 고차원의 지혜로 불림), 동시에 개인의 행동과 사회적 관습, 그리고 도덕적 표준을 진척시키는 조언을 제공했다(보통 저차원의 지혜로 불림).

우리는 지혜의 특성을 굳이 창세기 1장에 있는 창조 기사에 억지로 부과시키려는 것은 아니지만, 창세기 1:26-27에서 지혜의 삼각 구도를 발견할 수 있다. 첫째는 신학적인 것으로, "우리의 형상을 따라 우리의 모양대로 우리가 사람을 만들고"라는 말씀은 인간과 창조주의 관계를 보여준다. 그러므로 성경이 "야훼를 경외하는 것"이 지혜의 초석이라고 한다고 해서 전혀 놀랄 것이 없다. 둘째는 생태학적인 것으로, "그로 바다의 고기와 공중의 새와 육축과 온 땅과 땅에 기는 모든 것을 다스리게 하자"는 말씀은 인류가 자연

---

14) 신 1:5를 보라. 여기에서 "모세가 이 율법 설명하기를 시작하였더라"는 말씀은 해석 전통이 그 전에도 있었다는 것을 시사한다. 그러므로 B.C. 444년 에스라가 율법을 낭독했을 때 덧붙여졌던 레위기적 율법 해석이 비록 종종 구전 율법의 시초로 인정된다 하더라도, 이것은 단지 그런 일들이 보편적이었다는 것만 증거하는 것 같다. 에스라가 이 해석 전통을 은연중에 인정한 것이 구전 율법에 막대한 권위를 주었을 것이다.

질서와 불가분의 관계에 있음을 말한다. 셋째는 사회학적인 것이다. 왜냐하면 "하나님이 남자와 여자를 창조하시고"라는 말씀은 인간을 상호 인격적인 관계에 두기 때문이다. 사실 지혜는 율법과 동일하게 그러나 예언과는 다르게 삶의 모든 영역에 이르는 광범위한 사상 및 행동 체계를 발전시키려고 했다. 그러나 이 양자가 교차점이 없는 평행선을 달리고 있다고 생각해서는 안된다(잠 6:21-22와 7:3을 신 6:4-9와 비교하라). 지혜는 율법에서 나왔고 역으로 율법은 지혜에서 나왔다. 이것들은 상호 배타적인 것이 아니다. 아마도 이 둘 사이의 교감은 예수 벤 시락(Jesus ben Sirach)의 시대에 와서 이 둘이 동반자가 되었다는 사실로 가장 잘 설명될 것이다.

어떤 의미에서 지혜는 율법과 제사 규례를 보완했다고 할 수 있다. 지혜는 제사가 할 수 없었던 것들을 이루고자 했다. 즉 성전과 제사장들이 그다지 관심을 쏟지 않았던 것들을 가르쳤던 것이다. 어떤 학자들은 소위 "옛 지혜"라고 불리는 이스라엘의 가장 초기의 지혜를 순전히 비종교적인 것으로 묘사한다. 이 입장을 대표하는 윌리엄 맥케인(William McKane)은 주장하기를 지혜자는 정치인이나 관원을 가리키며, 또 지혜자의 "충고"는 결코 종교적인 것이 아니었다고 한다. 그는 법정을 지혜가 생겨난 배경으로 보았으며, 옛 지혜는 순전히 비종교적인 것이었다고 생각했다.[15] 비록 지혜의 활용 범위가 비 예전적인 것처럼 보일 수 있겠지만, 그렇다 하더라도 우리는 포로 시대 이전에도 지혜의 근본 요소는 "하나님을 경외하는 것"이었다는 폰 라드(von Rad)의 의견에 동의하지 않을 수 없다. 세속적인 것과 신성한 것이 밀접하게 연관되어 있는 사회의 지혜가 순전히 비종교적이라고 한다면 이것은 부자연스럽게 보일 것이다. 비록 성전과 제사장 제도가 지혜운동을 조성했다고 할 수는

---

15) William McKane, *Prophets and Wise Men*, p. 53. 또한 Claus Westermann, *What Does the Old Testament Say About God?*, pp. 99-100, 각주 33; Genesis 1:436-67; Walter Zimmerli, *Old Testament Theology in Outline*, pp. 155-66을 보라.

없겠지만, 그렇다고 그것들이 서로 대치되었다고 생각할 수는 없을 것 같다. 지혜서가 계명을 지킬 것과, 하나님과 율법에 대해 신실할 것을 강조했다는 것은 곧 지혜가 종교적 제도를 지지하는 역할을 감당했다는 것을 시사한다.[16]

하나의 종교적인 현상인 지혜가 단 한순간이라도 독자성을 가지려 했다고 보기는 어렵다. 지혜는 한편으로 윤리적이고 법리적(法理的)인 율법의 원리들을 지지함으로써 율법을 보조하는가 하면, 다른 한편 진리와 공의, 그리고 의로움에 대한 선지자들의 관심을 공유한다. 그러나 그렇다고 해서 지혜와 다른 종교적 요소들 사이에 창조적인 긴장이 없었다거나, 그 강조점들이 다양하지 않았다는 것은 아니다.

히브리 시

히브리어는 그 자체가 음악적인 성향을 가지고 있어서 자연스럽게 시적 표현을 나타낼 수 있다. 히브리어는 동사와 명사 언어인데, 이것들이 히브리 시를 구성한다. 비록 압운이나 운율에[17] 대해 정해진 규칙은 없지만, 이 언어는 음률을 위해 거의 강약이나 억양에 의존하고 있다. 테오도르 로빈슨(Theodore H. Robinson)은 다음과 같은 점들을 관찰하였다.

---

16) Gerhard von Rad, *Old Testament Theology*, I; 433-34. 또한 R. B .Y. Scott, "Priesthood, Prophecy, Wisdom, and the Knowledge of God," *JBL* 80(1961); 1-15 를 보라. 그는 선지자와 제사장, 그리고 지혜자의 기능이 서로 중복되었다는 증거가 있으며, 또 그들의 가르침에는 공통점이 있었다고 주장한다.
17) 히브리 시에 정확한 운율이 두드러진 것에 대해서는 학자들의 의견이 분분하다.

이것은 억양을 아주 강조하기 때문에 여기에는 음률적인 흐름이 있어서, 억양이 다소 약한 언어들에서는 이것을 감지하기가 쉽 지 않다. 형용사가 거의 없어서 그 문체에는 위엄이 있고 인상적이며, 추상적인 용어들이 많지 않으므로 시인은 그 대신에 상상이나 비유를 사용한다.[18]

1929년 이후 여러 해 동안 우가릿 문헌들이 발견되면서 우가릿 시들과 구약 성경의 시들에 대한 논의가 활발하게 진행되었다. 1753년 주교 로버트 로우드(Robert Lowth)는 히브리 시에 대한 획기적인 강의에서 평행법이 히브리시의 전형적인 특징임을 밝혀냈다. 로우드는 평행법을 세 가지로, 곧 유사형, 대조형, 그리고 종합형으로 구분했다.[19] 최근에 우가릿 연구에 근거하여 이러한 구도는 지나치게 단순하다는 쪽으로 학자들의 의견이 모아지고 있다. 여기에서 문법적 평행법과 의미론적 평행법을 언급하지 않을 수 없다. 문법적 평행법을 번역본에서 나타내기는 어렵다. 왜냐하면 때때로 어순을 그대로 보존하면서 뜻이 통하도록 번역하기가 어렵기 때문이다. 의미론적 평행법은 좀 더 쉽게 나타낼 수 있다.

로버트 알터(Robert Alter)는 최근 그의 저작에서 히브리 시에 대해 논하면서, 히브리어는 순전히 유사한 것을 피하는 경향이 있다는 점을 강조했다. 그는 집중(focusing)에 대해 이야기하면서, 이것은 시인이 한 줄에서 어떤 것을 소개하고 다음 줄에서는 더 구체적으로 거기에 집중하는 것이라고 했다. 때때로 이것은 의미를 강화하는 효과가 있다고 한다.[20]

우리는 히브리 시에서 음률적인 수치보다는 "어구 단위들" 혹은, "단어들"을 말할 수 있을 것이다. 각 어구 단위에는 주 강세가 하나

---

18) Theodore H. Robinson, *The Poetry of the Old Testament*, p. 25.
19) Robert Lowth, *Lectures on the Sacred Poetry of the Hebrews*, vol. 1, lect. 3, pp. 68-69.
20) Robert Alter, *The Art of Biblical Poetry*(New York: Basic Books, 1985), pp. 3-26, 62-84.

있는데, 보통 동사나 명사, 혹은 형용사, 그밖에 그 의미 구조 안에서 강조되어야 할 단어에 주 강세가 온다. 일반적으로 핵심 단어들은 영어 번역에서 뚜렷이 나타나지만 항상 그런 것은 아니다. 또한 매끄럽게 번역하기 위해서 억양을 가진 어구들의 순서가 히브리 본문의 순서(문법적 평행법) 대로 되지 않을 때가 종종 있다. 그러므로 어구 단위들은 히브리 본문 안에서 결정되어야 한다. 아래의 번역에서 우리는 각 의미 단위를 하이픈(-)으로 연결했다. 또한 각 줄 마지막은 한 줄 사선으로(/), 각 소절의 마지막은 두 줄 사선으로 (//) 표시했다.

어구 단위들이 연결하여 한 소절(때때로 "스티치"[구]라고도 불리는데, 이것은 "줄"이라는 의미의 헬라어 스티코스에서 파생하였다.)이나, 한 행(혹은 구절)을 구성하는데, 한 행에는 최소한 두 어구 단위가 있으며, 보통 세 개를 초과하지는 않는다.[21] 이 줄들이 히브리 본문에서 더 큰 단위를 형성하여 두 줄일 경우에는 이행연구(二行聯句), 세 줄일 경우에는 삼행연구(三行聯句)가 된다. 시편 19:1-2를 예로 들면 다음과 같다.

1. The-heavens   are relating   the-glory-of-God;/
   and-the-firmament   is telling   the-work-of-his-hands.//
2. Day-by-day   pours-out   speech,,/
   and-night-by-night declares   knowledge.//

1. 하늘이   선포하네   하나님의-영광을;/
   또-궁창이   말하네   그의-손의-일들을//
2. 날마다   전하네   말씀을,/
   또-밤마다   선포하네   지식을.//

(필자의 번역)

첫째 행(구)에 세 어구가 있으며, 이에 맞추어 둘째 행에도 세 어구가 있다. 첫번째 어구 "하늘이"는 둘째 행에 있는 "또-궁창이"

---

21) Theodore H. Robinson, *The Poetry of the Old Testament*, p. 25.

에 대응하며 다른 어구들도 마찬가지로 각각 상응한다. 첫째 행에 있는 각각의 단위, 즉 각 어구가 둘째 행의 각 어구에 상응하므로 이것은 완전 평행법이다.[22] 그리고 이 평행법은 같은 소절, 또는 같은 이행 연구 안에서 이루어진 것이므로 내적 평행법이라 한다. 만약 한 이행연구 안에 있는 하나의 의미가 다음에 오는 이행연구 안에 상응하는 요소가 있으면, 이것은 외적 평행법이라 불리운다. 그 긴 소절은 두 행으로 되어있으므로, 이행연구라 한다. 1절의 두 줄에 있는 세 어구들을 도식화하면 다음과 같다.

    a   b   c
    a'   b'   c'

그러나 이 평행법이 히브리 본문에서도 완전히 들어맞는 것은 아니다. 왜냐하면 히브리 본문에서는 1절의 "그의-손의-일들을"이라는 문구가 서두에 나오기 때문이다. 즉, "그의-손의-일들이 궁창을 말하네"가 되는데, 이것은 어딘가 어색하다. 왜냐하면 히브리 구절에서 "궁창"이 그 동사의 주어이지 "그의-손의-일들"이 주어가 아니기 때문이다. 2절은 히브리 구절의 문법 구조에 가깝게 번역되었지만, 1절 둘째 행은 위에서 본 바와 같이 순서가 바뀌면 애매한 문장이 되므로, 히브리어 순서를 그대로 옮기기에는 어려움이 있다.

그런데 의미상 평행법은 또 다른 문제이다. "하늘"은 좀 더 일반적인 용어이고(창 1:1), 여기에 대응하는 "궁창"은 좀 더 구체적인 용어로서 땅 위의 공간을 가리킨다(창 1:6-8). 마찬가지로 "하나님의 영광"은 일반적인 용어이고, "그의-손의-일들"은 같은 의미이지만 더욱 구체적인 용어이다. 비록 이것들은 평행하지만, 엄밀히 말해서 똑같은 것은 아니다. 그러므로 여기의 평행법은 일반적인 것에서 구체적인 것으로 옮겨가고 있다(알터는 이러한 현상을 "집중"이라고 하였다). 위의 행들에서 각 어구는 핵심 단어에 각각 하나

---

22) George Buchanan Gray, *The Forms of Hebrew Poetry*, p. 59.

의 억양을 가지고 있어서 3:3조의 운율을 유지한다.

시편 19편에서 인용한 위의 예는 각 행에 세 어구씩 있지만, 유사 평행법 중 가장 단순한 것은 각 행에 두 어구만 있는 경우도 있다. 창세기 49장에 있는 야곱의 축복기도에서 좋은 예를 볼 수 있다.

    I-will-divide-them   in-Jacob,/
    and-I-will-scatter-them   in-Israel./
                                           (7b, 필자의 번역)

    내가-그들을-나누리라   야곱-중에서./
    또-내가-그들을-흩으리라   이스라엘-중에서.//

이것을 도식화하면 다음과 같다.

        a   b
        a'   b'

이것은 2:2조의 운율로서, 히브리 어구에서 가장 단순한 운율 형식이다.

의미상 평행법을 보면 첫째 행의 "나누다"라는 의미에서 둘째 행의 "흩다"라는 것으로 그 의미가 강화되고 있다. 다음에 오는 평행 어구는("야곱 중에서"와 "이스라엘 중에서") 서로 다른 의미이면서도 상호 보완관계에 있다. 그러므로 의미상 평행법은 완전하지 않다. 그레이(Gray) 역시 유사 평행법이 자주 문법적으로는 불완전 평행법이 된다는 것을 지적한다.[23] 다시 말해서 첫 행의 모든 어구가 평행하는 행의 모든 어구에 대응하는 것은 아니라는 것이다. 예를 들어보자.

    The-earth   is-the-Lord's   and-the-fullness-there of;/
    the-world,   and-they-that-dwell-there in.//

---

23) Ibid.

```
땅이            주의 것이요      그리고-거기-충만한-것도:/
세계가                          그리고-그-중에-거하는-자들도.//
                                            (시 24:1, 흠정역[KJV])
```

첫째 어구와 셋째 어구는 다음 행에 대응하는 어구들이 있지만, 둘째 어구("주의 것이요")는 그렇지 않으므로(비록 "주의 것이요" 하는 의미가 둘째 행에도 함축되어 있기는 하지만) 이것은 불완전 평행법이다. 다시 말해서 땅이 주의 소유라는 의미가 충분히 함축되어 있기는 하지만, 이것이 둘째 행에서는 표현되지 않았다는 것이다. 따라서 이 구절을 도식화하면 다음과 같다.

```
        a           b           c
        a'                      c'
```

운율은 3:2조이고(첫째 행에 세 어구 그리고 둘째 행에 두 어구), 그 전체는 이행 연구에 해당한다.

히브리 시에 있어서 운율이 얼마나 중요한지, 그러면서도 얼마나 애매한지 알아보기 위해서는 로우드(Lowth)와[24] 칼 부데(Karl Budde)가 찾아낸 소위 키나(qinah, "애가") 즉, 애가의 운율을 살펴볼 수 있겠다. 예레미야 애가서는 첫 행에 세 억양이 오고, 둘째 행에는 두 억양이 오는 3:2조 운율의 대표적인 예이다. 세 억양에서 두 억양으로 줄어드는 것이 애도와 슬픔의 감정을 나타내는데 적절했던 것 같다. 아모스의 이스라엘에 대한 애가가 이를 잘 나타낸다.

```
She-has-fallen,    she-will-not-rise again—/    The-virgin     Israel.//
She-lies-neglected    on    her-land;/   There-is-none    to-raise-her-up.//
```

---

[24] Lowth, vol. 2, lect. 22, pp. 121-39.
[25] Karl Budde, "Poetry [Hebrew]," *A Dictionary of the Bible*, ed. James Hastings, 4:2-13.

쓰러졌도다, 일어나지-못하리라 다시는—／　　　그-처녀 이스라엘이여.//
던지웠도다　자기-땅　위에:／　아무도-없나니 그것을-일으킬-자가//
(암 5:2)

　　이 구절에서 첫째 이행 연구는 분명히 3:2조 운율을 보여주기는 하지만, 그 운율 형식에는 곤란한 점이 있다. 둘째 이행연구를 세 억양으로 만들려면, "위에"라는 전치사에도 억양을 주어야 한다. 첫째 이행연구는 분명히 3:2조이지만, 둘째 이행연구는 실제로 3:2조라기 보다는 2:2조일 것이다. 물론 3:2조 운율형식이라도 기쁨이나 확신을 표현하기 위해 사용된 경우도 있다.

The-Lord-is　　my-light　　and-my-salvation;/
　　　　　　　　　　　　　　　　　　whom　　shall-I-fear?//
The-Lord-is　　the-strength-of　my-life;/
　　　　　　　　　　　　　　　　of-whom　　shall-I-be-afraid?//

주는　　　　나의-빛　　또-나의-구원:/
　　　　　　　　　　　　　　　누구를　　　내가-두려워하랴?//
주는　　　　나의-생명의　능력:/
　　　　　　　　　　　　　　　누구를　　　내가-무서워하랴?//
(시 27:1, 흠정역[KJV])

　　이상과 같이 히브리 시는 엄격한 운율 형식에 맞추기가 어려우며, 한가지 운율 형태를 특정한 감정 상태에 결부시키는 것도 분명히 쉽지는 않다. 로우드가 찾아낸 두번째 유형의 평행법은 대조형이다. 이것은 한 평행법 안에서 두번째 부분의 어구들이 서로 반대되는 혹은 대조되는 사상을 표현하는 것이다.

For-the-Lord　knoweth　the-way-of　　the-righteous:/
　　　　　　　　　　　　but-the-way-of　the-ungodly　shall-perish.//

대저-주께서　　아신다　의인의　　　길은:/
　　　　　　　　　　　그러나-악인의　길은　　　　망하리로다.//
(시 1:6, 흠정역 [KJV])

여기에서는 의인의 삶이 악인의 삶과 대조된다는 것을 알 수 있다. 이러한 유형의 평행법을 도식화하면 다음과 같다.

a   b   c   d
                 c'   d'   b'

둘째 행의 어구들이 항상 첫째 행에 있는 어구들의 순서를 따르는 것은 아니다. 위의 경우에는 제1행의 둘째 어구 "아신다"가 제 2행의 마지막에 있는 "망하리로다"에 대응하고 있다.

로우드가 말하는 세번째 평행법은 종합형으로, 이것은 셋 중에서 가장 논쟁이 되고 있다. 어떤 이들은 유사 평행법이나 대조 평행법에 해당하지 않는 것들을 모두 여기에 묶어 놓은 것에 불과하다고 주장한다. 하지만 종합 평행법의 개념은 첫 소절의 의미가 다음 소절의 추가 어구에 의해서 확장된다는 것이다. 시편 1:2-3에서 그 예를 찾아볼 수 있다.

But-his-delight-is   in-the-law-of-the-Lord;/
and-in-his-law   doth-he-meditate   day-and-night.//

And-he-shall-be-like-a-tree   planted-by-the-rivers-of-water,/
that-bringeth-forth   his-fruit   in-his-season.//

그러나-그의-즐거움이   주의-율법-안에:/
그리고-그-율법을   묵상하는도다   주야로//

그리고-그는-한-나무와-같으니   물가에-심기어-있어,/
맺는도다   과실을   시절을 좇아.//
                                            (흠정역 [KJV])

첫째 소절 제1행의 의미가 제2행에서 더욱 확대되어 그의 묵상하는 정도("주야로")가 묘사되어 있는데, 제1행에는 이 표현이 없다. 둘째 소절에서는 제1행의 "나무"에 대한 묘사가 제2행에서 그 의미가 더욱 확대되어 있다("시절을 좇아 과실을 맺는도다").

행 안에서 어구들을 서로 다르게 배치하는 것은 사용된 어구들의 의미를 더욱 인상깊게 하는 기본적인 기술들 가운데 하나이다. 이 방법을 카이어즘(chiasm, 교차대구법)이라 한다(왜냐하면, 이것을 도식화하면, 헬라어로 카이[chi]가 되기 때문이다). 잠언 2:4가 좋은 예이다. 히브리어 어순에 따라 번역하면 아래와 같다.

If-thou-seekest-her   as-silver,/
and-as-for-hid-treasures   searchest-for-her//

만일-네가-그것을-구하면   은과-같이,/
또-감추인-보배같이   네가-그것을-찾으면//

                                             (흠정역[KJV])

이 도식은 다음과 같다.

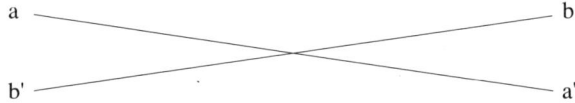

두번째 행에서 그 대응하는 어구들의 순서를 바꾸어 놓음으로써 여기에서 이야기되고 있는 지혜의 귀중함을 돋보이게 하고 있다.

행(行)이 히브리 소절의 기본 단위이지만(위의 각각의 단위 혹은 어구들의 수준에서), 어떤 때는 소위 연(聯, stanza 혹은 strophe)이라고 불리는 보다 큰 단위로 되어 있는 경우가 있다. 이제 논의하게 될 알파벳 나열 시의 경우를 보면, 새 글자는 곧 새 연이 시작됨을 가리킨다. 때로는 후렴이 한 연이 마감되고 새 연이 시작되는 것을 표시하기도 한다. 시편 42-43에서 그 예를 찾아볼 수 있는데, 여기에는 한 이행 연구가 중간중간에 삽입되어 있다(42:5, 11; 43:5). 또 다른 예는 이사야 9:7-10:4와 같이 되풀이 되는 후렴구가 한 연 한 연을 표시할 수도 있다. 종종 시편에서 셀라라는 용어가 그 시의 각 연을 구분하는 것처럼 보이기는 하지만(예를 들면, 시

46편), 어떤 경우에는 그같은 기능을 하지 않을 때도 있으므로 꼭 그렇게 단정해서는 안된다. 그리고 그 담겨진 내용도 종종 그 시를 연으로 나누는 단서를 제공하므로, 우리는 그 사고의 흐름에도 의존할 필요가 있다. 예를 들어 시편 91편은 2행 8연시로서 각 연은 주변의 다른 것들과 다른 별개의 내용을 담고 있다.[26)]

이상과 같은 히브리 시의 특징들 외에도 그 사용된 단어들의 아름다움과 효과를 한층 높이기 위하여 특정한 음성적인 기교가 사용되기도 한다. 그러나 이런 것들은 번역하기가 거의 불가능하기 때문에, 히브리어를 다른 말로 옮기면서 우리는 그 아름다움을 잃어버리게 된다. 그 중의 한 기교는 두운법(alliteration)으로 이것은 각 단어들이나 음절들의 머리에서, 그리고 그 억양음에서 똑같거나 비슷한 소리들이 사용되는 경우이다. 만약 자음 소리가 반복되면 자음 압운(consonance)이라고 한다. 예를 들어 시편 126:6을 보면 첫 행의 처음 세 어구에 히브리 알파벳 글자 카프(독일어의 ch소리와 비슷함)가 반복되다가, 다음 세 어구에는 각각 다른 마찰음(s, sh, 그리고 z)이 나온다.

모음 압운은 또 다른 두운법으로서 억양음의 위치에 같거나 비슷한 모음(자음이 아님)이 오는 경우이다. 예를 들면 에스겔 27:27에서 에스겔이 두로의 멸망에 대해 외칠 때에 이 기교를 사용했다. 에(e) 소리와 아이(ai) 소리가 반복되면서 이 소절의 감정적인 분위기가 강화되고 있다.

선지자들이 가장 잘 쓰는 기교는 언어 유희(paronomasia)였는데, 이것은 단어들의 소리와 의미를 교묘하게 이용하는 것이다(일종의 익살이라 할 수 있다). 이것은 한 단어나 두 개의 단어에 많은 의미를 압축시키는 방법이다. 아모스 8:2에서 선지자는 여름 실과 한 광주리(케룹 카이츠)를 보고 있는 반면, 야훼께서는 그 자음들을 이

---

26) Robinson, p. 45.

용하여 이스라엘의 끝(케츠)이 이르렀다고 하셨다.[27]

히브리 시들의 내적인 특징들 말고도 우리가 간과해서는 안될 외적인 형식이 하나 있는데, 그것은 알파벳시(alphabet acrostic)이다. 이 경우에는 각 소절, 반 소절, 혹은 각 연의 서두에 똑같은 히브리 글자가 반복되면서, 알파벳 순서에 따라 전체 시가 전개된다. 시가서 중에서는 시편 9-10, 25, 34, 37, 111, 112, 119, 그리고 145편에서 알파벳시를 발견할 수 있다. 하나의 완벽한 알파벳시는 현숙한 아내요 어머니를 칭송하는 시인 잠언 31:10-31에서 찾아볼 수 있다. 나훔 1:1-10은 알파벳시로 구성되었던 것으로 보이지만, 그 글자들의 순서와 배치가 일정하지 않다. 예레미야 애가의 첫 네 장은 알파벳시로 되어 있어서 각 소절마다 알파벳 새 글자로 시작된다. 3장의 경우에는 같은 글자가 계속해서 세 소절에 반복되는데, 전체 알파벳 글자가 다 이런 식으로 나타난다. 모든 알파벳 글자가 이 네 장에서 다 사용되었지만, 아인은 2, 3, 4장에서 제 위치에 나타나지 않는다. 그렇지만 시편은 이러한 형식적인 구조의 변화에 대해 타당한 견해를 제시한다. 시편 9편과 10편은 불규칙하게 알파벳 순서에 따라 배열되어 있는데, 오직 열 여덟 글자만 사용되었다. 시편 25편에서 각 소절들은 모두 새 글자로 시작되지만, 와우와 코프는 빠져 있다. 시편 37편은 각 구절마다 새 글자로 시작되는데 아인은 빠져 있다(그러나 그 글자는 28절에 감춰져 있을 수도 있다). 시편 111편과 112편에서는 각 반소절이 새 글자로 시작되며 둘 다 완전한 알파벳시이다. 시편 119편은 바로 알파벳시의 최고봉이라 할 수 있는데, 알파벳 한글자로 시작되는 행이 여덟 번 계속되고 나서 다시 새 글자로 넘어간다. 시편 145편에서는 각 소절이 새 글자로 시

---

27) 참고 N. K. Gottwald, "Hebrew Poetry," *The Interpreter's Dictionary of the Bible*, ed. George A. Buttrick, 3:829-38. 필자의 경우 짤막한 그의 글에서 많은 도움을 얻었다. 또한 R. K. Harrison, "Hebrew Poetry," *The Zondervan Pictorial Encyclopedia of the Bible*, ed. Merrill C. Tenney, 3:76-87을 보라.

작하는데, 눈은 빠져 있다.

알파벳시는 정형화된 구조를 형성하므로 거기에서는 논리적인 전개가 뚜렷하지 않다. 그러나 이것은 쉽게 암기할 수 있다. 이러한 기교는 다른 문헌에서도 발견되었다. 램버트(Lambert)는 악카드 문헌에서 다섯 개의 알파벳시를 찾아냈다.[28]

문법적 평행법을 담고있는 히브리 시를 번역 성경으로 읽는다는 것은 참으로 불리한 일이다. 그러나 좋은 번역들과 주석들, 그리고 성경 단어 사전들이 문법적 평행법을 이해하고 평가하는 데 많은 도움이 될 수 있을 것이다. 또한 바라건대 히브리 시의 특성에 대한 지식을 배가함으로써 히브리 시를 보다 더 잘 이해하고, 또 그 기본적인 특징들에 대해 민감하게 반응할 수 있게 되었으면 한다.

고대 근동에서의 지혜

우리는 이스라엘 종교가 하나의 진화론적인 과정에 의해서 생겨났다거나, 혹은 주변의 종교 문화에서 좋은 것들을 절충하여 생긴 것이라는 가정을 받아들일 수는 없지만, 그럼에도 불구하고 히브리인들의 신앙과 문학이 주변 문화의 영향을 받았다는 것은 인정해야 한다. 상업적, 문화적 교차로인 지중해와 애굽 사이에 위치한 이스라엘은 양대 문화가 교차함에 따라 한편으로 유리한 점도 있었지만, 반대로 불리한 점도 있었다. 이스라엘과 그 주변의 고대 근동 지역의 유사한 문학들의 공통적인 문학적 장르와 사상을 알아보는 것은, 구약 신앙의 가치를 떨어뜨리는 것이 아니고 도리어 그 가치

---

28) Lambert, p. 67.

를 높이 인정하게 한다.

　분량으로 따지자면, 현존하는 문서 중에 지혜 문학으로 분류되는 자료가 이집트에서 가장 많이 나왔다. 이집트 역사 기간 동안 두 왕국, 즉, 고왕국(대략 B.C. 3000-2500)과 신왕국(대략 B.C. 1555-945) 시대에 이런 문서들이 많이 쏟아져 나왔다. 메소포타미아 자료들은 수메르의 것과 바빌로니아의 것으로 나뉘어지는데, 둘 다 양적으로는 이집트의 문서들에 미치지 못한다.

　주로 니푸르(Nippur)에서 발견된 현존하는 수메르 문서들은 대개 B.C. 18세기의 자료들로 추정되기는 하지만, 원래는 B.C. 3000년경에 생겨났었던 것 같다. 메소포타미아 남부에 살았던 수메르인들은 셈족 계통이 아니었다. 그들은 거기에서 큰 문명을 이루었으나 바빌로니아 사람들처럼 하나의 제국을 형성하지는 않았고, 오히려 문화적으로 많은 영향을 끼쳤다.

　바빌로니아인들은 계통상으로 셈족이었음에도 불구하고, 여러 면에서 수메르 문화를 많이 받아들였다. 앞으로 주로 살펴보게 될 바빌로니아 문헌들은 대개 B.C. 2000년 것들로 추정된다. 서부에서는 B.C. 2000년대 후반에 번영한 문화와 나라가 있었는데, 그 유물들이 우가릿(지금의 라스 샴라)에서 발견되고 있다. 비록 우가릿에서는 교훈적인 문헌이 나오지는 않았지만, 그 시들과 언어는 히브리 성경과 유사한 점이 많다. 그러므로 어휘 연구나 문학 양식에 있어서 우가릿 문서들은 구약의 지혜 연구에 많은 도움을 준다. 또한 애굽 왕들과 시리아-팔레스타인 지역과 그 주변 나라들의 군주들 간에 왕래된 문서들의 모음집인 엘 아마르나 서신들(El Amarna Letters; 대략 B.C. 14세기)은 언어학적인 연구에 도움이 된다.

　이 모든 문서들은 고대 이스라엘의 세계와 문학을 이해할 수 있도록 돕는다. 그러나 이것들은 단지 이해에 도움을 줄뿐이고 그 핵심적인 열쇠는 아니다. 시가서의 의미를 푸는 만능 열쇠는 구약 성경 전반에 대하여 철저하게 이해하고, 나아가 특히 히브리 지혜문학을 잘 이해히는 것일 수밖에 없다. 주변의 유사한 문헌들을 주된 지침서로 사용하다가는 자칫 오류에 빠질 수도 있다. 방법론적으로 따지자면, 하나님께서 구약 성경의 신앙을 계시하셨으므로, 반드시 계시된 형식 그대로의 신앙을 우리의 시작점과 종착점으로 삼지 않으면 안된다. 그러나 그것을 이해하는 데 있어서 또 다른 차원, 곧 주변의 언어들과 문헌들이 도움이 된다는 것을 간과한다면, 이것도 또한 불행한 일이 아닐 수 없다. 이제 우리는 단계적으로 주변 나라들의 교훈, 찬송, 속담, 그리고 대화와 독백의 유형들을 살펴보려고 한다.

교훈

이집트 사회는 우주의 질서를 반영하는 것으로 알려졌다.[29] 그러한 사회를 이룰 목적으로 교훈이라는 하나의 문학 양식이 개발되어 여기에 윤리적인 지침이 제공되었다. 그것들은 이집트에서 매우 보편적이었는데, 메소포타미아와 소아시아 지역에서도 발견되었다. 현존하는 문서들의 기간은 성경의 시기와 같이 B.C. 3000년경부터 그리스-로마 시대에까지 이른다.[30] 키첸(K. A. Kitchen)은 이를 두 종류로 구분했다. A유형은 공식적인 제목 다음에 곧바로 본문이 오는 것이고, B유형은 공식적인 제목으로 시작되어, 다음에 서론이 오고, 그 다음에 본문이 뒤따르는 것이다. 현존하는 문서들에 의하면 B.C. 2000년대 초반 이집트와 서부 아시아 지역에서 A유형이 없었

---

29) Miriam Lichtheim, *Ancient Egyptian Literature; A Book of Readings*, 3 vols.(Berkeley, Calif.: U. of California, 1973), 1:5
30) Kenneth A. Kitchen, "The Basic Literary Forms and Formulations of Ancient Instructional Writings in Egypt and Western Asia," *Orbis Biblicus et Orientalis*, vol. 28 of *Separatum aus Studien zu Altaegyptischen Lebenslehren*, ed. Erik Hornung and Othmar Keel(Fribourg, 1979), pp. 235-82, 특히 p. 241.

던 때만 제외하고 이 두 유형이 그 기간동안 공존했다.[31]

  이 교훈들은 성경의 지혜서 중에서 잠언서와 가장 유사하다. 잠언서와 마찬가지로 여기에는 많은 격언들과 윤리적인 가르침들이 있는데, 때로는 귀족이나 왕이 그 아들에게 주는 것일 때가 많다. 키첸은 솔로몬이 쓴 잠언 25-29장과 아굴의 잠언(30장), 그리고 르무엘의 말씀(31장)을 A유형으로 분류하고 잠언 1-24는 B유형으로 분류했다.[32] 솔로몬의 작품들이 문학적으로 고대 근동의 문학과 유사하다는 것은 보고 놀랄 필요가 없다. 왜냐하면 "솔로몬의 지혜가 동양 모든 사람의 지혜와 애굽의 모든 지혜보다 뛰어난지라"(왕상 4:36)는 말씀에서 보듯이, 열왕기서의 저자가 그것들을 비교하여 솔로몬의 지혜가 탁월함을 알 수 있을 만큼 거기에 유사성이 있다는 것이기 때문이다. 이집트에서 나온 몇 가지 예들 가운데 "두아우프의 교훈"(Instruction of Duauf)은 학교에 다니는 학생들을 위한 지침서였던 것으로 보인다(대략 B.C. 1300년).[33] 여기에 보면 어떤 아버지가 자기 아들을 학교에 입학시키러 가는 길에 그 소년에게 공부하는 학생의 생활에 대해 가르치고 있다. 그렇지만 "아멘-엠-헷 왕의 교훈"(Instruction of King Amen-em-het)[34]이나, "아멘-엠-오펫의 교훈"(Instruction of Amen-em-opet)[35]과 같은 문서들이 단지 학생들을 위한 것만은 아니었다. 전자의 경우, 아멘 엠 헷 왕 1세(King Amen-em-het I, 대략 1995-1965 B.C.)가 그의 아들 센 우셀트 1세(Sen-Usert I)를 훈계하면서 그가 결단을 내려야 할 사건들에 대해 가르쳐 주었다. 아버지가 아들에게 권고하는 내용인 "아멘-엠-오펫의 교훈"은 잠언 22:17-24:22와 매우 유사하다. 여기에는 아

---

31) Kenneth A. Kitchen, "Proverbs and Wisdom Books of the Ancient Near East: The Factual History of a Literary Form," *The Tyndale Bulletin* 28(1977): 69-114, 특히 p. 73.
32) Ibid., pp. 100-101.
33) Adolf Erman, *The Literature of the Ancient Egyptians*, pp. 67-72.
34) Ibid., pp. 72-74; *ANET*, pp. 418-19.
35) *ANET*, pp. 421-24.

들이 어떻게 그의 삶과 그의 문제들을 헤쳐 나갈지에 대한 많은 조언들이 담겨 있다. 그 중에 한 예만 들어도 충분할 것이다.

> 분을 내는 사람과 사귀지 말며
> 그를 찾아가 이야기하려고도 하지 말라.
> (9장)

이 말이 잠언 22:24와 얼마나 유사한지 보라.

> 노를 품는 자와 사귀지 말며
> 울분한 자와 동행하지 말지니

찬송시

비록 이 문학적 장르가 지혜 문학에 현저한 것은 아니지만, 다른 문헌에 있는 찬송시를 관찰해 보는 것이 시편을 연구할 때 많은 도움이 된다는 것을 알게 될 것이다. 우리는 수메르, 바빌로니아, 그리고 이집트의 자료들에서 시편과 동종의 문학양식으로 된 찬송시에 대한 지식을 얻을 수 있다. 수메르 문서에 있는 한 흥미로운 찬송시인 "지극히 자비로운 자, 엔릴에 대한 찬송"(Hymn to Enlil, the All-Beneficent)[36]은 수메르 사회 안의 어떤 계층들에서 볼 수 있음직한 경건의 수준을 드러낸다. 이 찬송시는 니푸르(Nippur)의 수호신과 그의 신전, 그리고 그의 아내 닌릴(Ninlil)을 칭송하는 것이다. 무엇보다도 엔릴이 "허다한 무리의 목자"로 불리우는 것이 흥미롭다(84, 93행; 참고, 시 23). 이 찬송시가 가지고 있는 찬미의 특성은 성경의 시편에서 야훼를 찬송하는 것과 비슷하다. 또 하나의 찬송시 "분노의 신 니누르타에 대한 찬송"(Hymn to Nunurta as a God of

---

36) James B. Pritchard, ed., ANET Supp., pp. 573-76.

Wrath)³⁷⁾은 그 신의 원수갚는 특성을 기리는 것이다. 두 행이 한 연으로 구성되어 있으며, 각 행이 처음 시작할 때 "나의 왕"과 "주 니누르타"가 번갈아 나온다.

> 나의 왕은 배역한 땅들의 집들을 정복하시나니,
> 엔릴의 위대한 주,
> 당신은 능력을 받으시도다.
> 주 니누르타는 배역한 땅들의 집들을 정복하시나니
> 엔릴의 위대한 주,
> 당신은 능력을 받으시도다.
> (5-6행)

형식과 내용에 있어서 이 찬송시는 이 땅의 위대한 심판자이신 이스라엘의 하나님을 연상케 한다. 이것은 시편에서 분명히 나타난다. 예를 들어 시편 9편을 보자.

> 여호와께서 영영히 앉으심이여
> 심판을 위하여 보좌를 예비하셨도다
> 공의로 세계를 심판하심이여
> 정직으로 만민에게 판단을 행하시리로다
> (7-8절)

앗시리아 왕 아수르바니팔(Ashurbanipal, 668-633 B.C.)의 훌륭한 도서관에서 바빌로니아 신들에게 탄원하는 기도가 발견되었다. 거기에서는 예배자가 자기 병에서 나음을 얻도록 모든 신들과 여신들에게 호소한다. 그는 어느 신인지 확실히 알 수는 없지만, 자기가 한 신을 노엽게 해서 그 병이 생겼다고 믿고 있었다.

> 내 주의 마음의 분노가 내게 대하여 잠잠케 하소서
> 누군지 모르는 신이여 내게 잠잠하소서
> 누군지 모르는 여신이여 내게 잠잠하소서…
> 그 여신이 내게 분노하시면, 그녀는 나를 병들게 하십니다.

---

37) Ibid, p. 577.

> 내가 아는 신인지 아니면 모르는 신인지 그가 나를 억누르십니다.
> 내가 아는 여신인지 모르는 여신인지 그녀가 나를 고통 중에 있
> 게 하십니다.
>
> (1-3행, 32-34행)[38]

고대 이스라엘 세계의 찬송시를 충분히 이해하는데 도움을 줄 만한 실례들이 이집트 문헌에서도 발견된다. 태양신 '아툼 레-하르-아크티'(Atum Re-Har-akhti)에게 탄원하는 "레-하르-아크티를 향한 기도"(A Prayer to Re-Har-akhti, B.C. 1230년경의 문서)[39]에서 예배자는 자기가 범한 많은 죄들을 고백하고 아툼의 자비를 구한다.

나의 많은 죄로 인하여 나를 벌하지 마소서[왜냐하면] 나는 내 자신을 모르는 사람이요 지각이 없는 자이기 때문입니다. 소가 풀을 찾아 헤매이듯이 나는 종일 내 입을 따라 다녔나이다. 이상의 바빌로니아와 이집트 찬송시들과 성경의 참회시(시 6, 32, 38, 51, 102, 130, 143) 간에는 분명 공통된 사상이 있다. 다윗은 밧세바와 간음을 범한 후에 회개하는 심정으로 이렇게 기도했다.

> 나의 죄악을 말갛게 씻기시며
> 나의 죄를 깨끗이 제하소서
> 대저 나는 내 죄과를 아오니
> 내 죄가 항상 내 앞에 있나이다.
>
> (시 51:2-3)

여신 메레스거(Meresger)를 추종하는 어떤 이집트인 역시 참회하는 심정으로, 그 여신을 거역하여 생긴 병으로부터 구원받은 것을 겸손하게 기념하고 있다. 그 예배자의 기도에서 네페르 아벳(Nefer-abet)은 이렇게 기도한다.

---

38) ANET, pp. 391-92.
39) Ibid., p. 379.

나는 선도 악도 알지 못합니다. 내가 그 봉우리를[40] 거역하는 일을 행하였을 때, 그녀는 나를 징계하였고 나는 밤낮으로 그녀의 손에 있었습니다.[41]

시편 38편에서 고난 중에 있는 그 참회자도 자신의 병은 야훼를 거역한 죄로 말미암은 것으로 믿고 있다.

여호와여 주의 노로 나를 책하지 마시고
분노로 나를 징계치 마소서
주의 살이 나를 찌르고
주의 손이 나를 심히 누르시나이다
주의 진노로 인하여 내 살에 성한 곳이 없사오며
나의 죄로 인하여 내 뼈에 평안함이 없나이다
(1-3절)

또 하나의 이집트 찬송시에서[42] 예배자는 법정에서 그의 신에게 도움을 청하고, 또 어떤 종교적 헌신자는 그의 아들이 병에서 나은 것에 대해 아몬-레(Amon-Re)에게 감사한다.[43]

시리아-팔레스타인 지역에서는 찬송시 자료가 그다지 많이 발견되지 않았다. 시리아 북부 해안의 고고학적 유적지인 고대 우가릿(현재 라스샴라)에서 동종의 문학들이 많이 나왔지만 찬송시는 아직 발견되지 않았다. 그러나 미첼 다후드(Mitchell Dahood)는 그의 해박한 시편 주석에서 우가릿 문서들의 어휘론과 철학에 상당한 비중을 두었다.[44] 그래서 성경의 히브리어에 가장 가까운 것으로 널리 인정받고 있는 우가릿어는, 시편 연구에 있어서 또 하나의 장을 제공했다. 이것은 바빌로니아나 이집트의 문서들 보다 더 유용하다.

---

40) 봉우리는 그 여신의 처소였을 것이다.
41) ANET, p. 381.
42) "A Prayer for Help in the Law Court," ANET, p. 380. 그 번역자는 이 문서들이 B.C. 1230년경의 것이라고 추정한다.
43) ANET, pp. 380-81. 앞의 찬송시와 같은 시기의 것이다.
44) Mitchell Dahood, *Psalms*.

그러나 주의해야 할 것은, 시가서 문헌들을 연구함에 있어서 이것들을 절대적인 자료들로 받아들일 수는 없다는 것이다. 이집트 왕들과 시리아-팔레스타인 지역의 나라들, 그리고 그 근방의 나라들에 있는 이집트 부속 국가의 왕들 간의 편지 모음인 엘 아마르나 서신집(El Amarna Letters, 약 B.C. 14세기)[45]에서 가나안 찬송시들이 자주 언급되는 것으로 봐서 시리아-팔레스타인에도 찬송시 문학이 존재했을 가능성이 높다.

찬송시가 종교적 표현으로서 일반화된 문학 양식이었다는 것은 분명하다. 더구나 동종의 문헌들에서 발견된 찬송시들은 형식과 내용에 있어서 시편과 유사하다. 그러나 성경의 시편들이 보여주는 고등한 수준의 신학적 경지와 표현은 다신교적인 이 문화권에서는 있을 수 없다. 아마도 유일신 사상은 고대 이스라엘의 가장 위대한 유산이었으며, 또한 이것은 그들의 종교 문학을 상당한 수준으로 끌어올리는데 있어서 가장 강력한 촉진제였던 것으로 보인다. 경구

잠언서의 내용들에서 볼 수 있듯이, 경구 혹은 속담(proverb)은 그 길이가 다양해서, 단행으로 된 것도 있고(구약 성경에는 잠언서 외에도 삼상 10:12와 같이 단행으로 된 경구들이 있다. 그러나 성경에 있는 경구의 길이는 보통 2행이다), 여러 행으로 된 것들도 있다.

이집트인의 교훈집들에서[46] 발견된 경구들 외에도 수메르인들의 문헌들을 살펴보면, 수메르인들에게도 경구가 대중적이었다는 증거를 발견할 수 있다. 램버트(W. G. Lambert)는 이것들의 특성에 대해서 논의하면서―그 중에 어떤 본문들은 이중 언어로 되어 있다―이 경구들이 단지 짧고 신랄한 말들로만 된 것이 아니라, 간단한

---

45) Ibid., 1: xxxii.
46) 앞에 있는 "교훈집"에 대한 논의와, pp. 149-52에 있는 잠언(속담)에 대한 논의를 보라.

우화나 일화들도 담고 있음을 지적했다.[47] 하지만 불행하게도 이것들은 언어학적으로 이해하기가 어려울 뿐만 아니라 그 의미도 불확실하다.[48] 그런데 다음의 경우에서는 어렵지 않게 그 의미를 파악할 수 있다.

친구에게도 악을 행하는 것을 보니,
원수에게는 무슨 짓인들 못할까?[49]

그런데 바빌로니아 경구들은 이상하게도 아주 극소수 남아 있다. 램버트는 경구가 구어체의 대화에서 널리 사용되었다는 증거가 있기는 하지만 이것이 바빌로니아와 앗시리아 문헌들에서 대중적인 장르는 아니었다고 주장한다.[50]

우가릿에서는 아직까지 어떤 교훈적인 자료들이 나오지 않았지만 스토리(C. I. K. Story)는 잠언서의 시적인 형식이 종종 우가릿 서사시들의 형식과 유사하다는 것을 입증했다.[51] 더구나 잠언서에는 우가릿 문서들에서 발견된 단어들과 평행 어구들이 많이 있다.[52] 우가릿 문서에는 교훈적인 자료들이 거의 없음에도 불구하고 올브라이트(Albright)는 "엘 아마르나 서신집"(약 B.C. 14세기)에 있는 경구들에 관심을 기울인다. 올브라이트는 세겜의 라바이우(Lab'ayu of Shechem)의 한 편지에서 다음과 같은 한 경구를 인용하고 있다.

---

47) W. G. Lambert, *Babylonian Wisdom Literature*, p. 222. 비록 니푸르(Nippur)에서 나온 현존하는 문서들이 약 B.C. 18세기 것들로 추정되지만, 올브라이트는 이것들이 이미 B.C. 3000년경에 지어졌다고 주장한다. 이것은 가장 오래된 이집트의 교훈적 자료들만큼이나 이른 시기에 해당하는 것이다. 참고, W. F. Albright, "Some Canaanite-Phoenician Sources of Hebrew Wisdom," WIANE, pp. 1-15. 특히 pp. 3-4.
48) Lambert, p. 224.
49) Ibid., p. 232. 이것은 앗시리아에서 유래한 것은 아니지만, 소위 앗시리아 모음집에 있는 것이다.
50) Ibid., pp. 275-76.
51) Cullen I. K. Story, "The Book of Proverbs and Northwest-Semitic Literature," JBL 64(1945): 319-37.
52) Albright, pp. 6-7.

개미들은 맞으면, 조용히(맞은 것을) 참지 않는다
오히려 자기들을 때리는 사람의 손을 깨문다.⁵³⁾

성경에서는 잠언 두 구절이 개미를 그 주제로 삼고 있다(잠 6:6; 30:25). 올브라이트는 계속해서 잠언 8-9장에 가나안식 단어들과 표현들이 많이 있다고 주장한다.⁵⁴⁾ 그러므로 경구와 잠언 문학의 보편적인 문학적 양식이 고대 이스라엘 세계의 주류 문화 속에서도 있었다는 것이 입증되었다.

변론/독백

일상 생활의 품행을 넘어서, 보다 넓은 신학적 체계 안에서 신적 공의의 문제까지를 다루고자 하는 것이 이 문학 장르의 관심사이다. 이 문학 형식이 독백 혹은 변론이다. 욥기와 전도서가 바로 이 부류에 속한다. 욥기는 고대 근동 문헌 중에서 변론의 정수로 꼽힌다. 이집트 문헌에서는 이 장르에 속하는 문서들이 바빌로니아의 문헌들에서만큼 발견되지 않았다. 먼저 우리는 욥기를 연상시키는 그 작품들과 거기에서 야기된 문제들을 살펴보려고 한다. 사실 바빌로니아의 사색적인 문헌들은 정의의 문제에 심취한 것 같다. "의인의 고난에 대한 시"(혹은 "나는 지혜의 주를 찬양하리")⁵⁵⁾는 어떻게 해서 신 마르둑(Marduk)의 신자가 자신이 그의 신과 여신에게 버림받았다고 믿게 되었는지를 말하고 있다. 계속되는 고통과 굴욕의 와중에서 그는 마르둑의 뜻을 예측할 수 없었다고 했다. 비록

---
53) Ibid., p. 7.
54) Ibid., pp. 7-9.
55) Lambert, pp. 30-62. 그는 이 본문의 음역과 번역을 제공한다. 이 작품에 대한 그의 개요는 매우 유용하다. 여기의 인용들은 그의 책에서 온 것이다.

그의 친구들이 그의 고난을 악용했지만, 욥과 같이 그들과 논쟁을 벌리지는 않았다. 오히려 그의 말은 독백 형식으로, 여기에서 그는 그의 문제와 고난을 다시 생각하였다. 그는 불공정함에 대한 문제들을 생각하다가, 신들의 윤리 기준이 사람들의 정의에 대한 기준에 비교했을 때 역설적인 것이라고 결론지었다.

> 사람에게 적절한 것이 그의 신을 거슬리게 하고,
> 사람의 마음 속에 야비한 것처럼 보이는 것이
> 그의 신에게는 적절하다.
>
> (34-35행)

어떤 학자들은 제4서판을 이 내용에 연결시키지만, 램버트는 이것들을 연결시키기는 곤란하다고 지적한다.[56] 만약 이 서판과 그 내용이 연관되어 있다면, 그 예배자는 자신의 신 마르둑에 의해서 회복되었을 것이다. 제4서판이 이 특정한 내용에 속한 것이든지 그렇지 않든지간에, 이것의 주제가 신적 공의를 변호하는 것이라는 사실에는 변함이 없다.

욥도 역시 신적 공의에 대한 문제에 심각하게 몰두해 있었다. 그리고 그도 역시 인간의 윤리 기준이 하나님의 기준과 아주 다를 수 있다는 가능성을 시사하고 있다.

> 나는 순전하다마는
> 내가 나를 돌아보지 아니하고
> 내 생명을 천히 여기는구나
> 일이 다 일반이라 그러므로 나는 말하기를
> "하나님이 순전한 자나 악한 자나 멸망시킨다" 하나니
> 홀연히 재앙이 내려 도륙될 때에
> 무죄한 자의 고난을 그가 비웃으시리라
> 세상이 악인의 손에 붙이웠고
> 재판관의 얼굴도 가리워졌나니

---

56) Ibid., pp. 24-46.

그렇게 되게 한 이가 그가 아니시면 누구이뇨?

(욥 9:21-24)

그러나 욥은 이 바빌로니아 시에 나타난 물질주의를 초월하고 있다. 왜냐하면 신적 공의는 의인의 행복 그 이상의 차원에 있다는 하나님의 말씀이 그에게 계시되었기 때문이다. 하나님의 공의는 그의 모든 창조 세계에 미치고 있다. 만약 그것이 욥이 생각했던 것처럼 기계적인 것이었다면, 거기에는 정말로 전혀 문제가 없었을지도 모른다. 비록 욥기의 결말은 공의를 하나님께서 그의 세상을 섭리하시는 다양한 측면의 하나, 곧 유효하고도 중요한 한 부분으로 인정하고 있기는 하지만, 그 섭리를 모두 공의 하나에 제한시킬 수는 없다.

둘째 문서는 소위 "바빌로니아 신정설"(The Babylonian Theodicy)이라는 것이다. 램버트는 이 문서의 연대가 B.C. 1000년 경이라고 추정한다. 이것은 27연으로 된 알파벳시이고, 각 연은 11행으로 되어 있다. 11행은 모두 시편 119편과 마찬가지로 똑같은 쐐기문자로 시작한다.[57] "의인의 고난에 대한 시"에서 그 주인공의 병과 불행을 악용하는 친구들이 사실상 무시되어 있었는데, 이 시는 그 고난받는 자와 한 친구 간의 대화로 되어 있다. 그 고난받는 자가 사회적인 불공정함에 대해 의문을 제기하고 그의 친구는 거기에 "정설"로 대답한다. 욥과 마찬가지로 그 희생자는 자기가 얼마나 그의 신에게 헌신적이었는지를 회상한다.

내 젊은 날에 나는 나의 신의 뜻을 구했었네
엎드려 기도하며 나의 여신을 좇았네
그러나 나는 무익한 노역의 멍에를 지고 있었을 뿐
나의 신은 부(富) 대신에 궁핍을 선고했네
불구자가 나보다 낫고, 미치광이가 나보다 좋겠네

---

57) Ibid., pp. 63-91. 램버트의 책에서 인용함.

악한 이들은 높이 들리었건만, 나는 낮아졌다네
                                              (VII. 72-77)

   그리고 욥의 친구들과 아주 흡사하게 그 친구도 대답하기를 고난받는 자가 그의 신을 거역했다고 한다.

    내 친애하는 친구여, 지식이 있는 자여,
    그대 생각이 사악하도다
    그대가 옳은 길을 버리고 불경하게도
    그대의 신의 계획을 거슬리는구나
    네 마음은 신의 명령들을 어기기에 급하도다.
                                              (VIII. 78-80)

   그의 친구의 "정설"(定說)은 욥의 친구들과 마찬가지로 경건하면 신의 은총을 보상으로 받는다는 것이었다.

    불경한 자는 부유한 자를 사취하고
    필살의 무기가 그를 위협하도다
    그대가 신의 뜻을 구하지 않으니,
    그대에게 무슨 유익이 있겠는가?
    자기 신의 멍에를 지는 자는
    빈궁하여도 주리지 않으리니.
    부드러운 신의 바람을 구하라
    한 해 동안 잃은 것을
    한 순간에 보상받으리라.
                                              (XXII. 237-42)

   그러나 욥과 마찬가지로 고난받는 자는 실제 삶 속에서 그것이 항상 진리일 수 없다는 것을 보았다.

    내가 사람 사는 곳을 보지만 사실은 그 반대로다
    신은 마귀의 길을 막지 않는구나…
    신 앞에 엎드리는 것이
    내게 무슨 유익이 있었는가?
    천한 자를 만나도 그 아래 엎드려야만 하는도다

쓰레기 같은 인간들도 부유하고 풍요로운 자들처럼
나를 경멸하는구나

(XXIII, 243-44, 251-53)

그 친구가 제시하는 마지막 해결책은 신들이 인류 가운데 사악함과 부정함을 심어 놓았다는 것이다.

신들의 왕이요 인류의 창조자인 나루(Narru)와,
그들의 진흙을 파낸 위엄 있는 줄룸마르(Zulummar),
그리고 그들을 빚어낸 여왕인 여신 마미(Mami)가
인류에게 사악한 말을 주었다.
좋은 거짓말들, 진실하지 못함을 영원토록 인간에게 주었다.
인간들은 부자를 좋아하여 말하기를
"그는 왕이요 부(富)가 그와 함께 하는도다"라고 말한다.
그러나 그들은 도둑처럼 가난한 자를 해한다.
그에게는 보호가 없으므로 그들은 그를 범죄한 자처럼 모든
악으로 고통받게 한다.
무섭게도 그들은 그를 죽이려고 하고 불꽃처럼 그를
삼키려 한다.

(XXVI. 276-86)

고난받는 자는 분명히 이 해결을 받아들이면서 그의 신에게 자비를 구하고 이 시를 끝낸다(XXVII).

우주가 정의의 원리 위에 세워지지 않았다는 전제는 욥이 그렇게 인정하려고 유혹받았다가 결국 인정하지 않았던 것이다. 그의 친구들은 분명히 그렇게 믿지 않았다. 욥과 그의 친구들은 또한 하나님이 인류 가운데 도덕적인 타락을 심어 놓았다고 결론 내리지도 않았다. 비록 이 시가 놀라울 정도로 욥기와 비슷한 데가 있지만, 그 전제와 결론에 있어서는 근본적으로 완전히 다르다.

크레이머(S. N. Kramer)는 니푸르에서 나온 수메르 문서들 중에서 또 하나의 다른 시가 의로운 사람의 고난이라는 주제를 다루고 있다고 보았다.[58] 이 시는 대략 B.C. 1700년경의 것으로 추정되지만,

실제로는 그보다 앞선 B.C. 2000년 경에 지어졌던 것 같다.[58] 이 시에서 시인은 고난과 역경의 순간에 그것들이 얼마나 이치에 맞지 않는 것으로 보이든지 간에 상관없이 오직 그 희생자가 취해야 할 태도는 계속해서 그의 신께 영광 돌리고, 그의 신이 그의 사정에 개입하기까지 그 앞에서 계속하여 슬퍼하며 통곡해야 한다는 것을 주제로 다루고 있다. 그 헌신자가 끈질기게 매달리므로 그의 신이 감동하여 그를 구원하였다.

이와 같이 의인이 개인적으로 받는 고난이라는 주제가 메소포타미아 문헌들에도 나타나고, 동시에 히브리 문헌들에도 실려 있다. 그러나 이 주제는 보편적인 것으로서, 그 근본적인 차이는 주제에 있는 것이 아니라, 어떻게 그 주제가 정형화되고 또 특히 어떻게 그 해결이 제시되는가에 있다.

시가서 중에서 사색적인 내용을 담은 두번째 것은 전도서이다. 욥기와 마찬가지로 전도서와 문학적으로 유사한 바빌로니아 문헌들이 있다. 그 중의 하나는 "비관주의적 변론"(The Dialogue of Pessimism)[60]으로, 여기에는 한 주인과 종이 여러 인간들의 수고함에 따르는 유익에 대하여 대화하는 내용이 담겨 있다. 그 작품에 대하여 여러 가지 이견이 있는데 램버트는 이것을 하나의 풍자로 본다.[61] 주인이 먼저 그가 하고자 하는 활동에 대해서 이야기하면, 그 다음에 종이 그에 대해 반박하는 형식으로 되어 있다. 이 반박은 어떤 의도를 가졌다기 보다는 단지 힘써 수고하는 것이 무익할 뿐이라고 말하는 것이다.

종이여, 내 말을 들어라. "예, 주인이시여 내가 여기 있나이다"
나는 한 여인을 사랑하려고 한다. "그렇다면 주인님, 사랑하십시오

---

58) S. N. Kramer, "Man and His God, A Sumerian Variation on the 'Job' Moti," WIANE, pp. 170-82. 또한 ANET Supp., pp. 589-91.
59) Ibid., p. 170.
60) Lambert, pp. 139-49. 또한 ANET Supp., pp. 600-601. 램버트의 책에서 인용함.
61) Ibid., p. 139.

한 여인을 사랑하는 남자는 슬픔과 두려움을 잊을 수 있답니다."
아니다, 종이여, 나는 결코 여인을 사랑하지 않겠다.
"사랑하지(마십시오) 주인님, 사랑하지 마십시오.
여자는 함정입니다. 함정이요, 구덩이요, 수렁일 뿐입니다.
여자는 남자의 목을 자르는 날카로운 단검입니다."

(46-52행)

결국 그 주인이 종을 불러 무엇이 선한 행위인가를 말하라고 하자, 그 종은 오직 죽는 것만이 일생에 선한 것이라고 대답했다(79-86행).

비록 전도서 역시 죽는 것이 사는 것보다 나으며(전 4:2), 차라리 출생하지 않는 것이 더 좋았을 것이라고 하지만(4:3), 그러나 이것이 전도서의 최종 결론은 아니다. 왜냐하면 생명은 하나님의 선물이요, 인간이 그 일생을 살아가는 것은 그의 책임이기 때문이다(5:18). 그러므로 전도서에 염세적인 소리가 있는 것은 분명한 사실이지만, 그 부조화는 더욱 현실적이고 낙관적인 철학으로 승화한다. 죽음이 비록 모든 인간의 운명이기는 하지만, 그것이 최선의 선은 아니다.

"어느 비관주의자의 조언들"(Counsels of a Pessimist)[62]이라고 불리는 한 짤막한 단편은 인생을 회의주의적인 관점에서 보기는 하지만, 그렇다고 염세적인 것이라고 할 수는 없다. 오히려 전도서와 비슷하게 그 저자는 인간이 비록 본질적으로 덧없는 존재이기는 하지만 종교와 전원적인 삶을 추구해야 한다고 권한다.

사람들은 그리고 그들이 이룬 모든 것들은 끝이 나기 마련이다…
너를 지은 신 앞에 끊임없이 자원하여 바칠 것이며,
너에게 자식을 허락한 네 마을의 여신에게 엎드려 절하고,
네 가축 떼를 생각하고, 곡식들을 기억하라

(10, 12-14행)

---

62) Lambert, pp. 107-9. 램버트의 책에서 인용함.

그런데 이상에서 예로든 문헌들은 우리가 구약 성경의 사색적인 문헌들에서 볼 수 있는 신앙의 통일성이라든지, 심오한 사상성이라든지 하는 정도의 수준에는 미치지 못한다. 이 점에 있어서 성경의 문헌들은 비록 절대적인 다양성을 가지고 있기는 하지만, 그 문헌들 속에는 근본적으로 유일신 사상이 스며 있으며, 그 사상과 가르침 속에는 계약적 원리에 따른 윤리가 담겨 있다.

외경에서의 지혜

여러 가지 이유로 유대인의 정경에 포함되지 못한 책들 중에서, 두 권이 정경에 있는 지혜 문학의 내용과 문체를 많이 반영하고 있다. 이것들은 곧 집회서, 즉 『예수 벤 시락의 지혜서』와 『솔로몬의 지혜서』이다.

포로 시대 이후 예언이 점차 사라지자 히브리 지혜 사상이 하나의 종교적인 표현 양식으로서 그 중요성을 더하게 되었다. 포로 시대 이전에는 이스라엘에게 주의 말씀을 선포하는 선지자들과 조언을 주는 지혜자들이 공존하였지만(렘 18:18, 물론 이 구절에 나타난 것처럼 그들이 항상 화합했던 것은 아니다), 포로 시대 이후에는 선지자들의 활동이 사라졌다. 이스라엘이 수세기 동안 선지자들의 말씀에 의존했던 것을 고려해 볼 때, 그 말씀이 정지된 공백 상태는 참으로 심각하지 않을 수 없었을 것이다. 물론 예언이 그치기 전에 이미 지혜 사상이 확실한 힘을 가질 만큼 발달되어 있어서 그 손실을 부분적으로나마 보상할 수는 있었다. 여기에는 비록 회개와 급격한 변화를 촉구하는 선지자적인 명령은 없었지만, 그래도 선지자들의 말씀과 마찬가지로 지혜는 교훈적이었다. 포로 시대 이후 지혜는 율법을 강조함으로써 그 손실을 보상했다. 이것도 역시 선지자들이 강조했던 것 가운데 하나이다(사 24:5; 렘 7:9; 9:13; 호 4:2; 8:12).

집회서는 히브리어로 약 B.C. 190년경에 쓰여졌다가 B.C. 2세기 후반에 헬라어로 번역되었는데,[63] 이것은 율법에 주목한다는 점이 특이하다. 지혜는 이미 하나님의 속성 가운데 하나로 알려졌으며 의인화되었다(잠 8). 예수 벤 시락은 율법과 지혜를 동일시하여, 지혜가 누렸었던 높은 지위를 율법에게도 동일하게 부여했다. 15:1에서 그는 율법을 지키는 것이 지혜라고 선언한다.

> 주를 두려워하는 사람은 이와 같이 행하고
> 율법을 체득한 사람은 지혜를 얻으리라

전도서의 전통에 따라 그는 야훼를 경외하는 것을 그의 율법을 지키는 것에 연결시켰고, 또 이것들이 지혜를 이룬다고 확신하였다.

> 율법을 지키는 사람은 자기 생각을 통제할 수 있고
> 주님에 대한 두려움은 지혜로써 완성된다.
> (21:11, 공동 번역에 따름―역자 주)

지혜와 율법은 불가분의 관계에 있다. 벤 시락은 한 수려한 구절에서 율법이 지혜를 낳는다고 언급했다.

> 이 모든 것은 지극히 높으신 하느님의 계약의 글월이며,
> 우리 야곱 가문의 유산으로 모세가 제정해 준 율법이다.
> 율법은 비손강 물처럼
> 추수 때의 티그리스 강처럼 지혜를 넘치게 하며
> 유프라테스 강물처럼,

---

63) Otto Eissfeldt, *The Old Testament, An Introduction*, p. 597. 그는 이 번역을 B.C. 117년 이후의 것으로 추정한다.

추수 때의 요르단 강처럼 깨달음을 넘치게 하고
나일강처럼
포도철의 기혼강처럼 교훈을 넘치게 한다.
지혜를 완전히 터득한 사람은 일찍이 아무도 없었으며,
그 깊이를 완전히 알아 낸 사람도 고금에 없다.
지혜의 생각은 바다보다 더 넓고,
그 계획은 심연보다 더 깊다.
나로 말하면 강에서 흘러나오는 운하와 같고
낙원으로 흘러가는 물줄기와 같다.
내가, "나의 정원에 물을 대고
화단을 흠뻑 적시리라"하고 말하자
나의 운하는 곧 강이 되고,
강은 또 바다가 되었다.
나는 교훈을 아침해같이 빛나게 하여,
그 빛을 멀리에까지 뻗게 하리라.
나는 가르침을 예언과 같이 널리 펼 것이며,
미래의 세대에까지 물려주리라.

(24:23-33, 공동 번역에 따름—역자 주)

벤 시락은 지혜가 하나님께로부터 직접 나왔고(24:3-5), 세상이 있기 전에 창조되었으며, 또 영원한 존재라고 믿었다(1:4; 24:9). 외스털리(Oesterley)는 주장하기를 벤 시락의 가르침은 잠언에 근거한 것이지만 그의 작품은 잠언과 솔로몬의 지혜서 중간의 전환단계에 있는 것이라고 했다.[64] 그러므로 벤 시락의 시대에 이르러서는, 잠언 1-9에서 지혜를 의인화 한 단계에서 더 나아가 지혜를 실체화하게 되었다. 즉 다시 말해서 지혜는 하나님께 의존하기는 하지만, 하나님과 구분되는 실체로서 의식과 인격의 소유자라는 것이다.

그렇지만 지혜 운동이 그 정점에 다다른 것은 솔로몬의 지혜서에서이다. 부분적으로 혹은 전체적으로 이것은 B.C. 1세기 경의 작

---

64) W. O. E. Oesterley, *The Wisdom of Jesus, the Son of Sirach, or Ecclesiasticus*, pp. 46-48.

품으로 추정된다. 플럼트러(Plumptre)가 제시한 가정이 점차 많은 학자들의 인정을 받게 되었는데, 그의 주장에 따르면 이 책의 저자는 전도서의 가르침이 부정확하다고 믿고, 이것을 논박하고 바로잡기 위하여 이 책을 썼다는 것이다.[65] 바튼(Barton)은 이 두 책 간에 평행하는 구절들에 대하여 다음과 같이 제시하였다.

솔로몬의 지혜서와 전도서의 평행 구절들

지혜서	전도서
2:1	2:23; 5:18
2:2	3:19
2:3	12:7
2:4	1:11; 2:16; 9:5; 2:11
2:5	6:12; 8:8
2:6	2:24
2:7	9:7
2:8	9:8
2:9	3:22; 5:18; 9:8[66]

의인들이 당해야 하는 고난을 이해할 수 없었음에도 불구하고, 그 저자는 다른 사람들처럼 그의 신앙을 포기하려는 유혹을 물리쳤다. 그는 욥기, 전도서, 그리고 시편 37, 49, 73편의 저자들이 그랬었던 것처럼, 의인의 고난을 설명하기 위해 우주의 불가사의한 일들을 생각했다(1-10장). 결국 불멸에 대한 소망이 그에게 큰 위로가 되었다(3:1-9; 5:15-23).

솔로몬 왕을 자처한 이 저자는 아름다운 찬사들을 사용해서, 지혜를 신의 영광을 입은 천상의 존재로 묘사하고 있다(6:9-11:1).

---

65) E. H. Plumptre, *Ecclesiastes; or the Preacher*, pp. 70-75.
66) George Aaron Barton, *A Critical and Exegetical Commentary on the Book of Ecclesiastes*, pp. 57-58.

지혜는 모든 움직임보다 더 빠르며
순결한 나머지 모든 것을 통찰한다.
지혜는 하느님의 떨치시는 힘의 바람이며
전능하신 분께로부터 나오는 영광의 티없는 빛이다.
그러므로 티끌만한 점 하나라도 지혜를 더럽힐 수 없다.
지혜는 영원한 빛의 찬란한 광채이며
하느님의 활동력을 비쳐 주는 더없는 거울이며,
하느님의 선하심을 보여주는 형상이다.
(7:24-26, 공동 번역에 따름—역자 주)

더 나아가 지혜는 창조이래 역사를 움직이면서, 이스라엘에 임재하여 거기에 활력을 불어넣는, 전 우주에 미치는 강한 힘이었다 (10:1-21). 이 책은 신약 사상에 많은 영향을 미쳤는데, 특히 바울 사상과 요한 복음의 로고스 사상에 그러했다. 요한은 "말씀이 하나님이었다"고 선포한다.

정경 밖에서의 지혜 운동은 이 두 책보다 훨씬 광범위하다. 묵시 문학 운동과 함께 지혜 운동은 유대인들과 기독교인들의 삶과 신앙에 지워지지 않을 만큼 강한 영적 자극과 표현 양식을 제공했다.

2
지혜신학

　지혜서는 광범위하고 포괄적이기 때문에 그 신학을 단 몇 장에 모두 옮기기란 결코 쉬운 일이 아니다. 그러나 만약 우리가 거기에 대한 일반적인 신학적 윤곽만이라도 훑어 본다면, 좀 더 예리한 지각으로 그 광범위한 지혜의 영역에 접근할 수 있을 것이다.
　여기에서는 단계상 우리의 관심을 대체적으로 지혜서들에 맞추겠으나, 다만 불멸에 관한 부분에 대해서는 예외적으로 거기에 관련된 시편 자료들을 다룰 것이다 시편의 다른 신학적 초점들은 다른 장에서 다루어질 것이다. 아가서는 그 자체가 매우 복잡하기 때문에 편의상 현재의 논의에서는 제외시켰다. 아가서는 어떤 해석학적 원리를(예를 들면, 풍유적인가, 문자적인가) 적용시키느냐에 따라 그 신학이 크게 달라질 수 있는데, 이 문제들에 대해서는 이 책에 있는 아가서 서론에서 논의하게 될 것이다.
　우리의 시각에서 볼 때, 성경 신학의 과제는 '본문이 그 당시 고대 청중들에게 무엇을 의미했고(what it meant), 또 오늘날 우리에게는 무엇을 의미하는지(what it means)를 설명하는 것'이므로, 우리는 이 문제들을 차례대로 다룰 것이다.

지혜 신학의 과거의 의미

주권자 하나님

　지혜서들은 놀랄 만큼 다양한 신론(神論)을 보여준다. 예를 들어 우리의 시각은 주인공의 체험을 통해서 하나님을 전능자이지만, 아직 초도덕적인 존재로 보는 것에서, 하나님은 전능자이면서도 신비스러울 정도로 자비로운 분으로 보는 것으로 바뀌게 된다. 그러나 성경의 지혜 문학에 나타난 다양한 시각들에는 어떤 공통분모가 있는 것 같다. 성경의 지혜는 하나님을 찾으려는, 그리고 우주 안에 있는 관련된 요소들을 탐구하려는 인간의 노력에 대한 기록을 제공하고 있다. 그러므로, 여기에 나타난 신관(新館)이 대체적으로 지혜가 규정했던 요소들의 용어들, 즉 신적 공의, 도덕적 가치, 인간의 행복, 물리적인 세계의 경이로움 등의 용어들로 표현되는 것은 논리적으로 당연하다.

　지혜는 사회적이고 개인적인 안정을 추구하기 때문에, 무엇보다도 인생의 개인적이고 사회적인 차원에 초점을 맞추고, 그 다음에 인간이 관련을 맺고 또 거기에 조화를 이루며 살아가야 할 물리적인 세계에 초점을 맞추었다. 이 고대의 종교적 "인문주의"는 창조주 하나님에 대해 강력하게 주장함으로써, 인간의 중요성과 그 능력을 과장하는 것을 피하였다. 초자연적인 것에 대한 믿음이 이러한 사상과 생활을 가능하게 한 것이다.

　어떤 학자들은 히브리 지혜가 초기에는 순전히 비종교적인 것이었다고 주장하는데,[1] 지혜 운동이 히브리 사회에 아주 널리 퍼져

---

1) p. 36을 보라.

있었다는 것과, 삶의 의미를 그렇게도 깊이 꿰뚫고 있다는 것을 생각해 보면, 이것이 순전히 비종교적인 것이었다고 생각하기는 어렵다. 설사 이것이 가장 실용적인 형식을 취하고 있다 해도 그 결과는 마찬가지이다. 고대 근동에서 종교적인 것과 세속적인 것은 뗄레야 뗄 수 없는 관계에 있었다. 심지어 '프타호텝'(Ptah-hotep, 대략 B.C. 2450)[2]이나, 『메리 칼 레 왕을 위한 교훈』(Instruction for King Meri-Kar-Re, 대략 B.C. 20세기)[3]과 같이 더 오래된 이집트 지혜 문서들조차도 종교적인 요소를 가지고 있다. 수직적인 시각(하나님과 인간)이 수평적인 시각(사람과 사람)에 스며 있으며, 또 그것을 조절한다.

그러므로 지혜 문학에 있어서 신론이야말로 그 핵심적인 주제가 아닐 수 없다. 그러나 대체로 하나님께서 지혜문학을 통해서는 선지자들을 통해서 말씀하셨던 것처럼 그런 식으로 직접 말씀하시지는 않는다. 오히려 여기에서 하나님은 인간의 이성과 본성을 매개체로 취하여 당신을 계시하신다. 이것은 수위 "자연계시"라는 넓은 범주에 속하는 것이다. 그러나 우리는 여기에 "특별계시"가 관련되어 있지 않다고 엉뚱하게 결론을 내려서도 안된다. 왜냐하면 분명히 특별계시는 인간의 이성과 자연적 관찰의 배경을 이루고 있기 때문이다. 즉 인간은 하나님을 떠나서 우주를 이해할 수 있을 만큼 대단한 존재가 아니다. 율법이 그 과정을 뒷받침한다. 욥의 지혜시(28:28)와 욥기에 있는 하나님의 연설들(38:1-42:6)에서 그렇듯이, 우리는 아주 드물게 하나님으로부터 직접 말씀을 받는 경우가 있다.

성경의 지혜에 나타난 "인문주의"는 인간이 따라야 할 행동 지침이 오로지 인간적인 이성과 자연 질서뿐이라는 입장을 받아들이지 않는다. 하나님께서 인간의 마음과 자연 세계를 통하여 일하신다는

---

2) James B. Pritchard, ed., *ANET*, pp. 412-14.
3) Ibid., pp. 414-18.

것이 이 책들에 나타난 사상 체계의 근본적인 입장이다. 이러한 전제 위에, 지혜는 먼저 자연 질서를 이해하도록 하고, 나아가 이 세상과 인간존재를 창조하시고 다스리시는 하나님을 더욱 깊이 이해할 수 있도록 한다.

성경의 지혜 문학에서 보게 되는 하나님의 근본적인 속성들의 하나는 하나님의 창조적 권능과 활동이다(욥 28:23; 25:27; 38:4-39:30; 잠 3:19-20; 8:22-34). 이미 앞에서 설명했던 바와 같이, 지혜는 이 세상과 인생이 맨 처음 어떻게 시작되었는가라는 실존적인 질문에 대답하려고 하는 것이기 때문에, 이것은 논리적으로 당연하다. 다시 말해서 지혜는 우리가 어디로 가느냐의 문제보다, 왜 우리가 여기 있게 되었는가라는 문제에 관심을 기울인다. 이 문학의 욧점은 종말론이 아니다. 지혜 문학의 윤리 사상은 하나님이 이 세상의 창조자라는 교리에 확고하게 기초를 내리고 있다는 것을 랜킨(Rankin)이 이해하기 쉽게 설명하였다.[4] 바로 이 가르침이 사람들로 하여금 다른 사람에게 어떻게 바르게 행동할 것인지를 생각하게 만든다. 왜냐하면 이것은 모든 사람이 다 똑같이 하나님으로 말미암아 창조되었다고 가르치기 때문이다.

또한 하나님께서 이 전체 세상과 모든 인류를 창조했다고 가르치는 구약의 창조 교리는 하나님을 보편적인 시각에서 바라보게 한다. 이 문학이 구원의 교리에 대한 측면을 덜 강조하고 있다고 해서, 지혜자들이 구원에 대한 문제를 중요하게 여기지 않았다고 말할 수는 없다. 오히려 지혜는 이 우주에 관련된 하나님의 창조적 역할을 강조하므로, 인간과 하나님의 관계를 태초에 만물이 창조된 바로 그 순간에 연결시킨다. 성경의 첫 권에서 보듯이 이것이야말로 정경이 강조하는 핵심이다. 누구든지 구원자가 바로 창조자라는 사실을 깨닫게 되면, 구원의 교리는 오직 우주적인 명제 안에서만

---

4) O. S. Rankin, *Israel's Wisdom Literature: Its bearing on Theology and the History of Religion*, pp. 9-10.

이해될 수 있다는 주장에 대해 반론을 제기할 수 없을 것이다. 비록 정경에 있는 지혜 문학이 이러한 사상을 구체적으로 드러내지는 않았지만, 이것은 율법과 선지자들이 제시하였던 구원에 대한 내용을 보완할 만한 신학적인 요소를 가지고 그 나름대로 구약 신학에 기여하고 있다.[5]

의무를 가진 인간

개인적인 관점. 지혜 문학은 사회질서상 가장 기본적인 단위인 개인을 대상으로 하여 그 사람이 어떻게 사회의 안정에 기여할 수 있을 것인가에 대한 문제를 이야기한다. 물론 지혜 교사들은 보다 광범위한 사회적 질서에도 관심을 가지고 있었지만, 그들은 그 사회의 가장 기본 단위에서 변화가 있을 때에 비로소 사회적인 변화가 제일 효과적으로 일어난다는 진리를 깨닫고 있었다. 인간의 잠재성이 지혜문학의 저자들에 의해 깊이 연구되어 널리 알려지게 된 것이다. 지혜교사들은 인간을 이성과 의지를 부여받은 놀라운 피조물로서 이 세상에서 자신의 행동에 대해 책임이 있는 존재로 보았다. 모든 인간이 각각의 사명에 부름받았다는 것, 또 그 부름에 어떻게 응답하느냐에 따라 그 인생의 운명이 결정된다는 것이 그들의 입장이었다. 그래서 그들은 게으름, 탐욕, 허랑방탕함 따위 같은 인간의 약점들은 사람의 성품에 있어서는 안될 요소라고 보았다. 왜냐하면 이런 것들은 모든 인간들로 하여금 자신에게 주어진 모든 능력들을 완전히 사용해야 할 책임을 다하지 못하도록 하는 것이기 때문이다. 지혜문학은 사람들로 하여금 자기 잠재성을 발휘하며 살

---

5) 정경외 문헌인 "솔로몬의 지혜서"에 보면, 그 지혜자는 창조론과 구원론, 이 두 교리를 결합시켜 지혜를 역사의 역동적인 힘으로 묘사했다.

도록 촉구하며, 책임을 회피할 수 있는 여지를 허락하지 않는다.

어떤 학자들은 개인적인 책임에 대한 사상을 이스라엘 후대에 발전된 것으로 보고, 그것이 예레미야 시대에 와서야 겨우 완숙한 단계에 이르렀다고 주장한다(렘 31:29-30; 겔 18). 그러나 그들의 주장과는 달리, 개인적인 책임에 대한 사상이 그렇게 단선적으로 발전되어 온 것은 아니다.[6] 여기에 대해 결정적인 실례들이 있다. 예를 들어 십계명(출 20; 신 5)은 2인칭 단수형으로 쓰여 있다("너는…하지 말라"). 뿐만 아니라, 레위기 19:17-18, 33-34에 기록된 구약 윤리의 최고 강령도 역시 2인칭 단수로 쓰여 있다. 즉, "그러나 너는 이웃 사랑하기를 네 몸과 같이 하라."

그러나 개인의 도덕적 책임이 지혜 문학에 와서 새롭게 생겨난 요소는 아니었지만, 이것은 지혜 교사들에 의해 양심이라는 탁월한 수준에까지 향상되었다. 그들은 공동체적인 책임보다는 개인적인 책임을 강조했다. 그렇지만 그것은 대체로 강조점의 차이였을 뿐이다. 더구나 지혜자들이 공동체적인 책임을 무시하면서까지 개인주의를 강조했다고 볼 수는 없다. 그들은 단지 사회의 최소 단위에서 시작했기 때문에, 거기에 초점을 맞춘 것이다. 만약 그들이 사회적, 도덕적 안정을 이루기 위해 개인의 역할을 강화시키려 하면서, 동시에 공동체의 윤리성을 강조했더라면 실패를 자초하는 결과가 되었을 것이다.

공동체적인 관점. 성경의 지혜가 대체적으로 개인적인 성향을 띤 것은 사실이지만, 그렇다고 해서 전체 인류에 대한 관심을 무시한 것은 결코 아니다. 실제로 욥기서는 이에 대한 좋은 실례를 보여준다. 욥은 처음에 자신의 문제에 대한 사색으로 시작해서(특히 욥기

---

6) Rankin, p. 70. 랜킨은 다음과 같이 관찰했다. "이스라엘의 지혜 문서 내에서든지 또 그밖에서든지 하나님을 보상을 보증하는 자로, 또 개인을 그 스스로의 행동에 대하여 하나님께 책임이 있는 자로 보는 사상은 선지 시대 이전에 이미 있었으므로, 예레미야와 에스겔이 개인적 종교와 개인적 책임을 처음으로 주장했다는 문학 비평주의의 원리는 취소되어야 한다."

3장을 보라. 또한 이 문제가 제1순환의 처음 두 논쟁에서 두드러져 있다: 6-7장, 9-10장), 점차 자신의 개인적인 딜레마를 전체 인류의 문제로 연장시키는 방향으로 나아갔다(욥 14:1-22).

> 여인에게서 난 사람은
> 사는 날이 적고 괴로움이 가득하며
> 그 발생함이 꽃과 같아서 쇠하여지고
> 그림자 같이 신속하여서 머물지 아니하거늘
> (1-2절)

7:1-2에서 그는 사람의 일생을 품꾼의 괴로운 노동에 비교하였다가, 나중에 그것을 비유로 하여 자기 자신의 삶을 탄식하였다(7:3-10). 분명히 이 믿음의 주인공은 그 자신의 개인적인 비극에서 시작해서, 점차 그것을 전체 인류의 문제로 확대시킨 것이다.

마찬가지로 전도서도 저자 자신의 개인적인 체험을 통해 나온 상황들을 스스로 묵상하다가 이것을 더욱 보편적인 인간의 문제로 연결시켰다. 그 저자는 자신의 질문을 시작하면서 "사람"(adam)이라는 일반명사를 사용했다.

> 사람이 해 아래서 수고하는 모든 수고가
> 자기에게 무엇이 유익한고?
> (전 1:3)

이 저자는 그의 탐구를 끝맺을 때에도 일반적인 사람의 운명에 대해서 생각한다. "이는 사람이 자기 영원한 집으로 돌아가고 조문자들이 거리로 왕래하게 됨이라"(12:5c). 물론 이미 앞에서 분명하게 나타난 바와 같이, 개인의 딜레마를 전체 인류의 문제로 확대하는 경향은 실제적인 지혜서(잠언)보다는 사색적인 지혜서(욥기와 전도서)에서 더욱 두드러진다. 어느 시대에서든지 성경의 지혜 사상에 나타난 이 두 강조점 사이에 균형을 맞추는 것이 옳은 일이다.

결론적으로 우리는 성경의 지혜가 인간을 개인적으로, 또 공동체 적으로 본다는 것을 알 수 있다. 이것은 다음과 같은 성경의 명령을 생각해 볼 때 더 분명해 진다. "생육하고 번성하여 땅에 충만하라. 땅을 정복하라. 바다의 고기와 공중의 새와 땅에 움직이는 모든 생물을 다스리라"(창 1:28). 사람이 이 책임을 어떻게 받아들이고 수행하느냐에 따라 그의 운명이 결정된다.

질서있는 우주

성경의 지혜에 나타난 우주의 근본적인 원리는 이 우주가 물리적인 영역에서든지 도덕적인 영역에서든지 항상 인과응보의 법칙에 따라 움직인다는 것이다. 그러므로 선한 행위는 보상을 받고, 악한 행위는 벌을 받는다. 잠언 10:30에 이러한 내용이 분명하게 나타나 있다.

> 의인은 영영히 이동되지 아니하여도
> 악인은 땅에 거하지 못하게 되느니라

젤린(Gelin)은 하나님의 보응에 대한 이론이 3단계에 걸쳐 발전한 것이라고 주장했다. 즉, 하나님의 보응은 (1) 공동체적이면서 현세적, (2) 개인적이면서 현세적, (3) 개인적이면서 내세적인 것으로 분류되며, 이 발달 단계는 시대적으로 진행되었다는 것이다.[7] 그러나 비록 지혜 문학이 이 세 가지 양상을 모두 보여주고 있기는 하지만, 이것들에 대한 역사를 재구성한다는 것은 위험한 작업이 아닐 수 없다. 아마도 이 세 가지 단계는 구약성경에서 서로 널리 중복되어 있다고 보는 것이 타당할 것이다. 그러나 이 세 가지 양상

---

7) Albert Gelin, *The Key Concepts of the Old Testament*, p. 73.

을 구분하는 것이 우리의 논의의 목적을 이루는 데 매우 도움이 될 것이다.

첫번째 양상은 지혜 문헌에서 그리 흔하게 나타나지는 않는다. 왜냐하면 지혜 문학은 주로 개인에 관심을 갖기 때문이다. 그러나 오경에는 이것이 아주 잘 나타나 있다. 예를 들어 출애굽기 20:5-6은 이러한 경향이 적절하게 언급되어 있다.

> 그것들에게 절하지 말며 그것들을 섬기지 말라
> 나 여호와 너의 하나님은 질투하는 하나님인즉
> 나를 미워하는 자의 죄를 갚되
> 아비로부터 아들에게로 삼 사대까지 이르게 하거니와
> 나를 사랑하고 내 계명을 지키는 자에게는
> 천대까지 은혜를 베푸느니라.

두번째 양상, 즉 개인적이면서도 현세적인 것은 성경의 지혜서에서 가장 많이 반복되는 양상이다. 여기에는 여러 가지 형식이 있는데, 가장 단순한 것은 욥의 친구 빌닷의 말에서 발견된다.

> 네 자녀들이 주께 득죄하였으므로
> 주께서 그들을 그 죄에 붙이셨나니
>
> (욥 8:4)

죄는 벌을 받고, 정의는 반드시 **보상받는다**. 욥의 친구들은 대개 이 주장에 동의한다. 그러나 엘리바스가 제안했고(욥 5:17-26), 엘리후가 발전시킨(욥 36:8-12) 한 사상에 의하면, 고난이나 징벌은 **교훈**이나 **훈계**를 위한 것으로서, 이것은 사람들을 도덕적으로 온전하게 바른 길로 되돌리기 위한 수단이라고 한다.

욥 자신은 그 첫번째 주장을 받아들일 수 없었다. 또한 엘리후의 연설에 직접적으로 반박하지는 않았지만, 욥은 아마도 엘리후의 의견조차도 받아들일 수 없었던 것 같다. 그는 고난이 반드시 죄 때문에 생긴 것은 아니라고 주장했다. 왜냐하면 그는 어떤 잘못도 저지르지 않았기 때문이다. 그렇지만 그는 점차 고난에는 무엇인가 이유가 있을 것이라는 데 동의하게 되었다. 만약 거기에 어떤 이유가 있다면, 그것은 시험적인 것으로 하나님께서 인간의 충성심을 시험하는 방법이라는 것이다.[8]

>나의 가는 길을 오직 그가 아시나니
>그가 나를 단련하신 후에는 내가 정금같이 나오리라
>   (욥 23:10; 또한 14절을 보라)

선한 행위에 대해 말하자면, 의를 행하면 거기에는 보상이 따른다. 이 이론에 대한 가장 단순한 형식은 아마도 잠언, 특히 10-18장에서 많이 볼 수 있을 것이다. 비록 의를 행하는 것이 각 사람이 하나님과 맺는 관계, 그리고 그 이웃과 맺는 관계, 이 두 가지를 다 포함하기는 하지만, 잠언에는 후자에 대한 사상이 두드러지고 있다. 이것은 선한 행위의 보상으로 현세적인 축복이 임한다는 식으로 나타난다.

>의인의 머리에는 복이 임하거늘
>악인의 입은 독을 머금었느니라
>   (잠 10:6)

그러나 이 이론이 지혜 사상 전체에서 나타나는 것은 아니다. 욥은 이 이론이 자신의 상황에는 맞지 않는다고 보았다. 왜냐하면 그는 의로운 삶을 살았지만, 여전히 고통을 받고 있었기 때문이다(참고 욥 31:5-40). 그가 찾을 수 있었던 유일한 해결책은 오직 하나님 자신의 신비에 맡기는 것뿐이었다. 하나님께서는 이 자연 세상을 훌륭하게 다스리신다. 비록 인간이 그것을 분명히 볼 수는 없지만, 적어도 인간은 하나님께서 도덕적인 질서에 따라 그의 일을 잘 수행하신다는 것을 추정할 수는 있다(욥 38-39). 시편기자는 이와는 약간 다른 결론을 내리지만, 그럼에도 불구하고 이것 역시 귀하고

---

8) J. Coert Rylaarsdam, *Revelation in Jewish Wisdom Literature*, p. 53.

가치가 있다. 즉, 하나님께 가까이 하는 것이 곧 의인의 상급이라는 것이다.

> 하나님께 가까이 함이 내게 복이라
> 내가 주 여호와를 나의 피난처로 삼아
> 주의 모든 행사를 전파하리이다.
> (시 73:28)

세번째 양상, 즉 개인적이면서 내세적인 보상에 대해서는 시편 49편에서 찾아 볼 수 있다. 이 시편 기자는 하나님께서 음부의 권세에서 자기를 구원해 주실 것을 확신한다(15절). 욥도 역시 잠시나마 이 생각을 표현했다.

> 나의 이 가죽 이것이 썩은 후에
> 내가 육체 밖에서 하나님을 보리라
> (욥 19:26)

이 가르침은 솔로몬의 지혜서에서 더 확실하게 발전되었다(3:8, 9, 14; 4:7-18; 5:16; 9:15). 이 고상하고 훌륭한 사상은 바야흐로 정의로운 응보 사상의 정수라 할 수 있으며, 신약의 본보기가 되었다.

보편주의. 지혜 문학의 보편성에 대해서는 이미 언급한 바 있다. 아마도 보편주의는 부분적으로 사회의 최소 규모에서 시작하여 점차 범위를 확대하는 지혜의 방법에서 비롯되었을 것이다. 이것은 이스라엘에서 시작하여 개인으로 나가는 선지자들의 방식과는 정반대이다. 그러나 개인으로부터 시작하는 것이 여러 가능성을 열어 주었다. 개인으로부터 시작하였기 때문에, 지혜는 국가적인 문제에 관심을 둔 것이 아니라 인간의 문제에 관심을 기울였다. 랜킨(Rankin)은 지혜 문헌들이 국제적인 전통과 자료들에 의존하고 있었다는 것이 부분적으로 이 현상을 설명한다고 주장했다.[9] 그것은

---

9) Rankin, p. 12.

정말로 보편적인 관점을 설명하는 데 도움이 될 수도 있을 것이다. 그러나 사실 그 보편적인 요소는 이미 이스라엘 종교 자체 안에 있었다. 예헤즈겔 카우프만(Yehezkel Kaufmann)은 초기에는 개인적이고 보편적인 것들이 강조되었고, 후대에 가서 사회적이고 국가적인 것이 발전되었다고 주장한다.[10] 지혜에 담긴 개인적이고 보편적인 요소들은 이미 이스라엘 종교의 초기부터 있었던 기본적인 것들이었다(창 12:3; 출 9:29).

율법. 율법, 즉 토라는 지혜서 가운데 두드러지게 나타나지는 않고, 다만 간접적인 방법으로 나타난다. 율법이라는 용어가 지혜서 안에서 자주 쓰인 것은 아니었지만, 율법은 지혜서의 가르침들의 배경이 되고 있다. 시편 1, 19, 111, 그리고 119편의 경우에는 율법이 중점적으로 다루어지고 있다. 율법이 가장 분명하게 두드러진 곳은 벤 시락의 외경들과 솔로몬의 지혜서이다.

영생에 대한 인식

구약의 사후 세계에 대한 가르침이 나타난 시기가 포로 시대 전인지 후인지에 대한 문제는 오랜 논쟁거리가 되어왔다. 컬크패트릭(A. F. Kirkpatrick)은 그의 시편 주석에서 시편 16, 17, 49 그리고 73편에는 영생에 대한 가르침의 조짐과 원리가 나타나 있다는 것을 기꺼이 인정했다.[11] 포로기 전 이스라엘에는 영생에 대한 가르침이 존재하지 않았다는 것이 일반적인 견해였으므로, 많은 학자들은 영생과 연관될 가능성이 있는 본문들을 포로기 이후의 것으로 돌렸다. 왜냐하면 그들은 단지 이 가르침이 존재하지 않았다고 결론내

---

10) Yehezkel Kaufmann, *The Religion of Israel*, p. 326.
11) A. F. Kirkpatrick, *The Book of Psalms*, p. xcv.

렸기 때문이었다.

그러나 최근에 이 문제는 몇몇 학자들에 의해서 다시 제기되었다. 그 중에 미첼 다후드(Mitchell Dahook)의 견해가 주목할 만하다. 시편을 해석함에 있어서 그는 우가릿 시들과 신화에 대한 그의 지식을 동원해 시편에서 영생에 대해 가르치고 있는 서른 세 구절들을 찾아냈다. 그외에도 잠언에서 8귀절, 그리고 민수기, 전도서, 이사야 또 다니엘에서 각각 한 구절씩 찾아냈다.[12] 이 주제에 대한 또 다른 흥미로운 연구는 브리크토(H. C. Brichto)에 의해 이루어졌는데,[13] 그는 다음과 같은 결론을 내렸다.

> 초기 이스라엘로부터 포로 시대 선지자들에 이르기까지의 모든 자료들과 본문들은, 놀랍게도 성경의 이스라엘이 사후세계를 믿었다는 사실을 분명하게 나타내고 있다. 이 사후 세계에서는 비록 죽은 자들이 물질적인 요소들을 상실한 것은 분명하지만, 그들은 그 모양새, 기억, 의식, 심지어는 이생에 살고 있는 후손들에게 어떤 일이 일어나고 있는지까지도 알고 있다.[14]

그는 더 나아가 이스라엘에서 볼 수 있는 사후 세계관과 고대 근동의 이방 종교에 나타난 사후 세계관이 근본적으로 다르다고 주장한다. 그 이유는 히브리 사상에서는 사후 세계에서의 보상과 징벌이 그 핵심이기 때문이라는 것이다.[15] 이 두 연구에도 비평의 여지가 없지는 않겠지만, 그럼에도 불구하고 우리는 이 연구들이 새로운 지평을 열어놓았다는 점을 인정해야 한다.

구약의 음부(Sheol)에 대한 가르침은 참으로 복잡하다. 이 용어는 시편에서 16번, 그리고 그밖에 구약에서 49번 쓰였다. 이 용어가 어떤 장소를 가리키는 말로 쓰일 때는, 그늘과 암흑의 장소로서 죽

---

12) Mitchell Dahood, *Psalms*, 3: xlvi-li.
13) Herbert C. Brichto, "Kin, Cult, Land and Afterlife—A Biblical Complex," HUCA 44(1973): 1-54.
14) Ibid., p. 48.
15) Ibid., pp. 49-50.

은 자들이 한 번 가면 돌아오지 못하는 곳이라는 의미로 사용되었다(예를 들면, 욥 10:21; 17:13-16; 시 88:5-12). 때때로 이 용어는 장소가 아닌 죽음의 상태를 가리키기도 한다(예를 들면, 시 49:14-15). 건(G. S. Gunn)은 시편 16편과 17편이 음부에 대한 가르침을 초월하여 영원한 소망이라는 정점에까지 이르렀다고 주장했다.[16]

> 이는 내 영혼을 음부에 버리지 아니하시며
> 주의 거룩한 자로 썩지 않게 하실 것임이니이다
> 주께서 생명의 길로 내게 보이시리니
> 주의 앞에는 기쁨이 충만하고
> 주의 우편에는 영원한 즐거움이 있나이다
> (시 16:10-11)
>
> 나는 의로운 중에 주의 얼굴을 보리니
> 깰 때에 주의 형상으로 만족하리이다
> (시 17:15)

베드로는 시편 16편을 그리스도의 부활에 대한 예언으로 이해하고, 이것을 그의 오순절 설교에서 인용했다(행 2:24-28). 건(Gunn)은 계속해서 마태복음 22:32에 있는 예수님의 말씀을 언급하면서, 사후 세계에 대한 근거가 하나님과 인격적으로 교통하는 것에 있다고 보고 다음과 같은 결론을 내렸다. "이 말들이 의미하는 바는, 하나님께서 은혜스럽게도 이 사람들의 생애에서 그들과 관계를 맺으셨기 때문에 그들은 여전히 살아있다는 것이다. 왜냐하면 죽음이 결코 그 관계를 갈라놓을 수 없기 때문이다."[17] 랜킨(Rakin) 역시 기본적으로 이에 동의하면서, 거기에 "하나님의 무조건적인 의에 대한 심오한 사상"이라는 말을 덧붙였다.[18]

세 구절을 더 살펴보기로 하자(그 외 다른 구절들에 대해서는 다

---

16) George S. Gunn, *Singers of Israel; The Book of Psalms*, p. 82.
17) Ibid., p. 83
18) Rankin, p. 147.

후드의 긴 목록을 참고하기 바란다). 먼저 욥기 19:25-27을 살펴보자. 욥기의 저자는 처음부터 사후 세계관을 인정할 준비가 되어 있던 것 같지는 않다. 그 이유는 초반부에서 욥은 자기가 죽고 나면 모든 것이 끝이라고 선언했기 때문이다.

> 내 날은 적지 아니하니이까
> 그런즉 그치시고 나를 버려 두사 저으기 평안하게 하옵시되
> 내가 돌아오지 못할 땅
> 곧 어둡고 죽음의 그늘진 땅으로 가기 전에 그리하옵소서
> 이 땅은 어두워서 흑암 같고
> 죽음의 그늘이 져서 아무 구별이 없고
> 광명도 흑암 같으니이다
> (욥 10:20-22)

그러나 욥이 영적인 느보산에 올라섰을 때, 그는 죽음 후에도 보응이 있으며, 자신이 직접 그것을 목격하게 되리라는 것을 분명히 확신하게 된 것 같다. 19:26의 본문은 난해한 감이 없지 않지만, 그 구절은 육체 안에서든지 육체 밖에서든지 간에 사후 세계에 대한 체험을 언급하고 있는 것이 분명하다. 욥기에 사후 세계를 구체적으로 묘사한 내용은 없지만, 그 사상은 분명히 담겨 있다. 그렇다면 우리는 이렇게 생각할 수 있다. 욥기의 저자는 사후 세계 사상을 놓고 고심하고 있었으며, 어쩌면 그 사상을 당면한 문제의 해결책으로 받아들이고 싶기도 했을 것이다. 그가 최고 정점에 도달할 수 있었을 때에도, 여전히 그는 욥의 딜레마가 다음 세상에서 해결될 수 있다는 식으로 미루어 둠으로써 그 문제를 쉽게 해결하려는 유혹을 물리쳤다. 이것은 그 저자가 하나님의 연설이나 혹은 그 결론에서조차도 이 사상에 대해 전혀 언급하지 않았다는 사실에서 명백히 드러난다.

시편 49:15와 73:24에 "영접하다"(락카흐)라는 말이 쓰였는데, 주석가들은 창세기 5:24와 열왕기하 2:3, 5, 9, 10에서 에녹과 엘리야의 승천 때 이 단어가 쓰였던 것처럼, 이것은 하늘로 "받아들이다"라

는 의미로 쓰인 전문 용어라고 생각하였다.[19] 그런데 랜킨은 이 단어가 전문 용어라는 데 반대하고, 시편의 용법은 창세기와 열왕기서의 본문에 쓰인 용법과는 구분되는 것이라고 주장하였다. 그의 결론에 따르면 영생의 사상은 하나님과 교제하는 것과 일치한다고 한다.[20] 그러나 위에서 언급한 바와 같이 하나님과의 교제는 영생의 사상과 긴밀한 관계에 있기 때문에, 이 사상을 이해할 수 있는 토대가 될 수는 있지만, 그렇다고 해서 이것들이 똑같은 것은 아니다. 시편 기자는 하나님께서 자기를 죽음의 권세에서 구원해주시리라는 소망을 갖고 있다.

    하나님은 나를 영접하시리니
    이러므로 내 영혼을 음부의 권세에서 구속하시리로다. 셀라.
                                            (시 49:15)

시편 73:24에서 시편 기자는 이미 하나님과 계속적인 교제를 갖고 있음을 인식하면서, 그 다음에는 하나님께서 자기를 영광으로 영접하실 것을 믿는다고 선언한다.

    주의 교훈으로 나를 인도하시고
    후에는 영광으로 나를 영접하시리니

다후드(Dahood)는 이 구절 첫 부분에서 "영접하다"는 말과 평행을 이루는 동사 나하가 "낙원으로 인도하다"라는 의미를 가진 전문적인 용어라는 데 착안하여, "영접하다"가 전문적인 의미를 갖고 있다는 점을 강조했다.[21] 이 용어는 또 시편 23:3과 139:24에서도 사용되고 있다.

비록 다후드의 의견을 전부 수용하기에는 주의가 필요하겠지만, 그가 시편이라는 어스름한 동굴에 한 줄기 빛을 비추기 시작했다는

---

19) 예를 들면, Dahood, *Psalms*, 3:1i; 1:301-2; 2:195.
20) Rankin, pp. 154-62.
21) Dahood, *Psalms*, 2:195.

데 의미가 있다. 만약 한 동굴이 막다른 것으로 판명이 되면, 그 다음에는 이미 지나온 길을 더듬어서 다른 길을 찾아낼 수 있을 것이다. 그러나 이스라엘의 주변 문화를 살펴보면 사후 세계에 대한 희망이 전반적으로 나타나 있음을 볼 수 있는데, 이스라엘이 그런 지역에 위치해 있으면서 사후 세계에 대한 소망을 전혀 갖지 않았으리라고 생각한다는 것은 선뜻 수긍이 가지 않는다.

그렇다고 이스라엘이 그 신앙의 주축이 되는 것들을 주변 나라에서 빌어 왔다는 의미는 결코 아니다. 오히려 이스라엘이 주변의 고대 근동 문화의 다신교 사상이 아닌 보다 우월한 유일신 사상을 갖고 있었다는 사실과, 히브리 종교가 사람의 생명을 높이 인정한다는 사실은 이스라엘에 사후 세계관이 없었다고 하기보다는 존재했을 가능성을 더 시사한다. 더구나 구약 신학에는 죽음이나 음부조차도 구원의 포괄적인 능력에서 벗어날 수 없다는 것이 두드러지게 나타나고 있다.

현대 학계에서 이 가르침을 부인하는 것은 어떤 면에서 오늘날 팽배한 하나의 방법론, 즉 히브리 종교는 진화의 과정을 걸쳐 이루어진 것이고, 또 좀 더 고등한 사상이 이 과정의 말기에 나온 것이라고 주장하는 바로 그 방법론 때문이기도 하다. 그러나 성경 신학계가 이러한 비평적인 방법론을 완전히 포기한 것은 아니지만, 이와 반대되는 증거들이 많이 수집되고 있는 것은 분명한 사실이다. 그리스도의 성육신과 부활의 측면에서 보면, 구약을 우리의 기독론적인 소망에 따라 읽으려는 강한 유혹이 들 수도 있다. 그러나 우리는 이 유혹을 물리쳐서 이 증거를 남용하지 않도록 해야 한다.

지혜 신학의 현대의 의미

성경의 지혜에 대한 최근의 관심으로 말미암아, 과거에 완전히 무시되었던 영향력 있는 문학이 이제 다시 인정받게 되었다. 그러나 여기에는 그 이상의 의미가 있다. 성경 비평주의자들이 구약의 역사적인 내용에 대한 신빙성을 하락시킴으로써 남긴 공백을 지혜가 메울 수 있다. 성경에 대해 부정적인 비평주의자들이 남겨 놓은 좌절을 회복하는 것 말고도, 지혜는 성경 신학에서 그리고 현대 생활에서 막대한 역할을 하고 있다. 다행스럽게도 복음주의 신학은 성경 신학의 본연의 역할이 성경의 과거의 의미를 밝히는 것인지(What the Bible meant), 아니면 현재의 의미를 밝히는 것인지(What it means), 이 두 가지 문제를 별개의 것으로 보지 않았다. 즉 복음주의 신학은 양자가 모두 필수적이라고 보았던 것이다. 그러므로 지혜가 남녀를 불문하고 모든 현대인에게 어떤 의미가 있는지를 논의하는 것은 바람직하고도 꼭 필요한 일이다.

성경의 인문주의

구약 신학은 내적 순환과 외적 순환 모두를 가지고 있다. 내적 순환은 역사 가운데 말씀과 사건으로 나타난 하나님의 계시 안에서 찾을 수 있는 것으로, 이것은 기본적으로 구약 성경의 율법서와 선지서에 기록되어 있다. 외적 순환은 구약 성경의 지혜서에서 찾을 수 있다.

지혜 문학은 성경의 주요 주제 가운데 하나인 '인간의 자의식에 대한 자각'이라는 주제를 제시하고 설명한다. 에덴 동산에서 뱀이 유혹할 때에 뱀은 사람으로 하여금 그의 잠재력에 대해 생각하게 하였다. "너희가 그것을 먹는 날에는 너희 눈이 밝아 하나님과 같이 되어 선악을 알 줄을 하나님이 아심이니라"(창 3:5) 사탄이 아담과 하와에게 독자적인 의식을 전염시킴으로 말미암아 인간에게는 무모한 자의식이 싹트게 되었다. "이에 그들의 눈이 밝아 자기들의 몸이 벗은 줄을 알고 무화과나무 잎을 엮어 치마를 하였더라"(창 3:7). 축복이 될 수도 있었던 자의식이 재앙이 되고 말았다. 이로써 사람은 무거운 짐을 지고 살아야 할 운명에 처하게 되었다.

지혜 문학은 성경의 그 어떤 다른 장르보다도 인간의 자의식에 대해 많이 다루고 있는 것 같다. 지혜문학은 "이에 그들의 눈이 밝아…"(창 3:7)라는 말씀에 대한 설명이기도 하다. 그들은 세상에 대하여, 그리고 자기 자신들에 대하여 눈이 뜨이게 되었다. 불행하게도 이렇게 뒤틀린 시각으로 말미암아 인간은 뭔가 자신의 상황을 바꾸어야겠다는 부담을 갖게 되었다. 그래서 그는 두 가지 일을 했다. 그는 무화과 잎을 엮어서 치마로 만들어 그의 벗은 것을 가렸고, 하나님을 피하여 숨었다. 이 두 가지 사건은 사람이 한편으로는 자신에 대하여, 또 다른 한편으로는 하나님께 대하여 정신적으로 혼동된 상태에 있다는 것을 드러내고 있다. 성경의 나머지 이야기들은 이 뒤틀린 시각에 대하여 사색하고, 또 그것을 바로 잡기 위한 것이라고 할 수 있다. 지혜문학은 이 두 기능에 모두 해당하지만, 전자의 성향이 더 강하다. 즉 이것은 인간의 자아의식에 대한 문학이다.

인문주의는 하나의 철학으로서 첫번째 범주, 즉 인간의 자아 성찰에 대한 철학이다. 가장 원초적인 형식의 자아 성찰은 아담 때부터 있었다고 할만큼 오래되었고, 오늘날과 같은 형식의 것은 주전 5세기 고대 그리스로 거슬러 올라간다. 고대 그리스인들은 사람의 생명을 그가 살고 있는 세계와 잘 조화시키는 일에 관심이 많았다. 그들의 신들은 바로 이 조화를 이루는 중재자가 되었다. 초인간이라 할 수 있는 존재들, 신들, 그리고 인간이 자연이라는 접촉점에서 만났고, 거기에서 공통점을 찾았다. 영(spirit)이라는 표현을 처음 사용했을 것으로 여겨지는 소피스트(sophists) 시대부터 그리스인들은 인간의 영과 자연의 영을 조화시키려고 애를 썼다. 소피스트들 중에서 가장 탁월했던 프로타고라스(Protagoras)는 그들의 공식적인 입장을 이같이 천명했다. "인간의 만물의 척도이다. 즉 존재하는 모든 존재의, 그리고 존재하지 않는 모든 비존재의 척도이다." 그의 말은 "어떤 객관적인 기준도 존재하지 않는다"[22)]는 의미인 것 같다. 한편 스토아 학파(Stoics)는 고대 인문주의에 있어서 가장 완숙한 단계에 이르렀다. "스토아 학파에게 구원이란 자아 확신과 자아 훈련을 통한 자아실현을 의미했다. 그들의 전체 윤리 체계는 인간 그 자체에 집중되었다."[23)]

쾌락주의자들(Epicureans)도 인간에 대한 강조를 덜 하지는 않았다. 그들은 인간은 스스로 선하다고 믿는 모든 것을 성취하도록 자신을 돌아보아야 한다고 가르쳤다. "즐거움도 진정한 선(善)의 하나이다. 물질적이거나 감각적인 즐거움보다는 지적인 즐거움이 낫다."[24)]

로마인들은 대 제국을 세우고 사회적인 조직을 잘 운영하기도 했지만, 엘리아스 앤드류스(Elias Andrews)가 관찰한 바와 같이 개인성을 억제하지 않으면서도 생활의 통일성을 유지하는 위대한 과업을 달성했다.[25)]

15세기에 르네상스 사상이 형성되기 시작하면서 당연히 그리스의 인문주의가 부흥했고, 다시 개개인이 이 세상에서 가장 중요한 위치에 놓이게 되었다. 사람들이 미와 선을 추구하는 노력을 다시 시작하면서, 이 세상을 악한 것으로 보는 중세 세계관을 포기했다.

---

22) The Cambridge *Ancient History*, 5:278.
23) Elias Andrews, *Modern Humanism and Christian Theism*, p. 29.
24) Ibid., pp. 31-32.
25) Ibid., p. 35.

르네상스 인문주의는 전적으로 인간을 신뢰하기는 했지만, 하나님을 거부하지는 않고 종교가 삶의 중요한 부분을 차지한다는 것을 당연하게 여겼다.[26]

현대 인문주의는 르네상스 인문주의에서 벗어나 인간은 곧 인간인 동시에 신의 경지에 이르렀다고 했다. 이것은 치명적인 결점이다. 여기에는 신이 없고 오직 인간만이 있을 뿐이다. 베리(F. R. Barry)는 이 입장이 가지고 있는 본질적인 문제를 이렇게 지적했다. "도덕적인 질서에는 한 가지 법칙이 있는 것 같다. 즉 자연적인 것은 초자연적인 것에 의해 구원받지 않으면 비자연적인 것이 되는 경향이 있다는 법칙이다."[27]

필자는 여기에서 그리스인들과 현대인들이 주장했던 종류의 인문주의에 하나씩 하나씩 견줄 만한 그런 인문주의가 성경에 있다고 말하려는 것은 아니다. 그러나 지혜 문학에 보면 이와 유사한 흐름이 있으며, 그 강조점이 비슷하다. 다음은 성경 인문주의의 몇가지 특징들이다.

1. 이것은 인간의 **삶**, 도덕성, 그리고 **자연적인 질서**에 초점을 맞춘다. 현대 인문주의와 마찬가지로 개인이 분명하게 부각된다. 그 결과 지혜 문학에서 사회적인 관심이 현저하게 나타난다. 가족, 공동체, 또 나라와 같은 사회적인 단위들이 관심의 초점이다. 지혜문학 운동이 추구하는 목표는, 바로 이 사회적인 단위들의 안정이다.

2. 성경 인문주의는 인간의 가치를 인식하면서, 또 그 존재의 피할 수 없는 문제들—죽음, 불의, 부도덕 등—을 깊이 생각한다. 인간이 이 세상의 중심에 위치하고 있다는 사실은 오히려 사람들의 근본적인 삶의 문제들로 빚어지는 상처들을 더욱 깊게 할 뿐이다. 욥은 나무가 차라리 사람보다 더 오래 존재한다는 것을 발견하고 (14:7-17) 다음과 같이 괴로운 심정을 토로했다.

---

26) Ibid., pp. 38-39.
27) F. R. Barry, *The Relevance of Christianity*, p. 59.

여인에게서 난 사람은
사는 날이 적고 괴로움이 가득하며
(욥 14:1)

3. 성경의 인문주의는 **인간을 대변**한다. 이것은 자아의식에 대한 인간의 선언문이다. 욥기는 하나님을 향하여 인간에 대해 말하고, 잠언과 전도서는 대부분 인간을 향하여 인간에 대해 말한다. 그러나 우리는 성경의 인문주의가 사람에 대해서 언급하는 것은 순전히 유신론적인 맥락에서 이루어진다는 것과, 피조물인 인간의 관심을 하나님께 돌리도록 권고하는 데 관심을 둔다는 사실을 알아야 한다.

4. 성경의 인문주의는 근본적으로 **유신론적**이다. 지혜 문학이 자연적인 질서를 생각하기는 하지만, 그 근본적인 동기는 그 안에서 하나님을 찾고자 하는 것이다. 하나님은 자연 뒤에 계시며, 그것을 통해 말씀하신다. 자연은 그의 의사소통 수단의 하나이다. 그 분은 예술의 거장이며 최고 설계자이며, 창조자이시다. 그 예술의 거장을 이해하려면 그의 하신 일을 연구해야 할 것이다.

이와 반대로 현대의 인문주의는 자연의 질서 속에서 하나님을 찾지 않는다. 이것은 창조된 세계의 입을 봉하였으므로, 그것을 통해 나오는 하나님의 음성을 듣지 못하게 한다.

한편 야훼를 경외하는 것이 성경적인 인문주의의 근본적인 힘이다. 이것은 하나님과 사람을 함께 맺어 준다. 인간은 오직 하나님과 관계를 맺을 때에 모호한 윤리의 막다른 골목으로 인도하지 않는 진정한 자아의식을 이룰 수 있다.

5. 성경의 인문주의는 하나의 **목표**(*telos*)를 가지고 있다. 인류 안에서 새로운 질서를 찾으려는 현대 인문주의와는 달리, 지혜 문학은 모든 인류를 위한 새로운 질서를 찾는다(강조는 역자의 것임—역자주). 이것은 오직 지혜로 훈련된 삶에 주의를 기울일 때 오는 것으로, 이는 사람을 위한 하나님의 뜻에서만 비롯된 것이다. 그러

므로 인간 스스로는 새로운 사회질서를 이루려고 하지도 않을 것이고, 또 이룰 수도 없다. 오직 하나님께서 그를 경외하고 그의 계명을 지키는 사람들, 즉 순종적이고 자기를 다스리는 그런 사람들을 통해서 이를 이루실 수 있다. 지혜는 인간이 스스로를 알아야 될 필요가 있음을 강조하지만, 동시에 오직 하나님과의 관계에서만 최고의 만족을 누리게 된다는 것도 가르친다.

그러나 성경의 지혜 사상은 그 자체에 부족함이 있어서, 하나님께 인간의 세상에 오셔서 분명하고 직선적인, 또 즉각적이면서 직접적인 대답으로 인간의 치명적인 문제들을 해결해 달라고 호소하며 외친다. 여기에서 우리는 성경적 인문주의를 과소 평가하는 것이 아니라, 그것들의 한계에 대해 언급하는 것이다. 이것은 하나님의 말씀도 그 목적에 미치지 못할 수도 있다는 것을 의미하려는 것도 아니다. 다만 지혜 문학이 율법과 선지자들로 말미암아 주어진 하나님의 역사적인 계시와 상관없이, 독자적으로 하나의 신학체계를 구성하기 위해 주어진 것이 절대로 아니라는 사실을 지적하려는 것뿐이다.

성경의 인문주의는 바로 그 점에 있어서 하나님과의 관계를 추구하고 있음에도 불구하고, 실제로는 하나님과의 인격적인 관계가 부족하다. 야훼를 경외하는 것은 개개인을 하나님과 만나도록 유도하여, 그 사람을 자기 자신으로부터 돌이켜 하나님께로 향하도록 하는 것이다. 그러나 사람이 그 창조 세계를 넘어 참으로 창조주 하나님의 인격적인 성품을 볼 수 없다면, 이것은 실패임이 분명하다.

창조주는 인격적이시며 또 그의 창조 세계에 개입되어 있으시지만, 창조하셨을 뿐만 아니라 구원을 이루셨던 하나님의 진짜 인격적인 성품을 보는 통찰력은 지혜자에게 부족하다. 인간이 하나님을 인격적으로 만날 수 있는 길은 오직 구원자 하나님을 통해서이다. 오직 구원자 하나님 안에서 창조자이신 하나님의 형상이 인격화된다. 창조주 하나님은 분명히 인격적이시지만, 구원자 하나님보다는 더 멀리 더 초월하여 계시고, 구원자 하나님은 이 땅에 내려오셔서 역사 가운데 자신을 계시하시고, 그의 피조물인 인간들과 함께 동행하신다.

도덕적 지침

지혜는 현대 문명과 사회의 결점들을 보완한다. 도덕적인 품행을 붙들어 매는 정박지를 찾고자 하는 열망은 생명의 원천이신 하나님, 인간의 모든 행동과 태도에 대한 표준이신 창조주 하나님을 강조하는 지혜에게서 충족된다. 모든 인간과 만물들의 유일한 창조자는 절대자로서, 모든 관계들이 그로 말미암아 측량되고, 또 그로 말미암아 모든 행동들이 평가된다.

종교적인 신앙은 고작해야 어떤 과정의 촉매제일 뿐이라는 현대의 시각은 인류를 불행하게 만든다. 시편 기자는 신앙 자체가 바로 그 과정이라는 것을 알고 있었다. 하나님은 인류의 삶에 대하여 초월적이면서도 내재적이다. 하나님이 초월적이라는 신앙은 수준 높은 신관(新館)을 촉진시키고, 하나님이 내재적이라는 신앙은 수준 높은 인간관을 이끌어 낸다. 이 두 요소가 모두 다 시가서 안의 성경적 신앙에서 발견된다. 이 둘은 서로 배타적이지 않고, 신적계시를 위한 동반관계에 있다.

어떤 행동이 도덕적으로 인정받을 만한가 그렇지 않은가를 가늠하는 가장 기본적인 요소는, 수평적 관계와 수직적 관계라는 이중적인 관계, 즉 한 사람이 갖는 세상과의 관계와 하나님과의 관계에서 결정된다. 지혜 문학은 한편으로 수평적인 관계를 비중있게 다루지만, 그렇다고 수직적인 관계를 무시하지는 않는다. 상대주의의 혼란에 빠진 사회에서 상실된 도덕적 지침은 지혜에 의해서 회복될 수 있다.

이 점에 있어서 성경의 다른 장르들도 역시 마찬가지라고 말할 수도 있겠지만, 지혜 문학이 더 효과적이라고 할 수 있는 것은, 지혜운동이나 지혜문학이 도덕적 품행을 주 관심사로 삼기 때문이다. 사회의 안정은 도덕적 순수성이 없이는 결코 이루어질 수 없다. 또한 도덕적 순수성은 상호 인격적인 관계 안에서 그 존재 가치를 인정받고 검증받을 수 있는 것이므로, 하나님과의 관계 안에서 제 자리를 찾는다. 사회적 관심과 인류의 정의가 이 문학의 중심이지만 신적인 명령보다는 도덕적인 권고 형식으로 되어 있으므로, 현대사회는 이 문학에 대해 반감을 덜 갖게 될 것이다. 그러나 일단 그 지혜의 교훈적인 형식을 받아들이고 나면, 지혜 역시 선지자의 명령이나 율법의 규정만큼 강하게 압박해 오는 것을 느끼게 될 것이다. 왜냐하면 지혜도 하나님의 도덕적인 품성에서 기인한 것이기 때문이다.

종교가 명예로운 휘장이라기 보다는 종종 한낱 골칫거리로 여겨지는 문화에서는, 진정한 경건이 경멸의 대상이 될 수도 있을 것이다. 그러나 지혜 문학과 시편은 교회로 하여금 진정한 경건을 회복하도록 촉구한다. 그 경건은 단지 "빳빳한 정장 안에 자신을 감추는 위선적인 삶의 방식"[28]을 말하는 것이 아니다. 이것은 율법주의가 아니고, 오직 사람의 마음에서 우러나와 자신의 의무를 수행하는 것이다. 즉, 영적으로 성장하여 하나님을 즐거워하는 성숙한 자세가 경건의 모습 가운데 하나이다(시 131:1-2).

어느 시대에나 경건의 부흥이 없는 교회는 진정으로 새롭게 변화되는 체험을 할 수가 없다. 시편 기자가 잘 보여주듯이 인간이 하나님께 대하여 갖는 이중의 관계, 즉 창조와 구속의 맥락에서만

---

28) Bruce L. Shelly, ed., *Call to Christian Character; Toward A Recovery of Biblical Piety*, 서론과 p. 1.

이 인간 존재의 의미가 살아나게 된다. 창조주요 구원자이신 하나님, 초월적이며 내재적이신 하나님 앞에서 인간이 마땅히 취해야 할 자세는 그의 위엄 앞에 엎드리는 것이다. 시편은 인간의 행복과 내적인 평안은 하나님을 찬양하는 가운데서 발견될 수 있다는 진리를 여러 번 증거하였다. 인간의 운명이 하나님을 찬양하도록 결정되어 있음을 인식하게 된다면, 사사로운 이익 따위는 잊게 되고 그 마음이 하나님을 향하여 높이 날아오르도록 자유롭게 될 수 있을 것이다. 왜냐하면 오직 하나님이 높아질 때 인간은 우주 안에서 자신의 올바른 위치를 찾기 때문이다.

지혜 문학에는 이 같은 차원을 표현하는 적절한 말이 있는데, 그것은 "야훼를 경외하는 것"이다. 혼탁하고 결점 투성이인 현대 사회 질서를 보면, 이러한 성품을 회복할 필요가 있다는 것을 깨닫게 된다. 오늘날 우리 시대처럼 기술적으로 복잡하고 다양한 사회에서 살아남기 위해서는, 인간이 체험하는 모든 경우들을 총괄해서 그것들을 종교적인 삶으로 바르게 연결시켜 줄 수 있는 세계관이 절실하게 요구된다.

사실 우리는 모든 곳에 미치는 기독교 신앙의 강력한 힘을 회복할 필요가 있다. 기독교 신앙은 모든 인간의 체험을 그 넓은 삶의 범위 안에 포함시킨다. 구약의 지혜에 대해서, 또한 측량할 수 없는 그리스도의 지혜에 대해서 이해하려면, 인간은 완전히 신앙의 빛 아래서 신앙으로 그것들을 탐구해야 한다. 산만하게 이것저것 잡다한 교훈을 들어봐야 신앙의 테두리 안에 애매 모호한 "사상"만 남겨질 뿐이다. 그러므로 우리는 그렇게 하지 말고 오직 우리의 생활과 우리가 체험하는 모든 것들을 하나님께로, 곧 이 모든 것들을 포용하시고 밝히시는 하나님께로 향하게 해야 한다. 지혜자들의 가르침과 같이 전심으로 하나님을 경외하는 것이 바로 이러한 도전을 감당하고자 하는 사람들의 지침이 될 수 있을 것이다.

3

욥기

　아마도 인간의 고난에 대한 문제만큼이나 보편적으로 인간의 정신을 몰두하게 하고 인간의 마음을 혼란스럽게 하는 그런 문제는 없을 것이다. 모든 주요 종교들이 이 문제를 해결하기 위해 애를 써 왔다.[1] 히브리 신앙과 기독교 신앙도 이 문제에 과감하게 부딪혀 왔는데, 이 문제에 대한 히브리 입장을 대변하는 고전적인 작품이 바로 욥기이다.
　기독교 신앙은 이 입장을 그대로 전수했다. 실제로 이 책의 사상과 신학은 기독교의 근본을 이루고 있어서, 많은 기독교인들이 이 책을 읽으면서 그 주인공의 입장이 되어 돌풍과 같이 휘몰아치는 계시를 접하게 된다. 또 어떤 경우에는 이것이 기독교 이전 상황에 이루어진 것임에도 불구하고 성육신의 내용을 보는 것이 아닌가 하는 야릇한 생각이 들 정도이다. 그러나 이것은 기독교의 책이 아니고 처음부터 끝까지 히브리 책이다. 욥기가 친숙하게 느껴지는 것은 어느 면에서 그것이 다루고 있는 문제들이 보편적인 문제이기

---

1) John Bowker, *Problems of Suffering in Religions of the World*.

때문이고, 또 거기에서 야기된 이야기들이 예상할 수 없는 별난 것이 아니기 때문이다.

욥기의 중심 문제

이 책에서 가장 두드러지는 문제는 의인의 고난이다. 그러나 이 책은 복잡하게 얽혀 있다. 이 중심 문제를 설명하기 위해서 기본적으로 두 범주에서, 즉 신학적인 면과 실존적인 면에서 접근할 수 있다. 공의나 악(惡), 혹은 이유 없는 고난과 같은 문제에 초점을 맞추어 이에 대한 설명을 제시하려고 하는 것은 신학적인 접근이다. 반면에 실존적인 접근은 신학적인 문제 자체에 관심을 기울이지 않고, 신학적인 체험 즉 한 인간이 하나님과 또 우주적인 문제들과 어떤 식으로 관계를 맺는가에 관심을 갖는다.

어떤 이들은 욥기를 신학적으로 논의하면서 그 중심 문제가 악에 대한 것이라고 본다. 비록 악에 관한 것이 주된 배경이 되고 있기는 하지만, 저자가 이 심각한 문제를 해결하려고 한 것은 아니다. 사실은 오히려 덜 정확하게 여기에 접근하는 것이 더 정확한 길이 될 수도 있다. 즉 그 중심 문제를 한 가지로만 보지 말고, 여러 가지 관점들이 복합된 것으로 보자는 것이다. 이 문제들은 양극, 곧 하나님의 공의와 의인의 순전함이라는 양극 사이에 놓여 있다. 다시 말해서 악에 대한 수수께끼, 사악한 자들의 번영, 그리고 의인의 고난과 같은 다른 문제들은 이 양극 주변에 줄줄이 매달려 있다고 볼 수 있다. 카우프만(Kaufmann)이 적절하게 연구한 바와 같이 의인의 고난이라는 문제는 필연적으로 이 세상에 과연 도덕적인 질서가 있는가라는 더 큰 문제로 연결된다.[2] 이 문제를 욥이 제기했다 (9:22-24). 이 저자는 히브리인들의 삶과 사상을 한 겹씩 벗겨 가면서 과감하게 그 중심을 들춰내고 있다. 하나님의 공의와 인간의 의가 충돌하면 과연 어떤 해결책이 나올 것인가? 피더슨(Pederson)은 하나님의 연설 부분에서 그 해답을 제대로 찾아냈다.

> 인간은 인간대로 의를 가지고 있고 하나님도 하나님대로 의를 가지고 있다는 사실을 믿으면서, [욥은] 하나님의 뜻 앞에 자신을 복종시켜야 한다. 이 두 가지가 조화를 이루지 않는 것으로 보인다면, 그것은 하나님의 공의가 인간의 정의를 반대하거나 제지해서가 아니고, 하나님의 정의가 인간의 정의를 초월하여 사람이 생각할 수 없을 정도로 깊기 때문이다.[3]

우리는 욥기에 대한 신학적 해석을 그 주된 요소로 간주하기는 하지만, 실존적인 접근을 통해서도 이 책을 더 확실히 이해할 수 있다. 이에 대한 해석학적인 전제는 욥의 체험이 어느 시대 어느 역사를 막론하여 고난받고 있는 사람들을 위한 표본이 된다는 것이다. 그러므로 고난 받는 자들은 욥기 안에서 자신이 겪고 있는 상황들을 보게 되며, 욥과 자신을 동일시하게 된다. 위대한 문학에 있는 카타르시스(정화, 淨化)적인 요소는 인류에게 끼치는 영향이 지대하므로 상당히 중요하다. 이 점에 있어서 욥기는 결코 손색이 없다. 의심할 바 없이 욥은 신앙의 여행을 떠났다고 할 수 있는데, 여기에서 우리는 그의 신앙의 행보를 보게 된다. 스내이드(Snaith)는 실존주의적인 해석을 고수하면서, 여기에서 욥의 고난이 다루어지고 있는 이유는 초월적 하나님에 대한 문제, 즉 "지고하신 하나님께서 어떻게 사람들의 일에 즉시 개입하실 수 있는가?"라는 문제를 강조하기 위한 것이라고 한다. 그의 견해에 따르면, 이 문제에 대해 이 책이 제시하는 답은 결국 "하나님은 접근할 수 없을 만큼, 또 이

---

2) Yehezkel Kaufmann, *The Religion of Israel*, p. 334.
3) Johannes Pedersen, *Israel, Its Life and Culture*, 1-2:373.

해할 수 없을 만큼 멀리 계시지만, 인간을 위한 하나의 규칙을 가지고 계신다"는 것이다.[4] 헤이벨(Habel) 역시 이 실존주의적 접근을 선호하면서 이렇게 말했다.

"이 책에는 진정한 삶의 의미, 특히 아무런 이유도 없이 고난과 불의를 많이 겪으면서 진정한 삶의 의미가 무엇인지를 밝히려고 애쓰는 위대한 시인의 모습이 담겨 있다."[5]

욥은 처음에 겸손하게 순종하는 자세에서 출발하였고(서문), 중간에는 대담하게 도전하는 모습이었는데(변론), 결국에는 하나님의 말씀을 듣고 이해하는 데까지 이르게 된다. 이러한 그의 신앙적 순례는 의미심장한 것으로, 이것은 욥기의 신학적 주제를 다각적인 측면에서 부각시키면서 그 주제를 전달하는 보충적인 기능을 가지고 있다. 또한 이것은 본질적인 문제, 즉 하나님의 공의와 의인의 순전함이라는 문제를 언어로 표현한 것이다. 하나님의 공의와 의인의 순전함에 있어서 그 어느 한 쪽이 다른 쪽보다 더 중요한가? 바꿔 말한다면 하나님께서 인간과 상관없이 행하실 수 있는가? 그 대답은 이 책에 암시적으로만 나타나있다. 그는 물론 할 수 있으시다. 하나님께서 인간을 주관하시지, 인간이 하나님을 고안한 것이 아니다. 즉 하나님께서 그 주도권을 가지고 계신다—하나님께서는 "네가 내 종 욥을 유의하여 보았느냐?"라는 질문으로 시작하셨고, 폭풍 가운데 욥에게 대답하심으로 이 문제를 풀어 주셨다. 욥의 의미, 곧 그의 종교적 체험의 의미는, 하나님 자신의 본성으로 말미암아 (욥의 본성이 아니라) 스스로를 당신의 피조물인 인간에게 관련시키시는 바로 그 하나님으로 시작해서 하나님으로 끝난다—"땅 위에는 그와 같은 이가 없나니." 그러므로 욥기에 대한 신학적 해석과

---

4) Norman H. Snaith, *The Book of Job: Its Orgin and Purpose*, p. vii.
5) Norman C. Habel, *The Book of Job*, p. 1. 또한 다음의 소논문을 보라. Alexander Di Lella's article, "An Existential Interpretation of Job." *Biblical Theology Bulletin* 15(1985): 49-55.

실존적 해석의 관계는 그 실체에 있어서 또 그 시각에 있어서 동일한 것이다. 신학적인 해석이 우선하는 이유는 무엇보다 하나님께서 전능하신 창조자이기 때문이다. "내가 땅의 기초를 놓을 때에 네가 어디 있었느냐!"(38:49). 그러나 하나님께서 욥에게 이 말씀들을 하셨다는 사실은, 인간이 하나님께 아주 중요한 존재라는 실존적인 진리를 담고 있다.

욥기에 대한 개론적 설명

목적

일단 그 핵심적인 주제를 살펴보았으니, 이 책에 대한 것은 이미 그 윤곽이 드러나 있는 셈이다. 욥기는 하나님의 공의가 이 세상에서 얼마나 광대하게, 또 얼마나 깊숙하게 미치는지를 증거하기 위하여 기록되었다. 이것은 성경적인 신정설(神正說)의 탁월한 예로서, 하나님의 공의에 대한 문제를 탐구하고자 하는 작품이다. 고대 지혜 학교는 이러한 것을 배우기 위한 영적 훈련의 장으로 알려졌다. 욥기는 바로 이러한 훈련의 표본이다. 하나님의 공의에 대한 신학적 차원과 철학적 차원이 한 사람의 개인적인 체험 가운데 나타나 있어서, 그 가설적인 내용들을 실제 삶의 영역으로 끌어들이고 있다. 이 논의가 점차로 진행되면서 이론적인 것들이 실제적인 것들에 접촉하는 수준에까지 이를 때 비로소 인간은 그의 고뇌하는 마음을 달랠 수 있으며, 목마른 영혼을 만족하게 할 수 있다.

욥기는 극적인 고난에 대한 실제적인 예를 제공한다. 이 책이 모든 시대에 고난받는 사람들을 위로하고 확신시킬 수 있는 원천이 될 수 있었던 것은 무엇보다도 바로 그 현실성(물론 그 주인공의 깊은 신앙도 있지만) 때문이다. 고난받는 성도는 욥기를 통해서 자기 자신을 비추어 볼 수 있는 한 대상을 찾게 된다.

연대

욥기의 연대를 추정하기는 매우 어렵다. 어떤 이들은 이것이 족장 시대의 것이라고 추정하는가 하면, 또 어떤 이들은 포로 시대 이후시대의 것이라고 할 정도로 그 가상하는 연대 범위가 광범위하다. 문제는 그 저자가 구체적인 역사에 대해서 별로 관심이 없었다는 것이다. 즉 역사적인 사건들이 저자의 의도에는 별 의미가 없었다. 연대를 추정할만한 근거들로는 그 변론 속에 나오는 언어들을 우가릿어, 아람어, 그리고 아라비아어에 비교하는 방법이나 지혜 문학의 발전 단계를 전반적으로 살펴보는 방법, 또는 고대 근동 문화에서 개인의 중요성이나 사후 세계에 대한 사상들과 비교하는 방법들을 사용할 수 있다. 이 책이 역사의 과정상 어디에 위치해 있는지 추정하기 어려우므로, 이것을 밝히기 위해서 모든 방법들이 다 동원되었다. 그러므로 우리는 처음부터 이 문제를 하나의 교리적인 것으로 간주하는 것이 바람직하지 않다는 것을 인식해야 하며, "이것은 논쟁할 문제가 아니고 그저 느낌의 문제일 뿐"[6]이라는 데이빗슨(A. B. Davidson)의 견해에 동의하면서 이 문제를 다루어야 할 것이다.

랍비들은 대부분 욥기를 족장 시대의 것으로 추정하는 경향이 있다. 이는 저자가 하나님에 대하여 엘(El)과 엘로아(Eloah)라는

---

6) A. B. Davidson, *The Book of Job*, p. lxvi.

칭호를 사용하였고, 욥의 부유함을 그의 소떼와 양떼로 측정하였으며, 욥이 족장으로서 제사장 역할을 했다는 것, 또 그가 장수했다는 것을 근거로 한다. 이 문제에 대한 랍비들의 생각은 바빌로니아 탈무드에 담겨있다.[7] 델리취(Delitzsch)는 욥기를 성경의 다른 책들과 비교해보고, 솔로몬 시대의 것으로 여겨지는(왕상 4:31) 헤만과 에단의 시편(시 88, 89)의 언어에 근거하여 이 두 시편이 욥기와 같은 시대에 지어진 것이라는 결론을 내렸다. 따라서 그는 이 책이 솔로몬 시대의 것이라고 보았다.[8]

연대기 순서에 따라 그 다음에 가상할 수 있는 연대는 통일 왕국 시대와 바빌론 포로 시대 사이이다. 예헤즈켈 카우프만(Yehezkel Kaufmann)[9]과 포프(Pope)[10]는 똑같이 이 책이 포로시대 이전의 것이라고 조심스럽게 주장했는데, 그 이유들은 서로 다르다. 카우프만은 욥기의 고전적인 히브리어 문체에 근거하여 이것이 구약의 중대한 선지적, 윤리적 문헌들이 나온 시기와 동시대의 것이라고 믿는데, 반면에 포프는 6세기 초에 있었던 유다의 참혹한 비극에 대한 암시가 전혀 없다는 것, 그리고 포로시대 이전에 지혜문학이 상당히 발달되어 있어서 이러한 대단한 작품이 나올 수 있는 배경이 되었을 것이라는 가능성을 그 근거로 삼는다.

포로 시대를 그 저작 시기로 잡는 사람들도 물론 있다. 데이빗슨(Davidson)은 하나님의 섭리가 더 이상 순순히 받아들여지지 않고 있으며, 일종의 큰 혼란이 이 시의 배경을 이루고 있는데, 포로시대가 여기에 가장 들어맞는 시기라고 믿었다.[11] 길러머(Guillaume)는 욥기의 비율법적인 상황들은 바빌론 통치 아래 있는 한 유대인이

---

7) The Babylonian Talmud, ed. I. Epstein. *Baba Bathra* 14b, 15b; *Sanhedrin* 106a; *Sotah* 11a..
8) Franz Delitzsch, *Biblical Commentary of the Book of Job*, 1:23.
9) Kaufmann, p. 338.
10) Marvin H. Pope, *Job*, p. xl.
11) Davidson, pp. lxiii, lxvi.

겪는 일들을 언급한다는 흥미로운 가설을 세웠다(참고 30장). 그는 욥의 재산이 회복된 것은 바빌론의 통치가 끝난 것을 의미한다고 했다. 그래서 그는 욥의 불행이 나보디누스(Nabodinus, 대략 B.C. 552년)가 데마(Tema)를 점령할 당시에 일어난 것이라고 추정한다.[12] 그렇지만 이런 식으로 욥기의 정확한 연대를 추산하는 것은 이상할 뿐만 아니라 불확실한 것임에 의심의 여지가 없다.

고르디스(Gordis)는 그 연대를 포로 시대 후 초기로 잡으며, 욥기를 "성경의 지혜의 정상에 이른 작품"[13]으로 보았다. 돔(Dhorme)은 비교 성경 연구방법에 따라 그 연대를 B.C. 500-450년으로 잡았다. 그는 욥기 12:17-19이 바빌론 포로사건을 언급하는 것으로 믿었으며, 유대인들이 끌려간 때를 시작점(*terminus a quo*)으로 잡고, 말라기 선지자가 엘리후의 방법과 고소를 따르고 있다는 이유를 들어(참고, 욥 1:1, 33:31, 말 3:16) 말라기 시대를 최종점(*terminus ad quem*)으로 잡았다.[14]

비록 구체적인 것을 찾을 수는 없지만, 몇 가지 관찰 결과로 대략 그 연대를 추산할 수는 있다. 고대 근동에서 지혜 문학은 B.C. 2000년 정도로 오래되었다. 크레이머(S. N. Kramer)는 어림잡아 B.C. 1700년의 것으로 추정되는 수메르의 지혜시를 번역한 바 있다.[15] 램버트(W. G. Lambert)는 B.C. 2000년 경부터 B.C. 1000년 경에 이르는 바벨론의 지혜문학 작품들을 많이 수집했다.[16] 그러므로 욥기에 견줄만한 문학적 환경은 포로시대 훨씬 이전부터 있었다고 할 수 있다. 더구나 이 작품들은 개개인의 고난을 다루고 있는데, 개개인에 대한 관심이 탁월한 경우를 포로시대 직전이나 포로시대

---

12) A. Guillaume, *Studies in the Book of Job*, pp. 3-14.
13) Robert Gordis, *The Book of God and Man*, pp. 20, 52.
14) E. Dhorme, *A Commentary on the Book of Job*, pp. clxvii-clxix.
15) S. N. Kramer, "Man and His God: A Sumerian Variation on the 'Job' Motif," WIANE, pp. 170-82.
16) W. G. Lambert, *Babylonian Wisdom Literature*.

까지 뒤로 미룰 수는 없다. 또한 사후세계에 대한 사상을 이스라엘 포로시대 이후의 것으로 국한시킬 수도 없다.[17] 특히 메소포타미아와 이집트의 사후세계 사상을 성경의 자료와 함께 고찰해 볼 때 더욱 그렇다. 끝으로 언급할 것은 다른 성경의 자료들의 인용을 들어서 연대기적 순서를 결정한다는 것은 위험한 생각이라는 것이다.

이 모든 것들을 고찰해 볼 때, 우리는 포로 시대 이전 연대를 거부할 적당한 이유가 없다는 카우프만과 포프의 의견에 동의할 수 있다. 좀 더 정확한 연대를 추산하려면 지금 우리가 가지고 있는 자료보다 더 많은 자료가 있어야 한다.

출처와 저자

이 책의 출처와 그 저자를 밝히려는 제안들은 연대를 추정하는 것만큼이나 다양하다. 출처에 대한 제안으로는 이집트, 아라비아, 에돔, 그리고 이스라엘이 거론된다.[18] 두 가지 차원에서, 즉 지리적 차원과 종교적 차원에서 그 출처를 논하는 것이 유익할 것 같다. 이집트 지혜 문서에서는 욥기처럼 심오한 작품이 발견되지 않았다. 아라비아의 종교는 다신교이고, 그 문화는 원시적이어서 여기에서 제외될 것 같다.[19] 에돔이 아마도 가장 널리 인정받고 있다. 왜냐하면 예레미야애가 4:21의 평행하는 이행연구에서 우스와 에돔이 동일한 곳으로 나타나고 있기 때문이다. 다른 전승에 의하면 우스는 다마스커스 근처에 위치하고 있었다고 한다. 그러나 고르디스는 에돔이 더 맞는 것 같다고 제안했다. 왜냐하면 욥기에 있는 고유명사

---

17) Herbert C. Brichto, "Kin, Cult, Land and Afterlife-A Biblical Complex," HUCA 44(1973): 1-54, 특히 p. 51.
18) 이 제안들에 대한 논의를 위해서라면 Gordis, pp. 209-12를 보라.
19) Ibid., pp. 210-12

들은 창세기 36장에 있는 에서의 족보에서(특히 4, 11절) 나온 것이기 때문이다.[20] 물론 여기에 유사성이 있다는 것은 기꺼이 인정하겠지만, 종교적인 기원은 별개의 문제이다. 우리는 에돔의 종교에 대해서 충분히 알지 못하기 때문에 이 문제에 대해 확실하게 말할 수 없다. 그러나 우리가 자신있게 말할 수 있는 것은, 일반적으로 욥이 가난한 자와 억눌린 자에 대해서 가진 관심은 히브리적이라는 것이다(4:3-4; 29:12-17). 또 대적하는 영(靈) 역시 이스라엘의 종교적인 체험에 있어서 그렇게 낯설은 개념이 아니다. 더구나 한 이스라엘 사람이 에돔에서 그렇게 오랫동안 살았을까 하는 이유를 이해하기는 그리 어렵지 않다. 왜냐하면 이스라엘 사람들이 주변 나라에 이주해 가서 사는 것은 그렇게 특별한 일이 아니기 때문이다(참조, 룻 1:1). 그러므로 우리는 그 책의 사상과 언어에 있어서는 그 기원이 히브리이지만, 지역적으로는 에돔이라고 제안할 수 있을 것이다.

누가 이 위대한 종교 문헌을 썼는가를 알 수 있는 길은 전혀 없다. 그러나 확실히 알 수 있는 것은 그 저자가 한 히브리인, 즉 순수한 유일신 사상을 가지고 있으며, 전능하시고 공의로우신 하나님에 대한 신앙이 흔들림이 없는 어떤 이스라엘 사람이었다는 것이다. 그가 그만큼 영적으로 안정되어 있었기 때문에 전능하신 하나님으로 하여금 그의 우주 질서의 내적인 작용을 드러내게 하고, 그래서 그 저자의 마음에는 너무 아득하게 느껴졌던 하나님의 품성의 일부를 나타내도록 자극할 수 있었다. 그는 또 인간의 마음에 도전하여 도덕적인 질서를 순전히 기계적으로만 해석하려는 것을 뛰어넘어, 우주의 신비가 하나님 자신의 품성 안에서 해결되는 신적 시각의 영역으로 들어가게 했다. 그는 결코 평범한 사색가가 아니었다. 이 세상에서 보기 드문 사색가였다. 그는 무명으로 남아 있지만, 우리로 하여금 그의 정신과 신앙이 인간의 마음속에 기록되어 영원

---

20) Ibid., pp. 66.

히 지워지지 않기를 희망하게 한다.

문학적 구조

여기에서 우리는 주로 문학적 구조를 살펴보게 될 것이다. 왜냐하면 이 책의 의미를 이해하기 위해서는 문학적 구조가 중요하기 때문이다. 예를 들어 몇몇 학자들이 논쟁하듯이 엘리후의 연설이 욥기의 본질적인 구조 안에 속하지 않으며, 저자가 처음 의도한 바에 포함되지 않는다고 한다면, 이 책에 대한 우리의 해석은 완전히 달라질 것이다. 욥기는 그 문학적 구조와 의미가 서로 얽혀 있어서 둘이 함께 있든지 아니면 둘 다 없든지 하게 된다. 차후로 이 책의 내용을 더 자세히 살펴보기는 하겠지만, 어느 정도 해석적인 면을 논하지 않고서는 그 문학적 구조를 말할 수 없다.

욥기는 그 문학적 장르를 규정하려는 모든 노력을 무색케 한다. 이것은 서사시로,[21] 비극으로,[22] 또는 비유로[23] 여겨져 왔다. 물론 각 장르에 해당하는 요소들이 있기는 하지만, 이 책을 자세히 살펴보면 사실은 그 중에 어느 것에도 해당되지 않는다.[24] 고르디스가 지적했듯이, 욥기의 저자는 자기 나름대로의 장르를 만들었다.[25] 저자가 종교적인 진리를 가르치려 하고 있으며, 또 그것을 위해서 주로 깊은 감정들을 표현하는 서정적인 시들을 사용하고 있다는 점에서 이 책은 교훈적이라 할 수 있다.[26]

---

21) 예를 들어, Nahum M. Sarna, "Epic Substratum in the Prose of Job," JBL 76(1957): 13-25를 보라.
22) Horace M. Kallen, *The Book of Job as a Greek Tragedy*, 특히, pp. 3-38.
23) Moses Maimonides, *The Guide of the Perplexed*, p. 486.
24) 다음에 제시되어 있는 장르들의 목록을 보라. William Sanford Lasor, et al., *Old Testament Survey*, pp. 572-75.
25) Gordis, p. 7.

우리에게 있는 이 책의 현재 그대로의 문학적 구조는 다음과 같다.

욥기의 문학적 구조

서 문 1-2		변 론 3-27				세 편의 독백 28-37			하나님의 연설 38:1-42:6		결문 42:7-17
1막	2막	욥의 서론적 독백	제1주기	제2주기	제3주기	지혜서	욥의 결론적 독백	엘리후의 연설	첫 번째 연설	두 번째 연설	욥의 회복
1장	2장	3장	4-41	15-21	22-77	28장	29-31	32-37	38:1-40:5	40:6-42:6	42:7-17

많은 학자들은 현재의 구조가 이 책의 배열이 잘못되어 있다는 것, 또 편집되었다는 흔적을 보여준다고 믿는다. 물론 그 구절들이 서기관들의 전승 과정에서 우연으로라도 잘못된 경우가 없다고 생각해서는 안되겠지만, 그렇다고 해서 종종 제기되는 것처럼 과감하게 본문을 재구성하는 것은 어려운 문제를 너무 쉽사리 해결하려는 시도로 보인다. 우리는 여기에 많은 위험들이 내포되어 있다는 것을 알아야 한다. 그 중의 하나는 우리의 문학적인 논리를 고대 문헌에 주입시키는 것이다. 그 책의 초기 형태가 존재했고 또 널리 알려

---

26) Ibid.

졌더라면, 그것이 독자들에 의해 연구되고 그 결과로 수정되는 것이 아니라, 그저 그것들을 재구성해버리는 경우가 얼마나 많았을지 의아할 것이다. 해석자가 처음부터 끝까지 성경이 우리에게 전수된 그 형태 그대로 다뤄야 한다는 성경 해석학의 기본 원리가 이따금 무시되기는 하지만, 우리는 여기에서 이 기본 원리를 따라야 한다. 또 우리는 이 전체 전승 과정에서의 성령의 역사를 무시해서도 안 된다. 그러므로 필자는 현재 그대로의 배열상태에서 욥기를 해석하려고 한다.

서문-결문-그리고 변론

서문(1-2장)과 결문(42:7-17)은 산문체로 쓰여졌으며, 그 사이에 시적인 문체의 변론이 삽입되어 있다. 그런데 서문에서 욥은 신실한 모습으로 그려져 있는데(1:21; 2:10), 변론 부분에서는 욥이 거의 도전적이다시피 해서 우리를 당황하게 만든다. 이 문제를 문학적인 면과 변증법적인 면이라는 두 가지 면에서 생각해 볼 수 있는데, 이 둘은 사실상 하나이다. 어떤 학자들은 이 산문으로 된 이야기가 원래는 시로 된 변론과는 별개의 것이었다고 주장함으로써 그 문학적인 문제를 해결하려고 했다. 그러나 만약 욥의 비극에 앞서 나온 그의 삶과 신앙에 대한 이야기를 단지 그 변론들을 기록한 저자가 자신의 문학적인 기술을 사용하여 우연히 삽입한 것에 불과한 것으로 보게 되면, 죄 없이 고난을 겪는 사람, 즉 처음에 의심 없이 하나님을 신뢰하다, 끔찍한 고통을 겪고(서문), 하나님의 공의에 이의를 제기하는(변론) 그 사람의 심정을 제대로 느낄 수 없게 될 것이다. 릭 무어(Rick D. Moore)는 3장에 있는 욥의 애가의 주제별 구조를 부각시킴으로써 욥기의 시인이 서문과 변론 부분을 얼마나 잘 조화시켰는가를 보여준다. 1:21에서 그 시인은 욥이 처음에 삶과 하나님에 대해 확신하면서 선언한 내용을 소개하고 있는데, 이것은 네 가지 주제로 나뉘어 진다. 그 다음에 욥은 3장에서 이 선언과 정반대 되는 심정을 토로한다. A. 모태를 겸손히 인정함(1:21a)/모태를 비방함(3:1-10); B. 무덤을 겸손히 인정함(1:21b)/그의 죽음이 지체됨을 탄식함(3:11-19); C. 하나님을 생명을 주신 자로 인정함(1:21c)/하나님께 간접적으로 질문함(3:20-23); D. 신 중심의 찬양(1:21d)/자기 중심적인 탄식(3:24-26).[27] 그러므로 그 애가는 서문으로부터 변론으로 자연스럽게 넘어가는 구절들을 담고 있는 전환점이 된다.

서문에 나타난 욥은 삶의 모든 면에서 신앙적인 모습이 풍겨 나는 그런 사람이었다. 문제가 생겼을 때에도 그 문제를 신앙 안에서 푸는 것이 그에게는 당연한 일이었다. 개인적인 손실 외에 육체적인 재난이 있을 때에도 그는 그의 신앙적인 순수성을 꼭 붙들었다 (2:10). 그러나 그의 마음과 육체의 고통이 깊어지면서, 처음에 그로 하여금 그렇게 신실하게 반응할 수 있게 하였던 신학적인 입장을 다시 검토하게 되었다.

변증법적으로는 그 저자가 서문에서 그렸던 욥의 모습이 변론 부분에서도 그대로 보존되어 있다는 충분한 증거가 있다. 극적인 아이러니가 이 서문에서 전개되고 있다. 왜냐하면 욥은 모르지만 독자들은 천상의 집회에 대해서 알고 있고, 하나님과 사탄 사이의 내기에 대해서도 알고 있으며, 또 욥의 고난에 대한 이유가 무엇인지도 알고 있기 때문이다. 이것은 하나의 시험인데, 어떤 불완전한 사람을 정련시키기 위한 것이 아니고, 하나님이 알고 계시는 바 이미 욥에게 잠재해 있던 순수한 성품을 이끌어 내기 위한 것이다. 저자는 욥을 "모든 도덕적, 신앙적 자질이 최고조에 달한 사람으로,

---

27) Rick D. Moore, "The Integrity of Job," CBQ 45(1983) 26: 17-31.

그리고 영생에 대한 것 말고는 더 이상 욕심이 없는 그런 사람"으로 소개한다.[28] 비록 욥이 천상에서의 사건들을 몰랐다 하더라도 이 따금 그는 그 상황들을 예리하게 내다본다. 물론 그는 여전히 그 실체는 알지 못한다. 23:10에서 그는 그 고통의 이유를 이렇게 말한다.

> 나의 가는 길을 오직 그가 아시나니
> 그가 나를 단련하신 후에는 내가
> 정금 같이 나오리라.

그 다음에 곧바로 욥은 하나님께 대한 충성을 재선언하고(11-12절), 또 하나님께서 그에게 대하여 작정하신 일을 이루신다는 것을 인식하고 있다(13-14절). 우리의 주인공에게는 감추어져 있지만, 그 저자는 하나님께서 왜 그에게 이 시험을 주시는지 곧바로 설명했다.

24:1에서 욥은 이렇게 묻는다.

> 어찌하여 전능자가 시기를 정하지 아니하셨는고
> 어찌하여 그를 아는 자들이 그의 날을 보지 못하는고?

이것은 욥에게는 하나의 수사학적인 질문으로, 독자들은 하나님께서 땅에 있는 그의 의로운 종에 대해 질문을 던지는 그런 특별한 날들이 있다는 것을 알고 있다(1:6; 2:1).

지혜에 대한 욥의 유명한 연설에서 그는 하나님께서 지혜에 대해 선언하신 것을 인용하면서 결론을 맺는데, 그렇게 함으로써 그는 서문에서 욥의 성격에 대해 하나님이 평가하셨던 것(1:8; 2:3)을 요약한다.

---

28) Roderick A. F. MacKenzie, "The Transformation of Job," *Biblical Theology Bulletin* 9(1979): 52.

> 또 사람에게 이르시기를
> 주를 경외함이 곧 지혜요
> 악을 떠남이 명철이라 하셨느니라
> (28:28)

    지혜에 대한 이 시는 오직 하나님만이 지혜의 길을 아신다고 선언한다. 즉 하나님의 길은 정말로 이해할 수 없으며, 오직 하나님만이 그것들을 이해하신다는 것이다. 궁극적으로 욥은 이것을 받아들였는데, 하나님의 연설 중에 그가 고백하고 회개한 내용이 여기에 해당한다. 욥이나 그의 친구들은 하나님께서 하시는 일을 정말로 이해하지 못하였다. 그러나 그가 확신하였던 한 진리는 28절에 있는 지혜에 대한 묘사로, 진리는 아주 실제적인 상황에서 드러난다는 것이다. 그가 깨달을 수 있는 것들은 결코 철학적인 차원들이 아니었다. 여기에서 참 지혜에 대한 하나님의 최종 결론과, 서문에서 하나님께서 욥의 성품에 대해 묘사한 점이 일치한다. 더구나 욥은 하나님과 함께 있었다. 욥이 탄식 중에 외쳤던 것만큼 그가 하나님으로부터 멀리 있었던 것도 아니고, 하나님도 그에게서 멀리 계신 것이 아니었다.

    욥이 서문에 있는 그 초현실적인 사건들에 대해 비록 순간적으로나마 놀라운 통찰력을 가지고 있었다는 것을 그의 고백 중에서 발견할 수 있다. 여기에서 그는 자신이 하나님의 길과 동기들을 정확히 알지 못하고 함부로 말했다는 것을 고백한다.

> 내가 스스로 깨달을 수
> 없는 말을 말하였고
> 헤아리기 어려운 일을
> 말하였나이다.
> (42:3)

    이 고백이 하나님의 말씀들에 대한 응답으로 온 것이기는 하지만, 위에서 언급한 바와 같이 욥이 서문에 있는 초현실적인 실재들을 이미 놀라운 통찰력으로 보았으며, 하나님의 말씀들은 단지 그로 하여금 마음가짐을 바로 하고 그에 따라 행동할 수 있게 했다는 것도 사실이다.

서문과 그 변론 사이의 문제는 궁극적으로 문학적 차원과 변증법적 차원에서 해결되어야 한다. 이 두 결과는 아주 다르지만, 문학적으로 일치하지 않는다는 이론을 정당화할 만큼 다르지는 않다. 사탄은 욥이 하나님을 대면하여 욕할 것이라고 고소했지만(2:5), 욥은 3장에 있는 격정적인 애가에서도 그를 신임하고 있는 하나님의 입장을 난처하게 하지 않았다. 그의 아내는 이 땅에서 사탄의 고소를 실제로 표출했지만(2:9), 욥은 이를 거절하고 오직 자신의 생일을 저주했다. 욥의 확고함을 강조한 후에 그 변론이 시작되는데, 여기에서도 욥은 그의 순전함을 지켰다. 게다가 그는 31:5-40에 있는 일련의 언약들로 그의 순전함을 굳게 세웠다. 그의 순전함은 하나님께서 친히 맨 처음에 확증하셨고, 그 다음에 욥이 유지했으며, 그리고 마지막으로 하나님께서 정당화하셨다(42:7).

서문에 있는 신학적인 선언 중에도(1:21; 2:10) 어두운 면이 있을 수 있으며, 고난도 어떻게 조명하느냐에 따라 그 의미가 여러 가지로 다르게 나타날 수 있다. 신앙이 있는 자라 하더라도 역시 고난의 의미가 무엇인가에 대한 의문을 가질 수 있고, 또 그렇게 묻는 것이 당연하다. 그 교향곡의 주제는 비록 장조로 표현되어 있어도 거기에는 단조가 있을 수 있다. 우리는 그 변론에서 장조와 단조 모두를 듣는다. 욥은 마땅히 연구되어야 할 한 신학적인 입장에 자신을 내맡겼다. 이 변론 부분은 바로 이것에 대한 기록으로, 여기에는 하나님을 대항하는 주장들로 가득 차있다. 욥의 입장에서 보면 하나님은 가까이 오셔서 욥에게 고난을 주셨지만, 욥이 공의를 찾을 때에는 멀리 계셨다(예, 9:17-19; 19:7-12; 23:3-7). 그러나 고난당하는 욥의 영혼 깊숙한 곳에서부터 간혹 희미한 신앙의 빛이 비쳐 나왔다(예를 들면 19:25-26; 23:10). 그는 신앙과 현실이 부딪히는 경기장에 들어갔으며, 거기에서 벌어지는 싸움은 무가치한 것도 아니고 불필요한 것도 아니었다. 제1주기에서 그 친구들은 어느 정도 균형을 잡는 역할을 했지만, 제2주기, 제3주기에서는 욥에 대해 참지 못한 나머지 더 이상 균형을 이루지 않고 오히려 반대하는 입장이 되었다. 그들은 처음에 하나님을 변호하더니, 나중에는 자기들의 친구인 욥을 희생하면서까지 자신들의 신학을 변호하는 방향으로 바뀌었다.

이 변론 부분과 결문 사이의 관계도 매우 중요하다. 만약 욥의 친구들이 주장했던 보응의 신학이 전혀 타당하지 않는 것이라고 한다면, 그 이야기 말미에 욥의 회복에 대한 이야기를 꼭 집어넣을 필요가 있었을까? 욥의 힐문에 대한 하나님의 난해한 대답은 하나님을 그러한 정의 체계에 제한시키지 않는다. 그러므로 하나님은 욥의 회복을 계획해야 할 의무가 전혀 없었다. 하나님의 말씀들에 나타난 신학에 따르면 욥은 계속해서 고난받을 수도 있었고, 또 그렇게 복종적 자세로 하나님께 응답했을 것이다. 사탄은 이제 더 이상 등장하지 않았지만, 사탄의 주장이 틀렸다는 것만큼은 분명해졌다. 하나님에게는 사심 없이 자기를 섬기는 종이 최소한 한 사람이라도 있었다. 그리고 설령 그 한 사람에 불과했다 할지라도, 그의 신앙은 참된 것이었다. 회복에 대한 어떤 약속과도 무관한 욥의 회개는 자신에 대한 하나님의 의견을 옹호하는 변론이었다. 반면에 욥이 그의 친구들과는 반대로 하나님에 대해 정당하게 말했노라고 하신 하나님의 선언은, 그 종에 대한 하나님의 최후의 변론인 것이다(42:7). 그리고 이러한 하나님의 말씀은 욥과 그의 친구들이 많은 변론을 주고 받았다는 것을 나타낸다.

결문은 하나님께서 욥을 옹호하시는 것 이상의 내용을 담고 있다. 이것은 공의에 대해 이 땅에서 이해할 수 있는 수준으로 풀이한 것이다. 하나님의 말씀을 통해 욥은 공의가 때때로 인간의 언어로는 표현할 수 없는 하나의 신비인 것을 알게 되었다. 그러나 만약 그것이 전부라면, 만약 공의가 단지 초현실적인 것이라면 욥이 이의를 제기한 것이 옳다. 우리가 어떻게 하나님께는 번영이나 재앙이 일반이 아니라는 사실을 확신할 수 있겠는가(9:22)? 따라서 결문에서는 비록 공의가 때로 알 수 없는 하나의 신비이지만, 그것은 또한 실재이며 이 세상이 알 수 있는 것이라는 진리가 필연적으로 드러나고 있다. 그러므로 욥의 회복은 이 대답에 꼭 필요한 내용인 것이다. 그러나 이것은 하나님의 정의가 항상 물질적인 용어들로 표현된다는 의미는 아니다. 그럼에도 불구하고 때로는 그렇게 해야 하는 경우도 있는데, 이는 우리들로 하여금 그것이 하늘의 문제이지 이 땅의 문제는 아니라는 그릇된 결론을 내리지 않게 하기 위한 것이다.

지혜에 대한 시

28장에 대한 학자들의 의견은 주로 세 가지로 나뉘어질 수 있겠다.[29] (1) 이 시는 변론 부분의 저자가 아닌 다른 저자에 의해 쓰여져 삽입되었다고 보는 견해, (2) 같은 저자에 의해 기록되었지만, 현재 이 책의 구조 안에서는 순서가 뒤바뀐 것이라고 보는 견해, 그리고 (3) 같은 저자에 의해 기록되었고, 지금 있는 그 자리에서 문학적으로 제 구실을 한다고 보는 견해가 있다.

첫번째 입장을 취하는 사람들은 그 언어와 분위기가 다른 것을 지적하고, 이 시는 언어상으로나 분위기상으로나 변론 부분과 그 성격을 달리한다고 결론내린다.[30] 그러나 이들은 욥(12:2, 12-13)과

---

29) 이 부류들 중 그 어느 것도 다른 것과 완전히 구분되지는 않는다. 왜냐하면 많은 학자들이 양쪽 입장을 동시에 받아들이기 때문이다. 그렇지만 이렇게 분류함으로써 그 다양한 입장들을 정리하기가 용이하다.
30) S. R. Driver and G. B. Gray, *A Critical and Exegetical Commentary on the Book of Job*, 1: 232-35.

그의 친구들이(11:6; 15:7-8) 구체적으로 또한 보편적으로 지혜에 관심을 기울였다는 사실을 해명해야 할 것이다. 더구나 이 시의 분위기를 쉽게 파악할 수 없는데, 그 이유는 욥의 감정적인 상태가 매우 불안정하기 때문이다.

두번째 입장의 사람들은 이 시의 문학적 특성은 변론 부분의 저자가 가진 특성과 잘 일치하지만, 현재 배열상으로는 그것이 전체 분위기와 맞지 않는다고 한다.[31] 어떤 이들은 이것이 소알의 연설의 절정이라고 제안했다(특히 8-23절). 왜냐하면 제3주기에서는 그의 연설이 없기 때문이다.[32] 또 다른 견해로는 이 시는 그 변론 부분의 저자가 인간의 고난에 대한 수수께끼를 풀기 위해 초기에 시도한 것이었는데, 나중에 어떤 편집자가 지금의 위치에 두었다고 한다.[33]

그런가 하면 이 시의 문학적인 양상이나 그 위치 상으로 볼 때 전혀 문제될 것이 없다는 세번째 입장을 옹호하는 사람들도 물론 있다. 데이빗 네이만(David Neiman)은 그 시의 문학적 우수성에 주목하면서, 그것은 언어가 거친 논쟁과 욥의 마지막 독백 사이에 있는 서정시 조의 간주(間奏)라고 여기고, 이 시는 이 책의 필수 요소라고 결론지었다.[34] 델리취는 이 시가 악인은 그 벌을 받게 되리라는 27:13-23의 선언을 재확인하는 것으로 이해했다. 지혜에 대해 강론함으로써, 또 마지막 부분에서 주를 경외하는 것이 곧 지혜라고 선언함으로써(29:28), 욥은 비록 자기의 고난의 수수께끼를 완전히 이해할 수 없다 하더라도 그가 끝까지 주를 경외해야 한다는 것과 그리고 그를 경외하는 자들은 그의 친구들이 말했던 인과응보의 원리가 아닌 다른 원리에 의해 심판을 받아야 한다는 것을 가르쳐 주고 있다.[35]

---

31) Gordis, p. 102.}
32) 예를 들어 Habel, pp. 7, 141.
33) Gordis, p. 102.
34) Neiman, pp. 99-100.
35) Delitzsch, 2: 116.

엘리후의 연설

엘리후의 연설(32:1-37:24)에 대한 비평적인 분석들은 지혜시에 대한 것들만큼이나 많다. 이것들을 이질적인 작품으로 보는 이유는 엘리후가 갑자기 나타났다는 것(서문이나 변론에서 언급된 적이 없고 결문에서도 빠져 있다)[36], 변론 부분의 논쟁에 별로 새로운 것을 더하지 않았다는 것[37], 그리고 그 연설들의 언어가 이 책의 다른 부분과 다르다는 것이다.[38]

그러나 엘리후가 예기치 않게 출현한 것은 그가 처음 시작하는 말(32:6-7)로 설명이 가능하다. 그는 연소했고, 또 그렇게 중요한 문제들에 대해서는 연로한 사람들의 의견에 양보했다. 엘리후는 연로한 사람들에게 지혜가 있다고 믿어온(12:12; 15:10), 바로 그 전통을 존중했다.

그 저자가 그를 화가 난 젊은이로 소개하고 있는 것도(이것은 32:3-5에서 네 번이나 언급되었다) 아주 중요하다. 파이퍼(Pfeiffer)는 주장하기를, 이 연설들은 하나님의 길을 이해할 수 없다는 설명과(28장), 또 겉으로 모순될지 모르지만 하나님의 길들은 사람들이 옳다고 믿는 것과 일치한다는 설명에(38-41장) 분개한 어떤 후대의 저자에 의해 삽입된 것이라고 했다.[39] 비록 이것이 엘리후의 분노에 대한 이유는 될 수 있을지 모르겠지만, 그렇게 가정한다면 그렇게도 분개한 저자가 하나님의 연설들 대신에 저자 자신의 해결책을 제시하려고 하지 않았는지에 대한 이유에 대해서는 설명이 되지 않는다. 그 저자는 엘리후의 반응이 이성적이라기보다는 어느 정도

---

36) Pope, p. xxvii.
37) Driver and Gray, 1:41.
38) 엘리후의 연설의 진정성을 지지하는 언어 연구에 대해서는 다음을 보라. Gordis, pp. 106-7, 그리고 Delitzsch, 2: 210.
39) Robert H. Pfeiffer, *Introduction to the Old Testament*, p. 673.

화가 난 상태였다는 암시를 주려고 노력했을 수도 있다. 그는 친구들이 욥의 논쟁을 꺾지 못하였기 때문에 그들에게 화를 냈고 (32:11-12, 15-16), 또 욥에게는 그가 하나님의 공의를 손상시키면서까지 자신의 결백을 고집했기 때문에 화를 냈다(33:9-12).

그 저자가 서문과 변론에서 엘리후를 뺀 것은 그가 젊었기 때문이며, 결문에서도 그에 대해 아무런 언급을 하지 않은 것은, 엘리후가 그의 친구들의 말들을 이용하지 않겠다고 했고(32:14, 한글 개역 성경에는 '당신들의 말처럼'으로 되어 있는데, 히브리 원문으로는 '당신들의 말로써'에 가까움—역자주),[40] 욥에게 지혜를 가르쳐 주겠다고 했으며(33:33), 또 지혜있는 자들에게 욥이 잘못이라는 것을 확신시켜 주겠다고 주장했지만(34:34-35), 그는 그 주장들을 실천하지 못했기 때문이다. 저자는 관례를 잘 준수하여 연로하고 경험 많은 사람들이 먼저 말을 하게 했다. 그러나 그는 그들이 욥의 문제를 해결하는데 별로 도움이 되지 못했음을 깨달았다. 그래서 저자는 지혜 문학을 전수받게 되는 젊은이들이[41] 자기들에게는 말할 기회조차 없었다고 비난할 것을 피하기 위해 엘리후로 하여금 하고 싶은 말을 하도록 했다. 그래서 그는 진리가 늙은 자들에게나 혹은 젊은 자들에게 있는 것이 아니고 오직 하나님께 있다는 것을 입증해 보였다. 이렇게 함으로써 그는 독자들로 하여금 하나님의 연설들을 들을 수 있도록 준비시켰다.

엘리후를 문학적인 의미에서 난데없이 나타난 사람으로 보는 두 번째 이유, 즉 그가 변론 부분의 논쟁에 새롭게 기여한 것이 별로 없다는 것은 어떤 의미에서 맞는 말이다. 그러나 그가 자신의 주장

---

40) 사실 엘리후가 주장한 많은 생각들은 이미 그의 친구들이 가졌던 것들이다. 욥에 대해 비난한 것으로서 유사한 경우는 34:7/엘리바스-15:16; 34:8/엘리바스-22:15; 욥의 문제에 대해 유사하게 접근하는 경우는 34:11/빌닷-8:4; 35:5-8/소발-11:7-9, 그리고 엘리바스-22:2-3, 12가 있다.
41) 예를 들어 잠언에 보면 교수법상 선택한 용어인 "내 아들"이라는 말이 22차례 나온다. 게다가 성적인 윤리를 계속 강조한다는 것은 피교육자들이 젊은이였음을 암시한다. 참조, Gordis, *Koheleth-The Man and His World*, p. 32.

들을 실천하지는 못했지만, 엘리바스가 간략하게 제안했던 주제(5:17-18), 즉 고난은 하나님의 훈련의 한 방법이라는 것을 부연하여 설명했다(33:16-28; 36:8-11, 15). 이 주제는 분명히 고난의 문제에 대해 저자가 다루고 있는 전체 내용 가운데 일부이다. 그러나 서문에 비추어 볼 때, 또 욥이 계속해서 자신의 결백을 주장한 것을 고려해 볼 때, 이것이 아무리 다른 상황에서는 맞는 말이라 하더라도 욥의 문제를 해결하기에는 역부족이었다. 그의 친구들의 여러 논쟁들과 마찬가지로 엘리후의 주장에도 어느 정도 진리는 있겠지만, 그는 이것을 적절한 상황에 적용한 것이 아니다.

그래서 엘리후의 연설은 이 문제를 해결하지 못했다. 그러나 그의 연설은 그 논쟁이 끝나기 전에 반드시 짚고 넘어가야 할 요점을 전면에 드러냈다. 우리는 이 화가 나있는 젊고 주제넘은 사람의 이름이 결문에서 빠져 있음을 보고도 놀랄 것이 없다. 우리는 그가 제안한 생각이 고난에 대한 설명으로서 인정하기 곤란한 것들 중 하나이며, 경험이 부족한 젊은이의 머리에서 나올 만한 것이라고 생각할 수 있겠다. 연로한 사람들이 먼저 말해야 된다는 것이 관례이기는 하지만, 어느 면에서는 그들의 경험과 나이가 진리와 이성의 길에 장애가 되었다. 엘리슨(Ellison)이 잘 지적했듯이, 경험이 그들에게 진리의 척도가 되었을 때 그것은 허위로 변해버렸다.[42]

이 연설들을 이 책에서 제외시키는 세번째 이유에 대해서는[43] 언어에 근거한 논쟁이 상대적인 것이지 절대적인 것은 아니라는 말로 반박할 수 있다.[44] 어떤 저자가 한 작품에서는 다른 작품들에서보다 특별한 용어들을 더 자주 사용할 수도 있다. 또 실제 대화를 생각해 보면, 우리는 엘리후가 친구들이 사용한 어휘들과 비슷하기는 해도 서로 다른 어휘들을 사용할 수 있다고 본다. 우리는 그 논쟁

---

42) H. L. Ellison, *From Tragedy to Triumph*, p. 36.
43) 드라이버와 그레이는 이것들을 이 책에 덧붙여진 것이라고 생각했다. Driver and Gray, 1:xli.
44) Gordis, p. 107.

들이 실제로 있었으며, 또 저자의 어휘들은 서로 다른 화자들의 유형과 언어를 반영하고 있다는 가능성을 배제해서는 안된다. 게다가 엘리후가 그 내용에 익숙해 있었다는 사실은 이 연설이 문학적으로 이 책에 귀속된다는 것을 뒷받침한다. 이것은 그 변론 부분을 구성하고 있는 연설들에 대한 상호작용이자 역작용인 것이다.

하나님의 연설

이제 우리는 하나님의 연설들(38:1-40:2; 40:6-41:34)을 살펴보려고 한다. 우리는 의인의 고난과 신정론(神正論)에 대한 문제에 있어서 이 연설들이 이 책의 결정적인 부분을 구성하고 있다고 볼 수 있다. 간단히 말하자면, 만약 욥기의 저자가 하나의 해답을 제시하려고 한다면, 그 해답의 핵심은 여기 하나님의 연설 중에 있는 것이 틀림없다. 욥은 하나님께 그에게 대답해 달라고 간구해 왔었다. 이런 종류의 요구는 이 자연의 이치로는 해결될 수 없다.[45] 그러므로 대부분의 학자들은 이 연설들이 이 책의 핵심 부분이라고 보았다. 물론 여기에는 부분적으로 그 진정성에 대하여 소수의 이견이 제기되었다.

이 입장의 대표적인 주자는 조지 포러(George Fohrer)인데, 그가 문제삼고 있는 것은 이중구조로 된 하나님의 연설들과(38:1-40:2, 그리고 40:6-41:34), 두 차례 나오는 욥의 답변이다(40:3-5, 그리고 42:1-6). 그는 여기에 하나님의 연설이 단 한 차례 있었고, 뒤이어 욥의 응답이 한 번 있었는데, 나중에 40:1, 6-7에서 표제와 서론이 삽입되었다고 주장한다. 그는 또 하나님의 말씀이 원래는 38-39;

---

45) 하나님의 연설들의 의미에 관한 논의를 보라.

40:2, 8-14로 구성되어 있었으며, 욥의 응답은 40:3-5; 42:2-3, 5-6으로 되어 있었다고 주장한다. 또한 포러는 또 타조에 관한 묘사(39:13-18)는 진짜 원작이지만, 하마(40:15-24)와 악어(41:1-34)에 대한 노래들은 나중에 더해진 것이라고 했다.[46]

비록 여기에 중복된 내용들이 있다는 것은 부인할 수 없지만 (38:1/40:6; 38:3/40:7, 또 40:2는 유사함), 어떤 고대 문헌에 중복이 있다고 해서 그 본문이 조작되었다거나 더해진 것이라고 생각하는 것은 잘못이다. 우리 자신들에게 논리적인 일관성이 있어야 한다고 해서 이것이 욥기의 저자에게도 있어야 한다고 할 수는 없다. 더구나 이중구조는 저자의 스타일이다. 예를 들면 엘리후의 연설 서두 역시 이중구조를 나타내고 있다.

> 욥이 스스로 의롭게 여기므로 그 세 사람의 말이 그치매
> 람 족속 부스 사람 바라겔의 아들 엘리후가 노를 발하니
> **그가 욥에게 노를 발함은**
> 욥이 하나님보다 자기가 의롭다 함이요
> **또 세 친구에게 노를 발함은**
> 그들이 능히 대답지는 못하여도 욥을 정죄함이라
> 엘리후가 그들의 나이 자기보다 많으므로
> 욥에게 말하기를 참고 있다가
> **세 사람의 입에 대답이 없음을 보고 노를 발하니라**
> 부스 사람 바라겔의 아들 엘리후가 발언하여 가로되
> (32:1-6a, 강조는 저자의 것임)

위에서 굵은 글씨로 된 말들이 보여주듯이, 엘리후가 세 친구들이 욥에게 대답하지 못한 것을 보고 화를 냈다는 말이 반복되었다. 그렇지만 그것은 스타일의 문제이므로 둘 중에 어느 것이 나중에 본문에 삽입된 것이라고 결론지을 필요가 없다. 하나님의 말씀들 중 그 어느 구절도 그 구조 안에 잘 맞지 않는 것은 없다. 하지만

---

46) George Fohrer, *Introduction to the Old Testament*, pp. 327-29.

이 문제는 비평적인 책에서 더 자세히 다루어질 수 있겠다.

욥기의 해석학적인 문제

교회사 전반에 걸쳐 교회가 당면했던 가장 중요한 문제들 중 하나는 올바른 성경 해석에 대한 문제이다. 물론 그 이유는 분명하다. 기독교의 신앙은 성경 위에 든든히 서있다. 어느 구절이나 어느 책의 의미를 파악하기 위해서 먼저 요구되는 것은 그 특정한 문학 양식에 맞게 해석하는 적절한 방법을 알고 있어야 한다는 것이다. 욥기를 연구하려면 요한계시록이나 창세기에서 만큼 이 문제를 미리 점검해 볼 필요가 있다.

물론 지혜 문헌에 관련된 모든 해석학적 문제들과 과정들을 다 다룰 수는 없고 또 그럴 필요도 없겠지만(어떤 것들은 서론에서 다루어졌다), 욥기 해석에 결정적인 영향을 미치는 네 가지 기본적인 문제, 즉 이 책의 문학적 통일성, 신화, 서문에 있는 사탄, 그리고 이 책과 신약의 관계들은 다루지 않을 수 없다.

문학적 통일성

이 책을 해석하기 위해서 우리가 살펴보게 될 첫번째 해석학적 원리는 이 책을 전체적으로 보아야 한다는 것이다.[47] 단면적 해석은

---

47) 앞장의 "문학적 구조"를 보라.

얼마나 많은 단면을 찾아냈다고 믿든지 간에, 전체를 포함하는 접근 방식을 희생하므로 정당화하기 어렵다. 욥기에는 문학적 통일성이 있으므로, 이 책의 메시지는 전체적으로 결정될 것이다.

비록 전체 메시지와 문학적 구조에 있어서 28장과 같은 구절들의 진정성 여부에 관한 문제가 아직 남아 있을 수는 있겠지만, 우리는 그런 구절을 제외시키거나 혹은 그 책 안에 문학적으로 유사한 다른 부분으로 그것을 옮기기에 앞서, 먼저 전체 안의 한 부분으로서 그 의미를 파악할 수 있는지 없는지를 결정해야 한다. 어떤 성경 구절들은 정말로 현재 그 위치에 어울리지 않는 경우가 있지만, 그 메시지의 의미를 강조하기 위해 예기치 못한 상황의 구성이 필요했을 수도 있다.

예를 들어 엘리후가 스스로 인정하듯이 그는 변론 중에 갑자기 끼어든 침입자라고 할 수 있지만, 그의 연설들을 세밀하게 분석해서 그가 이 책에 어떤 기여를 하고 있는지 그 여부를 알아보기도 전에 그를 문학적 침입자로 간주해서는 안된다. 그리고 고대의 어떤 작가가 오늘날 우리가 가지고 있는 문제에 대한 관념과 논리적인 흐름을 가지고 있다는 선입견을 가지고 있다면, 그것은 그 작가의 잘못을 드러내는 것이 아니라 해석자의 잘못을 드러내게 될 것이다. 그러므로 문학적 완전성을 위해서 전체적인 접근 방식이 우선되어야 한다.

신화와 욥기

어떤 해석가들은 욥기에 신화적인 요소들이 있음을 알고 그것들을 이용했다. 분명히 거기에는 신화적인 피조물들을 언급하는 경우들이 있는데(예를 들면 3:8; 9:13; 26:12-13), 그렇다면 그것들을 어떻게 보아야 하는가? 존 밀턴(John Milton)과 같은 고전 작가의 작품을 살펴보면 그가 그리스 신화를 여러 차례 언급하였음을 보게 되는데, 그렇다고 해서 그가 그런 사상 체계를 신봉했던 것은 아니다. 시적 언어는 신화의 종교 체계를 받아들이는 것이 아니라 다만 그 신화의 어휘와 예화만을 빌어 왔을 수 있다. 욥기는 신화가 거의 일상 생활의 일부인 그런 환경에서 지어졌다. 그런 환경 속의 언어에는 역시 이방 종교 체계들의 흔적이 남아 있다. 우리가 "운명"(fortune: 운명의 여신 Fortune에서 유래—역자주)이나 "감질나게 하다"(tantalize, 제우스의 아들 탄탈루스의 신화에서 유래—역자주)라는 말들에서 신화적인 암시를 배제하려는 것처럼 욥기의 저자가 그 언어에서 신화적 요소들을 제거하기 위해 애쓰지는 않았다. 사실 세계의 신화들은 언어에 여러 개념들을 제공하여 의미를 전달하는 도구가 되었다.

욥기는 어떤 신화 체계를 수용한 것이 아니다. 일부 학자들은 본문의 신화적인 언급들로부터 추적하여, 이 책의 신학 저변에 신화적 기초가 깔려 있다고 생각했다.[48] 이러한 기초는 실제로 언어의 저변에 깔려 있을 수 있겠으나, 이 책의 결정적인 요소인 그 신학은 신화와는 무관한 것에서 비롯되었다. "거룩한 자"라는 엘리바스의 언급은(5:1) 욥을 힐난하는 말인 것 같다. 여기에서, 또 시편 89:5에서 이 용어는 신적인 존재를 의미하지 않는다.[49]

그밖에 많은 학자들이 하나님의 연설 가운데 있는 베헤모쓰(Behemoth, 개역성경에는 하마—역자 주)와 리워야단(Leviathan, 개역성경에는 악어—역자 주)이라는 그 유명한 존재들은 신화 속의 생물들이라고 생각한다. 포프는 가설적으로 베헤모쓰를 우가릿 신

---

48) W. A. Irwin, "욥의 구원자", JBL 81(1962): 217-29, 특히 pp. 221-22를 보라. 여기에서 그는 이쉬타르(Ishtar)가 지옥에 내려간 것이 욥기 19장의 토대라고 추정했다.
49) E. Smick, "Job", *The Zondervan Pictorial Encyclopedia of the Bible*, 3:615를 보라.

화에 나오는 괴물 소에 연관시켰다. 그는 베헤모쓰와 괴물 소는 모두 수메르-악카드 신화에 나오는 "하늘의 소"와 같다고 할 수 있는데, 길가메쉬 서사시(Gilgamesh Epic)에 보면 길가메쉬와 엔키두가 이것을 죽였다고 한다.[50] 포프는 소같은 특성에 대한 유일한 언급은 40:15c(개역성경은 40:15a, 즉 "이제 소같이 풀을 먹는"—역자 주)라는 것을 인정하는데, 만약 23절이 리워야단을 묘사한 곳으로 제자리를 찾아간다면(즉, 41:23 다음으로) 베헤모쓰에서 양서류 속성을 찾아볼 수 없게 되고,[51] 따라서 이것은 베헤모쓰가 땅에서만 사는 신화적인 동물이라는 가정을 더 확실하게 한다고 주장했다. 에녹서 60:7-9에 보면 베헤모쓰는 육지에서, 리워야단은 바다에서 사는 것으로 되어 있기 때문에, 이 짐승의 양서류 속성은(40:21-23) 해석자들로 하여금 베헤모쓰를 하마로 생각하게 한다. 이것은 포프의 신화론적 해석과는 어울리지 않는 선택이다. 비록 그가 본문을 억지로 짜 맞추는 것이 교묘하기는 하지만, 아무래도 이것은 저자가 의도한 의미라기보다는 해석자가 주관적인 노력으로 억지로 그 구절들의 의미를 짜낸 것이므로, 우리는 이러한 해석을 받아들여서는 안된다.

또 포프는 리워야단(41:1)을 우가릿 신화에 나오는 로탄(Lotan)이라는 바다 괴물을 가리킨다고 한다.[52] 이것과 똑같은 이름이 욥기 3:8에서 뿐만 아니라, 이사야 27:1, 시편 74:14, 104:26에서 발견되는데(마지막 경우는 고래를 가리키는 것일 수도 있다).[53] 이 모든 경우에 사용된 그 언어는 시적인 것으로써, 이 생물이 실재로 존재하는 짐승이라고 믿어서가 아니라 단지 그 신화적인 용어들을 언급하는 것일 수도 있다.

---

50) 원문은 James B. Pritchard, ed., *ANET*, pp. 83-85에서 볼 수 있다.
51) Pope, pp. 268-70.
52) Ibid., pp. 276-78.
53) Delitzsch, 2: 365.

이 두 구절들이 상당히 시적이라는 점을 감안할 때, 우리는 신화적인 방법을 배제하고 베헤모쓰를 하마로, 리워야단을 악어로 보는 학자들의 견해에 동조해야 한다.[54] 이 생물들을 이런 식으로 보는 데는 신학적인 이유도 한몫 한다. 만약 이것들이 신화론적이라면, 이것은 하나님의 연설들의 타당성에 문제를 생기게 한다. 즉, 만약 하나님이 그 자신의 창조에 대해서 잘못 가르쳐 주셨다면, 하나님께서 그것들을 말할 권리가 전혀 없었을 것이라는 것이다. 그러나 만약 그 저자가 단지 자신의 시대와 세계관에 제한되어 있는 존재인 것을 부인한다면, 우리는 진정한 신적 계시를 다루고 있는 것이 아니라 저자 자신의 세계관을 결코 뛰어넘지 못하는 하나의 문학 작품을 다루고 있는 결과가 될 것이다.

욥은 오직 하나님만이 그가 의지할 자인 것을 알고 있었다. 그는 만약 그가 하나님으로 알고 있는 그분이 그에게 대답해 주지 못하면 다른 신적 존재에게 탄원할 수 있으리라는 암시조차 한 적이 없다. 그렇지만 그는 그렇게라도 할 수 있었으면 하고 전심으로 원했다(9:33; 16:21). 오직 하나님만이 정의와 진리의 문제를 해결하실 수 있는 분이기 때문에 욥은 하나님 한 분에게 탄원했다. 만약 그가 신화적인 사상을 신봉했다면, 그는 쉽게 만신전(pantheon)의 한 신에게 탄원하여 자기의 "심판자"가 되어 달라고 할 수도 있었을 것이다. 그러나 그는 그렇게 하지 않았다. 만약 그가 이원론을 받아들였다면 그의 딜레마를 풀기 위해 서문에 있는 사탄에게로 갈 수도 있었다. 사탄이 변론 부분에 등장하지 않는다는 사실(비록 라쉬[Rashi]는 16:9을 사탄에 대한 언급으로 간주하지만)은 우리들로 하여금 욥이 직면한 문제에 대한 해결은 궁극적으로 유일신 사상에 입각한 비신화적인 사상체계에서만 나올 수 있다는 입장을 취하게 한다.

---

54) 예를 들어 Delitzsch, 2:357-74; Otto Eissffeldt, *The Old Testament; An Introduction*, p. 458; Gordis, pp. 119-20; 336, n. 4.

게다가 모세의 율법은 이런 요소들을 받아들이는 것을 금지하고 있다(20:3-6). 따라서 만약 이 책이 신화에 기초한 것이 분명한데도, 이 책이 선지자들의 시대에도 지속되었고(만약 우리가 초기 연대를 받아들일 경우), 또 우상 숭배로 신앙이 위협받는 포로 시대에도 계속 되었다면, 이것은 정말로 구약 신학과는 맞지 않는 일이다. 에스겔은 노아와 다니엘과 함께 욥을 의로운 자로 기억하고 있다(겔 14:14, 20). 이교도적인 예배와 우상을 배격하는 그 선지자의 태도에 비추어볼 때(겔 8:9-18; 14:6-8 등), 그가 욥과 다니엘 같은 그런 인물들이 우상과 관련이 있다고 생각하면서 그들을 의의 모범으로 내세웠다고 가정하는 것은 불합리하다.

서문의 사단

몇 가지 해석학적인 원리들을 분명히 하기 위해 고찰해야 할 또 하나의 문제는 1장과 2장에 있는 사단(신약성경의 사탄에 해당함—역자주)에 관한 것이다. 이 문제는 욥기를 해석함에 있어서 오랫동안 장애물이 되었다. 첫번째로 욥기에서 사단의 역할은 신약에서와 같이 하나님의 최고 대적자가 아니다. 게다가 사단은 욥기에서 여기 말고는 다른 곳에서 나타나지 않는다. 또 정관사가 사용되었다는 것은 이 용어가 고유명사가 아니라 "그 원수"라고 번역되어야 함을 의미한다.

이런 문제들을 생각해 볼 때, 욥기 1-2장에 있는 하나님의 옛 원수에 대해서 완전히 알 수 없다는 것을 인정해야 한다. 비록 이 부분과 스가랴 3:1-2, 역대상 21:1에서 사단은 결코 하나님의 편이 아니라는 것이 나타나 있기는 하지만, 이 문제에 대해서 우리는 구약에서 이렇다 할 단서를 찾을 수가 없다. 욥기 서문에서 그의 역할은 하나님의 의로운 종을 비난하는 일이다. 그리고 비록 그가 옛 대적자로 나온 것은 아니지만, 그는 하나님께 대하여 반박하는 입장에 있고, 또 욥에 대하여 사악한 의도를 가지고 있다.

> 여호와께서 사단에게 이르시되, 내가 그의 소유들을 다 네 손에 붙이노라. 오직 그의 몸에는 네 손을 대지 말지니라
> (1:12)

> 사단이 여호와께 대답하여 가로되 이제 주의 손을 펴서 그의 뼈와 살을 치소서. 그리하시면 정녕 대면하여 주를 욕하리이다
> (2:4-5)

저자는 이 이야기를 말하면서 분명히 어떤 위험들을 감지하였다. 그래서 그는 두 가지 오해를 피하려고 했다. 첫번째는 사단이 "하나님의 아들들" 가운데 속하지 않는다는 것이다. 하나님 앞에 모인 집회에 대해 완전히 언급한 다음에 저자는 "사단도 그들 가운데 왔는지라"는 말을 덧붙였다(1:6; 2:1). 비록 "그들 가운데"라는 말이 정당하게 그들 중에 한 자리를 차지하고 있음을 의미한다고 볼 수도 있겠지만, 저자가 이것을 본 진술에 덧붙이고 있는 그 방식이 놀랍다. 이것은 그 역할을 구별할 뿐만 아니라 "하나님의 아들들"의 신분과 그의 신분을 구분한다. 그는 독자들로 하여금 사단—"그 대적자"—을 하나님의 적법한 아들들의 하나로 혼동하기를 원치 않았다.

오해의 여지가 있는 또 하나의 생각은 사단이 하나님의 주권에 실현 가능한 도전을 제기했다는 것이다. 사단이 두 차례에 걸쳐 하나님 앞에 나온 모든 경우에서, 저자는 사단이 하나님의 허락 없이는 행동할 수 없다는 것을 보여주려고 애썼다(1:12; 2:6). 하나님이 허락하는 것으로 되어 있는 이 부분에 의해, 또 욥이 하나님을 대면하여 저주할 것이라는 사단의 도전이 실패했다는 사실에 의해 이 원론적 신학은 설 곳이 없게 되었다. 욥은 자신의 생일을 저주하였

지만(3:1), 주님을 저주하지는 않았다.

어떤 학자들은 유대인들이 페르시아의 조로아스터교(Zoroastrianism)와 우주적인 힘에 대한 그 교리—어둠과 악의 신 아리만(Ahriman)과 빛과 의의 신 아후라 마조아(Ahura-Mazoa)—에 접촉한 사실을 근거로 해서 사단이 서문에 소개되어 있는 것을 설명하려고 했다.[55] 그러나 성경을 자세히 살펴보면 이 가설이 잘못된 것임을 알 수 있다. 이러한 가설을 거부한 델리취의 견해에 따르면, 예수와 그의 제자들은 하나님의 역사를 사탄을 패배시키는 것으로 보았는데, 만약 이 사탄이 단지 페르시아의 아리만을 본뜬 것이라고 한다면, 그들은 사탄의 왕국을 그리고 그것을 멸망시키기 위해 당하는 고통을 지나치게 중요하게 생각하는 것이 된다고 한다. 다시 말해서 만약 그것이 사실이라면 예수와 제자들은 단지 어떤 망상에 대항하여 일한 것이 된다. 그의 의견에 따르면 사탄에 대한 사상은 솔로몬 시대보다 더 오래 전에 있었던 것으로, 낙원에서는 뱀으로 표현되었고(창 3), 모세의 용어로는 이스라엘의 죄를 지고 속죄일에 내보내졌던 속죄 염소를 가리키는 "아자젤"(Azazel, 레 16장)로 표현되었다.[56] 요한은 사탄을 "옛 뱀 곧 마귀라고도 하고 사탄이라고도 하는" 존재라고 했는데(계 12:9), "옛 뱀"은 창세기 3장의 뱀을 암시한다.

성경 신학자들은 성경의 사건을 좁은 맥락에서, 그리고 동시에 큰 맥락에서 살펴봐야 한다. 그러므로 사탄에 대한 신약의 관점 역시 우리가 고려해야 할 부분이다. 그러나 우리는 신약의 개념을 욥기의 서문에 주입시키려 해서는 안되고, 다만 그 서문의 사단을 더 넓은 성경의 맥락에서 볼 필요가 있다. 우리는 페르시아의 영향에 대한 논쟁들로 말미암아 당연히 부딪히게 될 타당한 문제들이 드러나게 되었다는 점을 부인하지 않는다. 그러나 이것들이 결정적인

---

55) Gordis, pp. 69-71.
56) Delitzsch, 1: 28-29.

것은 아니다. 게다가 페르시아의 이원론 가설을 옹호하는 사람들은 자주 특별계시 교리를 무시하곤 한다. 그들은 사상들이 역사 안에서 조직적으로 진화한다는 입장을 선호하고, 우주의 신비에 신적 개입이 있을 가능성을 거의 배제한다. 그러므로 우리는 마치 구약에서의 메시아 사상을 논하듯이 서문의 사단도 그런 관점에서 볼 수 있다. 즉 그리스도 안에서 성육신하신 하나님이 일세기에 강림하시기 전에는 전혀 드러나지 않았듯이, 사탄 역시 기독교 이전 시대에는 완전히 드러나지 않았다고 보는 것이다. 우리는 여기에 하나님의 지혜가 담겨 있음을 알 수 있다. 이것은 성령의 역사로서 죄와 사망의 정복자요 사탄을 이기신 승리자 예수 그리스도 안에서 하나님을 완전히 나타내실 때가 가깝기 전에는, 하나님은 결코 사탄과 마귀 세계의 존재를 완전히 드러내지 않으셨다는 것이다.

정관사 때문에 그 용어가 고유명사일 수 없다는 논리는 약하다. 고유명사가 정관사와 함께 쓰이는 한 예는 엘로힘(God)으로, 이것도 자주 정관사 "the"를 수반하지만, 이스라엘 하나님을 언급하는 것으로서 단순히 "하나님"으로 번역해야 한다. 또 창 1-2에서 아담이라는 용어는 대체로 정관사와 함께 쓰이고, 드물게 정관사가 없기도 하다(1:26; 2:5, 20). 그런데 창세기 3장 본문은 마치 5장에서 분명히 아담이 정관사 없이 고유명사로 사용된 것처럼, "그녀의 남편"(6절), 또 "아담에게"(17절)라고 언급하면서 그를 하나의 고유한 개인으로 취급하고 있다. 그러므로 고유명사는 자주 정관사와 함께 쓰인다.

결론을 내리자면 욥기 1-2장에서 사단이 하나님의 옛 원수는 아니지만, 그는 하나님의 대적자이다. 그런데 그가 하나님 앞에 이의를 제기할 수 있다고 해서 그가 하나님과 동등한 것은 아니다. 그는 반드시 하나님이 허용하시는 범위 안에서만 활동한다. 또 이 저자는 처음에 사단이 잘못이라는 것을 입증하는 데서 시작한 것이 아니라 욥이 의롭다는 것을 입증하는 데서 시작했는데, 그는 자신의 이야기와 신학적 틀 안에서 사단이라는 존재에게로 관심을 돌릴 필요성을 전혀 찾지 못하였다. 사단의 역할은 시작하는 것이지 결론을 맺는 것이 아니다. 하나님과 사람 사이의 순전함은 하나님과 사람의 원수라도 깨뜨릴 수 없는 그런 것이었다.

욥기와 신약

끝으로 우리는 신약의 개념을 도구로 하여 욥기를 치고 깎아서 신약의 모양으로 둔갑시키려는 유혹을 피해야 한다. 욥기는 우리가 그 자체의 분위기대로 드러나게 하기만 해도 그 의미와 효과가 너무 아름답고 분명하다. 예를 들어, 그리스도 안에서 성육신하신 하나님에 대한 교리를 들어서 거기에 의거하여 욥의 "구속자"(19:25)를 이해하려는 유혹이 들 수는 있겠지만, 그것은 옳지 않다. 차라리 조용히 앉아서 그의 친구들이 그랬던 것처럼 욥이 말할 때까지 기다리자. 왜냐하면 오직 그가 자신의 말을 할 때에 비로소 우리는 이 책의 신비를 느끼기 시작할 수 있기 때문이다. 욥은 하나님께서 장차 은혜스럽게 허락하실, 더 이해하기 쉬운 형태의 계시를 붙잡기 위해 그의 손을 뻗어 보지만, 그는 그 계시를 붙잡을 수 없다는 것을 절실하게 알고 있었다. 심지어 이 책 마지막에 그 답이 있어도, 우리는 그 답이 우리로 하여금 여전히 우리의 딜레마 안에서 살게 한다는 사실만을 알게 될 뿐이다. 그러므로 그 더듬는 손길을 조금은 거두어들이자.

우리가 우리의 기독교 외투를 벗고서 고대의 정신과 생각의 옷으로 완전히 바꿔 입을 수 없다는 것은 분명한 사실이다. 그러나 우리는 우리의 신학적 의복을 확실히 이해할 수 있으며, 또한 욥기를 거기에 맞추어 입지 않도록 할 수는 있다. 이런 해석학적 원리를 따르면 욥기에 대한 우리의 이해는 더욱 풍성해진다. 우리는 그의 메시지를 아주 큰 음향실에서 듣고 있다는 것을 인정한다. 이 큰 음향실에는 기독교 이전 시대에 있을 수 없었던 많은 고음들이 생긴다. 욥이 중재자를 애타게 원했다는 것은 의심의 여지가 없다. 그가 우리의 중보자 예수 그리스도를 예언했다고 하는 것은 그다지 수긍이 가지 않는다. 그렇지만 그는 공허함이 있다는 것, 즉 모든 고통받는 마음들이 느끼는 갈급함에 주목했다. 이점에서 그는 성육신하신 구세주를 예기한 셈이다. 그러나 예기하는 것과 선지적 예언에는 중요한 차이가 있다. 하나는 간절한 소망으로 채워져야 할 공허한 갈급의 표현이고, 다른 하나는 하나의 약속으로 보일 수 있도록 임하는 미래의 실재이다. 후자의 경우는 욥기에서 발견되지 않는다. 전자의 경우는 분명하게 나타나 있다. 또한 욥의 "구속자"는 항상 인간의 딜레마 중에 함께 거하신다. 그러나 그 "구속자" 자체에만 근거해서 하나님이 예수 그리스도 안에서 우리와 함께 계신 것만큼 눈에 띄게 우리와 함께 계실 것이라고 추측할 수는 없다.

욥기의 상세한 분석

서문: 딜레마에 대한 묘사(1-2)

욥과 그의 신앙. 6세기 선지자 에스겔은 욥의 의로움을 노아와 다니엘의 의로움과 함께 기억하였다(14:14, 20). 그가 신앙적으로 또 도덕적으로 완전했다는 것은 "순전하고" "정직하여"라는 두 단어에 처음 서술되었다(1:1). 첫번째 단어는 하나님에 대한 그의 관계를 묘사하는 말로, 그 뒤에 있는 "하나님을 경외하며"라는 어구에 의해 설명된다. 두번째 단어는 그의 사람과의 관계를 묘사한다. 그러나 이 단어들에 함축된 의미를 너무 구분하지 말고, 그것들을 욥의 경건한 신앙 상태를 일반적으로 묘사하는 중언법(重言法)으로 보아야 한다.[57] 또한 저자는 욥이 자신의 가족들을 위하여 제사장 직분을 행하였음을 언급함으로써 욥의 경건을 설명하고 있다(1:5). 그가 그의 자녀들의 죄를 위하여 희생 제사를 드렸다는 것은 이 이야기가 족장 시대에 일어난 것임을 말해준다. 왜냐하면 모세 시대 이전에는 가족의 가장이 곧 제사장이었기 때문이다(창 8:20; 12:7-8; 15:9-10). 아마도 그 희생 제사는 그의 자녀들이 잔칫날 동안에 부주의하게 범했을 죄들을 위한 제사이었을 것이다.

그러나 욥의 신앙의 본질은 하나님께서 그를 신뢰하여 선언하신 말씀과(1:8; 2:3), 욥 자신이 하나님을 개인적으로 신뢰하여 선언한 말에 나타나 있으며(1:20-21; 2:10), 저자도 분명히 이를 확증하였다(1:22; 2:10b). 욥의 신앙적인 순전함에 대한 표현들은 그에 대한 사단의 불신, 즉 욥의 신앙은 그가 부유하고 편안하기 때문이라는 사단의 주장과 대조된다(1:9-11; 2:5). 사단은 신앙이 부귀와 밀접하게 관련되어 있어서, 부귀가 없어질 경우에 신앙도 사라질 것이라고 생각했다. 그러나 하나님께서는 사단의 주장이 잘못되었음을 입증하시려고 기꺼이 그의 종의 명성을 내걸었다. 결국 하나님께서 욥의 명성을 내거셨을 때는 당신의 명성까지도 거기에 내맡기신 것이다. 따라서 이 책은 단지 한 인간의 신앙적인 순전함 뿐만 아니라, 하나님의 순전함과도 관계가 되어 있다. 욥은 이것을 잘 알고 있었지만, 그의 친구들은 그렇지 못했다.

서문을 통해 우리는 시작하는 순간부터 바로 욥의 자리에 서게 되고, 빛을 잃어가는 한 인간의 갈등 속으로 끌려가게 된다. 욥이

---

57) 중언법(hendiadys)은 두 개의 단어로 한 의미를 표현하는 방법이다.

처한 이 갈등은 그에게 진보의 밑거름이었다. 그의 친구들은 자신들이 논하고 있는 바로 그 상황이나 그 사람의 처지에 대해서는 이렇다 할 관심도 없이, "다람쥐 쳇바퀴 돌듯이" 그저 진부한 신학적 주장들만 되뇌었을 뿐이다. 하지만 그저 냉담한 신학에만 머물러 있었던 그 친구들과는 달리, 욥은 그의 마음과 육신의 큰 고통을 통해 영적인 여행을 떠났다. 이것은 마치 욥은 천천히 그리고 끈질긴 속도로 그 길을 떠나 먼 시야 속으로 사라지고, 그의 친구들은 그를 향해 상투적인 말로 계속 소리치고 있는 것같은 장면을 연상하게 한다.

이 서문은 우리를 욥의 신앙적 순전함과 하나님의 공의라는 신학적 중력의 중심에 서게 하지만, 아직은 우리가 여기에서 요동하지 않도록 고정된 것은 아니다. 변론 부분은 우리로 하여금 그 중심에서 벗어나 넘어지게 하고, 때때로 욥의 논쟁과 주장에서 떠나 그 친구들에게 동조하는 쪽으로, 또 하나님에 대한 그들의 변호 쪽으로 기울게 한다. 이 책을 특징짓는 위대한 요소들 중 하나는 결문에 이르기 전까지는 욥과 그의 친구들에 대해 확실하게 판단할 수 없다는 것이다. 이 변론 부분은 때때로 원심력을 받고, 또 다른 경우에는 구심력을 받는다. 이런 교묘한 기술로써 저자는 때때로 우리가 욥이 하나님을 향해 이의를 제기할 때 그에게 박수갈채를 보낸다고 해서 죄책감에 사로잡힐 필요가 없게 하고, 또 그의 친구들의 연설을 듣고 고개를 끄덕이며 수긍한다고 해서 질타할 필요가 없게 한다.

비극. 욥이 당한 비극들에 대한 기사는(1:13-19) 사슬처럼 연달아 발생하는데, 재난에 대한 한 보고가 끝나기도 전에 다른 보고가 계속된다. 사단이 욥의 신앙은 그의 부유함에 달려 있다고 주장했기 때문에(1:9-11) 그 비극은 먼저 그의 재산, 즉 소와 양, 약대, 그리고 그의 종들을 치는 것으로 시작된다(1:13-17). 족장 시대에는 가축들과 종들의 수로 그 사람의 부유함을 측정했다(참고 창 12:16).

욥의 비극의 첫번째 국면은 그 자녀들이 재난으로 죽게 된 것에서 그 절정에 달한다(1:18-19). 이 사건은 그를 감정적인 고난의 심연 속으로 빠뜨렸고, 하나님 앞에서 애곡하며,[58] 겸손하게 복종하여 엎드리게 했다(1:20).[59] 욥의 비극의 두번째 국면은 사단이 하나님의 허락을 받고 욥의 온 몸에 악창이 나게 하면서 시작되었다(2:1-8). 이 같은 사건이 일어나게 된 이유는 사단이 사람의 가치를 그의 재산이나 자녀들로는 헤아릴 수 없고, 그 자신의 생명으로만 계산할 수 있다고 믿었기 때문이다. "가죽으로 가죽을 바꾸오니 사람이 그 모든 소유물로 자기의 생명을 바꿀지라"(2:4).

욥의 복잡한 딜레마를 통해서 이 책의 저자는 고통과 고난, 그리고 악(惡)의 복잡성을 나타냈다. 즉, 저자는 단지 육체적인 고통이나 감정적인 고난만을 다루려고 한 것이 아니다. 그는 상상할 수 있는 모든 최악의 곤경을 제시하기 위해 이 모든 것들을 함께 연결시켰고, 그렇게 해서 이 복합적인 문제에 본격적으로 착수했다.

욥이 하나님을 저주할 것이라는 사단의 장담이(2:5) 실패로 돌아갔음을 알 수 있는 것은, 욥의 아내가 그렇게 하라고 부추겼지만 그가 이것을 선택하기를 거부했을 때이다. 칠십인경은 9절 이하에서 부연하여 그 아내의 성격을 나쁘게 묘사했는데, 히브리 본문에는 이에 대한 근거가 없다. 그녀에게 욥과 그의 안녕에 대한 진정한 관심 이외에 다른 동기가 있었다고 가정할 만한 이유는 없다. 그녀의 문제는 단지 인간이 겪는 고난의 초자연적인 차원과 그보다 즉각적이고 실제적으로 보이는 자연적이고 감정적인 차원을 분간할 수 없었다는 데 있다. 그녀는 매우 인간적이었다. 그러나 욥은 그녀의 감정적인 제안을 거부할 만한 힘이 있었고, 그 고통 안에는

---

58) 옷을 찢는다는 것은 전통적으로 애곡하는 것을 표시하며(창 37:34; 삼하 1:11 등), 머리털을 미는 것도 마찬가지이다(사 22:12; 렘 7:29 등).
59) "경배하다"는 뜻의 이 동사는 구약에 자주 쓰이는 용어로 윗사람에게 또는 간혹 동료에게 경의를 표한다는 의미이다(창 33:7; 출 18:7; 왕상 2:19). Pope, pp. 15-16을 보라.

어떤 이유가 담겨 있음을 알고 있었다. 그는 비록 그녀의 애타는 요구를 결코 받아들이지는 않았지만, 그 자신도 점차 같은 실수에 빠져들게 되었다.

친구들은 욥을 "조문하러" 왔다. 여기에 사용된 동사는 슬픔이나 동정의 표현으로 "(머리를) 흔들다"라는 의미를 가지고 있다.[60] 42:11에서 이 단어는 "위로하다"는 동사의 유사어로 쓰였다. 그들은 욥이 알아볼 수 없을 정도로 된 것을 보고 슬피 울며 칠일 동안 애곡했다. 그들은 욥이 먼저 대화를 시작하기 전까지 아무 말도 하지 않았다. 그러나 그들의 행동은 그 어떤 말보다도 더 크게 말하고 있는 것이나 다름없었다. 그들은 자신들의 친구를 위하여 깊이 상심하였던 것이다.

욥의 혼란(3)

일단 비극이 닥쳤을 때 서문에 나타난 주인공의 신학적 입장은 신앙적으로 순전하고 경건하다는 그의 명성과 잘 일치했다. 우리는 그의 신학적 입장이 무너졌다는 결론을 내리기 전에 간과되기 쉬운 다른 면을 주목하여 볼 필요가 있다. 사단은 욥이 그 번영을 잃게 되면 하나님을 저주할 것이라고 자신있게 주장했고, 그의 아내 역시 이렇게 하라고 욥을 부추겼다. 그래서 그 저자는 즉시 우리에게 욥이 이 유혹을 거부했다는 것을 보여주고자 했다. "그 후에 욥이 입을 열어 자기의 생일을 저주하니라"(3:1). 이것은 사단이 예측한 것과 완전히 다르다. 그는 결코 하나님을 저주하지 않았고, 다만 자신의 생일을 저주했을 뿐이다.

---

60) Francis Brown, S. R. Driver, and Charles A. Briggs, *A Hebrew and English Lexicon of the Old Testament*, p. 626b

3장에는 세 가지 요소가 있다. 즉, 생일을 저주하는 것(3a, 4, 5, 11-19절), 수태된 밤을 저주하는 것(3b, 6-10절), 그리고 삶의 전반에 대한 애가(20-26절)이다. 변론 부분의 분위기는 여기에서부터 결정된다. 서문에서 아름다운 장조로 표현되었던 믿음은 이제 서글픈 단조로 옮겨가고 있다. 사실 3장 전체가 비논리적이다. 이것은 완전히 자신의 고난에 희생된 사람의 애가이다. 마치 누구라도 자신들의 부분적인 경험으로 전체적인 경험을 측정하듯이, 욥도 그의 특정한 고난 때문에 삶의 모든 것을 저주하였다. 분명히 욥의 생애에는 많은 즐거움들이 있었다. 예레미야도 그랬듯이(렘 20:14-18), 그는 괴로움으로 자신의 생일을 저주하는 중에 그의 삶의 모든 실재를 다 포기했다.

욥은 완전히 삶의 방향을 상실했다. 서문에서 보여주었던 그의 합리적이고 성실한 신뢰의 선언은 완전히 뒤집어졌고, 이제 우리는 삶의 비참한 체험으로 고뇌하는 중에 그 고통스러운 세상을 극복하려고 몸부림치는 믿음의 다른 면을 보게 된다. 사실 욥의 인간성은 여기 3장과 변론 부분에서 분명하게 나타난다. 그는 이런 종류의 재난을 두려워했다(3:25). 물론 욥의 연설은 전반적으로 감정적이었지만, 지금 여기에서처럼 완전히 비이성적이지는 않았다. 그러나 감정적이고 육체적인 고통을 견디는 사람들에게 모두 다 비이성적인 국면이 항상 충격에 곧바로 따라오는 것은 아니다. 욥은 처음에는 자신의 신앙을 다시 굳게 했지만, 나중에는 그의 괴로운 삶을 원망했다. 절망의 구렁텅이로 빠져들었으면 오직 천천히 그리고 끈질기게 돌이키는 방법밖에 없을 것이다.

리워야단(3:8). 41:1에서 악어를 묘사하는 중에 역시 이 이름이 나온다. 포프와 다른 사람들은 궁켈(Gunkel)의 의견을 좇아 "날"(히브리어로 "욤")을 "바다"("얌")로 수정했다. 이렇게 고치면 신화론적인 해석을 아주 잘 수용하는 것이 된다. 그러나 우리는 돔(Dhorme)과[51] 그 외 여러학자들과 마찬가지로, 여기의 "날"은 1절에서 욥이 "그의 날"을 저주했다는 것과 논리적으로 잘 연결된다고 본다. 8b의 단어는(한글 개역성경의 "익숙한"—역자 주) 새 미국 표준성경에서 "준비된"으로 번역되었고, 개역 표준성경에는 "능숙한"으로 번역되었으며, 흠정역의 번역자들은 15:24과 에스더 3:14에서 이 단어가 "준비된"(ready, prepared)이라는 의미로 쓰였기 때문에 여기에서도 같은 뜻으로 사용되었을 것으로 이해했다. 결국 문제는 '날을 저주하는 것과 리워야단을 격동시키는 것이 무슨 관계가 있는가?'라는 것이다. 만약 우리가 궁켈의 수정(여기에는 다른 사본의 근거가 없다)을 받아들인다면, 우리는 그 신화론적 의미를 충족시키게 된다. 그러나 욥이 그 시대의 신화를 그다지 믿었던 것 같지는 않다.[62] 아마도 이것은 자신들의 생일을 저주하는 것부터 사나운 악어를 격동시키기까지, 무엇이든지 다 할만한 준비가 된 직업적으로 애곡하는 사람들의 용기를 말하는 것이라고 생각된다. 설령 그 신화속의 리워야단이 그 대상이라 하더라도 욥이 당시의 신화를 신봉했다고 볼 수는 없다. 그것이 사실이라고 가정한다 해도, 이것은 신화적인 자료들에서 가져온 시적 은유일 뿐이다.

"무릎이 나를 받았던가"(3:12). 이것과 유사한 풍습을 창세기 30:3에서 찾아볼 수 있다. 스파이저(E. A. Speiser)는 이 풍습이 언급된 휴로-힛타이트의 아푸(Appu) 민담을 인용한다.[63] 보통 아버지가 그 아이를 자신의 아이로 인정하면서 그 의식을 치른다. 그러나 창세기에서는 어머니가 그것을 했다. 여기에서는 누가 그 의식을 거행했는지 나타나 있지 않다.

---

61) Dhorme, p. 30.
62) 이 장 앞에 있는 "신화와 욥기"를 참조하라.
63) E. A. Speiser, *Genesis*, p. 230.

변론: 제1주기(4-14)

변론 방법. 우리는 엄밀한 의미에서 이 변론이 조목조목 공방하는 그런 방식으로 된 것이 아니라는 사실을 알아야 한다. 비록 한 사람이 다른 사람의 말에 대해 강하게 이의를 제기하지만, 그들은 종종 그 사람이 말한 실제적인 내용 이상의 것을 자신이 들은 것처럼 믿고서, 거기에 대해 응수하였다. 이것은 하나의 해석적인 응답으로, 토론자들의 속 의미를 파악하여 어떤 경우에는 직접적으로 또는 간접적으로 논박하는 것이다. 욥의 응답은 바로 전에 말한 사람의 발언 내용에 항상 국한된 것은 아니다. 그는 어떤 친구가 앞서 제기했던 문제들에 대해 한 박자 늦춰서 응답하기도 했다. 마치 화학 반응들처럼, 어떤 말들은 그 효과를 나타내는 데 좀 더 시간을 필요로 했다. 솔로몬 프리호프(Solomon Freehof)는 이 연설들이 끝에서 끝으로 연결되는 사슬 모양이라기 보다, 각 부분이 많든지 적든지 서로 연결되어 바퀴 모양처럼 순환되는 것으로 설명했다.[64]

친구들은 욥의 말을 듣기는 들었지만, 그들은 그의 마음을 거의 읽지 못했다. 그리고 때때로 욥의 말들은 그의 마음 깊숙한 곳에서 타오르는 불길의 잔재에 불과했다. 제1주기에 있는 변론의 어조는 3장에 있는 욥의 애가에 의해 결정되었다. 그러나 그 변론이 진행되면서 그 자체의 어조가 생겼다. 즉 담담한 동정에서 경멸 조로 저주하기까지 그 어조가 격렬해졌다. 한 친구가 말하면 욥이 응답하는 식으로 세 사람이 모두 말했다.

다음에 엘리바스로부터 새로운 순환이 시작되면서 변론이 이어지고, 그 다음에는 오직 엘리바스와 빌닷만 말하고 이상하게도 소발은 침묵하는 제3주기 변론이 계속된다.

---

64) Solomon Freehof, *The Book of Job, A Commentary*, p. 120.

엘리바스와 욥—제1주기: 첫번째 공방(4-5/6-7). 많은 사람들이 추측하듯이 엘리바스가 가장 연장자라면, 전례에 따라 그가 첫번째로 말하게 되어 있다. 그는 정중하게 시작하고 부드럽게 끝을 맺었다. 그러나 욥의 비참한 애가가 끝난 뒤에 그는 그의 말을 참고 싶어도 참을 수가 없었다(4:2b). 그는 욥의 생활방식(4:3-6)과 그의 비극(4:7-11)을 함께 말하였다. 그는 전자에서 후자가 일어나게 된 원인을 찾으려고 시도했다. 그가 이 변론에 기본적으로 기여한 점은 아마도 그가 제안한 우주적인 원리일 것이다. 우주는 인과응보의 법칙에 따라 움직인다(4:7-11). 이유없이는 어떤 일도 일어나지 않는다. 이 논고는 욥이 유죄라는 생각이 들게 할만큼 아주 강경했지만, 욥의 잘못이라고 직접적으로 지적된 것은 이 상황에서의 그의 행동이 과거의 그의 덕스러운 행실과 맞지 않는다는 것뿐이었다(4:3-5).

엘리바스는 그의 철학을 강조하기 위해 어떤 환상에 대해 언급했다(4:12-21). 그는 이 환상 중에 유한한 인간이 하나님 앞에서 의롭다고 주장할 수 없다는 것을 들었으며, 욥도 이 원리에 예외일 수 없다고 했다. 뒤에 나오는 구절들은(18-21) 엘리바스의 꿈에 들린 그 음성이 계속되는 것일 수도 있고, 아니면 그것에 대한 엘리바스 자신의 생각일 수도 있다.

5:6-7에서 엘리바스는 인간의 불행을 설명하려고 애쓰면서 보편적인 진술을 하고 있는데, 여기에는 해석적인 문제가 있다. 만약 인간의 고난이 자생적이라는 그의 주장이(4:7-8) 이 연설 가운데 언급된 것이라면, "인생은 고난을 위하여 났나니 불티가 위로 날음 같으니라"는 말은 여기에 어울리지 않는다. 왜냐하면 이 말은 인간의 고난이 그 자신의 행동으로 말미암지 않고 그 존재 자체에서 생겨났다는 의미가 되고, 그래서 이것은 그 고난의 원인을 하나님께로 돌리는 결과가 되기 때문이다. 우리는 5:7을 엘리바스가 개인적으로 믿지는 않지만 변론을 위해 인용한 하나의 격언으로 볼 수도 있고[66](즉, "어떤 사람들이 말하기를 '인생은 고난을…'"이라는 식

으로), 또 다른 대안으로 마소라 모음을 변형시켜 수동태 동사 "낳으니"(is born)를 능동태로 바꾸어서 "인생은 고난을 낳나니"(Man gives birth to…)라고 해석할 수도 있다. 첫번째 대안의 경우 모음점을 바꿀 필요가 없기 때문에 더 바람직하다. 그러므로 5:8의 그의 충고는 보편적인 비관론에 반대되는 것으로, 하나님은 그의 모든 행동에 옳으시다는 것을 역설하는 것이다.[67]

엘리바스가 제시한 두번째 원리는 고난이란 교정과 치료를 목적으로 하는 하나님의 징계로 볼 수 있다는 것이다(5:17-18). 나중에 나오는 엘리후가 자신의 논쟁에서 새로운 것이라고 내놓은 것은 사실상 이 내용을 기본으로 하고 있다. 엘리바스의 신학은 하나님이 의롭게 행하시고 또 모든 것들을 바르게 하신다는 내용을 포함하고 있다(5:9-27). 이 하나님은 이론적이라기 보다는 실제적이었는데, 엘리바스는 경험을 통해 이를 확신하게 되었다. 그는 욥에게 바로 이런 하나님께 그의 문제들을 맡기라고 했다(5:8).

엘리바스에 대한 욥의 대답에는(6-7장) 그의 친구의 말이 기대에 훨씬 못 미친다는 데 대한 실망이 역력하게 나타나 있다. 먼저 그는 헤아릴 수 없는 자신의 고통을 슬퍼하고(6:2-4), 그 다음에 자신의 말에는 분명한 이유가 있다는 것을 다시 주장했다(6:5). 6:6-7은 여러 가지로 번역되는데, 이 구절들은 욥 자신의 삶이 무미건조함을 언급한 것일 수도 있고,[67] 아니면 마치 맛없는 음식을 거부하듯이 엘리바스의 의견을 거부한다는 의미일 수도 있다.[68]

우리 주님께서 그 수난 중에 자신의 쓰라린 외로움을 말씀하신 경우를 제외하고는, 성경 그 어디에서도 지금 이것보다 더 처절하게 친구들에게 버림받은 심정을 나타낸 것은 없을 것이다(6:14-21,

---

66) 욥기에 있는 인용문들의 사용에 대한 다양한 논의로는 Gordis, pp. 169-89를 참조 하라.
67) Freehof, p. 69.
67) Ibid., p. 75.
68) Pope, p. 50.

27). 욥의 친구들은 마치 우기(雨期)에는 신선하게 물이 넘쳐 흐르다가, 정작 물이 필요한 여름에는 마르고 건조한 시냇물과 같이 처신했다. 욥이 정말로 그들을 필요로 할 때, 그가 오직 우정 외에 아무것도 구하지 않았지만(6:22), 그들은 어떤 도움도 주지 않았다. 또 욥은 엘리바스가 넌지시 비추었듯이 지난날에 잘못한 것이 없었다고 주장하였다(6:10b, 24). 그리고 그는 자신의 결백을 변호하는 강경한 논쟁을 시작한다.

자신의 처참한 경험을 통해 인생을 살펴보면서 욥은 저녁 그늘만이 위로가 되는 종과 같이, 또 삯을 위로로 삼는 품꾼과 같이 이 땅에서 힘들게 살아가는 인생에 대해 탄식하였다(7:1-2). 그는 또 심지어 잠잘 때에도 고통들을 떨쳐 버릴 수 없는 것에 대해 괴로워했다(7:13-15). 더 이상 잃을 것도 없는 그는 자신의 불평을 하나님께 터뜨렸다(7:7-21).[69] 여기에서 그는 전능자 앞에 사나운 연설을 길게 늘어놓는다. 만약 그가 죄를 지었다면, 하나님은 왜 그를 용서하시지 않고 그를 추궁하시는가(7:20-21)? 도대체 사람이 무엇이기에 하나님께서 그를 마음에 두고 그를 농락하시는가(7:17-18)? 욥의 불평은 처절했다. 그는 하나님께서 한 순간만이라도(나의 침 삼킬 동안도" 19절) 그를 혼자 내버려두었으면 하고 소원했다. 이 연설은 엘리바스에 대한 응답에서 하나님께 직접적으로 대항하는 신랄한 고소로 변했다.

빌닷과 욥—제1주기: 두번째 공방(8/9-10). 빌닷의 태도는 엘리바스의 부드러움과 완전히 대조되었다. 그의 연설은 아주 거칠었고, 욥의 자녀들에 대한 그의 말에서 보듯이(8:4) 어떤 때는 잔인하다 싶을 정도였다. 그는 말문을 추스를 틈도 없이 처음부터 거친 연설로 그를 공격했다(8:2). 그의 연설은 "하나님이 어찌 심판을 굽게 하시

---

69) 물론 여기에 누가 듣는지 구체적으로 나타나지는 않았지만, 7절에 단수 동사가 쓰인 것을 보면("생각하옵소서") 욥이 친구들에게 말하고 있다기보다는 하나님께 말하고 있는 것 같다.

겠는가(8:3)라고 하면서 철저하게 하나님의 심판을 변호하는 것이었다. 사실 욥은 그렇게 분명히 말하지 않았고, 다만 하나님이 그를 너무 거칠게 대하신다고 했다. 그러나 빌닷은 자신의 생각대로 욥의 말에 대한 진의를 파악하고서, 이에 대해 응답했다. 그러나 어쩌면 그가 옳았을 것이다. 왜냐하면 빌닷의 직접적인 고소는 이미 욥의 마음속에 일고 있던 생각을 표면으로 드러낸 것이라고 할 수 있으며, 또한 욥이 빌닷에게 응답할 때에 그 친구의 정확한 통찰력을 의심하지 않았기 때문이다.

엘리바스는 자신의 이상에 호소한 반면, 빌닷은 과거의 역사에 호소했다(8:8-10). 하나님의 심판에 대한 그의 기계적인 이론을 설명하기 위해 그는 왕골이 늪지에서 자라서 푸르게 되자마자 곧 마른다는 것을 예로 들어(8:11-13) "하나님을 잊어버리는 자의 길은 다 이와 같고, 사곡한 자의 소망은 없어지리니"(8:13)라고 설명했다.

그러나 빌닷은 엘리바스와 마찬가지로 만약 욥이 하나님의 자비를 간구하면 그에게 좋은 일이 보장되어 있다고 긍정적으로 말했다(8:5-7, 21-22). 메이모니데스(Maimonides)는 8:6-7에서 보상에 대한 소망이 있음을 보았다.

> 네가 만약 정직하고 죄를 범하지 아니하였으면, 이 큰 일들로 말미암아 네게 큰 보상이 있을 것이다. 이 모든 것이 네게 유익하니 네가 나중에 얻을 유익은 더 늘어날 것이다.[70]

8:20-22에 나타나 있듯이, 이 변론 부분에서 빌닷은 보상을 의미했을 수도 있다. 그러나 우리는 그가 여기에서 "만약"이라는 단서를 붙였다는 것을 재고해야 한다. 빌닷이 욥의 결백을 염두에 두고 있었던 것은 결코 아니다.

욥은 하나님께서 불의하게 심판하지 않으신다는 빌닷의 신념에

---

70) Maimonides, *The Guide of the Perplexed*, p. 493.

동의하면서 "내가 진실로 그 일이 그런 줄 알거니와"라는 말로 자신의 대답을 시작한다(9:2). 우리는 이것이 고난을 당하는 중에 표면적으로는 의심스러워하는 마음이 있지만 사실 그 깊은 마음속에는 돈독한 신앙이 있어서 "주님, 내가 믿나이다. 나의 믿음 없는 것을 도와주소서!"라는 식으로 깊은 신앙에서 우러나오는 하나의 선언이 아닐까 하고 추측할 수도 있다. 서문에서 보는 바와 같이 고통이 자신을 구속하고 있는 그런 감옥 속에서 빠져 나오려고 분투하고 있는 사람이 과연 그렇게 할 수도 있지 않았을까?

그러나 감옥이라 하면 엄격한 구속이 그 특징이다. 욥은 단지 순간적으로나마 그가 전에 알았던 믿음의 세상의 자유를 생각했을 뿐이었다. 그래서 그는 이 세상의 본질적 원인인 하나님을 주목하게 되었다. 빌닷은 하나님에 대해 묘사하는 말은 하지 않았는데, 엘리바스는 하나님을 당신의 전능으로 만물을 올바르게 정하시는 행동의 하나님으로 묘사한 바 있다(5:8-16). 이와 대조적으로 욥은 하나님이 행동의 하나님이시기는 하지만, 자신의 의지에 따라 "힘으로 옳게 만드시는 분"(9:3-13), 매 순간마다 사람을 당혹케 하시는 분(9:14-20), 그의 행동에 대하여 까닭도 이유도 보여주시지 않는 분(9:17, 22)으로 보았다. 만약 우리가 순전히 도덕적인 차원으로만 말한다면, 그는 도덕을 초월하신 분이다(9:22-24).

하나님에 대한, 그리고 세상을 다스리시는 그의 통치하심에 대한 이 같은 생각은 욥으로 하여금 먼저와 마찬가지로 애처로운 마음으로 자신의 슬픈 처지에 대해 탄식하게 하였다(9:25-35). 정말로 그는 이 불평을 끝내고 그저 그렇게 살아가고 싶었지만, 그것은 자신의 결백을 확신하고 있으면서도 유죄판결을 받아들여야 한다는 것을 의미했다(9:27-28; 15, 20-21; 10:7). 그러므로 욥은 더 이상 잃을 것도 없는 그런 심정에서 하나님 앞에 그의 생각을 토로하기 위해 다시 그가 의도한 바를 되풀이했다. 물론 그의 말이 다 비통한 것은 아니었다. 그는 하나님께서 자신을 사랑으로 돌보신다는 것을 알았다(10:8-12). 그러나 그것은 오직 하나님의 감춰진 동기가 이루어졌음을 강조한 것에 불과했다(8:13). 그래서 욥은 직접 하나님께 왜 그를 태어나게 하셨는지를 묻고, 그가 죽기 전에 집행유예를 허락해 달라고 하나님께 신청했다(10:18-22).

물론 우리는 서문에서 "주께서 이것들을 마음에 품으셨나이다"라는 식의 언급을 본 적이 있다. 이 구절들은 역설적인 경향을 띠고 있다. 하나님의 목적은 정말로 욥에게서 감추어져 있었지만, 욥은 그 목적에 잔인한 계획이 있다고 비난하지는 않았다. 이 연설은 욥이 하나님의 전능하심을 결코 의심하지 않았다는 증거로 충분하다. 욥은 다만 확실하게 하기 위해서 하나님의 심판에 대한 물음을 가졌을 뿐이다.

주의: 라합이라는 단어(9:13)는 여리고 기생의 이름(수 2:1)과는 상관이 없다. 이 두 단어는 서로 다른 히브리 어근에서 왔다. 구약 성경의 용례에서 두 번은 분명히 애굽을 지칭한다(사 30:7; 시 87:4). 그러나 다른 네 곳에서는(욥 9:13; 26:12; 시 89:10; 사 51:9) 이 단어가 신화적인 배경을 가지고 있는 것 같다. 델리취는[71] 이 구절이(그리고 26:12) 애굽을 가리키는 것이 아니라는 사실을 잘 지적했다. 왜냐하면 욥기는 이스라엘 역사에서 일어난 사건들을 직접 언급하고 있지 않기 때문이다. 비록 라쉬(Rashi)는 26:12에 있는 그 단어가 애굽 사람들을 가리킨다고 이해하고 있지만, 그 외 몇몇 다른 랍비 주석가들은(예를 들면, 메츠댓 자이언[Metzudat Zion]과 게르소니데스[Gersonides]) 이 단어의 문자적 의미를 "긍지" 혹은 "자랑스러운 힘"이라고 여겼다.[72] 칠십인경은 욥기의 이 단어를 두 번 모두 "바다 괴물"로 번역했다. 어떤 주석가들은[73] 이것이 고대

---

71) Delitzsch, 1:152.
72) 이 주석들은 미드라오트 게돌로트(Midraoth Gedoloth, 히브리어 주석)의 욥기 편에서 볼 수 있다.
73) Pope, p. 70; T. H. Gaster, "Rahab," in *The Interpreter's Dictionary of the Bible*, ed. George A. Buttrick et al., 4: 6.

신화의 흔적이라고 추정하면서, 마치 바빌론 창조설화에서 티아맛(Tiamat)과 그녀의 추종자들이 에누마 엘리쉬(Enuma Elish)를 이긴 것처럼, 이 구절은 야훼가 어떻게 어떤 신화 속의 바다 괴물을 이기는지에 대한 것이라고 한다.[74] 우리는 비록 라합이 신화적인 언급일 수도 있다는 사실을 부인하는 것은 아니지만, 욥기를 완전히 신화론적으로 읽는 것은 경계해야 한다. 또한 더 많은 증거가 나오기 전에는 라합을 "이미 무산된 악한 음모를 가리키는 하나의 유명한 실례"[75] 정도로만 인식해야 할 것이다. 어떤 경우이든지 이 언급 때문에 그 메시지의 의미가 퇴색되지는 않는다. 즉, 하나님은 당신을 향하여 사악한 계획을 품고 집단적인 힘을 구성하는 자들을 포함하여 우주의 모든 힘들을 다스리신다.

소발과 욥—제1주기: 세번째 공방(11/12-14). 요란스러운 소발은 인정 사정 없이 욥을 비꼬며, 지독하게 비난했다. 먼저 그는 욥이 말이 많으며(히브리 원어로는 "입술의 사람"[개역성경에는 "입이 부푼 사람"—역자주]), 그의 "지껄이는 말"(개역성경에는 "자랑하는 말"—역자주)은 그를 고소하는 사람들을 잠잠하게 하려고 한 것이겠지만, 단지 비웃음거리가 되었다고 주장했다(11:2-3). 그는 본질적으로 그의 두 친구들과 같은 신학적 입장을 취했다. 즉, 현재 상황은 욥이 유죄임을 증거한다는 것이다. 또한 하나님께서 직접 욥에게 말씀하시면, 오히려 욥이 자기의 받아야 할 벌보다 덜 받고 있다는 것을 깨닫게 될 것이라고 했다(11:6). 욥의 여러가지 비극을 생각해 볼 때, 이 말들은 욥의 자녀들에 대해 빌닷이 한 말들만큼이나 냉정한 것이었다(8:4). 분명히 그 친구들에게는 자신들의 신학이 욥보다 더 중요했음이 틀림없다. 그들의 신학은 단단하게 짜여져 있어서, 한 친구의 복잡한 딜레마조차도 그것을 변형시킬 수 없

---

74) 신화론에 대한 논의로는 pp. 84-85를 보라.
75) Delitzsch, 1:152.

었다.

   소발은 자신이 들은 대로 욥의 입장을 정리했다고 볼 수 있다 (11:4). 왜냐하면 욥이 분명히 그의 결백을 주장하기는 했지만, 그가 자신의 교리(개역성경에는 내 도(道)—역자주)가 순수하다고 말하지는 않았기 때문이다. 이 세번째 친구는 욥이 지혜를 갖추기는 커녕 그 근처에 얼씬도 못한다고 믿었다. 사람은 지혜에 관한 한 무지한 채로 있을 수밖에 없다는 것이다(11:5-12). 계속해서 그는 하나님이 욥의 죄를 알고 계시며, 결코 그를 처벌하실 것을 잊지 않으신다고 했다(11:11).

   그러나 소발이 보기에는 욥에게 소망이 없는 것 같아서, 그는 세 친구 중에 다른 두 사람이 그랬듯이 욥에게 희망을 제시하면서 조건적인 말로 적당히 훈계했다(11:13-19). 그러면서 그는 그 "복음"을 마음에 받아들이지 않는 사람에게는 화가 있을 것이라고 했다 (11:20).

   세 친구들의 말이 모두 끝났을 때, 욥은 하나님과 사람에게 모두 추방당하고 배척당한 셈이었다. 그는 이 삭막한 우주에 동조자 하나 없는 외로운 시위자에 불과했다. 그는 홀로 현실에 부딪혀야 했고(겉으로 보기에 그랬다), 삶의 가장 밑바닥에까지 내려가야 했다. 욥은 하나님과 사람이 모두 다 자신을 배척할 만한 위치에 있지 않다고 생각했다. 욥에게 있어서 하나님은 더 이상 정의의 원천이 아니었다. 그렇지만 전능자로서의 하나님은 계속 유효했다(12:13-25). 지혜는 늙은 자에게 있다는 친구들의 주장에 반박하여[76] 욥은 오직 하나님만이 그 자격이 있고, 하나님은 자신이 인간에 의해 파악될 수 없다는 것을 그의 행동으로써 입증하시는 전능하신 하나님임을 인정했다. 본질적으로 욥은 소발의 변론과 유사한 변론을 제시했으나, 거기에는 다른 의미가 담겨 있었다. 그 어휘들은 서로 비슷함에

---

76) 12:12는 욥이 그들의 주장을 요약한 것같다. 욥의 말로 이해하게 되면 그밖에 다른 데서 진술한 그의 입장과는 맞지 않는다.

도 불구하고, 사실상 유사어가 아니었다. 소발의 견해는 단지 인간은 욥과 마찬가지로 측량할 수 없는 지혜를 헤아릴 수 없다는 것이고, 반면에 욥의 입장은 하나님의 지혜가 헤아릴 수 없을 만큼 깊은 것이 아니라, 이해할 수 없을 만큼 모순된다는 것이다. 다른 경우들에서와 같이 어떤 사람이 변론 중에 한 말을 반대쪽 사람이 무기 삼아 그것으로 싸웠다. 그러나 욥은 자신의 친구를 패배시킨 그 칼을 가지고도 이기리라는 기대를 거의 할 수가 없었다.

아직은 논쟁의 초기 단계일 뿐이어서, 이 양쪽 입장들이 어느 정도 타당성이 있기는 하지만 저자에게 받아들여지지 않았다는 것을 파악하기에는 이르다. 우리는 하나의 잘못된 논리와 거기에 반발하는 또 하나의 잘못된 반대 논리만을 보았기 때문에 아직 어떤 진전이 없다. 다만 지혜를 오직 하나님께로만 돌렸다는 점에서는 욥이 소발보다 앞서 있다고 하겠지만, 그럼에도 불구하고 그 내용에 대해서는 욥도 역시 아무것도 몰랐다.

그 주인공은 다시 방어하는 목소리로 자신이 총명함에 있어서 결코 그 반대자들 못지 않다는 것을 주장했다(12:3; 13:1). 그는 그들이 알고 있는 모든 것을 알고 있었지만, 그들은 그의 고통을 이해하지 못했다. 그들은 하나님을 변호하기 위해 그의 고통을 무시해 버렸다. 그래서 그들은 불의하게도 하나님을 위하는 척했고(13:7-8), 그것 때문에 결국 그들은 징계를 받게 될 것이다(13:10). 하나님은 인간의 고통을 희생하시면서 자신의 공의와 권능을 변호받으실 필요도 없고, 실제로 그렇게 되기를 원치 않으신다. 하나님의 공의를 생각한다고 하면서 인간의 고통을 도외시하는 것은 하나님의 은혜를 얻기는 커녕 그의 책망만 받을 뿐이다. 왜냐하면 하나님은 그의 인간 피조물에게서 찬송을 구하시지만, 아첨을 기뻐하시지는 않기 때문이다(13:7-10).

13:15에 대한 흠정역(KJV)의 번역은 현대의 학자들에 의해서 일반적으로 잘못되었음이 밝혀지고 있다.[77] "Though he slay me, yet will I trust in him: but I will maintain mine own ways before him"(비록 그가 나를 죽이실지라도 나는 여전히 그 앞에서 나의 도를 지키리니). 물론 여기에서 우리는 그 주인공의 체험 가운데 신앙의 희미한 빛조차도 없었다고 할 수는 없겠지만, 문맥상으로 보면 개정표준 성경(RSV)의 의미가 더 확실하다. "Behold, he will slay me; I have no hope; yet I will defend my ways to his face"(보라, 그가 나를 죽이시리라. 내게는 소망이 없다. 그러나 그에게 내 도를 변호하리라: 한글 개역성경도 이것과 거의 비슷하다. "그가 나를 죽이시리니 내가 소망이 없노라. 그러나 그의 앞에서 내 행위를 변백하리라"—역자주). 다시 말해서, 이것은 욥이 죽음을 각오하고 자신의 사건을 하나님 앞에서 변론하겠다는 의미이다. 그는 더 이상 잃을래야 잃을 것이 없는 사람이었다.

그래서 욥은 하나님께 초점을 맞추어, 하나님께서 마치 날리는 낙엽을 겁주시고 메마른 검불을 뒤쫓으시듯이 자기를 괴롭게 하신다고 원망하였다(13:24-28). 그 자신의 운명은 그로 하여금 일반적인 사람의 운명을 성경에서 가장 슬픈 애가로 나타내게 했다(14:1-22). 사람의 생명은 덧없고, 게다가 사후 세계도 불확실하다. 욥의 지식에 의하면 차라리 나무는 사람과 달리 싹이라도 다시 돋는다(14:7-12). 그에게 그런 희망이라도 있었더라면, 그의 고통은 참을만하고, 그의 고통의 날들이 다하기를 기다릴 수 있었을 것이다(14:14). 그러나 그런 희망이 없었기 때문에, 욥은 하나님께서 자연을 썩도록 그리고 찌꺼기는 버려지도록 정하신 것처럼, 사람을 소멸시키신다고 보았다(14:18-22).

그러나 이미 욥의 논쟁 가운데 변화가 시작되었다. 그는 자신의 개인적인 비극에서 인간의 보편적인 딜레마로 고개를 돌렸다. 만약 누군가에게 그런 변화가 생겼다면, 우리는 그의 회복이 시작되었다

---

77) 영어로 된 주석들을 보라. 예를 들면 Pope, p. 95.

고 추측할 수 있을 것이다.

변론: 제2주기(15-21)

엘리바스와 욥—제2주기: 첫번째 공방(15/16-17). 욥은 그의 친구들의 제1차 연설들이 끝난 후에 그들에게 잠잠히 있어 달라고 요청했다(13:5). 엘리바스는 처음에 유화적으로 잘 접근했는데(4-5장), 이제는 그런 희망을 버리고 욥은 스스로 내뱉은 말들로 인해 유죄라고 선언하였다(15:6).[78] 빌닷과 소발과 함께 엘리바스는 욥과 그의 딜레마를 이해하기에 할 수 있는, 또 하고자 하는 모든 일을 했다고 말한다. 그런 다음에 친구들이 하려고 하는 말들은 전반적으로 거칠어졌고, 그나마 제1차 변론에서 보여주었던 동정심조차도 볼 수 없게 되었다. 만약 첫번째 변론에서 욥이 고독했다고 한다면, 두 번째, 세번째 변론에서는 아예 경멸스럽게 내버려졌다고 할 수 있을 것이다.

감히 인간 존재의 의미와 하나님의 공의의 의미에 이의를 제기하는 욥의 도전을 듣고, 엘리바스는 비꼬는 말로 욥에게 묻는다.

> 네가 제일 처음 난 사람[79]이냐,
> 산들이 있기 전에 네가 출생하였느냐?
> (15:7)

욥이 주장한 것처럼(12:13) 지혜는 하나님께 있지 사람에게 있지 않다. 엘리바스는 어떻게 겨우 욥과 같은 사람이 하나님의 만드신 피조물 중에 처음 있었다고 할 수도 없으면서, 또 하나님의 천상

---

78) 다음을 비교하라. 4:6/15:4; 4:7-11/15:5-6; 4:17-19/15:15-16; 5:2-7/15:17-19.
79) 개인을 가리키는 "한 사람"(이쉬)이 아니고, 일반적인 명칭인 아담이라는 단어가 사용되었다.

회의에 특별 방청객으로 있지도 않았으면서, (엘리바스가 대표하는) 나이든 사람들의 지혜를 무시하고 그렇게도 확실하게 주장할 수 있는가라고 묻는다(15:7-10). 욥의 존재론적인 사색은 엘리바스에게서 "여인에게서 난 자"(15:14-16)라는 풍자적인 문구를 떠오르게 했다. 엘리바스의 첫번째 연설에서 주장되었던 바, 하나님이 사람을 믿지 않으신다는 말(4:17-19)이 다시 욥에게 퍼부어졌다. 엘리바스는 자신의 지혜의 심오함을 보이기 위해 악인의 번영함에 대한 간단한 설명을 제시했다—비록 악인들이 번영하는 것처럼 보이지만, 사실 그들은 재난과 징계를 예상하며 괴로워하고 있다. 그러므로 이것은 진짜 번영처럼 보이는 것을 무가치한 것으로 만든다는 것이다(15:20-24). 그러나 이것이 지혜라면 우리는 차라리 욥의 논박에 찬사를 보내겠다.

    욥의 응답은 "번뇌케 하는 안위자들"과 그들의 상투적인 조롱(16:2; 17:2)에 대한 경멸로 가득 차있다. 만약 그가 그들의 처지에 있었다면, 그도 역시 조용한 연설을 할 수 있을 것이라고 했다(16:4).[80] 그는 자신이 원수에 의해 폭행당했다고 보았다(16:9). 그것이 사단인지(라쉬가 주장하듯이), 아니면 그의 인간 대적자들인지는 분명하지 않다. 그리고 하나님께서는 그의 삶에 대한 계획들을 갖고 계시는데, 그것들은 좋은 것이 아니었다고 한다(16:11-14; 참고 10:13). 그의 친구들은 그를 처참하게 저버렸고, 하나님은 그를 경건치 않은 자에게 붙이셨음에도 불구하고, 욥은 여전히 하나님께로 향했다. 9:33에서 그는 심판자, 곧 중재자를 희망한 적이 있었는데, 여기에서 다시 그는 하나님께서 개입하실 것을 열망한다고 표현했다(16:20-21). 그러나 소망과 믿음의 희미한 빛이 지평을 비취기에는 아직 멀었다—"지금 나의 증인이 하늘에 계시고 나의 보인이 높은데 계시니라"(16:19). 하나님께서 바로 그 순간에 욥에게 나

---

80) 머리를 흔드는 동작은 이것이 표현된 구절들에서 조롱과 풍자를 암시한다(시 22:7; 사 37:22; 집회서 12:18; 마 27:39).

타나실 것이라고 믿을 수 없었던 만큼, 이 확신은 만약 정의가 이루어질 것이라고 한다면, 오직 유일한 소망은 하나님이라는 결론을 말하는 것이다. 이 상황에서 현실적인 것은 오직 자신의 결백에 대한 욥의 확신뿐이었다(16:17). 다른 것들은 다 잃어버려도 그는 이것만큼은 집요하게 붙들고 있어야 한다. 만약 이 책 전체를 묶는 중심 요소들을 말하라고 한다면 우리는 다음 두 가지, 곧 하나님의 전능하심과 욥의 결백을 제안할 수 있겠다. 저자의 마음속에서는 그 어느 것도 다른 것을 위해서 희생시킬 수 없었다.

빌닷과 욥—제2주기: 두번째 공방(18/19). 욥의 풍자와 직선적인 주장은 정통파 빌닷의 민감한 부분을 건드렸다. 재난으로 죽은 주인공의 자녀들에 대한 유일한 언급(8:4)이 다시 표현되고 있는데, 여기에서 빌닷은 교묘하게 자식을 잃은 욥의 상태가 그의 악함을 증거하는 것이라고 말했다(18:19). 빌닷의 연설의 목적은 8:11-19에서 제시한 단순한 입장, 즉 악한 자들은 정말로 번영할 수 없고 그들은 응분의 벌을 받게 되리라는 생각을 재천명하는 것이었다(18:5-21). 악한 자들은 자신들의 죄에 쫓기고, 그 죄에 의해 희생당한다는 것이다. 분명히 이 이론은 성경 다른 곳에서도 표현되었고, 정설로 여겨지는 것이다. 그러나 빌닷의 실수는 하나의 법칙을 모든 경우에 다 적용할 수 있다고 생각하는 것이었다. 빌닷의 지금 연설은 너무나도 혹독해서, 그가 처음 연설에서 보여주었던 욥에 대한 일말의 재확신조차도(8:20-22) 언급하고 있지 않다. 자기 방어의 필요성이 그 분위기를 변하게 하였다. 첫번째 공방에서 그는 하나님의 공의를 변호하는 것으로 시작했는데(8:3), 여기에서는 세 친구들에 대한 변호로 곧바로 넘어갔다(18:3).

그 친구들이 끈질기게 추궁하기를 포기하지 아니하므로 욥은 "내가 과연 허물이 있었다 할지라도"(19:4)라는 말로 시작하는 가정적인 질문을 던진다.[81] 만약 그에게 허물이 있었다 할지라도, 그것이 그 친구들에게 영향을 미친 것이 아니었다. 그는 수려한 말로써 친구들에게 버림받고, 손님들에게도 잊혀지고, 아내에게 거절당하고, 형제들까지 혐오하고, 친구들에게 미움받아 불쌍한 처지에 있는 자신의 깊은 감정을 완전히 드러내 놓았다(19:14-19). 몸과 마음의 고통으로 찢길 대로 찢긴 채, 괴로운 영혼 깊은 속에서부터 그는 아직도 친구들에게 자신을 불쌍히 여겨 달라고 애원한다(19:21).

그 이후에 욥은 번개가 어두운 밤을 순간이나마 밝게 하듯이, 서문에서 고백했던 신앙을 재차 단언했다. 즉, 그는 자신의 말들이 영원한 돌에 새겨져, 자기를 옹호하는 자가 재판정에서 자신을 석방시켜 주는 그 날에 한 증거가 될 수 있기를 소원했다(19:23-27). 그는 추궁하시는 하나님께 탄원했다. 욥은 이미 자신의 중재자로서 "심판자"(9:33)와 "하늘의 증인"(16:19)을 말한 바 있는데, 이제는 "구속자"를 언급하고 있다. 비록 몇몇 주석가들이 이 구속자를 하나님이 아닌 다른 존재로 보기도 하는데, 고르디스는 히브리 사상에서 이같은 생각은 불경스러운 것임을 잘 지적했다.[82] 구약 성경에서 이스라엘의 "구속자"는 종으로 팔린 다른 히브리 동족을 다시 살 수 있었고(레 25:47-55), 친족을 위해 땅을 무르고(레 25:23-24), 혈족의 피에 대해 보수하며(민 35:19), 결혼을 통해 친척의 계보를 잇는다(신 25:5-10). 굳이 신성과 인성을 지닌 구속자 그리스도에 대한 신약의 교리를 연관시키지는 않는다 하더라도, 욥의 진술에 성육신 개념이 직접적으로 나타나 있지는 않지만 성육신 개념이 어느 정도 암시되어 있다고 볼 수 있다. 26절은 육체의 부활에 대한 신앙을 선언하는 것으로 해석되어 왔다. 그러나 아마도 엘리슨(Ellison)은 욥이 육체의 부활보다는 죽은 후에도 하나님과 계속적으로 의식적인 교제를 한다는 신앙을 선언하고 있다고 주장함으로

---

81) 비록 히브리어 본문에 가정법 구성 요소인 "if"가 없기는 하지만, 6절은 분명히 이 문장을 가정법 분위기를 갖고 있다. 왜냐하면 여기에서 그는 자신의 곤경을 하나님 탓으로 돌리고 있기 때문이다. 게다가 이 절에서 조건문을 읽어 내는 것은 표준 히브리 문법과도 모순되지 않는다.
82) Gordis, p. 88.

써, 이 구절의 진리에 더욱 근접한 것 같다.[83] 의심할 바 없이 이것은 고대 이스라엘의 평범한 영적 수준을 훨씬 능가하는 구약의 위대한 구절들 중 하나이다. 이것은 마치 고도의 느보산에서 축복 받은 약속의 땅을 바라볼 수 있었던 것과 같이 최고 정상에서는 것이다.

소발과 욥—제2주기: 세번째 공방(20/21). 소발은 자신의 첫 연설에서 악한 자들에게는 반드시 재앙이 따른다고 확신하였던 만큼(11:20), 자신만만하게 욥의 자극적인 발언에 대해 자신의 처음 논지, 즉 악인의 성공은 덧없는 것이어서 무시할 만하다는 주장을 변호하는 쪽으로 응수했다(20:4-29). 그는 악인의 행위에도 번영이 따를 수 있다는데 대해 어느 정도 인정하기는 했다. 하지만 그의 본질적인 접근 방법은 악인은 부정하게 축적한 재물을 그가 삼켰던 만큼 정확하게 토해낼 것이기 때문에(20:15), 이것은 문제가 되지 않는다는 것이었다. 소발의 논쟁의 근본적인 취지는 우주가 의인을 보호하고 악인은 저주한다는 것이었다(20:27). 이것은 다른 지혜 문학에서 얼마든지 볼 수 있는 사상이다.[84] 그러나 비록 이 생각이 그럴듯하기는 하지만, 그 증거는 모호하다. 욥의 친구들은 이 사실을 제대로 인식하지 못했던 것 같다.

처음 두 주기에 나오는 친구들의 조롱 섞인 연설들을 아득히 뒤로한 채, 욥은 그 마지막 연설에서 자비를 구하는 애타는 탄원을 하고 나서, 이제 그는 조롱과 거짓이 그들의 연설의 특징이라는 것을 완전히 확신하게 되었다(21:3, 34). 그러나 그들이 대응하는 한 어쩔 수 없이 그도 응수해야 했다. 이 연설에서 욥은 다시 신정론(新正論)을 말한다.

왜 악인이 살아 있으며, 장수를 누리고, 세력이 강한가(21:7)? 친

---

83) Ellison, p. 69. 육체의 부활 교리는 구약에서 이사야 26:19, 그리고 다니엘 12:2에서 두번 언급되었다.
84) 솔로몬의 지혜서 16:17을 보라.

구들의 추궁에 굽히지 않고, 그들이 제시하는 빈약한 증거에도 굴복하지 않으면서, 욥은 그들의 주장에 강한 이의를 제기한다. 그는 사실 악인의 등불이 몇 번이나 꺼졌는가 묻는다(21:17). 실제로 번영한 악인이나 불쌍한 의인이나 그 종착점은 아주 똑같은 것 같다—즉, 죽음이다. 욥은 달리 말할 여지도 없이 악인이 더 나은 운명을 가졌다고 믿었다(21:23-26).

변론: 제3주기(22-27)

엘리바스와 욥—제3주기: 첫번째 공방(22/23-24). 한때는 부드러웠던 엘리바스는 이제 가장 분명하고 신랄한 고발에 자유분방한 필치의 풍자를 더하여, "욥은 자신이 누구라고 생각하기에 하나님께서 자신의 의를 높이 평가하리라고 하는가"(22:3)라는 그의 처음 연설의 논지를 재차 강조하고 있다.[85] 엘리바스는 처음 연설에서 욥의 선행을 인정했는데(4:3-4), 그간의 논쟁들과 감정들로 말미암아 그 객관성을 상실하고 이제 욥이 불법적으로 저당을 잡고,[86] 가난한 자들을 전부 갈취하였다고 믿었다(22:6-9).

엘리바스의 신학 체계를 주도한 것은 그의 객관성이었다. 그런데 지금은 이전에 체험으로 인정했던 것조차 믿지 않고, 욥의 현재의 곤경은 그의 악함에 대한 증거라고 믿는다(22:10). 욥이 하나님은 가까이 계셔서 고난을 주시지만 공의를 구할 때에는 멀리 계신다고 주장하였으므로, 엘리바스가 욥에게 그가 하나님은 저 멀리 초월하여 계신다고 말했다고 고소한 것은 맞는 말이다(22:13-14). 그가 욥에게 한 명령은 "회개하라"는 것이다. 즉, 만약 그가 하나님께서 자

---

85) 다음을 비교하라. 22:2-3/4:3-5; 22:4/4:6; 22:6-9/4:3-4.
86) 출애굽기 22:26; 신명기 24:10-13을 보라.

기에게 자신의 악을 교훈하신다는 것을 인정하기만 하면, 그와 하나님 사이는 다시 평안해질 것이라는 것이다(22:21-28).

이에 대한 욥의 응답은 그의 이전 연설들과는 달리, 두 군데 예외를 제외하고는(24:18-20, 25) 독백처럼 보인다. 그는 이제 필연적으로 하나님과 자신의 결백에 대한 확신에 있어서 혼자일 수밖에 없다. 이 변론에 와서는 그에게 진전이 있었음이 분명하다. 왜냐하면 전에는(9:3, 14-20, 32-33) 비록 그가 자신의 송사를 하나님께 낼 수 있다 하더라도 하나님의 권능이 우세할 것이라고 생각했는데, 여기에서는 반대로 하나님께서 자기를 들으시고 놓아주시리라고 믿고 있기 때문이다(23:6-7). 그러나 그는 하나님께서 여전히 그를 피하신다고 믿었기 때문에, 자신의 결백에 대한 스스로의 확신만을 가지고 있다고 했다(23:8-12).

23장은 좁게 욥의 개인적인 딜레마를 다루고 있는 반면, 24장은 넓게 인간의 곤경을 다루고 있다. 여기에서 우리는 다시 욥의 진전에 대한 암시를 찾을 수 있다. 왜냐하면 이제 그는 자신의 개인적인 비극의 차원을 보다 넓혀 다른 사람들을 자기와 동일시하고 있기 때문이다. 그는 더 이상 단순히 다른 사람들이 자기를 동일시해줄 것을 요구하지 않았다. 끝으로 욥은 방어적인 어조로 누구든지 자기가 거짓말하는 자라는 것을 입증해 보라고 도전하면서 비평의 여지를 제거했다(24:25).

빌닷과 욥—제3주기: 두번째 공방(25/26). 빌닷의 이 연설과 소발의 두번째 연설(20:2)은 다른 것들과 달리 욥에 대한 직접적인 혹은 간접적인 언급을 포함한 질문으로 시작하지 않고 선언적인 문장으로 시작한다. 그 간결성 때문에 몇몇 학자들은 이 연설에서 삭제된 부분이 있을 것이라고 믿는데,[87] 다른 사람들은 이와는 달리 이 간결성은 이 친구가 그들의 논쟁에 진력이 난 것을 암시하는 것으

---

87) Driver and Gray, 1:214-15.

로 간주될 수 있다고 생각한다. 어떤 사람들은 26:5-14를 여기에 추가시키기도 하는데,[88] 그 이유는 이것이 빌닷 자신의 견해와 잘 어울리기 때문이라는 것이다.

26-31장을 빌닷의 마지막 연설에 대한 욥의 응답으로 생각한다면, 이것은 욥의 다른 응답들에 비교해 볼 때 상당히 긴 것이다. 그러므로 고르디스(Gordis)는 이 부분들을 잠정적으로 다음과 같이 구분했다.

욥기 24-31 분석

빌닷의 연설	- 25; 26:5-14
빌닷에 대한 욥의 응답	- 26:1-4; 27:1-12
소발의 연설	- 27:13-23
지혜에 대한 찬양	- 28
욥의 독백	- 29-31[89]

그러나 만약 26:1-4를 그의 친구들이 욥을 도와주었다는 것을 인정하는 말이 아니라 빈정대는 역설로 본다면, 이 구절은 욥의 성격과 아주 잘 어울린다. 더구나 26:5-14는 다른 곳에 있는 욥의 논지들과도 일치한다(예를 들면 9:5-13; 12:15).

빌닷은 완곡하게 하나님은 아주 무섭고 권능이 있으시므로, 욥이 뻔뻔스럽게 그랬던 것처럼 감히 하나님을 비판하거나 결백을 주장하려 해서는 안된다고 제안했다(참고 9:20; 16:17; 23:10-12; 23:13-24:25). 그런데 욥은 이미 빌닷의 주장, 곧 사람이 하나님 앞에서 의롭다고 주장할 수 없다는 것(9:2)이 사실이라고 인정했다. 이것은 또한 엘리바스가 제안하였던 생각이기도 하다(15:14-16). 여기에서

---

88) Gordis, p. 268.
89) Ibid., pp. 268-69.

우리는 저자가 이 변론을 위해 도입한 방법의 한 특징을 보게 된다. 욥과 그의 친구들은 같은 논지를 이용하지만, 각자가 나름대로의 취지를 가지고 있다. 빌닷과 욥은 둘 다 우주적인 힘을 하나의 신적 권능의 표현으로 본다. 그런데 빌닷은 거기에 도덕적인 질서가 있다는 것을 보여주기 위한 것이라고 하고, 욥은 거기에 도덕적인 질서가 없다는 것을 보여주기 위한 것이라고 한다(참고 25:4와 9:2; 25:5와 9:7).[90]

소발의 "잃어버린 연설". 문학적인 균형을 위하여 뒤따라오는 욥의 긴 토론 어디에선가 소발의 세번째 연설을 찾으려고 하는 것은 극히 자연스러운 일이다. 우리는 이미 그 예로 고르디스가 27:13-23을 소발의 연설로 보았다는 것과, 드라이버(Driver)와 다른 사람들이 이에 동조한다는 것을 언급한 바 있다.[91] 물론 우리는 본문 상에 어떤 변동도 일어나지 않았고, 따라서 빌닷의 연설과 소발의 연설의 어떤 부분들도 상실되지 않았다고 확실하게 말할 수는 없을 것이다. 27:13-23이 욥의 말처럼 들리지 않는다는 것도 일리는 있다. 왜냐하면 이것은 악인들의 운명과 의로운 자들의 보상을 묘사하고 있기 때문이다. 그러나 델리취(Delitzsch)는 27:12를 하나의 서론으로서 욥이 친구들의 주장을 반복하여 그들이 주장한 이론을 다시 그들에게 돌려주는 것으로 보았다.[92]

이와 관련해서, 하나의 흥미로운 언어학적 현상을 27:1과 29:1에서 찾아볼 수 있다. 이것은 한 단서를 제공할 수도 있는데, 그렇지만 이것은 어디까지나 시험적인 가설임을 인정해야 한다. 다른 경우에는 욥의 연설들이 문자적으로 "그리고 욥이 대답하여 가로되"로 시작하는데, 이 두 경우에는 "그리고 욥이 또 비사를 들어 가로

---

90) Neiman, pp. 91-92.
91) *Driver and Gray*, 1:226. 이들은 또한 7-10절을 소발의 것으로 여긴다. 돔과 다른 주석가들은 24:18-24도 덧붙인다. Dhorme, p. 387.
92) Delitzsch, 2:71-72.

되"라는 문구가 서두에 나온다. 이는 만약 그것이 순서상 불규칙한 것이 아니라면 이것이 예견된 것이 아니었을 수도 있음을 암시한다. 그렇다면 우리는 욥이 잠시 멈추어서 소발이 다시 말할 수 있게 했지만, 그가 아무 말도 못하자 다시 욥이 말하기를 시작했다고 추측해 볼 수 있다. 그가 어느 정도 마치고 또 잠시 멈추었지만, 여전히 침묵뿐이어서 그는 계속해서 그의 마지막 독백을 말했다. 엘리후가 화를 낸 것도 부분적으로는 그 친구들의 "대답이 그치매"(32:1)라는 사실 때문이었다. 그러므로 27:13에서 욥은 소발이 두번째 연설을 마무리했던 바로 그 말(20:29), 즉 세 사람들의 신학적 입장을 되풀이하는 그 말들을 사용했고, 반면에 28장에서는 그가 27:11에서 그들에게 주기로 약속한 가르침을 제시하고 있다. 만약 이것을 가능한 가설로 받아들인다면 우리는 다음과 같이 생각할 수 있다.

27:1 욥은 다른 사람이 말하도록 멈추었으나 소발은 잠잠했다. "욥이 또 비사를 들어 가로되."
27:11 욥이 그의 친구들에게 하나님의 일들을 가르쳐 주겠다고 약속했다(이것은 28장에서 이루어졌다).
27:12 욥은 그 친구들에게 그 증거를 보았으면서도 왜 계속 어리석게 구는지 물음으로써 그 친구들의 입장에 대한 자신의 의견을 소개했다(한편 그는 13-23절에서 그들의 어리석은 주장을 되풀이하였다).
29:1-31:40 욥이 마지막 독백을 했다(마무리).

약해지지 않는 욥의 결심(27). 이전과 다름없이(참고 9:20; 16:17; 23:10-12) 욥은 여전히 자신은 결백하다고 주장했고, 이것과 관련하여 하나님께서 자신의 의를 빼앗으셨다고 했다(27:2, 5-6). 그래서 그는 전혀 누그러질 수 없었고, 또 그러려고도 하지 않았다. 그는 이렇게 논쟁에서 약세에 몰려있을 때에도, 친구들이 옳다고 인정하려 들지 않았다(5절). 그래서 그는 그들의 오류 투성이의 신학을 돌이켜보고, 그것들을 바로 잡겠다고 약속한다(11절).

지혜에 대한 시(28)

이 드라마의 주인공과 세 명의 토론 참가자들은 지혜의 성격과 기원에 대해 여러모로 논쟁을 했다. 전자는 주장하기를 지혜는 오직 하나님과 함께 있으며 그 세 친구들에게는 전혀 지혜가 없다고 했는데, 후자는 말하는 동안 내내 욥에게 지혜를 가르쳐 주겠다고 주장했다. 욥은 참으로 훌륭한 시로써 이 주제에 다시 접근하여, 이 세상에서 오는 부(富)가 지혜의 출처일 수 없다는 것(1-6절)과, 지혜는 땅위에 나는 새들이 알 수 없으며 그 땅을 지나는 짐승들이 알 수 없다는 것, 그리고 만물 중에 가장 총명한 사람조차도 지혜가 어디 있는지 알 수 없다는 것을 강조했다(7-11절).

"그러나 지혜는 어디서 얻으며, 명철의 곳은 어디인고?"라는 질문이 12절에서 간결하게 제시되었다. 13-19절에서 그 주인공은 1-11절의 생각들을 재차 강조한다. 그 다음에 그는 마지막으로 그 질문을 되풀이하고, 지혜는 산 것들의 땅에서도 혹은 죽은 것들의 세계에서도 찾아질 수 없다고 결론지었다(20-22절). 23-28절은 하나의 아름다운 문학적 절정을 이루고 있으며, 저자의 종교적인 입장을 요약하고 있다. 즉, 오직 하나님만이 지혜의 길을 아신다는 것, 그러나 인간의 총명으로 찾아질 수 없기는 하지만, 그럼에도 불구하고 지혜는 인간의 삶 속에 그 자신을 드러낸다는 것이다.

주를 경외함이 곧 지혜요
악을 떠남이 명철이라.[93]

(28절)

이와 같이 욥의 순례는, 물론 아직 목적지에 당도하지는 않았지만, 선한 삶은 곧 지혜와 함께 한다는 것을 깨닫는 데까지 이르렀다-그것이 곧 지혜가 아닌가! 저자는 서문에서 욥을 묘사했던 그 용어들과 본질적으로 같은 용어들을 사용하였다(1:1, "하나님을 경외하며 악에서 떠난 자"). 이것은 욥이 폭풍 가운데서 주를 만나고 난 다음에 고백했던 신앙에 이르는 하나의 이정표였다. 비록 하나님께서 욥에게 정하신 일들을 다 마치지는 않으셨지만, 하나님은 그로 하여금 하나의 영적인 정상에 오르게 하셔서 인생의 파노라마를 연결시키게 하셨다.

욥의 마무리 독백(29-30)

여기의 장 구분은 이 연설의 실제적인 윤곽을 제공한다. 29장에서 욥은 과거를 동경하는 듯 자신의 과거를 돌아보며, 그의 안녕과 행복의 근거는 하나님이었었다는 것을 주장했다(2-5절). 그의 믿음은 비극이 개입됨으로 말미암아 약해졌다. 그리고 그는 동족들이 그를 영예롭게 하였던 것을 회상했다(7-11절). 이 영예는 가난한 자들과 고아와 과부들을 적절히 배려하고 돌봐 주었던(12-17절) 그의 생활의 실제적인 행실에서 말미암은 것이었다. 욥의 실제적인 의로움은 그의 내면에서부터 우러나오는 것으로, 그 자신이 "나는 의로 옷을 입고 그것은 나로 옷 입었도다"(14절, 필자의 번역)라고 말할 수 있을 정도였다.

이와 같이 그의 이전 상태를 회상하는 것은 그의 친구들이 그를 고약하게 대하는 것과 그의 가련한 현재의 상태에 대한 30장의 애

---

93) 이 진술은 하나님의 연설 중에 욥에게 하신 대답이기도 하거니와 신적 계시에 담긴 내용이라는 것을 주목하라.

가로 자연스럽게 연결된다. 그리고 그것은 욥의 마음속에서 그에 대한 하나님의 태도에 직접적으로 연결된다. 이 독백 속에서 유일하게 하나님께 직접 고하는 부분은(20-23절) 그가 변론 중 다른 곳에서 하나님께 항의하였던 내용과 본질적으로 같은 내용을 담고 있다.

자신의 개인적인 결백에 대한 욥의 확신을 강조하기 위해 그는 31장에서 이 재앙을 야기시킬 수도 있는 행위들에 대해 맹세함으로써 자신의 마지막 변론을 마쳤다. 정말로 이 행동은 개인적인 순전함에 대한 그의 확신과 그 사태의 중대성을 동시에 드러냈다. 우리는 또한 이 저주들이 이루어지지 않았다는 것은(지금까지 결문이 우리에게 보여주는 한) 욥이 의로운 사람이었다는 서문의 평가를 확증하는 것이라고 말할 수 있다. 또한 바로 이같은 사실은 그 친구들이 말한 것에 대해 하나님께서 분명하게 질책하시는 것을 (42:7-9) 뒷받침하기 위한 것으로, 그들의 죄과를 암시적으로 고발한다. "심판자"(9:33), "하늘의 증인"(16:19), 그리고 "구속자"(19:25)에 이어 이제 우리는 욥이 간절히 희망했던 옹호자에 대한 네번째 별칭으로 "나를 들을 자"(31:35)라는 말이 사용되는 것을 보게 된다(한글 개역성경에는 "누구든지 나의 변백을 들을지니라"로 번역되어 있으나, 히브리 원문은 문자적으로 '들을 자가 내게 있다'에 가깝다—역자주).

역설적으로 청중 중에서 누군가 아직 알려져 있지 않은 사람이 듣고 있었는데, 그는 하고 싶은 말이 많았다. 그런데 그 젊은 소장파 엘리후는 자신만만했으나 다른 세 응답자들처럼 나이와 경험으로 숙련된 사람이 아니었고, 또 욥의 문제를 해결하는 데 있어서 그가 참지 못했던 다른 세 사람만큼도 근접하지 못했다. 그러나 우리는 욥의 말 가운데 잠깐씩 번뜩였던 그 소망이 하나님이 주신 불꽃, 간혹 위기와 인간적인 의심으로 '사그라지기도 하는' 이 불꽃으로 말미암아 타올랐다는 것을 확신할 수 있을 것 같다. 그러므로 우리는 엘리후에 대해 참아야 한다. 그래야 폭풍 속의 참빛을 올바로 인식할 수 있을 것이다.

엘리후의 연설들(32-37)

욥기의 저자는 나이와 경험이 지혜의 원천이라는 주장에 반대하여(참고 32:9), 이제 젊은 엘리후를 통해서 다른 주장을 제시하였다.[94] 즉 총명(지혜)은 하나님의 선물로서 사람에게 타고 난 것이므로(32:8) 이것이 지혜로 불릴 수 있을 때까지 시간을 들여 노력하고 또 완숙해지도록 기다릴 필요가 없다는 것이다. 물론 이것은 사실이며, 욥도 역시 이것과 거의 같이 아니 어쩌면 그보다 더 잘 말했다(28:28). 그러나 엘리후의 지나친 자신만만함은 지혜가 하나님의 선물이라는 그의 논지를 입증하는 데 실패했다. 더구나 나이와 경험이 지혜를 전적으로 보장하지는 못하지만, 그렇다고 해서 엘리후가 그랬던 것처럼 그것들을 그런 식으로 입심 좋게 무시해버릴 수는 없다.

그는 그 논쟁에 대해서 분노의 감정을 나타냈다. 그가 욥에게 화를 낸 것은 욥이 "하나님 앞에서(한글 개역성경은 "하나님보다"—역자주) 자기가 의롭다"고 했기 때문이고, 친구들에 대해서는 그들이 욥을 정죄하면서도 대답할 말을 알지 못했기 때문에 화를 냈다(32:2-3). 본문에서 엘리후가 노를 발하였다는 말이 네 번 나왔다는 사실은(2, 3, 5절), 그의 연설들의 성격이 어떠했는가를 가르쳐 준다. 그 연설들은 이성적이었다기 보다는 분에 가득찬 것이었다. 그러나 분명히 거기에는 여러가지 가치있는 생각들이 담겨 있었다. 그는

---

94) 앞에서 "엘리후의 연설"이라는 제목 아래 논의한 것들을 살펴 보라.

자신이 욥을 이해시킬 수 있으리라 믿고, 욥의 논쟁의 기본적인 내용을 요약하면서 욥이 자신의 문제를 하나님 탓으로 돌렸다고 했고(33:8-11), 또 하나님께서 욥에게 대답하시지 않으실 것이라고 주장했다(33:13). 그는 계속해서 욥의 말을 다시 진술했다. 즉, 욥이 하나님께서는 자신에게 공평한 조치를 취하지 않으셨다고 했고(34:5-6, 한글 개역성경에는 "하나님이 내 의를 제하셨고"로 번역되어 있음—역자주), 또 의인의 운명이 악인의 운명보다 나을 것이 하나도 없다고 말했다는 것이다(35:2-3). 엘리후는 잘 경청했다. 그는 욥에게 두 번이나 자신의 논쟁에 대답해 보라고 도전했는데(33:32; 34:33), 우리는 왜 욥이 그렇게 하지 않았는지에 대해서는 단지 추측만 할 수 있을 뿐이다.

엘리후가 이 변론에서 기여한 요점이라면 하나님께서 인간의 훈련과 징벌을 목적으로 고난을 주신다는 것이었다(33:14-30; 37:13). 엘리후가 의기양양하게 말하고 있지만, 사실 이 사상은 엘리바스가 이미 그의 첫 연설에서 구체화했다(5:17). 그러나 비록 이것이 어떤 경우에는 고난을 설명해 줄 수 있는 그럴듯한 공식이라는 것을 인정한다 해도, 독자들은 엘리후가 이것을 적절한 경우에 적용한 것이 아니라는 사실을 알고 있을 것이다. 왜냐하면 서문이 독자들에게 더욱 고차원적인 이해를 제공하였기 때문이다. 장황한 엘리후의 연설이 끝남으로써 우리는 또 하나의 분야를 접한 것이 되겠지만, 그렇다고 해서 그 주요 토론자들이 할 말을 다 마쳤을 때 보다 우리가 진리에 더 가깝게 된 것은 결코 아니다.

하나님의 연설(38:1-42:6)

 욥은 그의 문제에 대한 답을 한편으로는 주의 나타나심에서, 또 다른 한편으로는 하나님의 연설들에 담긴 내용에서 얻었다. 그 중에 어느 것이 더 중요했는가에 대해서는 여기에서 논할 수 없을 것 같다. 이것들은 서로 보완적이다. 따라서 이것은 이미 변론 부분에서 그 답변의 일부를 제시했던 저자의 스타일을 잘 반영하고 있다고 할 수 있겠다.

 실제로 한편에서 보면 그 친구들이 고난이 죄와 관련있다고 한 것이 옳기는 하지만 또 다른 편에서 보면 그들이 잘못된 이유는, 이것이 모든 경우에 들어맞는 보편적인 법칙이 아니기 때문이다. 고난은 교훈과 징계를 위한 것이라는 엘리후의 말도 부분적으로는 맞는 것이다.

 그러나 이 설명들 중 그 어느 것도 완전하지는 않다. 실제로 이것들은 더 많은 설명을 필요로 한다. 그러므로 주께서 고난받는 욥에게 나타나셨다는 사실은 말할 수 없이 중요하다. 그러나 신현(神現) 자체는 감정적인 내용만을 전달할 뿐이고, 이것은 언어적인 표현으로 표출된다. 그렇게 해서 언어적인 내용은 그 신현이라는 형식에 본질적인 내용을 제공한다.

 우리는 하나님의 연설들에 대한 몇 가지 접근법들을 살펴볼 수 있겠다. 실존적인 견해를 가진 사람들은 주의 나타나심만으로 욥을 만족시키기에 충분했고, 또 하나님을 대면하려는 그의 도전에 충분한 응답이 되었다고 주장한다. 비록 이 접근 방법에 어느 정도 일리가 있기는 하지만, 이것은 하나님의 말씀들이 별로 필요도 없이 덧붙여진 것으로 간주하게 한다.

 이 연설들을 설명하려는 또 하나의 시도는, 하나님께서 단지 이 세상의 아름다움과 신비에 대한 엄청난 자료들로 욥을 압도하셨고, 이것이 욥의 고난에 위로가 되었다고 말하는 것이다.[55] 그러나 이 설명은 하나님의 행사를 현란한 빛으로 비추어 마치 하나님께서 단지 욥으로 하여금 그의 문제를 잊어버리게 하시려고 애썼다는 말이 된다.

또 다른 이들은 목회적인 차원에서 하나님께서 사람에게 고난 중에 취해야 할 적절한 행동이 무엇인지를 보여주기 원하셨다고 설명한다.[95] 그러나 만약에 그것이 사실이라면, 하나님께서 변론 부분에서의 욥의 부적절한 행동을 책망하실 수도 있었을 것이라고 예상된다. 그러나 하나님의 연설들 중에서 어떤 책망이 있었다고 하더라도, 그것은 오직 암시적으로만 나타나 있을 뿐이다. 만약 이것이 하나님의 목적이었다면, 하나님께서 좀 더 분명하게 하셨어야 했다는 생각이 든다. 또 다른 설명은 주께서 욥에게 정의는 이 우주의 기둥들 중의 하나가 아니라는 것을 인식시키셨고, 이렇게 해서 그의 문제가 해결되었다고 하는 것이다.[97] 그것은 그의 전제들을 바로잡는 사안이었다.

"왜 죄 없는 사람이 고난을 당하는가"라는 문제에 대한 직접적인 해답은 하나님의 연설들 중 그 어디에서도 분명하게 나타나지 않았다. 주께서는 그렇게 심오한 신비를 단순한 도식으로 나타내도록 자신을 순응시키지 않으셨다. 욥은 자신의 개인적인 딜레마에 대해 설명해 달라고 하나님께 요청했고, 간간이 고통당하는 다른 사람들을 포함하기에 충분한 큰 원을 그렸다.

비록 욥은 하나의 우주적인 질문에 대한 답을 찾기도 했지만, 그의 관심은 본질적으로 자기중심적이었고, 반면에 주의 대답은 거의 다 우주적인 용어들로 표현되었다. 하나님께서는 욥을 죄어 가는 일련의 원들을 계속해서 그리셨다. 하나님께서는 이 세상의 창조로부터 시작하셨다(38:4-11).

---

95) 예를 들어, Gordis, 여러 곳에 있음.
95) 예를 들어 Fohrer, p. 334.
97) Matitiahu Tsevat, "The Meaning of the Book of Job," *HUCA* 37(1966): 73-106.

> 내가 땅의 기초를 놓을 때에 네가 어디 있었느냐!
> 네가 깨달아 알았거든 말할지니라.
>
> (38:4)

그 다음에는 이 세상의 진행에 대한 것으로 옮겨가셨다(38:12-38).

> 네가 나던 날부터 아침을 명하였느냐,
> 새벽으로 그 처소를 알게 하여
>
> (38:12)

풍자적으로 주께서는 욥의 자부심을 언급하셨다.

> 네가 아마 알리라. 네가 그 때에 났었나니
> 너의 년수가 많음이라
>
> (38:21)

하나님께서는 원을 더 좁게 그리셨다. 욥이 짐승들의 세계를 이해하고 그것을 유지시킬 수 있는가(38:39-39:30)?

> 네가 암사자를 위하여 식물을 사냥하겠느냐.
> 젊은 사자의 식량을 채우겠느냐.
> 그것들이 굴에 엎드리며
> 삼림에 누워서 기다리는 때에니라.
> 까마귀 새끼가 하나님을 향하여 부르짖으며
> 먹을 것이 없어서 오락가락 할 때에
> 그것을 위하여 먹을 것을 예비하는 자가 누구냐
>
> (38:39-41)

하나님께서 인간에게 이 세상의 주권을 주셨을 때, 인간은 짐승들의 세계를 정복하도록 명령받았다(창 1:28). 혹은 좀 더 익숙한 것, 곧 인간들의 세상을 말씀하시면서 주께서는 욥에게 그것이라도 바로잡아 보라고 시험하셨다(40:10-14)

너는 위엄과 존귀로 스스로 꾸미며
영광과 화미를 스스로 입을지니라.
너의 넘치는 노를 쏟아서
교만한 자를 발견하여 낱낱이 낮추되,
곧 모든 교만한 자를 발견하여 낮추며
악인을 그 처소에서 밟아서

(40:10-12)

더 나아가 만약 사람조차도 욥에게 힘에 부칠 경우, 주께서는 그에게 다른 도전 거리들, 즉 그의 비이성적인 피조물들 중에서 도전 거리를 선택하여, 그가 하마나(40:15-24) 악어를(41:1-34) 다룰 수 있는가 물어보셨다.

하나님의 연설들은 우리에게 우주가 본질적으로 신 중심이라는 것을 상기시켜 주었다. 그리고 비록 신적 심판에 대한 많은 부분이 욥에게 분명하게 이해된 것은 아니지만, 욥이 생각한 것처럼 하나님께서 이 세상을 도덕과 별로 관련이 없는 그런 상태로 내버려둔 것은 아니라는 것을 깨닫게 한다. 아름다움이 있고 질서정연한 계획이 있는 이 자연 세계는 물론 그것이 인간의 인지 범위를 벗어나기는 하지만, 인간에게 질서있게 정돈된 윤리적 우주에 대한 지표를 제공해 준다.

주께서는 정밀하고 자세하게 초월성을 계시하심으로써 동시에 그의 내재성을 계시하셨다. 그는 인간에게 아주 가까이 계셔서 욥에게 인격적으로 나타나셨다. 비록 인간이 이 세상에서 행하시는 하나님의 역사에 대해 아무것도 모를지라도, 그는 이 세상에서 아주 가까이 계셔서 비를 내리게 하신다(38:26-27). 하나님께서 회피하신다고 하나님을 공박함으로써 욥도 역시 그 친구들이 범했던 것과 마찬가지로 하나님을 거스르는 잘못을 했다. 그들은 욥을 희생하면서 하나님을 정당화했고, 반면에 욥은 하나님을 희생하면서 자신을 정당화했다(40:8).

요약하자면, 비록 신현이 하나의 선포를 전달하기는 하지만, 그것은 또한 욥에게 하나의 도전이 되었다. 만약 그가 우주의 질서에 대해 많은 것을 안다면, 그가 창조의 세밀한 것까지 재생한다면, 우주의 비밀들을 파헤친다면, 그가 자연을 조절할 수 있다는 것을 입증한다면, 즉 그가 하나님의 요구에 부응할 수 있다면, 하나님께서 친히 그가 혼자서도 충분하다는 것을 인정하시겠다고 하셨다 (40:14).

하나님의 첫번째 연설에 대해서 욥은 간결하게 순응조로 대답하였다. 여기에서 그는 하나님께 대답할 수 없음을 수긍했다(40:3-5). 하나님의 질문들은 단지 수사학적인 것만은 아니었다. 하나님은 욥에게 대답하라고 추궁했다(40:2). 하나님의 두번째 연설이 마친 뒤에 욥은 자신의 입장을 철회하고(42:1-6) 자신이 도덕적인 우주의 완전한 신비를 알지도 못했고, 또 알 수도 없다는 것을 인정했다. 고난은 때때로 하나의 신비이다. 우리는 그 신비 뿐만 아니라 하나님을 동시에 인정해야 한다.

역설은 남아 있지만, 적어도 지금은 욥이 그것이 거기에 속해 있다는 것, 즉 그 신비가 도덕적, 물리적 질서로 세워져 가고, 또 하나님께서 우리 인간들로 하여금 하나님을 알 수 있도록 허락하시기 때문에 그것이 바로 그 하나님의 속성으로 세워져 간다는 것을 알았다.

인과론이 우주적인 원리인 세계에서 욥기는 우리에게 그 원리가 하나님의 신비로운 자기 계시의 반영이라는 것을 상기시켜 준다. 그러나 그 원리가 하나님께 순복하지, 하나님께서 거기에 순복하시는 것은 아니다. 하나님의 연설들은 우리에게 주님은 한 인격체이시지, 한 원리가 아니라는 것을 일깨워준다.

결문(42:7-17)

　비록 하나님의 연설들이 이 책의 절정이기는 하지만, 이 이야기는 아직 한 장면을 남겨 두고 있다. 이제 여기에서 그것이 다루어질 것이다. 초자연적인 것들은 인간의 체험에서 어느 정도 현상적인 용어들로 번역되어야 한다는 것은 매우 중요하다. 그러나 신현이 욥에게 불충분했다고 생각할 필요는 없다. 욥의 회개와 철회는 그 신현이 충분했음을 보여준다. 또한 하나님의 도덕적 우주의 특정한 경우들이 모두 다 언젠가는 물리적인 용어들로 번역된다고 가정해서도 안된다.

　하나님의 공의가 분명히 존재한다는 사실은 하나님의 연설들에 나타나 있다. 그러나 그 주인공의 소유가 갑절로 회복된 것이 당연히 신적 공의에 대한 일정한 표현이었거나 혹은 그렇게 되리라는 의미가 아니다. 오히려 이 결문은 하나님의 심판 대신에 그의 사랑과 용서, 그리고 선하심을 더욱 강조하고 있다. 즉, 공의보다 더 높은 그의 품성이 있다는 것을 알 수 있다.

　하나님은 욥을 그의 종이라고 부르실 만했다. 왜냐하면 욥은 우주의 도덕적 구성이 때때로 우리의 시야를 벗어나기도 하지만 우리 인간의 체험 가운데 이해될 수 있는 실재라는 것을 인식했기 때문이다. 이제 욥은 공의가 단지 사람들의 삶의 전부, 혹은 하나님의 본질적인 존재의 총체가 아니라는 것을 알았다. 또한 하나님의 공의가 살아있기 때문에 인간의 순전함이 하나님께서 무시하실 수 없는, 혹은 무시하지 않으실 실체가 된다. 욥은 그 자신을 변호했고, 그렇게 함으로 하나님을 변호했던 것이다.

쿰란 문서들과 욥기

지금까지 욥기의 히브리 본문에 대한 문서들이 쿰란에서 상당히 많이 발견되었다. 제2쿰란 동굴의 한 문서는(2Q15) 욥기 33:28-30을 싣고 있는데, 거의 마소라 본문 형식과 같은 것으로 알려져 있다. 욥기 36장의 한 부분이 고대 히브리어로 기록된 세번째 파편 문서 (4Qpaleo Jobc)와 함께 제4쿰란 동굴에서 나왔다(4Q Joba, b).[98] 또한 제11동굴에서 아람어로 번역된(Targum) 상당한 분량의 욥기 문서가 발견되었다(11Qtg Job).[99] 그 두루마리가 제1세기 기독교 때의 것으로 추정될 수 있겠지만, 그 번역은 1세기 혹은 그보다 전에 이루어졌던 것 같다. 처음 16장은 빠져 있지만, 17:14에서 시작하여 23장을 제외한 각 장의 부분들이 조각 문서들 가운데 기록되어 있고, 42:11에서 끝이 났다. 마지막 문단(42:12-17)은 빠져 있는데, 이것이 처음에 아람어 역본에 포함되어 있었는지 그렇지 않았는지는 확실하지 않다.[100]

이 탈굼 역본은 이것이 전반적으로 오늘날 우리가 가지고 있는 히브리 본문과 일치하며, 더구나 히브리 본문의 순서를 그대로 따르고 있다는 데 그 의미가 있다.[101] 지혜시, 엘리후 연설들, 그리고 하나님의 연설들이 히브리 마소라 본문의 순서와 똑같은 위치에 놓

---

98) Joseph A. Fitzmeyer, "Some Observations on the Targum of Job from Qumran Cave 11," *CBQ* 36(1974): 524.
99) 이 문서를 처음 출판한 것은 다음의 책이다. J. van der Ploeg and A. S. van der Woude, *Le Targum De Job de la Grotte XI de Qumran*(Leiden, 1971). 팩시밀리 자료로는 이 책을 보라. 아래에 언급된 소콜로프(Sokoloff)는 복사본과 함께 영어 번역과 주석을 제공한다.
100) Michael Sokoloff, *The Targum to Job from Qumran Cave* XI, p. 5.
101) Joseph A. Fitzmyer를 보라. "The Contribution of Qumran Aramaic to the Study of the New Testament," *NTS* 20(1974): 382-407.

여 있다. 더구나 그 본문은 실질적으로 기록된 아람어 번역본들이 기독교 시대 이전에 있었으며, 몇몇 학자들이 발표한 견해들처럼 겨우 A.D. 2세기에 처음 기록된 것이 아니라는 것을 우리에게 확신시켜 준다. 이 탈굼은 언어학적으로 우리에게 A.D. 1세기의 아람어에 대한 거대한 그림을 제공한다.

4
시편

　시편에는 구약의 역사와 신학이 단편적으로 그리고 비조직적으로 나타나 있다. 역사 속에서 그리고 하나님과의 개인적인 만남에서 오는 역동적인 힘이 이 노래들로부터 발산되고 있다. 이것들은 역사로부터 그리고 하나님과의 개인적인 만남으로부터 생겨났을 뿐만 아니라, 비슷한 상황을 경험할 수 있게 한다. 시편을 읽고 기도한다는 것은, 곧 이것들을 먼저 읽었고 먼저 기도했으며, 거기에 있는 기쁨과 고통, 그리고 분노를 먼저 느꼈던 수많은 사람들의 목소리에 함께 참여하는 것과 같다.

　인류 역사에 있어서 이스라엘만큼 인간을 정화시키는 문학을 그렇게도 풍부하게 즐길 수 있었던 민족은 그리 많지 않았다. 또 이스라엘이 시편을 통해서 자신들의 영혼을 모든 사람들 앞에 완전히 드러낸 것만큼, 자신들을 드러내 보인 민족도 거의 없었다. 고대 이스라엘 역사의 사상과 그 민족의 신앙에 들어가기 위한 가장 좋은 통로는 바로 시편이라고 할 수 있다. 이 노래들을 제대로 이해하기 위해서는 그 감정적인 내용을 느낄 수 있어야 하기 때문에, 우리는 이 선택된 민족들에 대해 역사적인 지식만 가질 것이 아니라, 그들의 마음과 영혼의 심리까지도 파악해야 한다.

그런데 시편은 이스라엘을 살펴보는 것, 그 이상의 의미를 가지고 있다. 즉, 시편은 시간과 공간을 초월하여 모든 인간의 천성을 드러내는 기념비적인 작품인 것이다. 인간의 마음은 쉽게 죄의 길로 치우친다. 분노와 탐욕, 그리고 불순종은 인간의 수치스러운 습성 중의 하나이다. 인류의 창조주이신 하나님이 없다면, 인간은 이 세상에서 고아와 같다. 그러나 사람이 어떠하든지, 하나님은 사람을 그의 특별한 창조물로 보시고(시 8), 그를 구원하기 위해 애쓰신다. 인간의 본질적인 품성은 하나님의 본질적인 품성에 의해 올바로 균형이 잡혀간다. 즉 하나님의 본성에 의해 회복된다. 시편은 사람과 하나님의 본질적인 차이에 눈을 돌려, 양자를 병행시킴으로써 한편의 불완전성과 다른 한편의 완전성을 드러내고 있다.

신앙적인 차원에서 볼 때, 시편은 이스라엘과 교회에게 낮에는 구름 기둥, 밤에는 불기둥과 같은 존재였다고 해도 결코 과언이 아닐 것이다. 그 이유를 찾기는 어렵지 않다. 이 고대의 찬송 모음집은 가지각색의 삶의 체험을 비추어 주며, 그 범위는 왕에서부터 평민에까지 이른다. 또 이것은 인간의 감정과 상황들의 축소판이나 다름없고, 영적 체험들의 전시장과 같다. 단순하면서도 웅장한 인간의 체험과 고대 히브리 시들이 이 책 안에 공존한다. 시편은 믿음의 순례를 떠나는 사람들에게, 그가 어디 있든지간에, 그의 길을 재촉할 뿐만 아니라, 쉴 만한 장소와 안식하며 묵상할 시간들을 제공한다. 인생에 여러 사건들이 겹치고 감정이 격해지면, 시편의 가치는 상대적으로 더 높아진다.

시편에 대한 개론적인 문제들

제목

영어 성경의 시편(The Psalms)이라는 제목은 구약 성경의 헬라어 역본과 라틴어 역본에서 유래하였다. 칠십인경(Septuagint)은 프살모스(psalmos)라는 단어를 써서 히브리어 미즈모르(mizmor)를 번역했는데, 이것은 악기들과 함께 불려지는 노래를 가리키는 전문적인 용어이다. 바티칸 헬라어 사본(B.C. 4세기)이 "시편"(Psalms, Psalmoi)이라는 제목을 사용했는데, 여기에 대한 좋은 선례는 누가의 기록들에서 찾을 수 있다. 예수께서는 누가복음 20:42에서 "시편"(the book of Psalms)을 언급하셨고, 베드로 역시 이 책을 동일한 제목으로 언급했다. 알렉산드리누스 헬라어 구약 사본은 이 책의 제목을 프살테리온(Psalterion)이라고 했는데, 이것은 현악기를 의미하는 말이다. 기독교 교회 안에서 이 책을 지칭하는 말로 사용되는 "Psalter"라는 말은 바로 이 제목으로부터 유래된 것이다. 그러나 히브리 성경은 적절하게 이 책의 제목을 "찬양들"(tehillim)이라고 붙였다. 이 단어는 시편의 여러 시들 가운데 사용되었고, 어느 한 시를 지칭하는 경우는 꼭 한 번 있었을 뿐이다(시 145).

계수(計數)

히브리 성경에는 150편의 시가 실려 있고, 개신교의 성경 역시 히브리 시편의 수에 따르고 있다. 그러나 헬라어 성경에는 이 책의 마지막에 한 편의 시가 더 있다. 아래의 도표에서 볼 수 있듯이, 히브리 시중에서 두 편의 시가 칠십인경에서 각각 둘로 나뉘어 있고 (라틴 벌게이트 역본 역시 여기에 따르고 있다), 또 히브리 성경에 두 편으로 있던 시가 하나로 합쳐진 경우도 두 번 있다.

시편 계수법의 두 체계

히브리 성경과 개신교의 성경	헬라어 성경과 로마 카톨릭 교회의 성경
1-8	1-8
9	9
10	
11-113	10-112
114	113
115	
116	114
	115
117-146	116-145
147	146
	147
148-150	148-150
	151(헬라어)

그러므로 우리가 칠십인경이나 벌게이트 역본을 언급하는 학자들의 글을 읽을 때는, 그 계수 체계가 다르다는 사실을 꼭 염두에 두어야 한다.

발달 과정과 수집

우리는 시편에 있어서 그 발달 과정을 두 가지 측면에서 살펴보아야 한다. 즉 한편으로 히브리 시와 시가집(詩歌集)의 발달 과정을 다른 한편으로 성경의 시편이 현재의 모양새를 이루기까지의 과정을 보아야 하는 것이다.

구약의 시가집(詩歌集). 비록 성경이 기록된 시기에 해당하는 시가집이 발견되지 않아서 시편을 여기에 비교해 볼 수는 없지만, 이집트, 수메르-악카드, 그리고 힛타이트에서 기원한 찬송들은 많이 있다.[1] 하지만 라스 샴라(Ras Shamra)의 문서들 중에서는 지금까지 찬송시가 발견되지 않고 있다.[2] 그러나 이 문서들은 언어학적인 연구와 비교문학적인 시 연구에 있어서 중요한 자료가 되었다. 이 두 가지 측면의 우가릿 연구는, 시편 연구의 새로운 지평을 열어 놓았다. 미첼 다후드(Mitchell Dahood)는 세 권으로 된 그의 주석에서 히브리 단어와 구문, 그리고 그 의미들을 밝히기 위해, 특별히 라스 샴라(즉, 우가릿) 문헌을 자주 사용하였다. 그 외에도 히브리 시의 동세(動勢)와 특성을 완전히 이해하기 위한 노력으로, 우가릿 시에 대한 의미있는 연구들이 이루어져 왔다.[3]

고대 근동의 문학들이 상호 간에 영향을 끼치고 있었다는 것은 분명한 사실이지만, 히브리 신앙은 특히 그 유일신 사상과 윤리적 성향 때문에 다른 문화와 구분된다. 따라서 우수한 시가서들이 여기에서 유래되었다고 생각된다. 메소포타미아에서 나온 예언적인 문헌들을[4] 거기에 상응하는 구약의 히브리 예언서들과 비교해 볼

---

1) James B. Pritchard, ed., *ANET*, pp. 365-92; Prichard, ed., ANET Supp., pp. 573-91.
2) Mitchell Dahood, Psalms, 1:xxxii.
3) 이미 pp. 31-38에서 언급한 구약의 시에 대한 논의를 보라. 또한, Peter C. Craigie, *Psalms* 1-50, pp. 48-56.
4) Pritchard, ANET Supp., pp. 623-32.

때, 우리는 역시 같은 결론을 내릴 수 있다. 탁월한 종교의 신앙이 탁월한 종교 문학을 창조한다는 데 대해서는 논란의 여지가 없다. 그러므로 히브리 시는 독보적인 것으로서 특별하게 연구되어야 마땅하다.

히브리 시의 역사는 최소한 모세의 시대까지 거슬러 올라갈 수 있다. 여기에는 믿을 만한 근거들이 있다. 이스라엘 사람들은 홍해에서의 승리를 찬송으로, 즉 미리암과 모세의 노래(출 15:1-18, 21)로 기념하였다. 드보라와 바락이 가나안 왕 야빈을 이겼을 때도 역시 같은 방법으로 이를 축하했다(삿 5). 시간이 흐르면서 히브리인들은 그들의 시들을 수집하기 시작했다. 여호수아가 아모리 족들을 이긴 것을 기념하는 것(수 10:13)과, 다윗이 사울의 죽음에 대해 애도한 것(삼하 1:17-27)을 담은 야살의 책은 하나의 시집이었거나, 아니면 최소한 시적인 자료들을 담고 있는 책이었을 것으로 생각된다. 여호수아서와 사무엘서가 기록된 시기 전까지는 이미 히브리 시 모음집들이 있었다고 보는 것이 타당할 것이다.

그러므로 필자는 역대기 기자가 시편을 다윗에게 연결시킨 전통이 결코 근거 없이 꾸며낸 것은 아니라고 생각한다. 여기에는 최소한 세 가지 근거가 있다. 즉, (1) 다윗의 음악적인 재능,[5] (2) 성전 음악을 정립한 자로서, 그리고 그 감독자로서의 다윗의 역할,[6] (3) 히브리 시편의 저자로서의 다윗의 역할이다.[7] 시편 안에서 뿐만 아니라, 시편 이외의 다윗 왕의 시들에서도 이를 뒷받침할 만한 증거들을 찾을 수 있다. 특히 두 편의 장편시, 즉 사울의 죽음에 대한 주옥같은 애가와(삼하 1:19-27), 그가 모든 원수에게서 벗어나게 된 것을 감사하는 노래(삼하 22:2-51. 시편 18편은 이것과 거의 흡사하다)는 이같은 증거를 더욱 확실하게 한다. 아브넬의 죽음에 대한

---

5) 사무엘상 16:18, 23; 사무엘하 6:5; 느헤미야 12:
6) 역대상 15:6; 16:7; 25:1; 에스라 3:10; 느헤미야 12:24, 46(마지막 경우는 솔로몬도 포함), 36; 아모스 6:5.
7) Nehemiah 12:24, 36, 46

짤막한 애가(삼하 3:33-34)와 그의 길고도 수려한 유언(삼하 23:2-7)도 역시 이를 뒷받침한다. 컬크패트릭은 이렇게 말했다: "[시편 18편에는] 천재적인 창의성이 아주 신선하게 나타나 있다. 이것이 그 저자의 유일한 작품이라고는 결코 말할 수 없다. 만약 이와 같은 시가 다윗에 의해 지어졌다면, 다른 많은 시들도 역시 그가 지었을 가능성이 있다."[8]

우리는 주로 시편을 통해 찬송시들이 이스라엘 안에서 계속 발달되었고, 그 민족의 심장 깊숙한 곳에 지워지지 않을 만한 감명을 남겼다는 사실을 알고 있다. 그러나 구약 성경에는 시편 이외에도 그만한 가치가 있는 찬송시들이 많이 있다. 오경에 있는 예로서는 모세와 미리암의 노래(출 15:1-18, 21)를 들 수 있고, 전 선지서 중에서는 드보라와 바락의 노래(삿 5:2-31)를 꼽을 수 있는데, 이것이 아주 고대로부터 내려온 시라는 것은 대부분의 학자들에 의해 입증되었다. 선지서 중에서도 그러한 노래들을 찾을 수 있는데, 그 중에 몇가지 예로서, 이사야 5:1-7; 23:16; 26:1-7; 27:2-5; 에스겔 19; 호세아 6:1-3; 그리고 하박국 3장을 들 수 있다. 따라서 구약에 나타난 증거들을 통해, 찬송시는 구약시대 전반에 걸쳐 널리 쓰였던 문학 장르였다고 볼 수 있다.

발달 과정. 시편의 많은 저자들과 다양한 연대를 생각할 때, 이것은 분명히 수세기를 걸쳐 이루어진 것임에 틀림없다. 시편이 여러 작품들이 모아져 이루어졌다는 것은 다음과 같은 중복된 시들이 있다는 사실을 통해서도 알 수 있다.

게다가 시편 안에 소단위의 묶음이 있다는 것도 이 책이 수집된 것임을 증거한다. 대체로 제1권은 "다윗의" 시들로 엮어져 있고(1, 2, 10, 33은 제외), 제2권과 제3권에는 "고라 자손"(42-49) 과 "아삽의"(73-83) 시들이 모여 있으며, 제4권과 제5권에는 "다윗의"(138-

---

8) A. F. Kirkpatrick, *The Book of Psalms*, p. xlii.

45) 시들이 실려 있다. 성전에 올라가는 노래(120-34), "호두" 시들 (105-7, 이 시들은 모두 "감사하라"라는 뜻의 히브리 명령어 호두 [hodu]로 시작한다), 그리고 두 군데에 "할렐루야" 시(111-18; 146-50, 이 시들은 시작 부분에 혹은 시작과 끝 부분에 "야훼를 찬양하라", 즉 "할렐루야"라는 히브리 명령어가 들어 있다)가 있으며, 이 모음들 외에 마스길 시 두 그룹(42-45, 52-55)과 믹담 시(56-60)들이 있는데 그 제목들의 의미는 불명확하다.[9]

중복된 시들

53 — 14
70 — 40:13-17
108 — 57:7-11, 그리고 60:5-12

시편이 오랜 기간에 걸쳐 수집되어 왔다는 또 다른 단서는 하나님의 이름에 대한 용례에서 찾을 수 있다. 시편 1-41(제1권)은 주로 야훼라는 명칭을 사용하고, 아주 뜸하게 엘로힘이라는 명칭을 사용한다. 그런가 하면 시편 42-72(제2권)에서는 일반 명칭인 엘로힘이 두드러지게 나타나고, 반면에 시편 90-106(제4권)은 오직 야훼라는 명칭만 사용하고 있다. 시편 73-89(제3권)는 두 부분, 즉 시편 73-83과 시편 84-89로 구분되어 두개의 명칭이 주로 사용되는 빈도가 교차한다.[10] 어떤 학자들은 이같은 사실에 근거하여 작은 규모의 모음집들로 구성된 "엘로히스트 시집"(시 42-83)이 따로 있었을 것이라고 추측한다.[11] 왜 이 시들의 저자들이 야훼라는 명칭보다는 엘로힘이라는 명칭을 선호했는지 그 이유는 아직까지 확실하게 밝혀지지

---

9) 마스길과 믹담의 의미에 대한 논의로는 Derek Kidner, *The Psalms* 1-72, p. 38을 참조하라.
10) S. R. Driver, *An Introduction to the Literature of the Old Testament*, p. 371.
11) 이 모음집들은 다음과 같다: 고라의 시편(42-49), 아삽의 시편(50, 73-83), 그리고 다윗의 시편(51-65, 68-72). S. R. Driver, p. 371을 보라.

않고 있다. 피터 크레이기(Peter C. Craigie)는 "엘로히스트" 모음집이 야훼라는 명칭을 사용하는 데 대해 아주 주저하던 시기에, 성전에서 쓸 목적으로 지었다는 제안을 내놓았다.[12] 그러나 우리가 아는 바로는 히브리 구약 성경이 헬라어로 번역될 때까지는(칠십인경) 아도나이(Lord, Master)가 야훼를 대신하는 명칭이었을 것으로 본다. 왜냐하면, 그 번역자들은 이 이름을 일관되게 같은 뜻을 가진 헬라어 단어로(kurios, "주") 번역하였기 때문이다.

한 명칭이 다른 명칭보다 많이 쓰이는 경우는 중복된 시들에서도 발견된다. 시편 14편은 하나님의 이름을 야훼라고 쓰고 있는데, 반면에 이것과 중복되는 시편 53편(소위 "엘로히스트 시편집"에 있다)은 엘로힘을 사용하고 있다. 그러나 시편 40:13-17과 이것과 중복되는 시편 70편에서는 그만큼 분명하게 나타나지 않는다. 시편 40편은 기대하는 바와 같이 17절에서 엘로힘이 쓰이는 경우만 제외하고, 나머지는 모두 야훼라는 명칭을 썼다. 마찬가지로 시편 70편은 "엘로히스틱" 시편집에서 전형적으로 나타나는 엘로힘을 쓰고 있는데, 2절과 6절에서는 엘로힘과 야훼가(그 순서대로) 둘 다 사용되고 있다.

비록 보다 작은 규모의 모음집들 중 어떤 것들은 따로따로 있는 것도 있지만, 다른 것들은 점차 더 큰 모음집으로 병합된 것 같다. 예를 들면, 마스길 시편인 시편 42-45는 고라 자손의 시편들 안으로, 즉 시편 42-49로 병합되었다.

시편은 최종적으로 다섯 권으로 분류되어 편집되었다. 비록 이 분류가 고대로부터 유래된 것이라고 할 수는 없지만, A.D. 10세기에 편찬된 시편 미드라쉬는 이같은 사실을 입증하면서 이 다섯 권의 분류를 다섯 권의 율법서에 비교했다.[13] 이 다섯 권의 분류는 다음과 같다.

---

12) Peter C. Craigie, *Psalms* 1-50, p. 30.
13) William G. Braude 역, *The Midrash on Psalms*, 1:5.

전통적인 시편 분류

제 일 권	시편 1-41
제 이 권	시편 42-72
제 삼 권	시편 73-89
제 사 권	시편 90-106
제 오 권	시편 107-50

앞의 네 권은 각각 송영으로 끝을 맺는다: 41:13; 72:18-19; 89:52; 106:48. 그러나 처음의 세 송영은 분명히 앞에 오는 시들과 구분되는데, 네번째 것은 그렇지 않다. 그러나 이 송영은 역대상 16:35-36에서 보다시피 고대로부터 이 시의 일부로서 자리잡고 있었던 것으로 보인다. 제 오 권은 일련의 송영들로 마무리된다(시 146-50). 시편 150편은 "대 할렐루야"(Great Hallelujah)로 불리기도 한다. 제2권의 마지막 송영에는 "이새의 아들 다윗의 기도가 필하다"는 말이 첨가되어 있다(72:20).

수집 과정의 연대. 시편이 완성된 연대나 몇몇 모음집들의 최종 편집 시기의 구체적인 연대는 확실치 않다. 그러나 어느 정도의 일반적인 구분은 필요하다. 이 수집 과정은 다윗 시대부터 포로 시대 이후까지 이른다. 시편 90편(모세의 시편으로 알려짐)이 제4권과 제5권의 역사적 구분점으로 여겨지기는 하지만, 그렇다고 해서 알렉산더(Alexander)가 주장하는 것처럼, 시편 90편이 이 책을 두 부분으로(앞 부분은 다윗 시대에 속한 것으로, 뒷 부분은 몇가지 예외적인 경우를 제외하고 다윗 이후 시대의 것으로 속한다고 함) 나누는 중심기둥으로 보는 것은[14] 지나치게 단순하다. 모세스 부텐위저(Moses Buttenwiser)는 이와 달리 좀 더 복합적인 시도로서 시편을 세 단계의 역사적 시대로(포로시대 이전, 포로시대, 그리고 포로시

---

14) J. A. Alexander, *The Psalms*, 1:xiii.

대 이후 시편들) 자신있게 분류했다.[15] 물론 많은 경우에 있어서 부텐위저의 분류와 연대기적인 결론들을 그대로 받아들일 수는 없지만, 시편에 있는 찬송시들의 연대를 추정함에 있어서 이와 같이 세 시대로 분류해 보는 것은 자연스러운 일이다.

구약의 역사에 있어서 시편의 수집과 편집에 주력하는 일이 가능했을 것으로 보이는 시기로는, 다윗, 여호사밧, 히스기야, 그리고 에스라 시대, 이 네 시대가 역사서에서 거론되고 있다. 역대기 기자는 다윗이 레위 지파를 성전의 음악을 위해 봉사하도록 임명했다는 전승을 그대로 기록하고 있다(대상 23:2-6). 다윗의 시편집은 다윗 치세 말, 혹은 그가 죽고 난 직후에 생겨난 것으로 보는 것이 논리적으로 타당하다고 생각한다. 또한 여호사밧의 치세 동안(9세기 초)에 레위인들의 활동이 활발했으며 그들의 문학적인 열정이 뜨거웠었음을 시사하는 기록이 있다. 물론 이 기록은 율법서의 복원에 초점을 맞춘 것이지, 시편 활동에 대한 언급은 아니다(대하 17:7-9). 그로부터 일세기 후, 히스기야는 레위인들의 음악적인 임무를 비롯하여(대하 29:25-30) 성전 예배를 부활시켰다. 히스기야 왕정 시대의 문학에 대한 관심은 잠언 25:1에서도 볼 수 있다. 그러므로 우리는 히스기야의 치세가 끝날 때까지는(대략 B.C. 715-685) 찬송시가 새로운 경지에 이르렀다고 할 수 있을 것이다. 그 후 에스라와 느헤미야 시대는 시편집의 발달 과정 가운데 마지막 단계라고 할 수 있다. 예루살렘 성곽이 봉헌되었을 때, 노래하는 레위인들이 이 행사를 위해 모아졌다. 이 이야기는 레위인들의 음악활동이 그때까지는 제도화되어 있었다는 것을 입증한다. 왜냐하면 "이 노래하는 자들은 자기를 위하여 예루살렘 사방에 동네를 세웠음이라"고 기록되어 있기 때문이다(느 12:27-30, 45-46). 실제로 에스라 시대에 성전의 음악하는 자들이 영예로운 지위에 있게 된 것은, 스룹바벨의 통

---

15) Moses Buttenwieser, *The Psalms, Chronologically Treated with a New Translation*.

치하에 성전이 재건되었을 때(느 12:47)부터 비롯된 것이었다.

어떤 학자들은 시편집의 발달 시기를 마카비 시대(B.C. 2세기)까지 연장하여 생각하지만, 다른 이들은 "마카비" 시편들이 존재한다는데 대해 강한 반론을 제기한다. 부텐위저는 마카비 시대 무렵에는 히브리어가 너무 퇴보되어 있어서, 시편에 나타난 문학적인 우수성을 포용할 수 없었다고 주장한다.[16] 다후드(Dahood)는 라스 샴라의 문서들에 근거해서, 다윗 시대 훨씬 이전의 팔레스타인-시리아 지역에서 시편의 많은 문구들이 유행했다는 것을 입증했다. 또한 그는 B.C. 3세기의 칠십인경 번역자들이 성경의 시에 대한 지식이 없었고, 성경의 상상과 비유에 익숙하지 못함을 드러내고 있다고 주장하고, 성경의 저작과 헬라어 역본 사이에는 큰 시간적인 차이가 있다고 제안했다.[17] 따라서 그는 대부분의 시들이 포로 시대 이전의 작품이라는 입장을 지지한다. 다후드의 이같은 입장은 분명히 지금까지의 증거자료들과 일치하는 것 같다. 물론 그 중에 어떤 시들은 모든 학자들에 의해 포로 시대와 포로시대 이후 초기에 지어진 것이라고 인정되는 것들도 있다(예를 들면, 시 137).

저작권. 때로 시편의 표제에는 히브리어 전치사 라멧(일반적으로 "~의", "~에게", 혹은 "~를 위한"을 의미함)이 접두된 중요 인물들의 이름이 나온다. 어떤 경우에 이것은 저작권을 암시할 수도 있고("~의", 주어적 소유격), 다른 경우에는 "~의 사용을 위해", 즉 "~에게"(~에게 봉헌된)라는 의미일 수도 있으며, 또 다른 경우에는 "~에게 속한"(모음집으로서)이라는 의미를 가질 수도 있다.[18] 73편의 시의 표제에서 전치사 라멧이 접두된 다윗의 이름을 찾을 수 있다. 그 가운데 실제로 다윗이 쓴 것이 몇 편인지 확실히 말할 수는 없지만, 상당수가 그의 작품이라고 믿을 수 있는 타당한 근거

---

16) Ibid., pp. 10-18.
17) Dahood, 1:xxx.
18) Craigie, pp. 34-35.

들이 있다. 무엇보다도 다윗의 음악적인 재능과 활동에 관한 내용이 구약 전반에 걸쳐 나타나 있기 때문에, 시편 저작에 있어서 그의 역할을 결코 부인할 수 없다. 그는 "이스라엘의 노래 잘하는 자"(삼하 23:1), 악기 제조자(암 6:5), 성전 음악을 조직한 자(대상 15:16-24; 16:7, 31; 스 3:10; 느 12:24), 그리고 시편들을 지은 자(삼하 1:19-27; 22:1-51; 23:2-7; 대상 16:8-36)로 일컬어지고 있다. 다윗의 이러한 이미지는 결코 무시될 수 없는 것이다.

다윗의 이름 외에도 다음에 있는 표가 보여주는 바와 같이, 아삽(다윗의 주요 음악가들 중 한 명; 대상 6:39; 15:17), 고라 자손들, 솔로몬, 모세, 헤만, 그리고 에단(왕상 4:30-32)의 이름들이 시편에 기록되어 있다.

시편의 저작과 헌정(獻呈), 그리고 수집

	제1권 시 1-41	제1권 시 1-41	제1권 시 1-41	제1권 시 1-41	제1권 시 1-41	합계
다윗	3-9 11-32 34-41 (37)	54-65 68-70 (18)	86	101 103 (2)	108-10 122, 124* 138, 45 (15)	73
제1권		50	73-83 (11)			12
고라 자손		42 44-49 (7)	84-85 87-88 (4)			11
솔로몬		72			127	2
모세				90		1
에스라인 헤만			88			1
에스라인 에단			89 (두 제목 중 하나)			1

* 쿰란 제11동굴의 시편 두루마리에 보존된 몇 가지 머리말들은 맛소라 본문과 일치한다. 단 Q 두루마리에 있는 123편은 다윗의 것으로 되어 있다.

분류

　모든 시편을 쉽게 수용할 수 있는 분류 체계는 없다. 이것은 시편에 대한 비판이 아니라, 그 수집의 범위를 이해할 수 있는 능력이 부족함을 고백하는 것이다. 그러나 일반적으로 내용에 따라 분류하는 것과 기능에 따라 분류하는 것, 이 두 가지 방법이 사용된다. 첫번째 방법은 오래 전부터 사용되어 왔는데, 양식 비평학이 일어나 이 방법을 시편에 응용하는 경우가 많아지고 있기는 하지만, 그럼에도 불구하고, 내용에 따라 분류하는 방법은 아직까지도 유용한 체계이다. 금세기 말에 드라이버(S. R. Driver)는 시편을 내용에 따라 다음과 같이 일곱 가지 항목으로 분류했다. 이것은 비록 완전하지는 않지만, 어느 면에서 유용하다.

　1. 하나님의 섭리에 관한 여러 측면들에 대한 명상
　2. 하나님께서 이 세상을 윤리적으로 다스리심에 대한 사색
　3. 하나님의 임재하심에 대한 신앙, 의뢰, 기쁨을 표현
　4. 시편 기자의 처지들을 분명히 언급하는 시편
　5. 국가적인 시편
　6. 역사적인 시편
　7. 제왕시[19]

　그 밖의 다른 학자들이 메시아시, 지혜시, 저주시 등과 같은 종류들을 따로 구분하였다. 또 위의 방법들과는 다른 시도로서, 모세스 부텐위저는 시편들을 그 역사적인 순서에 따라 구분하려고 했다. 그는 어떤 시편들은 사사기 시대만큼이나 포로 시대 훨씬 이전 것

---

19) 드라이버는 pp. 368-69에서 다음과 같이 이 유형의 실례들을 들고 있다. (1) 시편 8; 19:1-6; 33; 35; (2) 시편 1; 34; 75; 77; 90; (3) 시편 11; 16; 23; 84; 121; 133; 139; (4) 시편 3-7; 9-10; 12; 30; 40:1-12; (5) 시편 14:44; 46; 60; 74; 79; 87; 124-26; (6) 시편 78; 81; 105; 106; 114; (7) 시편 2; 18; 20; 101; 110.

들이고, 또 마카비 시대 정도로 늦은 것은 없다고 했다.[20]

시편의 또 다른 분류 체계는 역사적인 배경을 탐구하는 것이 아니라, 그 노래의 "유형" 즉 장르(Gattung)를 파악함으로써, 또 그것이 이스라엘 삶의 어떤 상황에서 기원했는가를 거슬러 올라감으로써 거기에 따라 분류하는 것이다. 기본적인 목표는 "삶의 정황"(Sitz im Leben), 즉 특정한 시가 생겨나게 된 상황에 초점을 맞추는 것이다. 예를 들어 많은 양식 비평학자들의 주장에 따르면, 시편 24편은 전쟁이 끝나고 법궤가 성전에 돌아올 때 성전의 문들에서 불려졌다고 한다. 이 방법의 창시자인 헤르만 궁켈(Herman Gunkel)은 역사적인 배경보다도 그 노래가 이스라엘의 삶에서 어떤 기능들을 가졌는가 하는 것이 더 중요한 문제라고 주장했다.[21]

또한 그는 이스라엘의 노래 가운데 상당수가 나중에야 영적 의미를 갖게 되고, 또 이것들이 개인적인 기도로 사용되기는 했지만, 초기에는 종교적인 성소들에 관련되었다고 믿었다. 그는 시편을 그 기능에 따라 다음과 같이 일곱 유형, 혹은 일곱 종류로 구분했다.

1. 찬송시―성일에 성소에서 불려짐
2. 공동체 애가―재난을 당하고 나서 백성들이 부름
3. 개인의 노래―경건한 사람들이 부름
4. 감사의 노래―큰 재난에서 구출된 사람이 부르는 것으로 감사 예물이 동반됨
5. 개인의 애가―육체적인 혹은 감정적인 재난으로 고통당하는 사람의 읊조림
6. 입례송―예배의 처소에 들어가려고 하는 사람들이 부름
7. 제왕시―왕을 높이며 부름

궁켈의 수제자 지그문트 모빙켈(Sigmund Mowinckel)은 그의 스

---

20) Buttenwieser, 여기 저기에 흩어져 있음.
21) 헤르만 궁켈의 사상에 대한 개요로는 *The Psalms: A Form-Critical Introduction*을 보라.

승에 의해 창시되고 적용된 양식 비평을 토대로 하여 "의식적인 특징은 비의식적(non-cultic)인 특징보다 더 신빙성이 있다. 그러므로 어떤 시의 비의식적인 특징이야말로 검증의 대상이 되어야 하는 것이다"라는 결론을 내렸다.[22] 따라서 그는 각 시편을 그것들이 불려진 특별한 의식들과 절기들에 연결시키기 시작했다.

역사적인 접근법, 즉 내용에 따라 시편을 분류하는 방법을 양식비평과 비교하기 위하여, 우리는 시편 24편을 그 예로 들 수 있다. 많은 학자들이 비록 이 노래에 구체적인 언급은 없지만, 다윗이 언약궤를 기럇여아림에서 예루살렘으로 옮겨온 것을 기념하기 위해 지어진 것이었다고 인정한다(삼하 6:12-23). 이것은, 혹은 이와 유사한 경우는, 이 시를 해석함에 있어서 그 배경이 된다. 그러나 "삶의 정황"을 찾는 사람들은 이 시가 이스라엘의 신년 축하 절기를 기념하기 위해 지어진 것으로 본다.[23] 많은 양식 비평 학자들은 마치 바벨론의 신 마르둑이 신년 절기 같은 때에 왕좌에 다시 앉는 것과 마찬가지로 이때에 야훼가 보좌에 다시 앉게 되는데, 그 법궤는 가시적으로 하나님을 대표한다고 본다. 물론 양식 비평 주의자들이 세세한 역사적 사건들을 모르는 바는 아니지만, 그들은 시편이 원래 예전적인 것이었다고 주장한다.

그러나 모든 시편들이 예전적인 기원을 가지고 있는 것은 아니라는 것과, 또 그 중에 많은 것들이 성전의식에서 전혀 사용되지 않았다는 것이 많은 학자들에게 인정받게 되었다. 시편 23편이 아마 그런 부류에 속하는 노래 가운데 하나일 것이다. 모빙켈조차도 이 시의 예전적인 기원을 찾는데 어려움이 있다는 것을 알고 이렇게 인정했다. "그 시가 모든 시대에 헤아릴 수 없는 가치를 부여하는 것은, 그것이 하나님께 대한 신뢰를 순수하게 표현하고 있기 때문이다. 즉 어떤 특정한 역사적 상황들에 제약받지 않고 모든 시대

---

22) Mowinckel, *The Psalms in Israel's Worship*, 1: 22.
23) Ibid., 1: 170. 그리고 여기저기 흩어져 있음.

모든 사람들의 신뢰에 대해 적절하게 표현하고 있다는 것이다."[24] 이것은 모빙켈이 궁켈의 연구의 한계를 어느 정도 벗어났다는 것을 보여준다.

클라우스 베스터만(Claus Westermann)은 궁켈의 연구에 대해 평가하면서, 찬송시가 궁켈의 분류 체계에서 중요한 것이었음에도 불구하고 그는 찬송시가 무엇인지 정의하는데 실패했다고 비판했다. 또한 예전이 찬송시의 삶의 정황(Sitz im Leben)이라는 증거를 궁켈이 충분하게 제시하지 못했다고 지적했다. 베스터만은 찬송시(Hymn)와 감사의 노래(Song of thanksgiving)가 분류상 별 차이가 없다고 주장하고, 이 두 종류 시들을 함께 묶어서 찬양시라고 불렀다.[25] 그는 궁켈의 유형들을 기본적으로 찬양시와 애가시라는 두 종류로 압축했으며, 그 초점을 예전(cult)에서 예배(worship)로 옮겼다. 베스터만은 예배란 하나님과 사람 사이의 상호 교류에 대한 광범위한 역사와 발전을 말하며,[26] 이것이야말로 시편의 진정한 삶의 정황이라고 주장한다. 하나님을 찬양하는 것은 일상적인 일이지, 그것이 꼭 성전과 그 격식들에만 국한되는 것은 아니라는 것이다. "그러므로 이스라엘에서 하나님을 찬양한다는 것은, 다른 범위와 분리되어 하나의 독립된 영역에 있는, 그래서 그 백성과 개인들의 역사와는 무관한 그런 예전적인 행사가 결코 아니다. 오히려 그것은 마치 믿음이라는 개념이 우리에게 그렇듯이, 하나님 앞에서 개인과 백성의 총체적인 삶의 중심에 있었다.[27] 따라서 베스터만은 이스라엘의 일상적인 종교적 삶에서 시편의 기원을 찾아야 한다는 것을 인식했다.

---

24) Ibid., 2: 41.
25) Claus Westermann, *Praise and Lament in the Psalms*, pp. 18, 31.
26) Ibid., p. 21.
27) Ibid., p. 155.

표제

비록 히브리 성경의 서른 네 편의 시에 제목(표제)이 붙어 있지 않지만,[28] 그래도 시편의 삼분의 이 이상이 표제를 가지고 있다. 그런데 칠십인경은 시편 1편과 2편을 제외한 모든 시에 표제를 붙였다. 우리는 히브리어(그리고 영어) 성경에 있는 표제들을 다음과 같이 다섯 가지 범주로 구분할 수 있다.

1. 저자
2. 역사적 기원
3. 문학적 특징
4. 예전적 용례
5. 음악적 부호

써틀(Thirtle)은 그 표제들에 대한 광범위한 연구를 통해, 어떤 것들은 그 표기된 시편에 속하는 것이 아니라 바로 앞에 있는 시편에 속한 것이라는 결론을 내렸다.[29] 특히 그는 하박국 3장에서 그 구조적인 기틀을 잡을 수 있다고 믿고, 이에 대한 그의 결론에 근거하여 한 시편의 서두에 기재된 음악적 부호가 실제로는 그 앞에 있는 시편에 해당된다고 주장했다.

저자. 시편의 저자에 대해서는 이미 앞에서 언급한 바 있지만, 그 외에도 최근에 학계에서 고대의 문화적, 문학적 상황에 대한 연구가 활발해졌고, 이에 따라 어떤 시들은 고대의 것이라고 생각하는 것이 많은 지지를 받게 되었다는 것을 덧붙여 말할 수 있겠다. 예를 들어 다후드는 우가릿 연구를 시편 언어에 적용하였는데, 여기

---

28) 다음 시들은 제목이 없다. 1, 2, 10, 33, 43, 71, 91, 93-97, 104-7, 111-19, 135-37, 146-50.
29) James William Thirtle, *The Titles of the Psalms, Their Nature and Meaning Explained*.

에서 그는 후대의 것으로 여겨졌던 많은 시들의 바탕이 되는 필수적인 문학적 전통이 가나안에 오래 전부터 있었다는 결론을 내렸다. 그는 다윗의 작품이라고 믿는 시들을 열거했다(2, 16, 18, 29, 50, 58, 82, 108, 110).[30]

역사적 기원. 이 범주에 해당하는 열 세 개의 표제들은 모두 다윗의 삶과 체험을 언급하고 있다.[31] 시편을 연구하는 학자들이 반론을 제기하는 경우가 있음에도 불구하고,[32] 이 표제들의 역사성은 아직도 확고하게 인정을 받고 있다. 이것들을 살펴보면 표제와 시편 사이의 유기적인 연관을 찾을 수 있다. 물론 이 표제들이 항상 시편이 지어진 그 순간에 붙여진 것은 아니고, 나중에 그 사건을 회상하면서 붙여졌을 수도 있다.

문학적 특징. 어떤 경우에는 표제의 단어들이 시편의 문학적 특성을 묘사하기도 한다. 여기에는 시, 노래, 마스길, 믹담, 식가욘, 기도, 찬송과 같은 용어들이 포함된다. 이 연구의 목적이 이 말들의 정의를 찾는 데 있는 것은 아니다. 그러나 우리는 이것들이 시편에서 자주 쓰인다는 것을 알고, 더 많은 연구를 해야 한다.[33]

예전적 용례. 시편의 특별한 용례를 언급하는 몇 개의 기록들은 이 책이 오래 전에 완성되었음을 가리키는 것일 수도 있다. 칠십인경이 번역될 당시까지는 몇몇 시들이 특정한 날에 예전적으로 사

---

30) Dahood. 1:xxix-xxx.
31) 다윗과 사울의 갈등, 시편 7, 34, 52, 56, 57, 59, 142; 그의 통치의 전성기, 시편 18; 아람-암몬과의 전쟁, 시편 60; 밧세바와의 간음, 시편 51; 압살롬으로부터 도망, 시편 3, 63. 어떤 이들은 "성전 낙성가", 시편 30편도 포함시킨다.
32) Brevard S. Childs, "Reflections on the Modern Study of the Psalms," Mag*nalia Dei: The Mighty Acts of God*, pp. 377-88. 그는 "이 제목들은 후대의 해석을 대표하며 또 이 시편들이 거룩한 문헌집으로서 어떻게 이해되었는지, 또 이러한 이차적인 설정이 정경의 전통에서 어떤 식으로 규범적인 것이 되었는지에 대한 중요한 고찰을 대표한다"고 제안했다(pp. 383-84). 그는 베스터만에 동의하여 시편의 삶의 정황은 백성들의 일상적인 생활에서 발견되어야 한다고 믿었다.
33) Kirkpatrick, pp. xix-xx; Kidner, 1:37-38을 보라.

용되었다. 칠십인경에는 시편 24편(LXX, 시23)이 주간 첫째 날에, 시편 48편(LXX, 시47)은 둘째 날에, 시편 94편(LXX, 시93)은 넷째 날에, 그리고 시편 93편(LXX, 시92)은 여섯째 날에 사용되었다고 기록되어 있다. 시편이 완성된 후 그 시편들 중의 일부가 매일 예전을 위해서 사용되도록 정해지기까지는 상당한 시간을 필요로 했을 것이다.

마소라 본문에서는 시편 92편에 "안식일의 찬송시"라는 제목이 한 번 언급되어 있다. 간략한 형태로 된 예전적인 기록들도 더러 있는데, 자세하지는 않다. "기념케 하는 시"(시 38, 70), "감사의 시"(시 100), "성전 낙성가"(시 30), "교훈하기 위하여"(시 60), 그리고 성전에 올라가는 노래"(시 120-34). 표준적인 주석들은 이에 대해 잘 설명하고 있다.[34] 그러나 우리는 이 모호한 언급들에서 지나치게 구체적인 것들을 요구하지 않도록 주의해야 한다.

음악적 부호. 어떤 표제들은 난해한 단어들과 어구들로 쓰여 있는데, 이것들은 어떤 음악적인 구성이나 또는 그 시편이 어떤 식으로 불려져야 되는지 그 방법을 제시하기 위한 것이다. "영장으로"라는 문구가 쉰 다섯 편의 시 서두에 표기되어 있는데(하박국의 기도에서는 말미에 있다. 합 3:19),[35] 이것은 이 시편들이 성전의 예배에서 사용되었다는 것을 표시하는 것 같다. 커크 패트릭은 이것이 다윗의 시편과 거의 흡사한 '선창자의 모음집'(The Precentor's Collection)으로 불리는 특별한 모음집이라고 주장했다.[36]

그 의미를 정확히 알 수 없는 셀라는 비록 표제에서 사용된 적은 없지만, 시편 여러 곳에서 일흔 한 번, 하박국에서 세 번 사용되었다. 그러나 그 밖의 다른 구약 성경에서는 찾아볼 수 없다. 이것은 악기의 간주나 회중들의 적절한 화답, 혹은 고대 유대인들의 전통

---

34) 예를 들어, Kirkpatrick, pp. xxvii-xxix; Kidner 1: 32-46.
35) 하박국의 기도에서의 위치에 근거하여 써틀은 이 어구가 사용된 경우는 항상 그 앞의 시에 해당한다고 주장했다. Thirtle, p.13.
36) Kirkpatrick, p. xxi.

대로 "영원히"를 의미할 것이라 생각된다.

그 외에도 자주 쓰이지 않는 기호들이 있는데, 이것들은 지금까지 언급한 주석들에 잘 논의되어 있다.

시편의 해석학적 연구

예비적 고찰

다음의 두 가지 예비적 고찰은 시편을 해석하는 작업에 있어서 기본방향을 제시해 줄 것이다.

역사적 배경. 시편은 이스라엘 백성의 역사적인 요소들을 담고 있다. 그러므로 어떤 시의 진정한 의미를 완전히 이해하기 위해서는 그 역사적인 요소들을 살펴보아야 한다. 역사적인 자료들이 암시되어 있어서 그에 따른 해석이 가능한 경우가 많으므로, 그때에는 시편에 나타난 그 역사적 상황들을 그대로 평가해야 한다. 예를 들어 시편 2편은 국제적인 분쟁의 상황에서 지어진 것이지만, 그 구체적인 역사적 사건이 무엇인가는 분명치 않다. 그러나 그 역사적인 위기가 어떤 것이었든 지간에, 그 사건이 이 시의 방향을 결정하고 있다. 하나님께서는 이러한 상황들을 다스리는 주권이 그에게 있음을 선언하신다.

> 하늘에 계신 자가 웃으심이여
> 주께서 저희를 비웃으시리로다
> 그때에 분을 발하며 진노하사
> 저희를 놀래어 이르시기를

(시 2:4-5)

바로 이 역사적인 상황에서 그 예언적 선언, 즉 주께서 그 나라를 영원히 다스릴 메시아 왕을 세우실 것이라는 선언이 나왔다.

> 내가 영(令)을 전하노라
> 여호와께서 내게 이르시되 너는 내 아들이라
> 오늘날 내가 너를 낳았도다
> 내게 구하라 내가 열방을 유업으로 주리니
> 네 소유가 땅 끝까지 이르리로다
> (시 2:7-8)

그의 백성 이스라엘을 향한 하나님의 계획을 무산시키려고 하는 정치적 혼돈과 외세의 침입은 메시아 예언을 나오게 한 원인이었다. 때로는 시편과 선지서에서 역사적인 위기상황이 닥칠 때 메시아 시대와 메시아에 대한 약속들이 주어졌다는 것이 사실이다(참고 사 7:1-16).

그 외에도 시편 연구와 관련된 역사적 사건들이 있다. 역사적인 사건들과 시대들 외에도, 우리는 종교적이면서도 사회적인 이스라엘의 국가적 제도들에 대한 정보를 발견한다. 우리가 시편을 제대로 해석하기 위해서는 이것들을 결코 무시해서는 안된다. 여러 시편에서 성전이 중심적인 역할을 하고 있는 것은, 이 종교적인 제도가 이스라엘의 삶을 지배하고 있었음을 시사한다. 그러나 성전이 시편의 중심적인 관심사로 자주 등장한다고 해서, 이 책을 단지 예전집이라고 단정할 수는 없다. 왜냐하면 사적인 것과 집단적인 것, 개인적인 것과 예전적인 것, 이것들은 서로 균형을 이루고 있기 때문이다. 그러나 우리는 이 책을 결속시키는 이스라엘의 어떤 제도가 있다면, 그것은 바로 성전이라는 사실을 인정해야 한다.

그러므로 시편은 우리들로 하여금 고대 히브리인들의 삶과 예배를 접하게 한다. 어느 정도 과장일 수도 있겠지만, 우리는 시편을 보통 역사적인 책에서 볼 수 없는 우리의 삶과 세태에 대한 세부적인 사항을 담고 있는 우리 시대의 대중적인 문학에 비교할 수 있을 것이다. 비록 시편이 역사적인 윤곽을 나타내고 있지는 않지만, 이 것은 이스라엘의 역사라는 뼈대에 살과 영을 더하는 것이므로 이스 라엘 역사를 이해하기 위해서는 없어서는 안될 요소이다.

종교적 의의. 시편은 부분적으로 이스라엘의 신앙의 역사를 재구 성할 수 있는 자료들을 공급한다. 이것은 이스라엘의 영적인 업무 일지와도 같다. 여기에는 주께서 자신을 이스라엘에게 계시하시는 통로가 되는 중요한 역사적 사건들, 이 계시에서 오는 유익을 받아 들이고 또 그에 대한 책임을 수행하려는 각 영혼들의 개인적인 갈 등들, 그리고 그 신앙에 대한 종말론적인 결말들이 담겨 있다. 그러 므로 시편을 해석하고자 하는 자는 먼저 "역사적인 상황은 어떤 것 인가?"와 "만약에 역사적인 사건이 있었다면 어떤 사건을 기념하는 것이고, 또 그 종교적인 의미가 무엇인가?"라는 질문을 가져야 할 것이다.

해석 과정의 원리

위의 고찰들 외에 우리는 구체적인 해석상의 질문들을 던질 필 요가 있다. 물론 완전한 목록은 불가능하겠지만, 다음에 있는 것들 이 유용할 것이다.

개인적/집단적 관점. 시편을 해석함에 있어서 결정적인 요소는 누가 말하고 있는가, 즉 개인인가 아니면 신앙 공동체인가를 구분 하는 것이다. 시편 27편에서 화자(話者)는 개인이지만, 반면에 시편 44편에서는 회중이 말한다. 두 기도 모두 화자가 원수들의 손에서 곤경에 처해 있음을 나타내고 있다. 물론 전체 공동체를 지칭하는 "집단적 1인칭"이 있을 수도 있다. 그러나 이것은 규칙이라기 보다는 예외인 것처럼 보인다.[37] 시편은 대다수가 개인적인 것이다.

역사적 상황들. 불행하게도 시편의 배경이 되는 역사적인 문제들은 해석의 과정에서 너무나도 자주 무시된다. 어떤 시편들은 표제에 특정한 자료를 담고 있다.[38] 비록 어떤 학자들이 이것들은 피상적이라고 보지만, 대부분의 경우에 역사적 사건과 시편 간의 관계성을 쉽사리 찾을 수 있다.

그러나 믿을 만한 자료들은 대부분 내적인 것으로, 그 시편 자체에서 수집되어야 한다. 이것은 해석자의 작업을 어렵고 힘들게 만든다. 보통의 경우 일반적인 상황들이 발견될 수는 있지만(전쟁, 패배, 승리, 개인적인 굴욕 등), 추측하는 것 이외에는 다른 방법이 없을 경우도 종종 있다. 그러나 구체적인 내용이 나타나지 않는다고 해서 시편 해석이 불가능해지는 것은 아니다.

감정의 인식. 시편의 감정은 찬양과 애가 사이에 있다. 물론 경우에 따라 이 두 요소를 다 가지고 있는 시들도 있지만, 어떤 시를 제대로 해석하려면, 먼저 그 시의 분위기를 결정해야 한다. 즉, 시의 감정을 인식하는 것은 총체적인 해석 작업을 위한 하나의 해석적인 구성 요소라 할 수 있다.

예전적 용례. 모빙켈의 양식 비평적 입장에 의하면,[39] 시편 전체가 그런 것은 아니지만 그 대부분이 예전적이라고 한다. 즉, 시편이 성전 예배를 위한 목적으로 지어졌다는 것이다. 우리는 이와 같은 주장을 액면 그대로 받아들일 수는 없지만, 많은 시들이 성전 의식에서 제 자리를 찾고 있다는 것, 또 어떤 것들은 아마도 특별히 성전 의식을 위해 지어졌을 수도 있다는 것은 의심할 수 없다. 많은 예들이 있겠지만 예전적으로 쓰여진 실례로는 시편 118, 129, 그리

---

37) 궁켈은 집단적 "I"(나)가 자주 쓰이지는 않는다고 주장한다. Gunkel, p. 15.
38) 시편 3, 7, 18, 30, 34, 51, 52, 54, 56, 57, 59, 60, 63, 142.
39) Mowinckel, 1:22와 여기저기에 흩어져 있음.

고 136편을 들 수 있다. 시편이 완성되고 난 후, 그 중에 어떤 시들은 특정한 절기에 정기적으로 사용되게 되었다.

　어떤 시의 예전적인 기능을 조사하는 것은 그 시를 완전히 이해하는데 도움이 될 것이다. 예를 들어 시편 30편은 다윗의 시로서, "성전 낙성가"로 사용되었다. 물론 여기에서 성전이 어느 성전을 말하는지, 혹은 어느 "집"(히브리어 원문에는 "그 집")을 말하는지 알 수는 없다. 그런데 이 시에는 기쁨과 슬픔 뿐만 아니라, 이스라엘의 승리와 패배도 함께 있어서, 주의 권능과 그의 백성을 향한 그의 은혜를 강조한다. 이날은 그 시편 저자의 위치 뿐만 아니라, 이스라엘 전체의 위치를 확고하게 다지는 날이었다.

　신약의 사용. 시편 해석에 도움이 되는 주요 자료 가운데 하나는, 그것들이 신약에서 어떤 식으로 사용되었는가를 보는 것이다. 우리는 신약의 해석적 차원을 진지하게 받아들일 필요가 있다. 예를 들어, 신약 성경이 한 시편을 메시아적으로 본다면, 우리는 의심 없이 이 방법의 정당성을 인정할 수 있을 것이다. 비록 그 시편의 저자가 자신의 말들에는 장차 드러날 더 큰 의미가 내포되어 있다는 것을 알지 못했다 하더라도, 성령께서 신약의 대변자들을 통해 그 말씀이 가진 더 깊은 차원의 의미(sensus plenior)를 드러내셨다. 시편이 신약에서 인용되었다는 것은, 신약의 해석자들이 육적인 것들을 영적인 것들로, 역사적인 것들을 종말론 적인 것들로 끌어올렸음을 시사한다.

시편의 신학적 내용

이스라엘의 신앙의 보고(寶庫)

교회는 일세기부터 계속해서 신앙과 온전한 삶의 품행에 대한 표현들을 정형화하는데 힘써 왔다. 그 결과 19세기 동안의 교회사는 크고 작은 신앙고백들과 신조들을 만들어 냈다. 이것들은 때때로 본 줄기로 흘러 들어가는 여러 지류(支流)들을 대표하는가 하면, 때때로 본 줄기가 된 특정한 큰 지류를 대표하기도 했다.

어떤 학자들은 이스라엘의 신앙이 근본적으로 신조의 성격을 띠고 있다고 한다. 즉 이스라엘은 그 신앙을 집단적으로 고백하므로, 그 결과 신조는 역사적인 사건에서 구현되고, 역사는 신조를 중심으로 구성된다는 것이다. 그러나 이 가설을 뒷받침할 만한 증거가 충분치 않다. 만약 이스라엘의 신앙이 기독교에서 사용하는 의미와 같은 식의 신조적인 성격을 띠고 있다면 그것은 오직 그 신조의 내용이 이미 시내산 언약에서 제시되었기 때문일 것이다. 이스라엘은 여기에 충성를 다할 것을 서약하도록 요구되었고, 그래서 그들은 그 용어들로 하나님에 대한 신앙고백을 만들었다. 그러나 교회에서는 정형화된 신학적 표현이 필수적이고 또 만들어서 유익하기는 하지만, 구약에는 그런 식으로 정형화된 신학적 표현이 없다.

시편을 이러한 공동체적 표현이라고 단정하기는 어렵다. 왜냐하면 시편에는 개인적인 것이 우세하기 때문이다. 이것은 마치 일종의 단체 기금과 같이 많은 사람들이 기부해 두었다가 개인과 단체가 다 함께 인출해서 쓸 수 있는 그런 것에 비유할 수 있겠다. 비록 시편에 개인적 성향이 두드러진다는 것이 구약에서 개인이 중요시 여겨진다는 것을 입증하기는 하지만, 그럼에도 불구하고 이 책에서 개인적 신앙에 대한 것만큼이나 공동체 신앙에 대한 사상을 충분히 추론해 낼 수 있다.

다양성. 우리는 시편에서 여러 가지 면의 다양성을 발견할 수 있다. 무엇보다도 앞에서 언급한 바와 같이 저자들이 다양하다. 그러한 다양성을 한 모음집 안에 수용한 편집자(들)의 문학적인 용기가 가상하다. 왕들, 제사장들, 선지자들, 그리고 평민들 모두에게 똑같이 하나님과 이스라엘에게 말할 기회가 주어졌다. 일반적으로 무명의 시들을 어느 유명인의 것으로 돌리려고 한 시도가 분명히 나타낸 예는 지금까지 거의 없었다(칠십인경을 제외하고). 시편은 "각 사람"의 음성을 대변한다. 시편은 우리에게 이스라엘 사회의 대변자들의 단면을 보여준다. 이것은 곧 다양한 분위기와 여러 가지 삶의 정황들, 또 여러 시각들을 제공한다. 그러나 우리는 여기에서 고대 사회의 다원주의에 대해서 말하는 것이 아니다. 하나님과 이스라엘 사이의 계약은 이러한 다양성을 지배하는 요소이다. 시편은 이런 계약의 관계에서 삶과 신앙에 접근한다. 이와 같이 모든 것을 지배하는 요소가 있기 때문에 우리는 여기에서 표현상의 일치를 기대할 수 있는 것이다.

통일성. 이같은 표현상의 일치는 우리를 시편의 통일성, 즉 두번째 문제로 인도한다. 이것은 위에서 논의한 다양성으로 말미암아 풍성해지고, 이스라엘 신앙의 계약적 요소로 말미암아 한 데 묶어지는 통일성을 말한다. 여기에는 두 가지 요소가 있다. 시편은 한편으로 이스라엘의 계약의 주(主)에 대한 신앙의 통일성을, 다른 한편으로는 계약적 책임에 대한 신앙의 통일성을 드러낸다. 시편에서 비신앙적인 것은 전혀 없다.

"어리석은 자는 그 마음에 이르기를, '하나님이 없다' 하도다" (시 14:1; 53:1). 그러나 믿음을 가지고 있어도 하나님의 수수께끼 같은 방법들에 대해 묻고 따질 여지가 충분히 있다(시 22:1-2). 또한 이 책의 서두에 계약적 책임이 분명하게 언급되어 있다.

> 복있는 사람은 악인의 꾀를 좇지 아니하며
> 죄인의 길에 서지 아니하며
> 오만한 자의 자리에 앉지 아니하고
> 오직 여호와의 율법을 즐거워하여
> 그 율법을 주야로 묵상하는 자로다.
> (시 1:1-2)

이와 같이 시편의 다양성과 통일성 사이에는 분명한 경계선이 현저하게 그려져 있지만, 이 둘은 어떻게 상호 보완하면서 서로 풍성하게 만드는지를 보여주는 탁월한 실례를 보여주고 있다. 이 책은 단지 이스라엘의 신앙에 대한 문서가 아닌 그 이상의 것, 즉 그 영혼의 보고인 것이다.

하나님을 찬양함

클라우스 베스터만(Claus Westermann)은 고대 이스라엘에서 어떤 사람이 무엇인가 아름다운 것을 보게 되었을 때 그 전형적인 반응은 명상이나 판단이 아닌 찬양, 곧 "말로써 그것 자체를 표현하며 즐거워한다"는 것을 간파했다.[40] 히브리어에는 찬양에 대한 어휘가 풍부하다.[41] 그러나 찬양에 대한 어휘는 단지 찬양의 묘사가

---

40) Claus Westermann, *Creation*, p. 64.
41) 찬양을 뜻하는 동사들은 다음과 같다. 베렉("복있는"이라는 용어가 바로 여기에서 나왔다. 이 단어는 "무릎"을 뜻하는 베렉이라는 명사에서 파생된 것 같다. 그래서 이것은 무릎을 꿇거나 엎드리는 동작을 연상케 한다); 힐렐("할렐루야"가 여기에서 파생되었는데, 이 동사의 명령법과 야훼, 즉 주(主)라는 명칭의 축약형인 야가 결합된 것으로 그 완전한 의미는 "주를 [너희가, 복수] 찬양하라"이다); 호다(이것은 아마도 손을 뻗는 동작에서 유래된 것으로 보이며 [기본 동사형은 "손"을 뜻하는 명사에서 유래된 것 같다], 그 의미는 "고백하다"이다); 쉬바는 "기리다" 혹은 "찬미하다"를 의미한다; 그리고 짐메르(악기를 가지고 "찬양하다"혹은 "노래로 찬양하다"는 의미)가 있다.

담겨 있는 틀이나 구조에 불과한 것이다. 시편에 찬양에 대한 특별한 어휘들이 가득하기는 하지만(예를 들어, "주를 찬양하라"), 여기에는 또한 주가 어떤 분이신지, 또 그가 하신 일이 무엇인지에 대해 묘사하고 있는 내용도 많다. 찬양의 어휘와 묘사적인 내용은 보완관계에 있다.

예를 들어, 시편 103편에서 다윗은 찬양의 어휘들로 그치지 않고, 야훼께서 계속하시는 일들에 대한 묘사를 보완하였다.

> 내 영혼아 여호와를 송축하라 내 속에 있는 것들아 다 그 성호를 송축하라 내 영혼아 여호와를 송축하며 그 모든 은택을 잊지 말지어다 저가 네 모든 죄악을 사하시며 네 모든 병을 고치시며 네 생명을 파멸에서 구속하시고 인자와 긍휼로 관을 씌우시며(시 103:1-4)

사실 찬양의 언어가 시작과(1-2절) 끝 부분에(20-22절) 주도적인 역할을 하고 있는데, 이 찬송의 본론은 주께서 무슨 일을 하셨고, 또 그가 어떤 분이신지에 대한 말로 야훼를 묘사하고 있다. 찬양하는 사람이 찬양의 어휘에 내용을 보완해야 할 경우도 있다. 우리는 찬양에 대한 특별한 용어들을 사용하지 않고서도 하나님을 찬양할 수는 있다. 그러나 반대로 찬양의 그 용어들을 그의 존재와 역사하심에 연결시키지 않는다면, 그 용어들의 참 뜻이 오래 갈 수가 없다. 사실 형식은 내용에 의해서 유효하게 된다. 이것은 예전과 복음의 관계와도 같다. 예전은 복음에 의해 정당화된다. 그러나 복음이 예전에 의해 정당화되는 것은 아니다.

그런데 일반 독자가 시편을 읽어봐도 거기에 다 찬양만 있는 것이 아니다. 시편의 감정적인 성향은 찬양과 애가 사이를 교차하는데, 그 특성상 찬양의 성향이 더 강하다. 사실 예배자는 찬양에서 그 삶의 가치와 의미를 찾지, 애가에서 찾지는 않는다. 그러나 아무라도 애가 쪽을 더 좋아한다고 해서 무시할 이유는 없다. 회개의 시들이 우리에게 보여주듯이(특히 시 51편),[42] 전능하신 하나님 앞에서 일어나는 자기 인식은, 우리로 하여금 애가의 원인을 기쁨의 사건으로 바꾸실 수 있는 바로 그분에게로 향하게 한다. 그래서 애가가 자주 찬양 가운데 불쑥 나오는가 하면, 찬양 곳곳에 애가가 산재해 있는 경우가 많다.

우리는 이것을 염두에 두고 궁켈(Gunkel)이 공동체 애가(예를 들어, 시 44)와 개인의 애가(예를 들어, 시 22; 회개의 시도 넓은 의미에서 개인의 애가로 분류된다)를 구분한 것을 볼 수 있다. 전자에 해당하는 시편들은 12, 36, 44, 60(회중에 의해 사용되었던 다윗 개인의 애가), 74, 79, 80, 83, 90, 그리고 137편이다. 개인의 애가는 더 많이 있는데, 시편 3-7, 13, 17, 22, 25-28, 35, 38-40, 42-43, 51, 54-57, 59, 61, 63-64, 69-71, 86, 88, 102, 109, 120, 130, 그리고 140-43편이 여기에 해당한다.[43] 애가는 국가적인 혹은 개인적인 원수, 즉 전쟁, 기근, 개인의 질병, 그리고 압제와 같은 것들로 말미암아 지어진 것이다.

그러나 지금까지 고찰한 바와 같이 어떤 시들은 찬양이나 애가에 딱 들어맞지 않는 것도 있다. 시편 6, 13, 22, 28, 30, 31, 41, 54, 55, 56, 61, 63, 64, 69, 71, 86, 94, 102, 그리고 130편이 여기에 해당한다.[44] 그러므로 우리는 찬양과 애가를 시편의 양극이라고 말하는 것이 타당하다. 어느 하나를 바르게 관찰하지 못하면 다른 하나의 가치도 완전히 파악할 수 없게 된다.

베스터만은 찬양의 특성을 다음과 같이 잘 묘사하고 있다.

> 찬양은 다른 인격체를 높이는 것이다. 그것은 다른 존재를 주목하는 것, 즉 찬양 받는 그분에게 주의를 돌리는 것이다. 또한 그것은 연합적인 것, 즉 다른 사람들의 참여를 촉구하는 것이다.[45]

---

42) 초대 교회가 구분한 회개시들로는 시편 6, 32, 38, 51, 102, 130, 143편이다.
43) 이것은 크리스토프 바르트의 목록이다. Christoph Barth, *Introduction to the Psalms*, p. 15.
44) Ibid., p. 17.
45) Westermann, *The Praise of God in the Psalms*, pp. 27-28.

루이스(C. S. Lewis)는 찬양은 즐거움을 완성한다고 말했다.[46] 그것은 우리 자신만으로는 불완전하다는 것, 즉 우리는 격려되어 살 수 없다는 것, 개인과 이웃은 인간 존재에 대한 용어로써 상호보완적이라는 것, 그리고 그들은 다 같이 하나님 안에서 그들의 성취를 찾는다는 것을 상기시켜 준다.

찬양의 동기는 항상 하나님을 아는 지식에서 비롯된다. 만약 그것이 아니라면, 그것은 곧 찬양의 끝을 의미한다. 시편 104편을 보면 이 창조된 세계가 예배자로 하여금 찬양하게 만든다. 그러나 이것은 창조에 대한 찬양이 아니라 창조주에 대한 찬양이다. 현상적인 세상은 단지 그 에 대한 근거를 제공할 뿐이다. 시편 8:1에서 시인은 하나님에 대한 지식으로 그의 시를 시작한다.

> 여호와 우리 주여
> 주의 이름이 온 땅에 어찌 그리 아름다운지요!

그리고 나서 흥미롭게도 그는 창조주에서 창조 세계로 넘어간다.

> 주의 손가락으로 만드신 주의 하늘과
> 주의 베풀어 두신 달과 별들을 내가 보오니
> 사람이 무엇이관대 주께서 저를 생각하시며
> 인자가 무엇이관대 주께서 저를 권고하시나이까
> (시 8:3-4)

단지 창조 사건만이 찬양의 동기가 되는 것은 아니고, 역사 가운데 나타난 하나님의 위대한 구원 사역도 시편에서 즐거움을 표현하게 하는 동기가 된다(예, 시 78편). 또한 시편의 많은 찬송시들에서 율법도 역시 시편 기자들의 찬송을 불러일으킨다(예, 시 119편).

시편의 찬양은 분명히 인간과 이 세상은 무시하고 단지 하나님에 대해서만 사색하는 그런 신비주의가 아니라는 사실은 참으로 주

---

46) C. S. Lewis, *Reflections of the Psalms*, p. 95.

목할 만하다. 오히려 시편은 창조주와 창조 세계를 적절한 관계 속에서 보려고 한다. 웨스트민스터 신앙고백은 다음과 같은 질문과 대답으로서 이런 시각의 필요성을 잘 관찰했다. "사람의 제일 되는 목적이 무엇인가?" "사람의 제일 되는 목적은 하나님을 영화롭게 하고, 그를 영원토록 즐거워하는 것이다."[47] 영화롭게 하는 것과 즐거워 하는 것은 서로 연결되어 있다. 시편기자들은 일반적으로 이 진리를 깨닫고 있었다. 인간의 성취는 오직 하나님과의 관계에서만 얻어질 수 있다.

> 내 영혼아 네가 어찌하여 낙망하며
> 어찌하여 내 속에서 불안하여 하는고
> 너는 하나님을 바라라 나는 내 얼굴을 도우시는
> 내 하나님을 오히려 찬송하리로다.[48]
>
> (시 42:11)

그런데 찬양이 하나님께 이르는 진정한 성취와 자기 인식에 이르는 과정이기도 하지만, 이것은 동시에 그 과정의 목적이기도 하다. 다윗은 주의 집에 영원히 거할 것을 기대하는 것이 가장 소중함을 알았고, 보편적인 그리고 영원한 찬양을 선포했다.

> 내 입이 여호와의 영예를 말하며 모든 육체가 그의 성호를 영영히 송축할지로다 (시 145:21)

하나님에 대한 묘사

시편이 이스라엘의 삶의 다양한 문화적, 종교적 측면들을 융합시켰다는 것은 이미 앞에서 고찰한 바 있다. 하나님에 대한 묘사도

---

47) *The Westminster Shorter Catechism*, Question 1, Answer 1.
48) 이 후렴구가 반복됨을 살펴 보라(42:5-6a,11; 43:5).

이와 마찬가지로 다양하여, 하나님을 어떤 때는 초월적이고, 또 어떤 때는 내재적으로 묘사한다. 때로 노골적인 묘사는 하나님을 평가 절하하는 인상을 주거나, 사람들의 잘못된 이해를 불러올지도 모른다(예를 들면, 시 78:65-66). 그러나 시편의 의인법적인 경향은 초월성과 균형을 이루며, 또 하나님께서 사람을 가까이 하신다는 것을 우리에게 계속 상기시켜 준다.

하나님에 대한 묘사는 인간이 하나님께서 자신의 신성에 대해 스스로 계시하시는 정도 이상을 이해할 수 없다는 것을 보여준다. 이것은 현대인들이 하나님께 대해 가지고 있는 문제점들 중의 하나이다. 왜냐하면 과학적인 분석으로는 하나님을 알 수 없기 때문이다. 시편은 그런 하나님을 보여준다. 그러나 하나님께서 그의 모든 천상의 영광으로 나타나시고, 반대로 인간은 먼지나 다름없이 보이는 바로 그 순간에도, 그 영광과 초월성은 내재(內在)라는 용어들로 바뀌어 표현된다. 인간에게 파급되는 효과는 그 자신의 이미지, 즉 그 위대한 하나님으로 말미암아 창조되었고, 그의 돌보심을 받으며, 또한 이 세상을 다스리는 전권을 위임받은(시 8:3-8) 그러한 피조물로서의 이미지를 개선하는 것이다. 그러므로 시편은 치료의 효과가 있다. 이것을 진지하게 읽고 그 내용대로 기도하는 사람들은 자신들을 비하하거나 혹은 하나님을 비하할 수 없다. 하나님에 대한 시각은 곧 자신에 대한 시각을 결정짓는다.

이 두 가지 속성들, 곧 초월성과 내재성을 염두에 두는 것이 유익할 것이다. 또 이 두 속성을 중심으로 하나님에 대한 묘사가 가능하다. 초월적인 하나님으로서 그는 이 세상의 창조주이시다. 이 초월성은 인간이 도달할 수 없는 곳에 하나님을 계시게 한다. 시편은 창조주와 창조 세계를 동일시하는 범신론과 야합하지 않는다. 하나님은 일상의 삶에서 친근하게 역사하시는 그 순간에도 사실은 언제나 이 세상과 구분되신다. 창조주로서 하나님은 그의 창조세계를 교묘히 다루시며, 그것들을 당신의 뜻대로 움직이신다.

구름으로 자기 수레를 삼으시고
바람 날개로 다니시며
바람으로 자기 사자를 삼으시며
바람으로 자기 사역자를 삼으시며
(시 104:3b-4)

더구나 이 창조된 세계의 진행 과정(이것을 우리는 역사라고 부른다)은 하나님이 없이 제대로 그 기능을 발휘할 수가 없다. 그는 인간과 신들을 다스리신다(97:6-9). 역사의 수수께끼가 역사 연구가들을 당황시킬 때에도, 하나님께서는 그 스스로의 인격 안에서 그것을 풀어 주신다. 물론 그 인격은 어떤 면에서 여전히 놀라운 수수께끼로 남아 있다.

다른 나라의 신들과는 달리 이스라엘의 하나님은 우주를 창조하셨고, 그것을 다스리시며, 거기에서 자신을 계시하신다. 그의 일반 계시에는 차별이 없다.

하늘이 그 의를 선포하니
모든 백성이 그 영광을 보았도다
(시 97:6)

하늘이 하나님의 영광을 선포하고
언어가 없고
들리는 소리도 없으나
그 소리가 온 땅에 통하고
그 말씀이 세계 끝까지 이르도다
(19:1a, 3-4)

그러나 그의 특별 계시에는 차별이 있다.

여호와께서 증거를 야곱에게 세우시며 법도를 이스라엘에게 정하시고 우리 열조에게 명하사 저희 자손에게 알게 하라 하셨으니 (78:5)

그렇지만 그 차별은 궁극적으로 이방 나라들도 이스라엘 하나님을 알 수 있게 되리라는 선한 목적을 가지고 있다.

> 하나님이 열방을 치리하시며
> 하나님이 그 거룩한 보좌에 앉으셨도다
> 열방의 방백들이 모임이여
> 아브라함의 하나님의 백성이 되도다
> 세상의 모든 방패는 여호와의 것임이여
> 저는 지존하시도다
> (47:8-9)

그러므로 그는 우주의 주요, 또 우주의 구세주가 되실 의도를 가지고 계신다. 이스라엘은 그 의도를 나타내는 하나님의 가시적인 표현이다.

비록 주의 위대하심과 초월성이 시편에 현저하게 나타나고 있지만, 그렇다고 해서 하나님의 내재성과 낮아지심이 그만큼 두드러지지 못하는 것은 아니다. 후자는 다음과 같이 분명한 두 가지 방법으로 묘사되어 있다. 즉, 이스라엘의 공동체 안에서 그들을 주관하시는 주로, 그리고 개인적으로 각 사람들의 삶에 직접 관여하시고 도우시는 하나님으로 나타나 있는 것이다. 몇편의 시들은 그를 창조주로 묘사하는 동시에 스스로 낮아지셔서 이스라엘 안에서 역사하시는 보존자로 묘사함으로써 그의 초월적 속성과 내재적 속성을 병행시켰다(예를 들어, 시 99:1-5; 6:7; 136:1-9; 10-25). 이로써 주께서 이스라엘의 역사의 원동력이라는 사실은 명백해졌다.

두번째 방법 역시 첫번째 방법 못지 않게 중요한데, 시편은 그의 내재성을 이해하기 쉬운 용어들로 바꾸어 표현하였다. 이를 위해서 시편은 하나님의 상호 인격적인 계획과 그에게 간구하는 각 사람들을 도우시는 그의 행사를 연결시켰다. 다윗은 하나님이 그 부모보다 낫다는 것을 발견했다(27:10). 이미 살펴본 바와 같이 시편은 주로 개인적인 성향이 짙고, 시편의 상상력은 하나님을 이 세상에 개인적으로 관련하시는 분으로 묘사한다. 그는 일상적인 생활의 언어들로 묘사되어 있다. 그는 그의 양들을 돌보는 목자요(23:1; 80:1), 목마를 때의 물이요(42:1-2; 63:1-2), 그 새끼들을 날개 아래 보호하는 새이고(91:1, 4), 공의를 선포하는 재판자이며(50:4, 6), 전쟁터에서는 용사의 방패요(18:2), 원수가 침입했을 때는 요새요(27:1), 그리고 이스라엘과 그 땅의 왕이시다(98:6). 그는 여러 상황들 속에서 그 복잡한 문제들을 해결하시고, 그 염려들을 퇴치하시는 분으로 묘사되어 있다. 시편의 하나님은 항상 거기 계신다. 비록 그가 멀리 계신 것처럼 보일 때에도 그는 항상 가까이 계신다.

인간의 묘사

시편이 하나님을 그림처럼 생생하게 묘사하는 것과 마찬가지로 역시 인간에 대해서도 마찬가지로 생생하게 묘사하고 있다. 때때로 이것은 간결하고 솔직한 질문으로 되어 있다.

> 사람이 무엇이관대 주께서 저를 생각하시며
> 인자가 무엇이관대 주께서 저를 권고하시나이까
> (8:4)

> 여호와여 사람이 무엇이관대 주께서 저를 알아주시며
> 인생이 무엇이관대 저를 생각하시나이까
> (144:3)

첫번째 질문은 하나님의 놀라운 창조의 빛에 비추어져 있고, 두번째 질문은 인생의 덧없음에 나타나 있다. 인간 존재의 덧없음, 무상함은 "바위"(144:1)로 비유되는 하나님의 변함없으심과 대조된다. 하나님의 존재의 당위성을 부인하는 것은 인간 자신의 본질을 부인하는 것이나 마찬가지이다. 우리는 하나님을 부인하면서 사람을 인정할 수 없다. 왜냐하면 하나님께서 사람을 존재하게 하셨고, 그에게 목적을 부여하셨기 때문이다. 인간이 하나님을 유효하게 하는 것은 아니다. 그러나 인간의 창조는 곧 하나님께서 인간을 높이 인정한다는 것을 보여준다. "나를 위하여 세상이 창조되었다"는 랍비의 진술은 성경에 근거한 것이다.

> 하늘은 여호와의 하늘이라도
> 땅은 인생에게 주셨도다
> (115:16)

그러므로 인간은 단지 이 세상에 우연히 생긴 것이 아니라, 하나님의 우주적인 섭리 안에 중심적인 존재로 지어졌다.

또한 시편은 인간을 죄로 타락한 존재로 본다. 시편에 나타나 있는 인간의 초상은 현실적이다. 비록 인간의 죄의 기원에 대해서는 자세하게 설명하려고 하지는 않았지만, 인간은 죄가 많다는 것이 시편의 최종적인 결론이요, 기본적인 전제이다. 구약의 현실주의 사상은 인간의 죄를 그럴듯하게 감추는 것을 용납하지 않는다. 오히려 시편은 인간을 그 모습 그대로 보여주며, 비록 그의 죄가 그를 삼키려 할지라도 하나님 안에서 구원을 찾을 수 있을 것이라는 희망을 불어넣는다.

인간이 처해 있는 현실에 대한 유일한 해결책은 하나님께로 다시 돌아서는 것이다. 하나님의 용서는 언제든지 창조주에게, 그리고 구속자에게 돌아서는 사람들에게 유효하다. 시편 기자들은 절대적인 소망이요, 유일한 구원의 근원이신 하나님을 향하여 그들의 손을 뻗는다.

> 하늘에서는 주 외에 누가 내게 있으리요
> 땅에서는 주밖에 나의 사모할 자 없나이다
> (73:25)

창조와 구속

우리는 앞에서 하나님과 사람의 양극성이 시편의 전형적인 특징임을 고찰하였다. 그러나 그 양극성은 하나님 자신의 구원의 행위에 의해 해결된다. 다시 말해서, 이 양극성은 창조와 구원이라는 두 교리의 교차에 의해 해결된다. 신약의 저자들이 명시한 바와 같이,[49] 이 세상의 창조주께서 그의 창조 계획과 구속 계획을, 날줄과 씨줄을 교차하면서 베를 짜듯이, 그렇게 치밀하게 세워 놓으셨다는 것이 얼마나 놀라운 일인가! 창조는 구속의 전제 그 이상이다. 하나님께서는 구속을 통해 창조를 완성하셨다. 비록 시편에 이같은 입장이 그렇게 분명하게 나타난 것은 아니지만, 이 두 교리는 상호의존적이다.

물론 고대 이스라엘의 주변 나라들에도 창조 설화들이 있기는 하지만, 지금까지 관찰해온 결과 창조 설화가 발견된 그 어느 종교에서도 창조 자체가 중심 교리인 경우는 없었다.[50] 이 관찰은 히브리 신앙을 독자적인 영역에 두게 한다. 창조 교리는 시편의 기본이다. 심지어 그것이 분명히 언급되지 않은 경우라 하더라도 시편은 창조를 전제로 하고 있다.

비록 그 두 개념의 신학적인 순서는 창조-구속이지만, 문학적인 순서는 그렇지 않을 수도 있다. 시편 74편에서와 같이 하나님의 구속의 행위가 그 중심 주제가 되고(12-15절) 창조에 대한 주제가 그 뒤를 따르는 경우에도(16-17절), 하나님의 과거의 구원 행위에 대한 시편 기자의 신앙과(12-15절) 미래의 구원행위에 대한 그의 간구는 분명히 하나님의 창조적인 능력과 행사에 근거하고 있는 것이다.

---

49) 요한복음 1:1-18; 로마서 11:36; 고린도전서 8:6; 고린도후서 4:6; 히브리서 1:1-3; 베드로전서 1:19-20; 요한계시록 13:8. 다음에서도 이같은 동기가 나타나고 있음을 보라. 이사야 40:12-31; 42:5-9; 43:1-7; 44:1-8, 21-27; 45:12-17.
50) C. S. Lewis, p. 78.

이 세상의 다른 신들이 (설령 존재한다 하더라도) 이 세상에서 그 어떤 일도 할 수 있는 능력이 없다는 것은 그들이 이 세상을 창조하지 않았다는 사실로도 설명된다.

> 여호와는 광대하시니 극진히 찬양할 것이요
> 모든 신보다 경외할 것임이여
> 만방의 모든 신은 헛것이요
> 여호와께서는 하늘을 지으셨음이로다
> (96:4-5)

창세기 1-2장이 보여주는 대로 창조의 교리는 구약 전반의 기초이다. 그런데 그냥 시편만 살펴보더라도 우리는 창조가 성경의 중심이라는 것을 볼 수 있을 것이다. 왜냐하면 창조의 교리는 유효하게 하는 교리요, 정당하게 하는 사상이기 때문이다. 그것은 영원토록 신학에서의 하나님의 위치를 확고하게 하고, 또 그를 모든 만물의 중심으로 고정시킨다.

시편의 기본 유형들

이미 위에서 살펴본 바와 같이, 시편의 분류법은 기능이나 내용에 의해 구분된다. 그러나 양쪽 방법 모두 한계가 있으므로 두 가지를 병용하여 체계화할 필요가 있다. 다음의 분류는 이같은 의도에 따른 것으로써, 유형별로 시편을 연구하려는 학생들에게 입문서와 같은 도움을 줄 수 있을 것이다. 그러나 이 목록이 완전한 것은 결코 아니다.

찬송시(Hymns)

찬송시라 하면 "기능적" 방법에 의해 분류된 것으로서,[51] 그 종류가 다양하다. 궁켈이 이러한 종류의 시에 대한 연구를 처음 개척했다. 그가 제시한 기본적인 기준은, 찬양의 노래로서 성전의 성가대나 혹은 회중에 의해 절기 때에 성전에서 불려진 것이어야 한다는 것이다.[52] 우리는 이 분류 안에서 간단하게 두 가지 종류, 즉 찬양의 찬송시(hymns of praise)와 시온의 찬송시(hymns of Zion)에 대해 논하려고 한다. 바이저(Weiser)는 다음 시들을 찬송시로 분류했다. 즉, 8, 19, 29, 33, 65, 67, 100, 103, 104, 105, 111, 113, 114, 135, 136, 145, 146, 147, 148, 149, 150. 또한 시편 46, 93, 96, 97, 98, 99(소위 즉위시라고 함)[53]도 찬송시에 속한다.[54]

찬양의 찬송시는 주로 주(主)를 찬양하라는 부름으로 시작하고, 그 다음에 찬양하는 내용이 뒤따른다. 이것은 여러 가지 형식의 어휘들("할렐루야" 같은 찬양 용어, 그리고 주께서 하신 일을 묘사하는 내용들)로 표현되며, 종종 마지막에서 찬양의 부름으로 끝을 맺는 경우도 있다(예를 들면, 시 145-150). 대체적으로 주께서 이스라엘에서 행하시는 구원 사역이 찬양의 이유였지만, 창조 또한 시편 기자가 찬양하는 이유이기도 했다.[55]

시온의 찬송시로 분류되는 시들도 있다. 주석들마다 제시하는 목록이 다양한데, 우리는 시편 46, 48, 76, 84, 87, 122편을 시온의 찬송시로 볼 수 있겠다. 물론 어떤 주석가들은 이를 더 제한시키기도 한다. 일반적으로 모든 히브리 남자들이 예배를 위하여 예루살렘에

---

51) P. 118-21에 있는 시편의 "분류"를 보라.
52) Gunkel, p. 10.
53) "'Enthronement' Psalms," p. 142.
54) Arthur Weiser, *The Psalms, A Commentary*, p. 53.
55) 앞 장 "하나님의 찬양," p. 127-30과 베스터만의 책을 보라.

나타났어야 했던 세 가지 순례의 절기, 즉 무교절, 칠칠절, 그리고 초막절이 이 찬송시들의 종교적인 배경이었다(신 16:16). 이 시들은 예루살렘 성과 그 성전, 그리고 그 절기들에 행하는 모든 절차들, 그리고 거기에서 얻는 즐거움을 기념한 것이다. 일군(一群)의 시(시 120-34, 소위 "성전에 올라가는 노래")들 가운데 대체적으로 단 한 편만이(시 122편) 시온의 찬송시로 분류되는데, 이 시는 순례자들이 그 절기들을 위해 예루살렘에 무리 지어 올라가는 길에 불려졌을 것으로 추측된다.

회개시

고대 기독교회에서는 일곱 편의 시가 "회개시"로 분류되었지만(시 6, 32, 38, 51, 102, 130, 143), 실제로는 그 중에 세 편만이 회개시의 요소를 갖추고 있다. 시편 51편과 130편이 가장 분명한 경우로서, 이 두 편이야말로 진정한 의미의 회개의 기도이다. 시편 38편도 마찬가지인데, 여기에서 그 시편 기자는 그가 고통당하며 탄식하는 병의 원인이 자신의 죄 때문이라고 생각한다. 시편 143편은 엄밀한 의미에서 회개시는 아니지만, 넓은 의미에서 인류의 죄성을 드러내고 있다(143:2). 회개시로 분류된 시편들 중에서 두 편은(32, 102) 그 예배자가 시달리고 있는 병에 대해 탄식하는 내용이고, 반면에 시편 6편과 143편은 원수들의 손에서 학대를 당하고 있는 시편 기자의 애가이다. 하지만 이 일곱 시편은 모두 하나님께 순복하며 그의 은혜를 구하는 분위기로 되어 있다.

지혜시

 구약의 "고차원적" 지혜의 대표적인 예는 욥기이다. 고차원적 지혜말고도 구약성경에는 "저차원적" 지혜도 많이 있으며(예를 들면, 잠언), 시편에도 상당수 있다. 잠언과 마찬가지로 선한 생활을 이루는 방법을 묘사하고 설명하려고 하는 유형의 시들이 바로 "저차원적 지혜에 해당한다. 사람들은 왜 악인이 번성하는가에 대한 문제로 씨름한다. 시편 37, 49, 그리고 73편은 이 문제를 다루고 있다. 흥미롭게도 여기에 주어진 답들은 욥의 친구들이 제시했던 설명들을 연상시킨다. 그들의 주장은 그 자체가 틀린 것은 아니지만, 그들은 마치 자신들의 대답이 그 문제에 대한 완전한 해답인 것처럼 주장했다. 그래서 그것이 타당성이 없는 것이다.
 이 시들이 악인의 번영에 대해 쉽고도 완전한 설명을 제시하려는 의도로 씌어진 것이라고 말하기는 어렵다. 시편 37편은 악인들의 번영은 덧없고 반대로 정의는 영원하다는 것을 그 해답으로 제시한다. 시편 73편도 악인은 꿈과 같이 곧 사라질 것이라고 하고 있기 때문에, 역시 같은 해답을 제시하는 것이라고 볼 수 있다. 시편 49편의 설명은 내세의 삶에 대한 교리 쪽으로 치우치는 것 같다. 이 시는 악인과 의인에게 죽음이 똑같이 닥치지만, 그 후에는 의인이 더 잘될 것이라고 선언한다.

> 하나님은 나를 영접하시리니
> 이러므로 내 영혼을 음부의 권세에서 구속하시리로다
> (시 49:15)

 이것은 욥의 신앙이 고조되어 그의 몸이 썩은 후에 그의 눈이 구속자를 볼 것이라고 선언했던 그 내용을 연상하게 한다(욥 19:25-27).
 시편 1, 112, 127, 128편이 나머지 지혜시에 속한다. 이 시들은 대개 경구, 잠언, 지혜 교사들로 알려진 현자(賢者)들의 충고들로 구성되어 있다.

메시아 시

이미 앞에서 살펴본 바와 같이 구속 개념은 시편에서 두드러지게 나타나는 사상이다. 비록 고대 이스라엘 사람들에게 있어서 구속이 어느 면에서 현재에 이루어지는 실재(實在)였다 하더라도, 사실 궁극적인 구원은 가깝든지 멀든 지간에 다가올 미래의 것이었다. 구약 성경에서 미래적인 구속 사상은 특이하게도 인격적 메시아라는 형식으로 이루어져 있다. 즉, 구속의 사건은 궁극적으로 초인적 인 인물에 의해 이루어진다는 것이다. 이 사상은 이스라엘 신앙의 보고(寶庫)라 할 수 있는 시편에서 현저하게 나타난다. 그러나 양식비평학파의 영향으로 "메시아 시"의 현저한 구분점이 일반적으로 무시되고,[56] 그 대신 "제왕 시"가 강조되고 있다.

물론 우리는 역사 자체와 그 역사적 의미를 무시하려는 것은 아니다. 그러나 우리는 어떤 경우에 그 역사적인 맥락은 단지 일차적인 것으로, 미래의 저작을 위한 뼈대였다는 점에 동의해야 할 것이다. 예를 들어, 우리는 시편 2편이 역사적 사건들에 바탕을 두고 지어졌을 것이라는 제안을 할 수 있을 것이다. 그러나 시편 110편은 분명히 미래의 메시아를 중심으로 구성되어 있다. 이 시에서 다윗의 때라고 암시된 때는, 비록 그 때가 언제인지 확실치는 않지만, 주께서 미래의 메시아를 통해 그의 왕국을 세우실 때를 가리킨다고

---

56) 예를 들면, 크리스토프 바르트는 비록 시편에 메시아 사상이 없다는데 찬성하지는 않지만 메시아 시와 비 메시아 시를 구분하려는 것을 포기하라고 충고한다. Christoph Barth, p. 26.

볼 수 있다. 이 시는 다윗의 시대를 확고하게 안정시킨 것은 아니지만, 적어도 심리적으로 안정을 시킨 것이 분명하다. 그러므로 내용에 따른 구분법에 의해 메시아 시를 따로 분류한 것은 지극히 당연하다.

그러나 종종 종말론이 아니고 역사가 그 중심이 되는 경우도 있기 때문에, 우리는 "제왕" 시라는 분류도 타당한 것이라는데 동의할 수 있을 것이다. 그리고 그 시들이 직접적으로 메시아에 대해 말하지 않는 경우, 우리는 "제왕 시들은 메시아에 대한 기독교 신앙을 위한 길을 예비한다. 그렇게해서 이 시들은 계시의 역사에서 중요하고 필수적인 한 부분이 되는 것이다"[57]라는 링그렌(Ringgren)의 주장에 동의할 수 있을 것이다.

메시아 시들을 다음과 같이 두 종류로 나누어 보면, 좀 더 쉽게 이 시들을 연구할 수 있을 것이다. 한 종류는 왕인 메시아와 그의 통치를 언급하는 것이고(2, 18, 20, 21, 45, 61, 72, 89, 110, 132, 144), 또 다른 종류는 사람으로서의 메시아와 그의 삶을 전반적으로 다루는 것이다(8, 16, 22, 35, 40, 41, 55, 69, 102, 109). 신약이 그리스도의 인성을 말하면서, 그를 왕인 동시에 평민으로, 즉 그의 승귀와 비하 신분을 동시에 논의한 것은 지극히 당연하다.

메시아와 그의 통치. 물론 모든 시에 여러 가지 암시가 나타나기는 하지만, 우리는 신약을 우리의 안내자로 삼아 첫번째 종류의 시들에서 오직 시편 2, 18, 45, 110편만이 신약 기자들에 의해 그리스도께 적용되었고, 반면에 두번째 종류의 시들에서는 시 55편을 제외한 대부분의 시들이 신약에 많이 인용되어 그리스도께 적용되어 있음을 보게 된다. 그것이 사실이라면 우리는 주님과 일세기 제자들이 규명한 메시아의 특징을 볼 수 있다. 신약 성경에 메시아적으로 적용되지 않은 다른 시편들에 대해서는 다른 기준이 만들어져야

---

57) Helmer Ringgren, *Faith of the Psalmists*, p. 114.

할 것이다.

첫번째 그룹의 시들에서 메시아는 분명히 "왕"으로 묘사되고 있다. 시편 2:6은 그 왕이 하나님에 의해 시온에서 임명됨을 말하면서 그 메시아가 하나님의 아들임을 확신시키고 있다(7절). 이 왕의 아들됨은 그리스도가 천사보다 우월하시다는 논쟁을 강화하기 위해 히브리서(1:5)에서 인용되었다. 시편 18편은 다윗의 역사적 진술인 것 같고, 또 그것이 제한된 범위 내에서 다윗이 직접 한 말일 수도 있겠지만, 그것은 절대적으로 메시아를 언급하는 것이다(특히 20-30절).[58] 바울은 49절을 인용하여 족장들에게 한 약속이 이방인들을 위한 것이었음을 보여주려고 했다(롬 15:9). 왕에 대한 세번째 시편인 45편 또한 히브리서 저자에 의해 인용되었다(1:8-9). 이 시는 아마 왕의 결혼을 기념하는 것 같다. 6-7절에 열거된 하나님께서 베푸신 영광스러움이, 시편 2편에서와 마찬가지로 그 아들이 천사보다 우월하다는 것을 논증하기 위해 히브리서 저자에 의해 그대로 인용되었다. 예수께서는 시편 110편이 메시아에 대해 다윗이 경의를 표한 내용이라고 말씀하셨다(막 12:36-37). 이 시편은 또한 오순절에 베드로에 의해 인용되었고(행 2:33-35), 또 히브리서 기자에 의해 그리스도께서 멜기세덱의 반차에 따른 영원한 제사장의 직분을 가지셨다는 것을 입증하기 위해 인용되었다(히 5:6,10; 7:1-28).

다음으로 신약 성경에서 메시아 시편으로 사용되지는 않았지만, "메시아" 시편으로 분류되는 다른 시편들이 있다. 그렇다면 그 기준은 무엇인가? 이에 대해 다음의 세 가지를 제안한다.

첫째, 그 언어가 주어의 능력의 한계를 벗어나 인간의 힘으로는 성취할 수 없는 것들을 제시할 경우, 우리는 메시아적인 의미를 연상하게 된다. 예를 들어, 시편 72편 왕에 대한 기도에서 왕이 이루도록 요구된 것들은 우주 전 영역에 걸친 것이어서 이스라엘 왕이 그것을 이루기란 전혀 불가능한 것이다.

---

58) Kidner, 1: 93.

둘째, 메시아의 용어들, 즉 "기름부은"과 "인자"같은 용어들이 있으면, 메시아 시편의 경향이 있는 것으로 보아도 좋다. 비록 시편 144:3에서 "인자"는 "사람"을 뜻하기는 하지만, 그 다음에 따라오는 묘사들은 몇몇 주석가들로 하여금 메시아적인 연관이 있는지에 대해 더욱 깊이 연구하게 한다.

셋째, 신약의 상황들이 시편에 묘사된 내용들과 잘 맞아서 거기에서 예언적인 추론을 이끌어낼 수 있으면, 메시아적 연관이 있는 것으로 생각할 수 있다. 예를 들어, 시편 55:12-13, 20은 예수의 배반 당하심과 고난에 잘 적용된다. 사실 비슷한 문구가(41:9) 예수 자신에 의해 유다에게 적용되었다(요 13:18). 그러나 이 기준이 유용하기는 하지만, 절대적인 것은 아니다. 이 특성들 중에 한 가지 이상이 문제의 시에서 발견되면, 그 시는 메시아 시편일 가능성이 더욱 높아진다. 앞에서 언급한 첫번째 그룹에서 시편 20, 21, 61, 72,[59] 89, 132, 144편을 연구할 때 이 기준의 어느 한 가지나 혹은 두 세 가지를 함께 사용하면 도움이 될 것이다.

사람과 그의 삶. 메시아 시의 두번째 종류는 인간으로서 그의 삶을 전반적으로 다루고 있는 것으로서(8, 16, 22, 35, 40, 41, 55, 69, 102, 109) 신약에 인용된 시들(시 55편을 제외)로 구성되어 있다. 비록 그중에 어떤 것들은 왕이 말한 것도 있지만, 그것은 왕의 입장을 다룬 것이 아니라 인간의 전반적인 운명, 혹은 예배자의 특정한 딜레마를 다룬 것이다. 시편 35, 69, 109편(시 55는 유사함)은 "저주시"로 분류되는데, 이것들은 나중에 다룰 것이다.

일반적으로 이 시들은 오직 그리스도에 의해서 완전히 성취된 것으로 보여진다. 인간의 소원은 메시아 안에서 성취되며, 인간의 절망은 그분 안에서 해결된다. 다윗의 버림 당한 것에 대한 외침인 시편 22:1은 우리 주께서 십자가에 달리실 때 아람어로 사용되었으

---

59) 탈굼(Targum) 역본은 72:1의 "왕"에 "메시아"라는 말을 덧붙이고 있다.

며(마 27:46), 히브리서 기자는 22:22를 그리스도에게 적용했다(히 2:12). 시편 16편은 하나님 안에서 자신의 진정한 정체를 발견하는 것이 중요하다는 것을 중점적으로 말하고 있다. 베드로는 8-11절을 그의 오순절 설교에 인용하여, 다윗의 개인적인 확신이 그리스도의 부활에서 완전히 성취되었다고 했다(행 2:24-32). 비록 시편 41:9의 실제 상황은 시편기자가 그의 죄로 말미암아 어떤 병고를 당하는 것이지만(4절), 우리 주께서는 유다의 배반을 언급하시면서 이 구절을 사용하셨다(요 13:18). 시편의 의미는 제한적이다. 즉 시편에 묘사된 인간의 딜레마는 여기에서 완전히 해결될 수 없고, 사실 상대적인 의미에서 성취된 것일 뿐이다. 이 시편의 절대적인 완성은 오직 예수 그리스도 안에서 그로 말미암아 이루어질 뿐이다.

저주시

저주시, 즉 "악담"의 시는 시편 중에서 가장 해석하기 어려운 것으로 오래 전부터 정평이 나 있다. 최소한 시편 35, 69, 109편, 이 세 편의 시가 분명히 이 범주에 해당된다. 그 외에도 여기에 해당하는 많은 구절들이 여기 저기에 흩어져 있다.

우리는 처음부터 성경에 관련된 모든 문제들을 수학 문제처럼 기계적으로 풀 수 없다는 것을 알아야 한다. 바울의 편지에 대해 베드로가 "그 중에 알기 어려운 것이 더러 있으니"(벧후 3:16)라고 표현했던 자세는 우리에게 좋은 교훈이 될 것이다. 그러므로 우리는 그같은 어려움이 있다는 것을 고려하면서, 저주시들에 대한 양극단적인 입장을 피하고자 한다. 한쪽에서는 이 시들이 우리의 신학의 초점을 흐리기 때문에 그것들을 무시해 버리고, 다른 한쪽에서는 그것들이 성경에 기록되어 있다는 이유로 그 시들의 정신은 건전한 것이라고 주장한다. 비록 이 두 입장이 나름대로 장점을 가지고 있지만, 둘 다 완전히 만족스럽지는 못하다.

제3의 대안은 그것들을 있는 그대로 보고 거기에 내포된 사상을 연구함으로써, 하나님의 말씀이 어떻게 나타나는지를 묻는 것이다.

모빙켈은 저주시들은 블랙 매직(마술적인 힘으로 다른 사람에게 해를 끼치게 하는 사술)의 종교적인 성향을 나타내는 것이라고 보고, 이 시들은 원수에 대한 "효과적인 저주"라고 주장했다.[60] 그러나 구약 성경이 이런 종류의 마술에 공감하는 경우는 거의 없다. 설령 부분적으로 있다 해도 그 의식 자체를 인정하는 것은 아니다. 더구나 모빙켈의 주장은 그 시편 기자가 복수심에 가득차 있고, 분노에 압도되어 있다는 비난을 받게 한다. 그러나 이 시들을 더 깊이 살펴보면 우리는 여기에서 아주 중요한 사실을 발견하게 된다. 즉 개인적인 복수로 알려진 것이 더 넓은 맥락에서 보여진다는 것이다. 그 시편 기자는 그 문제를 하나님께 맡겼다. 개인적으로 앙갚음하려고 자기 스스로 애쓴 적이 결코 없다. 그는 "보수는 내 것이라"(신 32:35)는 모세의 율법의 원리를 잘 알고 있었던 것 같다. 그리고 우리는 이 세 편의 시 전부에서 그 시편 기자가 결백하다는 것을 볼 수 있다. 그의 원수들이 "무고히" 자신들의 악한 계획을 저질렀다.

우리는 이 시들을 하나님 나라, 즉 하나님의 백성과 그의 대의라는 보다 넓은 맥락에서 볼 수 있다. 시편 69편과 109편에서 시편 기자는 자신이 기도하는 것은 하나님을 위한 것이라고 분명하게 말했다(69:7; 109:3, 21). 우리는 때때로 하나님의 명성이 우리의 명성과 밀접하게 얽혀 있다는 것을 잊는다. 그러나 이 시들을 보다 넓은 맥락에서 보면, 이 시들이 하나님 자신의 품성과 왕국과도 연결되어 있음을 볼 수 있을 것이다.

---

60) Mowinckel, 2: 49.

그렇다고 해서 시편 기자의 사상이 예수께서 가르치신 것과 분명히 어긋난다는 사실이 해결된 것은 아니다.

> 또 네 이웃을 사랑하고 네 원수를 미워하라 하였다는 것을 너희가 들었으나, 나는 너희에게 이르노니 너희 원수를 사랑하며 너희를 핍박하는 자를 위하여 기도하라(마 5:43-44)

우리는 시편 기자가 새 세대에 비해서 윤리적으로 덜 완숙한 옛 세대를 대표한다고 말함으로써, 그 문제를 해결하고 싶을 수도 있다. 게다가 여기에는 어느 정도 타당성이 있는 것처럼 보인다. 그러나 구약 윤리의 최고 강령(출 23:4-5, 레 19:18), 즉 네 이웃을 네 몸과 같이 사랑하라는 그 원리를 보면, 우리는 구약이나 신약이 모두 다 궁극적으로 동일한 입장이라는 결론을 내릴 수밖에 없다. 그러므로 옛 세대와 새 세대를 구분짓는 것만으로 설명하는 것은 별로 만족스럽지 못하다.

다른 해결 방안은 이 본문들을 단지 메시아적으로, 완전히 미래적인 것으로 보는 것이다. 그러나 이것은 역사적 상황을 무시하는 것이다. 만약 신적 계시가 의미가 있다고 한다면, 우리는 역사를 그런 식으로 무시해서는 안된다. 역사는 계시가 담긴 창고이다. 그렇지만 신약이 이 시편들을 어떻게 사용하는가를 보는 것은 흥미로운 일이다. 예수는 시편 35:19/69:4를 인용함으로써 세상이 자신을 증오할 것에 대해 설명하셨다.

> 그러나 이는 저희 율법에 기록된 바 "저희가 연고 없이 나를 미워하였다" 한 말을 응하게 하려 함이니라(요 15:25)

성전 정화를 기억하면서 제자들은 시편 69:9를 떠올렸다.

> 제자들이 성경 말씀에 "주의 전을 사모하는 열심히 나를 삼키리라" 한 것을 기억하더라(요 2:17)

또한 사도 베드로는 시편 69:25와 109:8을 유다에게 적용했다.

시편에 기록하였으되 그의 거처로 황폐하게 하시며 거기 거하는 자가 없게 하소서 하였고 또 일렀으되 그 직분을 타인이 취하게 하소서 하였도다(행 1:20)

바울은 시편 69:9를 그리스도에게 적용하면서, 그것을 분명히 그리스도의 말씀으로 여겼다.

그리스도께서 자기를 기쁘게 하지 아니하셨나니 기록된 바 주를 비방하는 자들의 비방이 내게 미쳤나이다 함과 같으니라(롬 15:3)

또한 바울은 유대 나라 재판의 무지함을 시편 기자의 저주 (69:22-23)가 성취된 것으로 설명했다.

또 다윗이 가로되
저희 밥상이 올무와 덫과
거치는 것과 보응이 되게 하옵시고,
저희 눈은 흐려 보지 못하고
저희 등은 항상 굽게 하옵소서 하였느니라
(롬 11:9-10)

따라서 우리는 신약의 저자들이 이 시편에서 예언적인 동기를 찾아냈다는 것을 보게 된다. 물론 그렇다고 해서 그 시들의 역사적 상황을 부인하는 것은 결코 아니다.

그러나 아직 우리가 생각해야 할 또 다른 차원의 문제가 있다. 우리는 그 시들을 통해 무엇을 배울 수 있는가? 루이스는 우리가 이 시들로부터 분노가 없다는 것이 심각한 증상일 수도 있다는 사실을 배울 수 있다고 했다.[61] 우리는 죄에 대해 참아서는 안되고, 의를 위해 분기해야 한다. 또 다른 교훈은 가장 비통한 감정이라도 하나님 존전에서 해결될 수 있다는 것이다. 시편 기자는 그 문제를 자기 자신의 손 안에 두지 않고 하나님 앞에 내놓았다. 그러나 비록 하나님께서 분명히 죄를 참으실 수 없지만, 그렇다고 하나님께

---

61) Lewis, p. 30.

서 그 죄인들에 대한 시편기자의 감정을 똑같이 느끼신다고 속단해서는 안된다. 더구나 이 시들은 하나님께서 의롭다는 데 대한 우리의 확신을 새롭게 하도록 도와준다.

> 저가 궁핍한 자의 우편에 서사
> 그 영혼을 판단하려 하는 자에게 구원하실 것임이로다
> (시 109:31)

"즉위" 시("Enthronement" Psalms)

"즉위" 시라는 명칭은 주로 지그문트 모빙켈(Sigmund Mowinckel)과 관련있으며, 일반적으로 시편 47, 93, 95-99편을 가리킨다. 이 시들은 모두 야훼를 왕으로 말하거나 "야훼[혹은 하나님]께서 통치하신다"는 말들을 사용하고 있다. 모빙켈이 세운 가설에 따르면, 이스라엘이 신년 절기를 축하하면서 왕이 보좌에 다시 앉음으로써, 야훼께서 해마다 다시 보좌에 앉으시는 것을 기념하였다고 한다.[62] 그의 논리의 전제는 곧, 이스라엘의 절기가(그는 초막절이라고 믿는다)[63] 마르둑(벨, Bel)이 죽어서 저승에 내려갔다가 부활한 것을 해마다 기념하는 바벨론의 축제를 본뜬 것이라는 것이다. 비록 모빙켈의 이론이 어떤 사람들에게는 인상적으로 보일지도 모르겠지만, 가나안에 그런 축제가 있었다는 문학적인 증거를 성경 안에서는 물론 성경 밖에서도 찾아볼 수가 없다. "야훼께서 통치하신다"는 선언은 "야훼께서 왕이 되셨다"라는 의미가 아니다. 이스

---

[62] Mowinckel, 1:106-92. 모빙켈의 가정에 대한 간략한 자료로는 A. R. Johnson, "The Psalms," in *The Old Testament and Modern Study*, ed. H. H. Rowley, pp. 162-209를 보라. 그의 입장에 대해 반박한 것으로는 K. A. Kitchen, *Ancient Orient and Old Testament*, pp. 102-6을 보라.
[63] Mowinckel, 1: 119.

라엘 백성은 그들의 왕을 신격화하지 않았다. 만약 그랬었더라면 선지자들이 그것을 신랄하게 비난했을 것이다.

시편의 역사적 적용

성경의 그 어느 책도 시편만큼이나 회당에서, 그리고 교회에서 그렇게 영향력있게 널리 사용되지는 않았을 것이다. 시편이 유대 회당에서 그리고 기독교 교회에서 어떻게 사용되었는가를 어느 정도 적절하게 살펴본다면, 시편에 대한 평가와 우리의 삶 가운데 나타나는 그 힘에 대한 이해가 더욱 깊어질 것이다.

성전에서

히브리 구약 성경이 헬라어로 번역될 때(약 B.C. 250년), 그 번역자들은 어떤 시들이 매주 셋째, 다섯째 날을 제외한 모든 요일에 읽혀졌다는 것을 이미 알고 있었다. 이것은 『미쉬나』(Mishnah, A.D. 2세기 후반에 편찬됨),[64] 소책자 『타미드』(Tamid) 7. 4에 매일의 시로 규정된 것과 일치한다. 이 소책자는 성전에서 전제를 바치며(출 29:38-42; 민 28:1-8) 드리는 매일의 예배에 대한 것이다. 어떤 시들은 다음의 표에 기록한 바와 같이 날마다 레위인들이 부르도록 규정되어 있었다. 이것들은 희생제사 후에 불려졌다. 특정한 경우에

---

64) Herbert Danby, trans. and ed., *The Mishnah*.

알맞은 단어들이나 어구들 때문에 선택된 이 시들은 "예배" 시로 불린다.

다른 예배 시들은 특별한 절기들에 사용되었다. 할렐시(시 113-18, 이 그룹의 첫 시와 다른 시들이 "할렐루야"로 시작하거나 끝나기 때문에 붙여진 이름이다)는 월삭, 유월절, 오순절, 초막절, 그리고 낙성식 때에 불렀다. 그리고 시편 7편은 부림절에, 시편 12편은 초막절 여덟째 날에, 시편 30편은 낙성식에, 시편 47편은 신년 절기에, 시편 98편과 104편은 월삭 때 그리고 회개시들은 속죄일에 낭독되었다.[65]

전통적으로 성전 예배를 위해 정해진 시편들

첫째 날	—	시 24(하나님의 만물 창조를 다시 이야기함)
둘째 날	—	시 48
셋째 날	—	시 82
넷째 날	—	시 94
다섯째 날	—	시 81
여섯째 날	—	시 93(이 시는 창조 사역이 완성됨을 묘사하기에 적절한 것 같다)
일곱째 날	—	시 92 안식일의 찬송시 (히브리 성경에 이렇게 제목이 붙어 있다)

회당에서

에이브라함 밀그램(Abraham Millgram)은 시편이 "회당 예배의 대들보가 되었다"는 점을 지적했다.[66] 모두 알다시피 회당의 예배는 성전의 제사의 형식을 따라서 이루어진 것이다. 그래서 매일 그리고 절기 때 사용된 시편들이 회당 예배의 일부가 되었다. 어떤 학

---

65) John Alexander Lamb, *The Psalms in Christian Worship*, p. 13.
66) Abraham Millgram, *Jewish Worship*, p. 63.

자들은 시편이 오경처럼 삼 년 단위로 낭독되었다는 것을 입증하려 했다. 즉 오경의 각 다섯 권과 동시에 시편의 각 다섯 권도 낭독되기 시작했다는 것이다. 물론 회당에서 선지서를 낭독하는 관례가 있었던 것은 확실하다. 그렇지만, 만약 시편이 선지서의 경우와 같이 회당에서 계속 읽혀졌다면, 그것이 율법과 하프타라(Haphtarah) 선집과 함께(후자는 선지서에서 발췌 규정되었다) 현대 기도집에 계속 보존되지 않은 것은 이상한 일이 아닐 수 없다.[67] 시편이 회당에서 어떻게 사용되었든지 간에 그것은 오늘날 유대 예배에 계속해서 널리 사용되고 있다.

교회에서

교회에서의 시편이라는 주제는 회당에서의 사용이라는 주제만큼이나 광범위하고 복잡하다.[68] 또한 우리는 교회가 회당에 의존하였다는 것을 알아야 한다.[69] 비록 일세기 교회의 실제 생활에 대한 증거가 충분하지는 않지만, 우리는 신약이 시편을 자주 인용하였다는 사실을 통해서 초대 기독교인들이 시편을 아주 귀중하게 여겼음을 알 수 있다. 명사 살모스(Psalmos)는 예배와 관련된 문맥에서 고린도전서 14:26; 에베소서 5:19; 골로새서 3:16에 단지 세 번 쓰였을 뿐이다. 그리고 첫번째 경우는 바울이 공적 예배를 지칭한 것이라는데 대해 의심의 여지가 없지만, 반면에 다른 두 경우에서는 공적인 예배일 수도 있고 사적인 예배를 지칭한 것일 수도 있다. 네번째 구절은 야고보서 5:13인데 "시편으로 노래하다"(개역 성경에는

---

67) 램의 논의를 보라. Lamb, pp. 14-16.
68) 램의 논의가 매우 유익하며, 나의 논의 역시 그에게 의존하고 있다.
69) W. O. E. Oesterley, *The Jewish Background of the Christian Liturgy*.

"찬송하다"—역자 주)는 동사가 쓰였다. 여기에서도 이것이 공적 예배에 대한 것인지 사적 예배에 대한 것인지에 대한 문제는 여전히 남아 있다.

2세기에 시편이 사용되었을 것이라는 증거는 많지 않지만, 3세기에 접어들면서부터 더 빈번하게 나타난다. 오리겐(A.D. 185-254)은 찬송시들과 시편들을 언급했는데, 시편 34편은 성찬 찬송으로(8절, "너희는 여호와의 선하심을 맛보아 알지어다") 불려졌던 것 같다. 터툴리안은 공예배에 쓰인 시편에 대해 말하면서, 이것들은 회당에서부터 온 것이라고 했다.

교회에서 시편은 니케아 종교회의 이후(A.D. 325년 이후)에 아주 널리 애용되었다. 크리소스톰은 시편 141편이 오랫동안 저녁시로 사용되어 왔었다고 말했다. 시편 63편도 역시 아침시로 사용되었다.

우리는 여기에서 이 주제에 대해 완전히 논의할 수는 없다. 그러므로, 독자들은 이 주제를 다룬 특별한 연구들을 더 살펴볼 필요가 있을 것이다.

여기에 덧붙여 종교개혁도 몇 가지 변화를 가져왔다. 존 칼빈은 예배 때 사용되는 시편들을 매우 귀하게 여겼는데, 그와 다른 사람들에 의해 야기된 이 운동으로 말미암아 1562년에 제네바 시편집이 출판되었다. 여기에는 노래할 수 있도록 운율에 맞추어진 시편들이 담겨 있다. 이 운동의 영향은 존 낙스를 통해 스코틀랜드에서 계속되었다. 그의 영향 아래 제네바 시편집이 1564년에 출판된 『일반 조례』(*Book of Common Order*)에 부분적으로 포함되게 되었다. 스코틀랜드 교회가 운율적인 시편을 사용하고 출판하기 시작한 긴 역사는 바로 이 때부터 비롯되었다.

많은 개신 교회들이 특별한 때를 위하여 시편을 지정하는 전통에 대해서는 반대해 왔다. 그러나 예배에서 시편을 사용하는 것 자체에 대해서는 반대하지 않고, 오히려 시편을 가장 많이 사용하였으며 거기에 대한 관심도 결코 잃지 않았다. 그 이유는 분명하다.

즉 시편이 교회로 하여금 수세기를 거슬러 올라가게 하여 이 고대 찬양의 책에 애착을 갖게 하기 때문이다. 시편을 통해 예배자는 가식 없이 자신의 죄를 고백하고, 자신의 깊은 감정을 드러내며 하나님 앞에 올 수 있다. 그는 그의 마음에 담겨 있는 확실치 않은 감정들을 전할 수 있는 언어를 시편에서 찾으며, 또 말할 수 없는 것들을 증언하는 용기를 갖게 된다. 인간의 상황 가운데 시편이 직접적으로 말하지 못하거나 위로 혹은 권면하지 않는 그런 경우는 없다. 교회는 수세기 동안 시편의 시내에서 물을 마셔 왔고, 그것이 영원한 생수의 샘에서 기원한 것임을 발견했다.

쿰람에서 나온 시편 두루마리

지난 삼십 년간 성경을 연구하는 학자들과 학생들에게 주된 관심거리가 되었던 것들 중 하나는, 쿰란 자료들이 우리의 성경 이해에 어떻게 기여하는 가라는 문제였다. 그것들의 주 의미는 본문 비평과 문화적인 것에 있겠지만, 쿰란 제 2 동굴에서 나온 시편 두루마리(11QPs)[70]에 대해 몇 가지 언급함으로써 시편연구에 있어서 우리가 궁금해 하는 점들을 해결할 수 있을 것이다. 각각 떨어진 네 쪽으로 된 양피 두루마리가 1956년 학자들의 관심을 끌게 되었다. 그 두루마리에 속한 것으로 판명된 네쪽의 파편 문서를 포함하여 이 두루마리는 시편 93, 101-3, 105, 109, 118-19, 121-46, 148-51편의 부분이나 혹은 전체를 담고 있다. 사자명(四字名[Tetragrammaton],

---

70) J. A. Sanders, *The Psalms Scroll of Qumran Cave II, Discoveries in the Judaean Desert of Jordan*, vol. 4.

히브리어로 된 하나님의 이름)은 항상 고대 히브리 서체로 기록되어 있었다. 그 두루마리는 서체만 다를 뿐, 마소라 본문과 거의 일치했다. 물론 거기에는 상당히 흥미를 끄는 변화도 있어서, 최근의 주석들에서 계속 설명되고 있다. 가장 흥미로운 것은 히브리어로 된 시편 151편이 있다는 것이다. 여기에는 칠십인경의 151편과 일치하는 부분이 있다. 쿰란 사본은 다윗의 음악적 재능을 인정하고 있고, 또 예언자 사무엘이 어떻게 왔으며, 어떻게 다윗의 형제들 가운데 하나를 뽑지 않고 다윗을 왕으로 기름부었는지를 이야기한다.[71] 이 시의 연대에 대해서는 의견이 분분하며, 우리는 단지 그것이 히브리 성경에 빠져있고 쿰란 두루마리에 첨가되어 있다는 것만 생각할 수 있을 뿐이다. 그러나 샌더스(J. A. Sanders)는 쿰란의 시편이 칠십인경(헬라어) 시편의 배경이라고 자신있게 주장하는데, 그는 칠십인경에 빠져있는 상세한 내용이 쿰란 사본에 있다는 것이 그 증거라고 한다.[72]

---

71) Ibid., pp. 54-60.
72) Ibid., pp. 59-60.

5
잠언

잠언은 기독교에 대한 학술적인 연구에 질렸던 많은 사람들로 하여금 그들의 신앙을 바로 "조절"할 수 있게 한다. 왜냐하면 잠언은 삶과 신앙에 대해 일반 상식적인 차원에서 연구하는 대표적인 작품이기 때문이다. 삶을 선물로 받고, 어떻게 그 삶을 영위할 것인가라는 문제로 고민하는 모든 사람들은 잠언에서 그 공통적인 관심을 찾는다. 나아가 신앙을 선물로 받은 사람들은 잠언을 통해서 구약 종교의 신학적인 문제를 실제적인 내용으로 다듬을 수 있다.

잠언에 대한 개론적 문제들

잠언의 형식

기본적인 형식에서 따져 본다면 잠언(proverb, 혹은 '경구')이란 지혜가 담긴, 또 지혜에 생동하는 활기를 불어넣는 오랜 격언이다. 어떤 경우에 잠언은 실제적인 생각과 진리를 신랄한 문구에 담는다. 그렇게 함으로써 잠언은 일상적인 차원에서 새로운 의식세계 차원으로 올라가게 된다. 그것은 자질구레한 일상적인 생각들을 다시 기워서 아주 특별한 것으로 나타나게 한다.

그런데 잠언은 쉽게 파악할 수 있는 그런 단순한 종류의 형식은 아니다. 엘름슬리(W. A. L. Elmslie)는 기발하게도 이것을 "압축된 경험"이라고 부르고,[1] 이런 종류의 문학에서는 자칫하면 지나친 억측을 할 수 있음을 지적했다. 어떤 잠언들은 그 의미를 깨닫기까지 상당한 시간이 요구될 때가 있다. 다시 말해서, 오직 깊은 사색을 통해서 그 완전한 의미를 깨닫게 되는 경우도 있다는 것이다.

> 의와 인자를 따라 구하는 자는 생명과 의와 영광을 얻느니라(잠 21:21)

이 경우에는 비록 문자 그대로의 뜻이 분명하다 해도 그 의미를 이해하기 위해서는 오랫동안의 사색이 필요하다. 그렇지만 또 어떤 것들은 아주 직선적이어서, 그 의미가 즉각적으로 떠오르기도 한다. 바로 여기에서 그 호소력이 증가되기도 한다.

> 마른 떡 한 조각만 있고도 화목하는 것이 육선이 집에 가득하고 다투는 것보다 나으니라(잠 17:1)

여기에서는 문자 그대로의 뜻이 의도된 대로 나타나있다. 그런데 어떤 잠언들은 다음과 같이 그 진리를 해학적으로 표현하고 있다.

> 미련한 자는 무지하거늘 손에 값을 가지고 지혜를 사려함은 어찜인고(잠 17:16)

---

1) W. A. L. Elmslie, *Studies in Life from Jewish Proverbs*, p. 16. 엘름슬리는 이 책에서 "잠언의 특징들"(p. 13-27)이라는 제목아래 탁월한 논의를 제시했는데, 여기에서 필자는 그의 자료에 의존하고 있음을 밝히는 바이다.

잠언이라는 형식에 있어서 그 기본적인 요소는 시간을 두고 꾸준히 검증된 진리를 담고 있다는 것이다. 일시적인 추세가 잠언 문학에 설 자리는 없다. 그러나 때로는 그 추세의 얄팍한 속성을 나타낼 필요가 있을 경우도 있다. 시간과 경험이 잠언의 교훈을 더욱 풍성하게 만든다. 시간과 경험은 진리가 싹트고 자라나는 토양이다. 그러나 그것들 자체가 생명의 원천적인 본질을 소유하고 있는 것은 아니다. 그것들은 다만 돌이 깔린 땅일 뿐이다.

잠언서의 몸체라 할 수 있는 잠언 즉, 경구의 속성에 대해서 논의 할 것이 무궁무진할 것이다. 물론 어떤 속성들은 논의가 진행되면서 분명해지는 것도 있을 것이다. 그러나 많은 경우에 있어서 방대한 이 책을 섭렵하기 위한 시간과 경험이 필요하고, 또 삶과 신앙을 그 실제적인 시각에서 보는 노력이 있어야 할 것이다.

잠언의 제목

이 책의 원래 제목은 "다윗의 아들 이스라엘 왕 솔로몬의 잠언"(1:1)인 것 같다. 칠십인경은 "이스라엘을 다스리는 다윗의 아들 솔로몬의 잠언"이라는 식으로 약간 다른 제목을 붙였고, 벌게이트 역본은 간단하게 "잠언서"(Liber Proverbiorum)라고 했다. 10:1에 있는 짧은 제목 "솔로몬의 잠언"은 보다 큰 모음집(1-24장) 안에 들어 있는 부제이고, 25:1에 있는 다른 제목 "이것도 솔로몬의 잠언이요"는 솔로몬의 두번째 모음집(25-29장)을 시작하는 부제이다. 많은 학자들이 첫번째 모음집의 제목은(1:1) 서두의 제목으로서 다른 제목들 중 하나에서 따 온 것이라고 추측한다.[2] 실제로 솔로몬의 첫번째 모음집의 제목은 1:1-6인 것 같다. 여기에서 저자는 자신을 밝

---

2) 이 단원에 있는 "문학적 구조와 발전"을 보라.

히고 이 책의 목적을 분명히 하고 있다. 이 문제에 대해서는 계속 논의하는 중에 더 살펴보겠다.

특성, 기능, 그리고 목적

잠언에서의 지혜. 잠언의 저자에게 보여진 지혜의 근본적인 특성은 "여호와를 경외하는 것이 지식의 근본이어늘"(1:7; 9:10)이라는 말에 집약되어 있다. 달리 말하자면, 지혜의 근본적인 성격은 신학적인 것이다. 따라서 잠언은 삶의 근본적인 기초를 인간이 하나님과 어떤 관계성에 있는가에서 찾는다. 도덕적인 이해와 옳은 것을 판단하는 능력(2:6-22), 물질적인 소유에 대한 적절한 태도(3:9-10), 부지런히 수고함(6:6-11), 필수적인 안정과 이 세상을 살아가는 데 있어서의 안도감(3:21-26), 그리고 이웃과의 올바른 관계(3:27-29), 이 모든 것이 하나님과의 관계에서 비롯된다. 이것들은 그 관계가 가져다주는 실제적인 유익의 일부를 언급한 것에 불과하다.

잠언의 지혜는 또한 삶의 수평적 차원(한 사람이 다른 사람들과 또 자연세계와 맺는 관계들)에 대한 것이기도 하다. 권고하는 듯한 어조로 된 선지서들의 말씀에 비해서 잠언의 지혜는 확고하고 단언적인 어조로 삶의 지침들을 제시한다.[3] 그런데 개인 대 개인의 구체적인 생활방식이 신학적 근거 없이 다루어진 것이 아니고, 모세의 언약과 율법의 맥락 안에서 이루어져 있다.[4] 이것은 "그러면 어떻게 살 것인가?"라는 문제를 다루고 있다.

8-9장에서 지혜를 의인화한 것은 잠언에 나타난 지혜의 또 다른 차원을 구성한다. 비록 1:20-22와 2-3장의 묘사는 욥기 28장과 마찬가지로 거의 상징적이지만, 잠언 8-9장에서 지혜는 한 여인으로 의

---

3) R. B. Y. Scoot, *Proverbs, Ecclesiastes*, p. 24
4) 잠언의 법리적 사용에 대해서는 이 단원에 있는 "잠언의 기능"을 보라.

인화되어 있는데, 여기에서 지혜는 외치며, 그것에 전념하는 자들에게 부와 번영을 제공하며(8:18, 21), 세상이 창조되기 전에 존재하였다고 증거하며(8:22-23; 8:22의 의미에 대해서는 p. 267을 보라), 주의 창조 역사를 도우며(8:30), 집과 종들을 소유한다(9:1-6). 그러나 아직 지혜가 솔로몬의 지혜서나 요한복음의 로고스(말씀)에서와 같이 존재론적으로 구분되는 단계는 아니다. 잠언의 경우에 그런 식으로 지혜를 의인화시킨 목적은 다만 하나님의 속성들 중 하나를 추상화하고 거기에 인격과 의식을 부여함으로써 우리들로 하여금 하나님을 이해할 수 있도록 돕기 위한 것이었다. 저자는 지혜가 신적 속성으로서 영원토록 하나님과 관련된 것이고, 또 오직 하나님과의 관계에서만 이해되어지며, 아울러 이것이 인간에 대한 하나님의 역동적인 존재성의 연장이라는 것을 가르치고자 한 것이다. 의인법은 지혜의 실제적인 측면을 하나님께 연결시키는 수단이다. 이것은 "그러므로 주께서 가라사대"와 같은 예언적 형식과 흡사한 것이다. 의인화된 지혜를 통해서 하나님의 품성에 대한 지식이 사람들의 일상생활에 전달되어 용해된다.

아마도 후대의 정경 외의 저자들은 추상적인 사상들이나 신적 속성들을 의인화시키는 이런 방법에 근거하여 의인법을 채택하고 또 그것을 더 구체적으로 발전시켰을 것이다. 집회서에 보면 지혜는 하나님께로부터 직접 나온 것으로(24:3-5), 세상보다 먼저 창조되었으며(1:4; 24:9), 영원한 속성을 가졌다(1:1; 24:9). 이런 종류의 사상 중에서 가장 진보적인 단계는 외경인 솔로몬의 지혜서에 나타나 있다. 찰스(R. H. Charles)는 이 책의 연대를 B.C. 50년으로 추정한다.[5] 이 책에서 지혜가 실체화되었다(참고, 솔로몬의 지혜서 1:6-7; 6:12-24; 그리고 7-8장). 즉, 요한복음의 서문에 그려져 있는 로고스와 거의 흡사하게 지혜가 분명한 본체와 의식을 갖추고 있다.

---

5) R. H. Charles, *The Apocrypha and Pseudepigrapha of the Old Testament in English*, 1:519.

비록 학자들이 부분적으로 잠언 8-9장의 의인화에 대한 자신들의 의견을 근거로 잠언 1-9장을 후대의 저작으로, 즉 포로시대 이후의 것으로 추정하는 것이 일반적인 추세인데,[6] 고대 근동에서 사상과 관습이 단순하게 획일적으로 발전되었다고 생각하기는 곤란하다. 진리, 정의, 지식, 총명 등과 같은 추상적인 개념들을 의인화하는 것은 메소포타미아와 이집트 양쪽에서 이미 B.C. 3000년대와 2000년대부터 알려졌던 기교이다.[7]

이 책의 내용을 가리키는 말로 사용된 단어는 마샬인데, 보통 "잠언"이라고 번역된다. 비록 그 어근에 대해서는 학자들간에 논란이 있지만, "대표하다" "~과 같다"라는 뜻의 동사 마샬에서 유래했다고 보는 것이 일반적인 견해이다.[8] 그러므로 그 명사는 "유사함"을 의미한다고 할 수 있고, 따라서 마샬 즉 잠언은 어떤 것을 다른 것에 비유하여 그것의 진정한 속성을 나타내고자 하는 진술이라고 할 수 있겠다.[9] 일반적으로 이 용어는 구약에서 아주 다양하게 쓰인다. 이것은 간단한 속담(삼상 10:12; 24:13), 풍자(겔 17:2, 개역성경에는 '수수께끼'—역자주), 수수께끼 같은 말(겔 20:49, 개역성경에는 '비유'—역자주), 조롱(사 14:4; 합 2:6, 개역성경에는 '노래'—역자주), 애가(미 2:4), 선지적인 강론(민 23:7; 24:15, 개역성경에는 '노래'—역자주), 교훈적인 강론(시 49:4, 개역성경에는 '비유'—역자주) 혹은 탄원(욥 29:1, 개역성경에는 '비사'—역자주) 따위를 의미한다고 할 수 있다. 잠언서에서 이것은 (10:1-22:16에서와 같이) 짧은 격언이나 (1-9장과 23, 29-35; 27:23-27에서와 같이) 긴 강론을 의미한다.[10]

---

6) 예를 들면, Otto Eissfeldt, *The Old Testament: An Introduction*, p. 473.
7) K. A. Kitchen, *Ancient Orient and Old Testament*, pp. 126-27.
8) Francis Brown, S. R. Driver, and Charles A. Briggs, *A Hebrew and English Lexicon of the Old Testament*, p. 605a.
9) Scott, p. 13.
10) Crawford H. Toy, *A Critical and Exegetical Commentary on the Book of Proverbs*, p. 4.

잠언의 기능. 잠언서에 담겨 있는 종류의 잠언들은 기본적으로 사람들로 하여금 사회적으로 종교적으로 그 사회에 유익한 구성원이 되게 하는 기능을 가지고 있다. 예언의 경우 그 관심이 나라에서 시작하여 각 개인으로 나아가는데 반하여, 지혜의 경우 개인에서 시작하여 나라를 향하여 가는 것이라고 할 수 있다. 이에 대한 존 마크 톰슨(John Mark Thompson)의 논의는 아주 적절하다. 그는 히브리 잠언의 기본적인 기능은 철학적이며(필자라면 종교적인 기능을 강조하겠다. 그래야 잠언이 기본적으로 세속적인 역할을 완수하는 것이라는 잘못된 인상을 주지 않을 것이다), 여기에 세 가지 부수적인 기능, 즉 오락, 법적 용례, 그리고 교훈의 기능이 있다고 했다.[11]

잠언서는 그 어떤 의미에서도 오락적인 것이라고 할 수는 없겠지만, 거기에는 때때로 솔직한 유머가 깃들어 있다. 엘름슬리(Elmslie)가 이에 대해 다음과 같이 잘 논평했다. "유머는 없어도 불편하지 않을 단순한 장식이나 겉치레가 아니라, 치명적인 많은 죄들에 능동적으로 대항하는 하나님의 선물이다." 11:22에는 여자에게 신중함이 없으면 그녀의 아름다움은 아무것도 아니라는 재치있는 표현이 있다.

> 아름다운 여인이 삼가지 아니하는 것은 마치 돼지 코에 금고리 같으니라

17:12에 기록된 지나친 어리석음에 대한 교훈은 웃음을 자아내게 한다.

> 차라리 새끼 빼앗긴 암콤을 만날지언정 미련한 일을 행하는 미련한 자를 만나지 말 것이니라

---

11) John Mark Thompson, *The Form and Function of Proverbs in Ancient Israel*, pp. 68-82.

동물들의 세계 역시 다른 사람들의 논쟁에 말려드는 위험에 대하여 해학적인 예화를 제공하고 있다.

길로 지나다가 자기에게 상관없는 다툼을 간섭하는 자는 개 귀를 잡는 자와 같으니라(26:17)

다투는 아내는 우습게도 솔로몬에게 끊임없이 떨어지는 물방울을 연상시켰다(마치 그는 많이 겪어본 사람 같지 않은가!).

미련한 아들은 그 아비의 재앙이요 다투는 아내는 이어 떨어지는 물방울이니라(19:13)

그는 해학적으로 다투는 여인과 살기보다는 차라리 움막에서, 혹은 광야에서 사는 것이 더 낫겠다고 했다(그는 자신의 잘못에 대해서는 언급하지 않았다).

다투는 여인과 함께 큰 집에서 나는 것보다 움막에서 혼자 사는 것이 나으니라(21:9)

다투며 성내는 여인과 함께 사는 것보다 광야에서 혼자 사는 것이 나으니라(21:19)

게으른 사람이 얼마나 게으른지 자기 먹을 것도 챙기지 못한다는 것을 묘사하는 데에도 해학이 깃들이어 있다.

게으른 자는 그 손을 그릇에 넣고도 입으로 올리기를 괴로와하느니라(19:24)

또 다른 재미있는 비유를 보면, 믿을 수 없는 사람을 믿는 것은 마치 고약한 치통을 가지게 되거나 발목이 삐는 것과 같다고 한다.

환난 날에 진실치 못한 자를 의뢰하는 의뢰는 부러진 이와 위골된 발 같으니라(25:19)

위의 예들은 잠언에 오락적인 요소가 있음을 설명하기에 충분하다. 그렇지만 이것은 분명히 교훈을 주는 오락이다.

두번째 부차적인 기능은 법과 잠언의 상호 관계에서 오는 기능이다. 톰슨(Thompson)은 어떤 법들이 잠언에서 유래되었다고 보는데, 특히 고대 이스라엘의 필연적인 규범들이 그렇다고 한다.[13] 그러나 그가 예로 든 것들은 반대로 생각해도, 즉 법에서 잠언이 나왔다고 주장할 때도 쉽게 사용할 수 있는 그런 예들이다. 그리고 잠언을 하나의 교훈적인 수단으로 본다면, 법적인 원리와 규제들을 더 쉽게 암기할 수 있도록 잠언의 형식으로 표현하는 것은 논리적으로도 자연스러운 것이다. 뇌물을 받는 것과 잘못된 저울추를 사용하는 것이 다음과 같이 법적인 잠언들의 주제로 사용되었다.

한결같지 않은 저울추와 말은 다 여호와께서 미워하시느니라
(20:10; 신 25:13-16)

신명기 19:14는 그 이웃의 지계표를 옮기는 것을 금지하고 있다. 이와 비슷한 내용을 잠언 22:28에서도 볼 수 있다.

네 선조의 세운 옛 지계석을 옮기지 말지니라

법을 잠언 형식으로 다시 표현하는 것은 오래된 천을 다시 기워 짜는 것과 같다.

세번째 부차적인 기능은 윤리적인 교훈으로서의 기능이다. 이집트와 메소포타미아의 교훈들에서처럼 지혜자는 학생들을 "내 아들"이라고 불렀다. 잠언서의 주제들은 물론 여러 세대에게 다 적용되는 교훈이지만, 특히 감정이 격하고, 또 경험으로 다듬어야 할 아직 시도되지 못한 많은 이상을 가지고 있는 젊은이들을 겨냥한 것이 분명하다. 젊은이들의 삶은 지혜의 길로 다듬어질 수 있는 여지가 있다. 그래서 이론과 경험을 통하여 얻어진 것들이 짧고 함축적인 말들에 표현되어 각 사람들의 행실에 대한 지침으로 사용되었다. 스캇(R. B. Y. Scott)은 삶의 원리들이 표현되는 일곱 가지 경구 형

---

13) Thompson, p. 112.

식을 다음과 같이 구분하였다.

1. 일치(동등)
　　이웃에게 아첨하는 것은
　　그의 발 앞에 그물을 치는 것이니라(29:5)

2. 반대(대조)
　　배부른 자는 꿀이라도 싫어하고
　　주린 자에게는 쓴 것이라도 다니라(27:7)

3. 유사
　　먼 땅에서 오는 좋은 기별은
　　목마른 사람에게 냉수 같으니라(25:25)

4. 모순(불합리에 대한 직설적 표현)
　　미련한 자는 무지하거늘
　　손에 값을 가지고 지혜를 사려함은 어찜인고(17:16)

5. 분류(인물, 행동, 혹은 상황)
　　어리석은 자는 온갖 말을 믿으나
　　슬기로운 자는 그 행동을 삼가느니라(14:15)

6. 평가(어떤 일의 우선 순위)
　　많은 재물보다 명예를 택할 것이요
　　은이나 금보다 은총을 더욱 택할 것이니라(22:1)

7. 결과
　　게으른 자는 가을에 밭 갈지 아니하나니
　　그러므로 거둘 때에는 구걸할지라도 얻지 못하리라(20:4)[14]

　잠언(경구) 형식 외에도 잠언서에는 보다 길고 사색적인 구절들도 있다(예, 1:8-19; 5:1-23; 23:29-35; 27:23-27). 지혜에 사색적인 면이 있음을 감안할 때, 우리는 잠언서가 단지 짧고 실제적인 말들을 암기하는 것 이상의 의미가 있음을 알고 있다. 사색적인 것과

---

14) Scott, pp. 5-8.

실용적인 것은 서로 연결되어 있다. 심지어 욥기와 같이 고도로 사색적인 책에서도 그 변론들 중에 짤막한 잠언(경구)들이 삽입되어 있는 것을 볼 수 있다(예를 들면, 욥 4:8; 12:11; 21:19).

잠언의 목적. 잠언서의 교훈적 특성은 그 책의 목적과 기능에도 연결된다. 실제로 잠언서의 서문(1:2-6)은 읽는 이들에게 지혜와 훈계를 가르치는 것이 그 목적이라고 밝히고 있다. 그렇다면 이 책은 바른 행실과 삶에 대한 필수적인 태도들을 가르치는 입문서로서 하나님의 뜻에 합당하게 살도록 가르치는 목적을 가지고 있다. 일차적인 목표는 가정을 보존하는 것이고, 나아가 전체 사회의 사회적 안정에 기여하도록 훈련시키고 교육하는 것이다. 그러므로 지혜에서 두드러지는 주제는 하나님의 뜻에 대한 성취가 개인적 사회적 행실에서 그리고 그의 백성의 제도 안에서 실현된다는 사실을 깨달아야 한다는 것이다.

잠언서는 이집트와 메소포타미아의 고대 훈육서들과 거의 흡사한 훈육 지침서이다. 히스기야 통치 때의 편집 활동으로 25-29장이 생기게 되었는데(25:1), 이것은 그의 통치 초기에 있었던 개혁과 관련이 있다(왕하 18:1-6; 대하 29-31). 그렇다면 그 교훈적인 목적은 더 큰 명분을 가지고 있다. 즉 종교적으로 사회적으로 퇴폐한 사회가 영적으로 건강하고 사회적으로 안정된 방향으로 돌아가기 위해 꾸준한 노력을 재개하도록 하기 위한 것이다.

문학적 구조와 발전

잠언서의 문학적 구조는 각 부분의 서두에 있는 제목들에 의해 구분된다는 것이 현대 학계의 일치된 의견이다. 그런데 이 제목들이 히브리어 본문에서는 분명히 나타나지만, 번역 성경들에서는 불

분명한 경우도 종종 있다. "솔로몬의 잠언"이라는 제목이 세 번 나오는데, 첫번째는(1:1) 이 책 전체에 대한 것이고, 다른 두 경우들은(10:1; 25:1) 이 책 안에 있는 소단원들에 해당한다. 10:1로 시작하는 소단원의 끝 부분에 보면 간단하게 "지혜있는 자의 말씀"이라는 제목이 붙은 것과(22:17-24:22) "이것도 지혜로운 자의 말씀이라"는 제목이 붙은 구절들(24:23-34)이 삽입되어 있다.

그러나 이 일치된 의견에 다른 이의가 없었던 것은 아니다. 키첸(K. A. Kitchen)은 고대 이집트와 메소포타미아의 교훈들을 양식비평학적으로 연구하여, 이 문서들에 두 가지 유형이 있다고 주장했다. A유형은 제목과 본문으로 구성되어 있는 것으로, 잠언 25-29, 아굴의 잠언(30:1-33), 그리고 르무엘의 말씀(31:1-31)이 A유형에 해당한다고 한다. B유형은 더 자세한 구조로 되어있는데, 제목, 서문, 그리고 본문으로 구성되어 있고, 더러 부제가 붙는 경우도 있다고 한다. 키첸은 잠언 1-24를 A유형으로 분류했다. 그리고 10:1, 22:17, 24:34는 새 단원이 시작됨을 알리는 부제가 아니고, 보다 넓은 저작 안에 부속된 문서임을 가리키는 것이라고 제안했다.[15] 잠언 1-24의 제목(1:1-6)이 25:1, 30:1, 그리고 31:1에 있는 다른 제목들에 비해서 좀 길다는 사실이 그 지침들과 어긋나는 것은 아니다. 왜냐하면 그것들 역시 다양한 길이의 제목들을 가지고 있기 때문이다. 오히려 그것들은 다른 증거와 잘 맞는다.[16] 어떤 학자들은 25-29장의 서두에 붙은 제목을("이것도 솔로몬의 잠언이요 유다 왕 히스기야의 신

---

15) K. A. Kitchen, "Proverbs and Wisdom of the Ancient Near East: *The Factual History of a Literary Form*," Tyndale Bulletin 28(1977): 73, 96.
16) 예를 들어, 토이(Toy)는 "베끼다"(개역성경에는 '편집'—역자 주)에 해당하는 히브리 단어는 후대의 문학 용어인데(흠정역 창 12:8에서 이 단어는 to remove〈제거하다〉를 의미한다. 개역성경에는 '옮기다'라는 의미에 가깝다—역자주), 그 편집 자가 히스기야 시대를 이러한 문학적 활동에 적합한 시기로 선택한 것은 특히 이 시기에 선지자 이사야와 미가가 활동했었고, 또 히스기야의 종교개혁 전통이 활발했었기 때문이라고 주장한다. Toy, pp. 457-58
17) 스캇(Scott)은 이 제목이 부적절하다고 볼 이유가 없다고 주장한다. Scott. p. 17. 한편 영(E. J. Young)은 라스 샴라(Ras Shamra)에 (시간을) "넘다"라는 의미로

하들이 편집한 것이니라", 25:1) 역사적인 신빙성이 없는 것으로 간주한다.[17] 그러나 사실 그 역사적인 신빙성을 거부할 구체적인 이유가 없다.[18] "히스기야의 사람들"(히브리 원어를 직역한 것으로 개역성경에는 '히스기야의 신하들'―역자주)은 왕궁의 후원을 받는 히스기야의 서기관들을 가리키는 전문용어이다(삼상 23:3, 5의 "다윗의 사람들," 그리고 삼하 2:31; 왕상 10:8의 "아브넬의 사람들" 참고). B.C. 733-722에 북왕국이 앗수르에 의해 멸망하면서 문학활동이 왕성하게 일어났는데, 이것은 지혜문학뿐 아니라 선지문학에서도 마찬가지였다. 북왕국의 재난이 있어난 후, 남왕국에서는 성취된 것이든지 안된 것이든지 선지자들의 말씀을 다 보존할 필요성을 느끼게 되었다. 또 두 나라의 종교성이 비윤리적인 개인 행동들에 의해 뒤틀렸다는 것을 분명히 인식했던 8세기 선지자들로 인해(참고 사 1; 암 8:4-6) 실제 생활에 대한 강력한 강조가 일게 되었다.

잠언 1-24의 아주 긴 서문(1:7-9:18)은 B.C. 5세기의 아히카르(Ahiqar)와 거의 비슷하며, 이 잠언은 3000-2000년경 서문이 짧게 기록되던 시기에서 1000년기 말에 서문이 길게 지어지던 시기로 변환하는 단계를 대표하는 것 같다.[19]

마지막 세 부분은 키첸이 말하는 A유형에 해당한다. 이것들은 솔로몬의 것은 아니고 추가로 첨부된 것이다. 비록 이 문서들의 저작 연대와 그것들이 이 책에 첨부된 연대에 대한 증거가 확실하지는 않지만, 이것들은 히스기야 학자들이 작업한 것일 가능성이 높다. 첫 부분(30장 "아굴의 잠언"과 31:1-31," 르무엘왕의 말씀"―실제로는 그의 어머니의 말씀인 것을 주목하라)은 그 성격상 이스라엘 밖에서 온 것으로 보인다.[20]

쓰인 'thq를 인용하고, 이 단어가 어원학적으로 초기 시대에는 다른 뉘앙스를 갖고 있었을 것이라고 주장했다. E. J. Young, *An Introduction to the Old Testament*, p. 317
18) Ibid., pp. 78-79.
19) Ibid., pp. 85-86.
20) 이 단원의 뒷부분 "잠언의 해석학적 고찰"을 보라.

이 책의 발전 단계를 다음과 같이 볼 수 있다.

잠언의 발전

1 단계	1:1-24:34	솔로몬의 잠언들의 1차 편집—B.C. 10세기 말경에 지어지고 수집됨
2 단계	25:1-29:27 + 1:1-24:34	솔로몬의 잠언들의 2차 편집—B.C. 8세기말 혹은 7세기초에 "히스기야 의 신하들"에 의해 준비됨
3단계	30:1-33 + 31:1-31	잠언서의 최종 편집—히스기야 후 어느 때에 편집됨

잠언의 문학적 구조와 구성

솔로몬의 제1 모음집					솔로몬의 제2 모음집	잠언 부록	
제목	서문	솔로몬의 여러 잠언들	지혜자 의 말씀	또한 지혜자의 말씀들	히스기야의 신하들이 모은 솔로몬의 여러 잠언들	아굴의 말씀	르무엘의 말씀
1:1-6	1:7 - 9:18	10:1 -22:16	22:17- 24:22	24:23 -34	25:1-29:27	30:1-33	31:1-31

칠십인경의 본문 순서

잠언 24:22 이후부터 헬라어 본문의 순서는 히브리 본문의 순서와 다르다. 두 부분의 많은 분량이 지혜자의 말씀 가운데 삽입되어 있다.

잠언의 순서대조

히브리 본문의 순서	칠십인경의 삽입
22:17-24:22	
	← 30:1-4
24:23-34	
	← 30:15-31:9
25:1-29:27	
	← 31:10-31

토이(Toy)는 이와 같이 순서가 다른 것은 히브리 본문이 정해지지 않았음을 보여주는 것이라고 생각했다.[23] 그러나 잠언의 헬라어 역본에 관련된 많은 어려운 점들을 감안했을 때, 그 번역자가 단어들과 문구들을 오역한 경우가 적지 않으므로,[24] 헬라어 본문을 너무 의지하지 않도록 각별히 주의해야 한다. 히브리 본문의 순서를 신뢰하지 못할 이유는 없다. 사실 헬라어 역본의 순서는 솔로몬의 긴 잠언을 나눠놓고 있다. 비록 헬라어 역본의 번역자가 재구성하여 편집할 이유가 분명히 있었다 하더라도 히브리 본문의 순서가 타당하다.[25]

---

23) Toy, p. xxxiii.
24) 이 단원에 있는 잠언 30장에 대한 논평을 보라.
25) 토이는 p.xxxiii의 각주에서 프랑켄버그(Frankenberg)가 헬라어 역본의 순서는 그 자료를 단지 두개의 제목(10:1과 25:1)만으로 두 부분의 솔로몬의 모음집으로 구분했다는 것을 관찰했다는 사실을 언급했다.

연대와 저자

이 책의 저작 연대와 수집 연대에 대한 문제들은 별도로 연구되어야 한다. 첫번째 문제는 저자에 대한 것이고, 두번째 문제는 편집자에 대한 것이다. 여기에서 우리는 첫번째 문제를 논의하려고 한다. 두번째 문제에 대해서는 "문학적 구조와 발전"이라는 제목 하에 이미 논의했다. 물론 이 두 문제를 완전히 분리한다는 것은 불가능하겠지만, 그 구분은 계속 유지되어야 한다.

바벨론 탈무드(Baba Bathra 15a)에 보존된 유대 전통은 히스기야 신하들의 역할을 근거로 잠언의 저작권을 그들에게로 돌렸다. 그렇지만 이 전통은 이 책의 저작을 언급한 것이라기보다는 그 편집을 언급한 것으로 보인다. 초기 교부들 가운데 이 책 전체가 솔로몬에 의해 지어졌다는 견해가 있었는데, 이것은 헬라어 역본과 라틴어 역본에 30장과 31장의 제목들이 없었거나 불분명하였기 때문일 것이다.[24]

일반적으로 오늘날에는 1:1-9:18을 가장 후기의 모음집으로 본다. 아이스펠트(Eissfeldt)는 이 부분이 B.C. 4세기 이전의 것일 수 없다고 결론짓는다. 그의 주장의 근거는 이 모음집에는 긴 문장들이 있다는 것과 지혜를 의인화했다는 것이다. 그는 이 두 가지 요소가 모두 그리스의 영향에서 유래한 것으로 본다.[25] 그러나 키첸(Kitchen)은 추상적인 내용들을 의인화하는 것이 고대 근동에서 이미 B.C. 3000년, 2000년경부터 보편적으로 알려져 있었음을 지적했다.[26] 키첸이 언급한 바와 같이 이것이 시사하는 바는 "잠언의 처음 몇 장(참고, 1:1-7)은 단지 후대 서기관의 한가한 공상이 아닌

---

24) Young, p. 312.
25) Eissfeldt, p. 473.
26) Kitchen, *Ancient Orient and the Old Testament*, pp. 26, 126-27. 그리고 각주 56을 보라.

그 이상의 것이다."²⁷⁾ 영(Young)은 아이스펠트(Eissfeldt)의 견해에 응답하면서 키첸이 제안한 주장에 동의했다. 물론 그는 1:1-9:18에서 그 구절들이 긴 것은 그 주제 때문이지 그리스의 영향 때문이 아니라는 다른 입장을 제기했다.²⁸⁾

델리취(Delitzsch)는 깊이 있고 유용한 그의 주석에서 1-9장의 풍유적인 작가는 아마도 여호사밧 통치 초기의 인물일 것이며,²⁹⁾ 이 작가는 솔로몬의 잠언에 근거해 저작했을 것이라는 입장을 내놓았다.³⁰⁾ 델리취의 의견은 여호사밧의 관원들과 레위인들이 가르치는 활동이 왕성했던 것(대하 17:7-9), 왕의 개혁이 있었던 것(대하 17:3-6; 19:4), 그리고 이 시기 전반에 걸쳐 풍유 형식들이 즐겨 쓰였던 것(왕하 14:8-11; 대하 25:17-21)에 근거하고 있다.³¹⁾

1-9장을 솔로몬이 아닌 다른 저자의 것으로 돌리는 이유들은 수긍이 갈 뿐 아니라, 서구적인 사고방식에서 보면 끌리는 점도 없지 않다. 그러나 솔로몬이 보다 길고 사색적인 잠언들을 쓸 수도 없었고, 의인법은 쓰지도 않았다고 전제하는 것은 정당하지 못하다.

더구나 잠언서의 총 편집자가(혹은 편집자들이) 이 부분(1:7-9:18)의 저자는 솔로몬이라고 믿었다는 데는 의심의 여지가 없다. 우리는 이 문서가 히스기야 통치 때 편집 과정을 거쳐왔다는 것을 의심하지는 않지만, 이것을 포로 시대 이후의 것으로, 혹은 솔로몬 시대 이후의 것으로 미루는 주장들은 고고학적인 그리고 본문 비평적인 연구에 의해서 기각되었다.

첫번째 부제는 10:1에 나오며, 이것은 두 부분으로 나뉘게 될 (10:1-15:33; 16:1-22:16) 하나의 소단원의 시작을 표시한다. 첫번째 부분은 대조 평행법을 자주 쓰고 있다는 점에서 두번째 부분과 구

---

27) Ibid., p. 26.
28) Young, p. 313
29) Delitzsch, 1:29
30) Ibid., p. 34
31) Delitzsch, 1:29.

분된다. 이 모음집은 주제에 있어서는 다르지만, 한 잠언만 제외하고(19:7, 3행연구) 전부 2행연구로 되어 있다는 점에서는 모두 같다.[32] 14:34; 17:10; 18:24; 19:20 등에 아람 사상이 나타난 것에 근거하여 아이스펠트(Eissfeldt)는 10:1-22:16은 포로 시대 이전의 자료들이 아니라고 주장했다.[33]

토이(Toy)는 어떤 개념들과 사회적인 제도들이 나타나 있지 않다는 점에 착안하여 10:1-22:16과 25-29장은 B.C. 350년과 300년 사이에 현재의 형태대로 만들어졌으며, 두번째 모음집은 첫번째 것보다 약간 늦게 나왔다고 제안했다.[34] 반면에 델리취(Delitzsch)는 이 부분이 여호사밧 시대에 생겨났다고 주장했고,[35] 좀 더 최근에 해리슨(Harrison)은 그것이 솔로몬 시대의 것이라고 제안했다.[36]

이러한 입장들에 반대하여, 오늘날에는 어떤 문서에 아람 사상이 나타났다고 해서 그것이 그 연대를 추정하는 결정적인 요소가 될 수 없으며, 따라서 아람 사상은 반드시 포로시대 이후의 연대를 표시한다는 옛날 학자들의 견해를 따라갈 수 없다는 것이 일반적으로 받아들여지고 있는 추세이다.[37] 더구나 열왕기상 4:29-34에 담겨있는 전통이 진리라는 것은 의심할 여지가 전혀 없다. 이 전통에 의하면 솔로몬은 3000 잠언의 저자이고, 1005편의 노래를 지은 사람이다. 그가 다루는 주제들은 팔레스타인의 초목들과 동물들을 총망라하는 것이었다. 솔로몬이 이행연구 형식의 잠언을 보편화했을 수도 있다. 그러나 그렇다고 해서 그가 이 형식에만 집착하여 다른 변화 형식을 만들지 않았다고 생각해서는 안된다. 그러므로 "솔로몬의 잠언"이라는 제목(10:1; 25:1)은 꼭 2행구, 즉 2행연구만을 가리키

---

32) James L. Crenshaw, *Old Testament Wisdom, An Introduction*, p. 73.
33) Eissfeldt, p. 474.
34) Toy, pp. xxviii-xxx.
35) Delitzsch, 1:28-29.
36) R. K. Harrison, *Introduction to the Old Testament*, p. 1017
37) 영의 간단한 토론을 참고하라. Young, p. 313.

는 것이라는 스캇(Scott)의 제안은[38] 받아들일 수 없다. 따라서 우리는 이 책의 대부분을 솔로몬의 저작으로 돌리는 것은 단지 편집자의 문학적 습관일 뿐이라는 의견에 동의하지 않는다.

델리취(Delitzsch)는 똑같이 혹은 약간 변형된 상태로 반복되는 잠언들을 비교 분석하여 10:1-22:16과 25-29장은 모두 히스기야 서기관들의 작품이 아니라는 결론을 내렸다. 그 서기관들은 첫번째 모음집을 알고 있었지만, 거기에서 내용을 빌어오지는 않았다. 그들의 의도는 이 첫번째 모음집을 무용지물로 만들지 않으면서, 그것과 병행하는 또 다른 책을 만드는 것이었기 때문이다.[39] 이 결론은 최소한 부분적으로 두 부분에서 똑같이 반복되는 잠언들에 의해 정당화되는 것 같다.

동일하거나 유사한 잠언들

첫번째 모음집	두번째 모음집
동 일	
21:9	25:24
18:8	26:22
22:3	27:12
20:16	27:13[40]
동일한 의미이지만 변형된 표현	
22:13	26:13
19:24	26:15
19:1	28:6
12:11	28:19
22:2	29:13
한 행이 동일	
17:3	27:21
15:18	29:22[41]

---

38) Scott, pp. 9, 13.
39) Delitzsch, 1:26-27.
40) 히브리 본문이 중복된 것은 NASB보다 RSV에서 더 분명하다.
41) Delitzsch 1:25. 그리고 10:1-22:16과 25-29장에서 공통적으로 나오는 용어들에 대한 언어학적 분석에 대해서는 Delitzsch, pp. 31-32를 보라.

히스기야의 학자들이 기록된 문서들을 입수한 상태에서 일했다는 것은 25:1의 머리말에 암시되어 있고, 이 자료들이 솔로몬의 것이었다는 것은 분명히 언급되어 있다. 비록 단편의 잠언들이 한 부분 안에서, 한 부분과 다른 부분에서 반복되었다는 것이 수집과정에 대한 사실을 어느 정도 말해주기는 하지만, 이것이 솔로몬의 저작권을 확증하거나 반대로 부인하는 결정적인 단서가 되지는 못한다. 그러나 분명한 것은 솔로몬의 평화로운 치세는 문학적 활동과 지혜의 발달에 밑거름이 되었다는 것이다. 그리고 이 왕이 나라 안팎으로 얻은 명성을 감안할 때, 그의 말과 생각들이 후세를 위하여 기록으로 보존되었다는 것을 불신할 이유가 없다.

  이 저작들이 솔로몬 때 보다 300년이 지난 후에 히스기야의 서기관들이 손에 넣을 수 있었던 것은 아마도 유다에서 솔로몬의 명성이 계속되었으며, 또 고대 근동에서 왕궁의 협조에 의한 문학 활동이 계속되었기 때문일 것이다. 다윗의 치세 때에는 슬라야(삼하 8:17)와 스와(삼하 20:25)라는 두 서기관들이 있었다고 했는데, 후자는 제사장들 및 다른 대신들과 함께 언급되었다. 히스기야의 서기관 셉나는 B.C. 701에 앗수르가 유다를 침입한 사건 때 왕과 함께 있었고(왕하 18:18), 사반은 B.C. 621에 성전에서 율법 두루마리가 발견될 당시 요시야의 서기관이었다(왕하 22:9). 이 문학적 활동을 하는 사람들이 왕궁의 후원으로 계속 유지되었다는 것을 분명히 유추할 수 있을 것이다.

  비록 1:1-29:27이 수집과정을 거치면서, 또 최종적으로 이 책이 편집되면서 거기에 편집상 어느 정도 추가된 내용이 있기는 했겠지만, 우리는 이 부분이 솔로몬의 저작이라고 본다. 30:1-33과 31:1-9의 저자에 대해서는 이름만 알려져 있을 뿐, 그 외 다른 정보들은 알려져 있지 않다. 이것들의 저작 연대와 현숙한 아내를 칭송하는 마지막의 알파벳 시(31:10-31)의 연대를 확실하게 결정지을 수는 없다. 그러나 포로시대 이전 것이라는 사실을 부인할 만한 신빙성

있는 자료들은 거의 없다.

정경성

잠언서의 정경화 과정에 대한 자료는 극히 드문 편이다. 다만 바벨론 탈무드(Shabbath 30b)에서 이에 관련된 자료를 찾을 수 있다. 잠언 26:4와 26:5가 서로 엇갈리는 주장을 하는 것처럼 보이는 데 문제가 있다. "미련한 자의 어리석은 것을 따라 대답하지 말라…미련한 자의 어리석은 것을 따라 그에게 대답하라"(참고로 NASB는 쉽게 풀이하여 as his folly deserves[그의 어리석음에 걸맞게]로 번역했다). 랍비들은 처음 것을 율법에 대한 문제로, 두번째 것을 세상적인 일들에 대한 언급으로 구분함으로써 이 문제를 해결하려 했다. 이 책의 정경성에 대한 의심은 포로시대 후 초기에 이미 사라졌고, 잠언서는 유대교와 초기 기독교에 큰 영향을 끼쳤다.

시적 구조

잠언서는 단행으로 된 보편적인 격언을 기본유형으로 사용하지 않고(예를 들면, "구르는 돌은 이끼가 끼지 않는다"는 식), 이행으로 된 경구(two-line proverb, distich)를 사용했는데, 이행 경구는 마샬시의 기본 형식이다. 이행 경구는 두번째 행의 변화에 따라 다음과 같이 네 가지 기본형식으로 나뉜다.

첫번째 형식은 유사형으로, 둘째 행에 첫째 행의 의미를 약간 다른 말로 되풀이하는 것이다.

교만은 패망의 선봉이요 거만한 마음은 넘어짐의 앞잡이니라
(16:18; 또한 16:13, 16; 11:25)

이 형식은 히브리 시의 특징인 평행법의 기본 유형을 따른 것이다.

이행 경구의 두번째 형식은 대조형으로 10:1-15:33에서 현저하게 나타난다. 둘째 행은 첫째 행과 댓구되는 의미, 즉 대조적인 의미를 표현한다.

인자한 자는 자기의 영혼을 이롭게 하고 잔인한 자는 자기의 몸을 해롭게 하느니라(11:17)

세번째 이행 경구 형식은 종합형으로, 첫째 행의 의미가 다음 행에서 확장된 혹은 강화된 형식으로 확대된다. 둘째 행은 단순히 첫째 행의 의미를 답습하거나 대조하기보다 종합적인 형식으로 처음 의미를 강화시킨다.

미워함을 감추는 자는 거짓의 입술을 가진 자요 참소하는 자는 미련한 자니라(10:18)

네번째 형식은 비교형이다. 여기에서는 윤리적인 혹은 실제적인 진리가 자연이나 경험에서 나오는 예화로써 설명된다.

먼 땅에서 오는 좋은 기별은 목마른 사람에게 냉수 같으니(25:25)

이 마지막 형식의 경우 그 중심 의미가 첫째 행에 있을 때도 있고, 혹은 둘째 행에 있을 때도 있다.

이행 경구 형식은 위에 논의한 구조에 따라 여러 가지 변화가 있다. 사행 경구(tetrastich)는 보통 마지막 두 행에서 변화가 생긴다. 사행 경구로서 유사형(예를 들면, 23:15-16; 24:3-4), 종합형(예를 들면, 30:5-6), 그리고 비교형(예를 들면, 25:16-17)에 해당하는 예들을 잠언서에서 찾을 수 있다.

보다 길고 더욱 사색적인 경우에는 때때로 육행 형식(hexastich)

을 취하기도 한다. 종종 처음 두 행은 서두를 구성하고, 다음에 오는 네 행이 본문이 된다(예를 들면, 23:19-21). 팔행 경구(octastich)도 있다(예, 23:22-25).

더욱 긴 경구들은 마샬 오데(mashal ode), 즉 '노래'라고 불려진다. 여기에 해당하는 대다수가 1:7-9:18에 있고, 그밖에 잠언서의 다른 부분에서도 볼 수 있다(예, 22:17-21; 30:7-9).

이것들은 모두 마샬(잠언)시의 변형이고, 아마도 지혜 문학 초기에 유행했던 것 같다. 어떤 학자들이 주장하듯이 단지 이행 경구만 솔로몬의 저작이라고 국한시키는 것은 문학의 발달 과정이 단순한 것에서 복잡한 것으로 획일적으로 진행되었다는 전제에 근거한 것이다. 이 입장은 너무 단순해서 받아들이기가 곤란하다. 더구나 솔로몬이 왕성하게 문학적 활동을 했다는 것은 의심의 여지가 없다. 따라서 그가 여러 가지 다양한 잠언 형식을 사용했음이 틀림없다. 3,000 잠언을 지은 사람이 이행 형식을 결코 벗어나지 않았다고 하는 것은, 너무 소박한 생각이어서 도저히 받아들일 수 없다.

잠언서의 여러 부분들을 간단히 살펴보고, 각 부분에 나타난 여러 형식들을 관찰하기로 하자.

잠언에 나타난 시적 형식

1:7-9:18	마샬 오데 형식이 가장 두드러진다.
10:1-22:16	모두 이행 경구이고, 거의 대조 형식이다.
22:17-24:22	사행 경구가 많기는 하지만, 거의 모든 형식들이 들어 있다.
24:23-34	사행 경구 뿐만 아니라 이행 경구도 있으며, 한 편의 마샬 오데가 있다.
25:1-29:27	대부분 이행 경구이고, 대조형과 비교형이 두드러진다.
30:1-33	이 부분에는 이행 경구, 사행 경구, 그리고 계수(middah) 경구들이 있다.
31:2-9	이행 경구나 사행 경구들을 찾을 수 있다.
31:10-31	알파벳 배열시이다.[42]

---

42) 이 부분의 자료에 대해서는 1:6-24에 대한 델리취의 논의에서 도움을 받았다.

잠언에 대한 해석학적 고찰

잠언는 신학적 논쟁을 제시하기 위해 치밀하고 짜임새 있게 구성된 욥기나 전도서와 같은 그런 신학적인 논문이 아니다. 그럼에도 불구하고 잠언은 상당히 신학적이다. 잠언서의 저변에는 각 사람들로 하여금 하나님과 또 그 이웃들과 올바른 관계를 맺게 하는 지혜 신학이 깔려 있다.

신학적 전제

잠언의 해석에 있어서 첫번째 원리는 때때로 신학적 전제들이 본문의 문맥보다 더 중요하다는 것이다. 많은 경우에 있어서 그 구성 원리들이 아직까지도 밝혀지지 않았다. 여로 구절들이 한가지 특정한 주제를 다루는 경우도 있지만, 일반적으로 각 잠언은 각각 그 나름대로의 독자적인 의미를 가지고 있어서 앞뒤의 말씀들과 별개의 것인 경우가 많다. 그러므로 다른 성경의 장르들에서처럼 문맥이 항상 그렇게 결정적인 것은 아니다.

자연적, 그리고 사회적/도덕적 질서

잠언 지혜의 저변에 깔린 두번째 원리는 자연적 질서와 사회적/도덕적 질서 사이에 근본적인 연관성이 있다는 것이다. 자연적 질서를 성찰한 사람은 사회적/도덕적 질서를 이해하게 된다.

> 게으른 자여 개미에게로 가서 그 하는 것을 보고 지혜를 얻으라 (6:6)

즉, 게으른 사람은 개미의 근면함을 보고 자신의 행실을 고칠 수 있는 하나의 원리를 얻게 된다.

원리 대(對) 약속

세번째 원리는 잠언서의 잠언들을 약속으로 취급하는 것은 적절하지 못하다는 것이다.

> 마땅히 행할 길을 아이에게 가르치라 그리하면 늙어도 그것을 떠나지 아니하리라(22:6)

우리는 이것을 하나의 약속으로 받아들이는 경향이 있지만, 사실 이 잠언은 교육과 헌신의 원리를 말하고 있다. 즉, 일반적으로 말해서 어떤 아이가 어린 시절부터 지혜의 원리대로 교육을 잘 받으면, 계속해서 그 원리대로 살게 된다는 것이다. 물론 성경의 다른 장르에서도 이 진리가 하나의 약속으로 주어졌다면 당연히 그 잠언도 약속으로 인정될 수 있을 것이다. 그러나 그 약속의 효력은 잠언에서 비롯된 것이 아님을 알아야 한다. 이것은 잠언이 의도하는 바가 아니다.

유사 문학

네번째, 유사 문학을 연구하는 것이 잠언서를 이해하는 데 도움이 되기는 하지만, 그러나 잠언서에는 그 자체의 독특한 신학적 정서가 담겨있다. 잠언서가 문학적으로 또 이치적으로 고대 근동의 경구적인 교훈들과 유사한 특색들을 가지고 있기는 하지만, 잠언서는 그 나름대로의 특색을 가지고 있다. 우리는 메소포타미아와 이집트에 많은 지혜 문헌들이 있었으며, 이것들이 이따금 이스라엘의 지혜의 교훈에서 다루어지는 주제들과 동일한 문제들을 다루고 있고, 또 동일한 결론을 내리고 있다는 것을 알고 있다. 예를 들어보자. 예레미야가 지적했듯이 에돔 족속은 지혜롭기로 유명하다.

> 에돔에 대한 말씀이라 만군의 여호와께서 이같이 말씀하시되 데만에 다시는 지혜가 없게 되었느냐 명철한 자에게 모략이 끊어졌느냐 그들의 지혜가 없어졌느냐(렘 49:7)

우리는 여기에서 욥기의 신학적 바탕은 이스라엘이지만, 그 지역적 배경은 에돔이라는 것을 떠올리게 된다. 물론 욥기가 에돔에서 기원했다고 해서 이 사실이 반드시 에돔의 지혜의 수준을 나타내는 것이라고 할 수는 없겠지만, 적어도 에돔의 문학적 영적 분위기가 지혜 사상과 형식들을 발전시키고 구체적으로 표현하기에 적절했음을 시사한다. 이것이 또한 이스라엘 밖의 지혜를 연구하는 데서 오는 가장 유익한 혜택 중 하나이다. 이를 통해 우리는 그 당시에 유사한 문학 활동이 널리 보급되어 있었고, 인생의 문제들에 대한 실제적인 연구들이 여러 문화권에서 비슷하게 공통적으로 다루어졌다는 것을 배우게 된다. 그렇지만 이스라엘의 잠언 문학은 타의 추종을 불허한다. 열왕기서의 저자는 솔로몬의 지혜가 고대 근동의 세계와 이집트의 지혜보다 탁월함을 지적했다. "솔로몬의 지혜가 동양 모든 사람의 지혜와 애굽의 모든 지혜보다 뛰어난지라"(왕상 4:30). 이스라엘 지혜를 가장 돋보이게 하는 것은 그 저변에 깔린 신학적 기초이다. 여기에는 탁월한 도덕성이 배어 있다. 메소포타미아와 이집트의 지혜자들이 자신들의 충고를 마음에 둠으로써 얻게 될 물질적인 혜택을 강조하는 반면, 히브리 지혜는 "여호와를 경외하는 것이 지혜의 근본이요"(잠 9:10)라는 말씀에 기초하고 있다.

지혜는 선한 충고를 따를 수 있을 만한 선한 마음 그 이상의 것이다. 잠언의 그 핵심 문구가 증거하듯이 지혜는 삶의 총체적인 도이다.[43]

잠언 22:17-23:14의 문제와, 또 그것이 이집트의 아멘-엠-오펫의 교훈[44]과 어떤 관계가 있는가에 대한 문제는 학자들에 의해서 많이 논의되었다. 이 두 자료들 간의 관계를 최초로 주목한 사람은 이집트학의 권위자인 아돌프 에르만(Adolf Erman)이었다.[45] 그 이집트 자료는 30편으로 되어 있고, 어느 관원이 아들을 권면하는 내용을 담고 있다. 또 그 주제는 잠언서의 시각과 상당히 비슷하며, 하나의 인상적인 상징이 양쪽에 다 사용되었다("재물은 날개를 내어 하늘에 나는 독수리처럼 날아가리라"[잠 23:5]; "그것들은 거위처럼 날개를 달고 하늘로 날아가리니"[아멘 X, 5]).[46] 학자들이 얼마 동안은 "이스라엘 저자가 나중에 그 이집트 작품을 알게 되어 그것을 자기 작품에 이용했을 것이 거의 확실하다"라는 와이브레이(Whybray)의 주장을 신빙성있는 것으로 받아들였다.[47] 히브리 문서들과 이집트 문서 간의 유사성들이 인정되는 가운데, 존 러플(John Ruffle)은 양 문서들 간의 의존성에 대해 진지한 질문들을 제시했다. 그는 '아멘-엠-오펫'에는 없는 문구들 때문에 소위 그 평행하는 내용들이 복잡해지는 경우들이 있다는 것을 지적하였다.[48] 그는 솔로몬의 궁정에서 일하던 어떤 이집트 서기관 하나가 자신이 기억하고 있었

---

43) John Ruffle, "The Teaching of Amenemope and Its Connection with the Book of Proverbs," *Tyndale Bulletin* 28(1977): 37.
44) 이 자료에 대한 번역으로는 James B. Pritchard, ed., ANET, pp. 421a-24b를 보라
45) Adolf Erman, "Eine agyptistische Quelle der 'Spruche Salomos,'" *Sitzungsberichte der preussischen Akademie der Wissenschaften*(May 1924): 86-93. 그레스만(Gressmann)이 이 가설을 더욱 발전시켰다. H. Gressmann, "Die neugefundene Lehre des Amenemope und die vorexilische Spruchdichtung Israels," *ZAW* 42(1924): 272-96.
46) 존 러플(John Ruffle)의 번역, p. 59를 따른 것이다. 그는 평행되는 문구들이라고 간주하는 부분들을 pp. 37-62에서 제시하고 있다.
47) R. N. Whybray, *The Book of Proverbs*, p. 132.
48) Ibid., pp. 60, 61, 64.

던 어떤 자료들에서 몇 개의 경구들을 가져다가 기록했을 수도 있다는 것을 기꺼이 인정했다.[49] 그러나 그는 히브리 작품이 그런 식으로 이집트의 자료들을 자주 의존했다고 할 만한 증거가 없다고 했다.[50]

이스라엘 작품이 아닐수도 있는 두번째 자료는 "아굴의 잠언"(30장)이다. 만약 이것이 정말로 다른 자료에서 기원한 것이라면, 이것은 히브리 신앙에 맞도록 각색된 것이다. 30:1의 맛사는 때때로 "신탁"(神託, oracle)이라고도 번역되지만(NASB), 이 용어는 "야게의 아들"이라는 문구에 바로 연결되어 있기 때문에, 이것은 부족을 나타내는 명사(마사족)로 쓰인 것으로 볼 수 있겠다. 이스마엘의 후손 가운데 이 이름으로 불리우는 한 족속이 아라비아 북쪽에 살았는데(창 25:13-14; 대상 1:30), 그들은 히브리인들과 동일한 종교적 기원을 가지고 있었던 것으로 생각된다. 아굴의 잠언에는 히브리 신앙의 자취가 분명히 나타나고 있고(30:9), 야훼 종교와 상충되는 것은 여기에 전혀 들어있지 않다.

---

49) Ibid., p. 65.
50) 영(Young)은 오히려 아멘-엠-오펫이 솔로몬에게서 그 자료들을 가져 왔었을 것이라고 주장한다. Young, p. 314. 그는 아멘-엠-오펫의 자료들과 직접적인 연관이 있다고 여겨져온 잠언 22:17-23:12의 내용에 주목하면서, 아멘-엠-오펫이 "옛 지계석"(22:28; 23:10)을 잘못 이해했었다고 주장한다. 즉 잠언은 이것을 신명기 19:14와 27:17에서 따온 것이 틀림없는 반면, 아멘-엠-오펫은 올람을 알마나("고아")로 잘못 읽은 것이 분명하다는 것이다. 로버트 올리버 케빈(Robert Oliver Kevin)은 공동체 사상과 언어학적 분석에 근거하여「아멘-엠-오펫의 교훈과 히브리 잠언서에 대한 의존 가능성」(*The wisdom of Amen-em-opet and Its Possible Dependence Upon the Hebrew Book of Proverbs*)이라는 연구를 발표했는데, 그는 여기에서 아멘-엠-오펫이 히브리 성경에 의존하고 있다고 신빙성있게 주장한다. 나아가 그는 아멘-엠-오펫이 이집트의 표준적인 지혜와 아주 다른 것으로 봐서, 그 저자/번역자는 자신의 동족들이 히브리에서 기원한 어떤 도덕적 종교적 가르침에 순응하기를 희망하여 그 가르침을 제공했었을 것이라고 제안한다(p. 155). 그의 주장은 그 이집트 저자/번역자가 포로 시대 후에 이집트에 정착했던 유대인들과 접촉하게 되었다는 것이다. 예레미야는 그런 무리가 네 군데 있다고 한 바 있다(믹돌, 다바네스, 놉, 바드로스[렘 44:1; 46:14]). 또 우리는 엘레판틴(Elephantine)공동체가 아히카르(Ahikar) 사본을 가지고 있었다는 것을 알고 있다. 따라서 그들도 그들 나라의 경구들이 담겨있는 문서 들을 가지고 있었을 가능성이 높은 것이다(pp. 156-57).

이스라엘 것이 아닐 수 있는 세번째 자료인 잠언 31:1-31에는 르무엘 왕이 나오는데, 그에 대해서 더 이상 알려진 바 없다. 만약 이것이 어떤 상징적인 이름이 아니라면(마치 호 5:13과 10:6의 "야렙 왕"처럼), 이것은 분명히 또 하나의 이스라엘 밖의 자료인 셈이다. 대부분의 학자들이 31장 전체를 연결된 한 단위(unit)로 보지 않고, 또 단지 1-9절 까지만 그의 말이라고 생각하는데, 사실 "현숙한 여인"에 대한 묘사(31:10-31)는 특히 그의 어머니의 가르침(31:1)과 잘 연결되기 때문에 이 부분도 르무엘의 자료에 속한 것으로 보인다. 이것은 "오직 여호와를 경외하는 여자는 칭찬을 받을 것이라" (30절)는 야훼 종교의 가치관을 제시하는 것이다.

하나님말고는 누구도 진리에 대한 소유권을 가지고 있지 않다. 만약 어떤 문화에서 자연 계시를 통해 성경의 신앙과 동일한 기본적인 사상들과 윤리적인 원리들을 얻는다면(참고, 롬 1:18-20), 우리도 특별 계시의 가치와 그 필요성을 무시하지 않으면서도 그것을 깨달을 수 있을 것이다. 특별 계시가 필요한 이유는 자연 계시의 내용이 분명하지 않다는 데 있다. 로마서에서 바울은 자연 계시는 단지 "그의 영원하신 능력과 신성"을 깨닫게 하는 것뿐이라고 그 한계를 제한시키고 있는 것으로 보인다. 즉, 자연 계시는 하나님의 존재에 대한 증거를 제시하기는 하지만, 그의 인격적인 성품과 구속 사역에 대한 상세한 내용은 전달할 수 없다는 것이다. 고대 이스라엘은 모든 선한 것들의 기초가 되시고, 또 그것들을 유효하게 하시는 분은 오직 하나님 뿐이라고 믿었다. 왜냐하면 그 외에 다른 신들은 존재하지도 않기 때문이다. 그러므로 이교도의 문학에서 발췌한 어떤 글에 의존하여 하나의 이론을 펼치고, 또 그것을 유일한 참 신앙에 맞게 각색했다고 해서 그것이 고대 이스라엘의 지혜가 가진 보편적인 시각과 모순되는 것이 아니다.

잠언의 부분별 분석

제목과 서문(1:1-9:18)[51]

제목(1:1-6). 일반적으로 현대 학자들은 이 제목과 서문이 이 책의 발전 단계에서 가장 나중에 붙여진 것이라고 간주한다. 그러나 키첸(Kitchen)은 이집트와 메소포타미아의 교훈들(B유형)이 이런 구조를 가지고 있음을 이미 입증했다. 그러므로 이것은 이 책의 처음 편집 단계에 속할 가능성이 높다. 그 제목은 다섯 가지 부정사를 사용하여 이 책의 목적을 밝히고 있다. 즉, "알게 하며," "깨닫게 하며," "받게 하며," "슬기롭게 하며," 그리고 "주기 위한 것이니"이다. 그러므로 이 책은 분명히 교훈적인 목적을 가진 것으로, 특히 젊은이들을 대상으로 하여 쓰여진 것이다(1:4).

서문(1:7-9:18). 여기에는 지혜에 대한 탁월한 사색이 담겨 있다. 양식 비평학자들의 방법론에 따라 최근의 학자들은 1:7-9:18에 있는 자료에서 다양한 관계를 구분하려고 시도해 왔다. 그들은 이 모음집에 원래 10편의 강론이 담겨 있었는데, 여기에 다른 자료들이 더해져서 현재의 모음집과 같이 되었다고 주장한다. 이 학파의 한 사람인 와이브레이는 1-9장의 자료에서 다음과 같이 세 가지 단계를 찾아냈다. (1) 최초의 책은 전체 서론과 10편의 짧은 강론으로 구성되어 있는데, 이것은 행복한 생활을 위해 필수적이라 할 수 있는 기본 지침들을 제시한 이집트의 교훈과 유사하다. (2) 다음은 일종의 보충적인 단계로, 여기에서는 지혜가 하나의 근본 개념으로 나타나고, 또 지혜 교사의 말씀과 동등하게 여겨진다. 때로 어떤 여자

---

51) 이미 앞에서 논의한 "잠언의 제목"과 "문학적 구조와 발전"에 대한 부분을 보라.

로, 선생으로, 그리고 신부로 의인화 되어지기도 한다. (3) 두번째 단계를 보충하는 단계라고 할 수 있는데, 여기에서는 지혜가 하나님과 연결되어, 하나님의 속성으로 간주된다.[52] 양식 비평학자들은 10편의 강론으로 된 최초의 책이 있었을 것이라고 가정한다. 이에 따라 와이브레이는 그 책을 재구성하려는 노력의 일환으로 특히(이집트의 교훈과 일맥상통한) 교훈적인 자료들을 발췌하여 다음과 같이 10편의 강론으로 구분했다.

잠언 서문에 대한 양식비평학적 분석

제1 강론	—	1:8-19
제2 강론	—	2:16-19
제3 강론	—	3:1-12
제4 강론	—	3:21-35
제5 강론	—	4:1-9
제6 강론	—	4:10-19
제7 강론	—	4:20-27
제8 강론	—	5:1-23
제9 강론	—	6:20-35
제10 강론	—	7:1-27

보다 오래 된 주석들은 위의 방법과는 다른 분석적 전제에 의거해 일반적으로 10편이 아닌 약 15편의 강론으로 구분했다. 비록 양식비평학파의 문학적 분석 방법들이 유용한 경우도 있다는 점은 인정해야 되겠지만, 이 모음집에 적용된 그들의 방법론은 그 편집자가(혹은 편집자들이) 전혀 독창성 없이 이집트의 모델을 그대로 모방했으며, 또 그 강론들이 후대의 보완 작업에 의해 더 늘어나게 되었다고 전제하고 있음을 알아야 한다. 그러나 그런 식으로 최초의 자료들을 찾아낸다는 것은 주관적일 수밖에 없다. 양식비평학자들이 주장하는 것처럼 그렇게 자료의 단계들이 분명히 구분될 수

---

52) Whybray, pp. 14-15.

있는지는 의심스럽다.[53] 우리는 우리 앞에 놓여진 그 자료를 있는 그대로 논하기를 원하지, 그 자료를 그 단계들에 따라 구분하여 취급하기를 원하지 않는다.

표어(1:7). 이 책의 표어는 이 단원의 마지막에서(9:10) 약간 변형된 양식으로 다시 나타난다. 우리는 서두와 말미에 "헛되고 헛되도다. 모든 것이 헛되도다"(전 1:2; 12:8)라는 문구가 들어있는 전도서에서 이와 같은 수미쌍관법(首尾雙關法)을 보게 된다.

'주를 경외하는 것이 지식의 근본이다'[54]라는 이 표어는 이 책의 나침반과 같은 역할을 한다. "시작"(beginning, 개역성경의 '근본'에 해당하는 말—역자주)이라는 말은 시간적인 의미일 수도 있고("순서상으로 처음"), 질적인 의미일 수도 있다("중요성에 있어서 으뜸가는"). 잠언의 맥락에서 보면 두 뉘앙스가 모두 가능하다. 저자는 이 말의 의미를 3:5-12에서 추가로 설명하고 있다(참고, 욥 28:28과 시 111:10).

제1 강론(1:8-19). 지혜 교사는 젊은이들에게 친구들의 유혹이 있다는 것, 즉 악한 친구들이 그들을 꾀어 부모들의 근본적인 가르침을 버리고 친구들의 악한 길로 따르게 유혹한다는 것을 알고 있었다. 여기에서 지혜 교사가 경고하고 있는 유혹은 탐욕과 불의한 이득에 대한 것이다. 그 유혹의 내용은 11-14절에 언급한 바와 같이 불의하게 다른 사람의 재물을 강탈하는 것 뿐만 아니라, 그런 짓을 범하는 자들과 함께 제비를 나누는 것까지 포함하고 있다. 15절의 경고 다음에 그 지혜 교사는 그런 악행을 저지르는 것이 결국 어떤 결과

---

53) 우리는 이 모음집(1:8-9:18)에 여러 종류의 자료가 있다는 것을 기꺼이 인정한다. 그러나 그 이유를 설명하는 방법에 있어서는 양식비평학자들의 제안하는 바와 전혀 다르다. 즉, 한 지혜 교사가(이 경우에는 솔로몬이라고 믿어진다) 여러 종류의 자료를 사용할 수 있을 것이다. 고대 근동의 문학을 생각해 볼 때, 솔로몬이 의인법을 사용할 수 없었다고 가정하거나, 또는 실제적인 사람이 동시에 사색적일 수 없다고 생각할 이유가 전혀 없다.
54) 구약에 나타난 경외(fear)의 여러 가지 뉘앙스에 대해서는 Scott, p. 37을 보라.

를 가져오는가를 설명한다. 그것은 오직 자기 파괴를 가져올 뿐이다. 19절은 폭력을 쓰는 사람은 결국 자신의 생명까지 잃게 된다는 그 원리를 잘 요약하고 있다.

히브리, 이집트, 바빌로니아, 앗시리아, 그리고 아람의 지혜문학에서는 지혜를 배우는 학생들을 "아들"로 부르는 것이 특징이다.[55]

제2 강론(1:20-33). 잠언서에서는 이 부분에서 처음으로 지혜가 의인화되었다. 지혜는 선지자 같은 모양으로 길거리에서, 성문 어귀에서 그 메시지를 외친다. 이 메시지는 죄를 고발하고 책망하는 내용을 담고 있다. 그 고소하는 내용은 24-25절에 있는데, 그것은 곧 사람들이 마치 예언의 말씀을 외면했던 것처럼 지혜를 거부했다는 것이다. 그들의 행위에 대한 결과는 동해복수법(同害復讐法, "눈에는 눈"과 같은 보복법)에 따라 집행되는 심판이다. 즉, 그들에게 갑자기 절망스러운 상황이 닥쳤을 때, 지혜는 그들의 부르짖음을 외면하겠다고 경고한다.

지혜 교사의 고소는 1:7을 연상케하는 "그들이(개역성경에는 '너희가' —역자주) 지식을 미워하며, 여호와 경외하기를 즐거워하지 아니하며"(29절)라는 말씀에서 그 절정에 도달한다. 30절에 부연된 부분은 그들이 주를 경외하기를 거부했다는 의미를 더욱 강화하고 있다. 이것은 하나님의 조언을 거부한 것이나 다름없다.

22절에 있는 "어리석은 자"와 "미련한 자"를 향해서 지혜는 이 세상이 돌아가는 이치를 선포한다. 즉 어리석은 자의 길을 따라 방종하는 것은 자신을 파멸로 이끄는 것이지만(32절), 지혜의 권면을 따르면 평안과 안정을 얻게 된다는 것이다(33절).

제3 강론(2:1-22). 지혜는 인간으로 하여금 야훼를 향하도록 만드는 중재자이다. 야훼를 경외하는 것이 여전히 인간이 추구해야 할 목

---

55) 고대 히브리 밖의 지혜 문서들에 대해서는 Pritchard, *ANET*, pp. 412-25(이집트): pp. 425-27(악카드): 그리고 pp. 427-30(아람)을 보라.

적이며(4-5절), 지혜는 그 목적을 이루기 위한 수단이다. 야훼는 지혜의 공급자(6-8절)이시고, 지혜는 삶의 조언자로서 옳은 것과 그른 것을 구분하게 한다(9절). 더욱이 지혜는 개인의 삶 속에서 역동적인 힘으로 발산되어, 패역한 자들로부터 그리고 이웃을 해하려고 악한 꾀를 내는 사람들로부터 그 사람을 보호하고(12-15절), 또 음탕한 유혹에서 건져낸다(16-19절).

지혜의 길을 버리지 아니하고 악한 자와 음란한 자들의 꾀임에 넘어가지 않는 것이 지혜를 찾는 것이요(4절), 그 결과 이 땅에 거하게 된다(20-21절). 이 강론은 정직한 자와 악한 자의 종말을 대조시키는 것으로(21-22절) 끝을 맺는다. 이것은 시편 1:6과 거의 흡사하다.

> 대저 의인의 길은 여호와께서 인정하시나
> 악인의 길은 망하리로다.

어떤 사람들은 그 음녀에 대한 묘사가(16절) 이스라엘의 음란과 종교적 매춘을 암시하는 것이라고 생각한다. 스캇(Scott)은 이를 교육학적으로 관찰하면서, 이 장은 "지혜교사가 제공하는 지혜 '교과'에 대한 안내문"[56]이라고 했다.

제4 강론(3:1-18). 규범적인 내용으로 된 이 문단은 이 책의 표어(1:7)를 약간 다른 양식으로 강조한다. 그 형태는 욥기 28:28의 "주를 경외함이 곧 지혜요 악을 떠남이 명철이라"는 말씀과 거의 같다. 그런데 지혜 교사는 이 문단에 와서 처음으로 그의 가르침(토라: NIV는 이것을 'teaching'으로 번역하였고, 개역 성경은 '법'으로 번역하였음—역자 주)과 명령에 주의를 끌면서(1절), 이것들을 장수와 평강에 연결시켰다(2절). 그는 야훼께서 사랑하시는 자를 징계하신다고 선언함으로써 이 강론을 결론지었다(11-12절). 흠정역

---

56) Scott, p. 42.

(KJV)에서 발췌된 "In all thy ways acknowledge him, and he shall direct thy paths"(너는 범사에 그를 인정하라. 그리하면 네 길을 지도하시리라, 6절)라는 이 구절은 많은 사람들이 좋아하는 구절들 중 하나이다.

이 강론의 결론 부분은 지혜 문학에서 흔히 볼 수 있는 문구인 "…자는 복이 있나니"(참고 시 1:1; 잠 8:34; 마 5:3-11)라는 말씀으로 시작한다. 지혜가 생명나무로 묘사되어 있는데, 이것은 에덴동산의 그 나무를 연상케 한다(창 2:9; 3:22, 24). 이와 같이 지혜가 태초의 창조와 연결된 것은 우연이 아니다. 지혜가 신학적인 강조점을 창조에 두고 있으므로 이것은 당연히 예상할 수 있는 일이다. 마치 출애굽 사건이 구속 신학의 기틀(paradigm)이 되듯이, 에덴동산은 지혜의 기틀이었던 것이다(3:18; 11:30; 13:12; 15:4).

양식비평학파의 연구 방법과 그 결론을 본다면 와이브레이(Whybray)를 들 수 있는데, 그는 지혜가 근본적인 개념이 되는 즉, 의인화되는 13-18절은 처음 단계에 보충된 부분이라고 했다.[57]

제5 강론(3:19-26). 어떤 사람들은 19-20절이 13-18절과 별개의 시(詩)라고 생각한다. 이것은 입증하기 어려운 주장이다. 사실 18절의 "생명나무"는 창조 사건을 연상케 하여 이 세상의 기초를 놓을 때의 지혜의 역할을 언급하고 있는 19-20절로 자연스럽게 넘어가게 한다. 이 강론의 나머지 부분은 지혜를 따르는 삶에서 얻게 되는 성공과 안정을 묘사한다(21-26절).

제6 강론(3:27-35). 이웃에게 잘 처신할 것을 실제적으로 권고하고 있는 이 부분은(27-29) 지혜를 따르는 삶에 대한 앞에서의 묘사와 잘 연결된다(21-26절). 결론 부분은 포학한 자를 높이 평가하지 말라고 권고한다(31-32절). 2:21-22과 마찬가지로 마지막 구절은(33-35절) 세 개의 각각 다른 이행연구로써 악인과 의인의 삶을 대조시키

---

57) Whybray, p. 26.

고 있다.

제7 강론(4:1-5:6). 4:1-9에는 아내를 얻는 것이 비유로 사용되었다. 9절은 신부가 신랑의 머리에 면류관을 씌우는 결혼식 장면에 대한 내용이다. 5절의 "지혜를 얻으라"는 말은 값을 치루고 개인의 소유로 획득하라는 말이다(히브리어의 원래 의미는 "사다"). 종종 결혼지참금이 교환되기도 하지만(참고. 야곱과 라반, 창 29), 여기에서 이 단어가 쓰인 것은 지혜를 얻기 위해서는 희생이 있어야 된다는 것을 암시하기 위한 것이다.

4:10-19에는 좀 더 장황하게 "지혜의 길"(11-13절)과, "악한 자의 길"(14-17절)이 대조되어 있다. 지혜의 길은 "정직한 첩경"과 평행하는데(11절), 이것은 지혜가 실제적인 도덕적 선과 동등하다는 것을 암시한다. 의인의 삶과 악인의 삶을 적절하게 대조시키는 두 개의 시적인 이행연구가 이 단락을 결론짓는다(18-19절).

이 강론의 세번째 단락은 4:20-27이다. 이 부분은 "육체"를 언급하는 권고(22절)로 시작되는데, 결국 몸이 이 강론의 틀이 되고 있다. 몸의 각 부분들은 의로운 삶을 이루기 위해 해야 할 각각의 기능에 따라 열거되었다. "마음"(혹은 심장—역자주)은 모든 행동의 근원이다. 히브리 사고방식에서는 머리보다는 마음이 인간 이성의 중심이다. 마음으로부터 그 밖의 모든 것들이 결정된다. 입, 눈, 그리고 발의 각각의 기능들이 계속 언급되었다.

네번째 단락(5:1-6)은 음란에 대한 지혜교사의 두번째 경고(참고 2:16-19)를 담고 있다(참고 6:24-29; 7:25-27).

제8 강론(5:7-23). 음란이라는 주제가 7절 이하에도 계속되고 있기 때문에, 5장을 두 단락으로 즉, 1-6절과 7절 이하로 나누는 것은 어떻게 보면 임의적인 것으로 보일 수도 있을 것이다. 그러나 이렇게 나누는 기준은 바로 앞 뒤 문장을 분리하는 "아들들아 나를 들으며"(7절)라는 문구이다. 앞에서의 강론도 바로 이런 문구로 시작되었다(4:1). 물론 5장 전체를 한 단위로 취급하는 주석가들도 있다.

   1절과 7절에서 이 말씀을 듣는 대상은 아직 결혼하지 않은 학생 (혹은 학생들)이다. 그러나 15-20에 있는 충고의 말들은 결혼 생활에 충실할 것을 다루고 있어서, 어떤 사람들은 이 구절들이 나중에 첨가된 것이라고 생각한다. 그러나 지혜 교사가 젊은이들에게 그들의 미래에 유익할 충고를 해서는 안된다는 법이 없다. 이것은 마치 젊은이들이 종종 어떤 문제들에 직접 부딪히기 전에 거기에 대해 상담을 받는 것과 같다. 보통 때와는 달리 이 강론이 대조되는 두 길에 대한 언급으로 결론맺지 않는 것을 주목하여 보라. 21-23은 그저 지혜교사의 훈계를 명심하지 않는 사람의 길에 대한 묘사로 구성되어 있다.

   제9 강론(6:1-5). 여기에서 다뤄진 문제는 건실한 사업을 위해 실제적인 내용이다. 즉, 타국인과의 돈거래 따위 같은 문제이다. 이웃이 타국인에게 진 빚에 대하여 담보가 되는 것은 위험스러운 일이었다. 누군가의 담보가 되는 것은 다른 사람의 정직성을 보증하는 것이나 다름없는 일이었다. 만약 그 빚을 진 사람이 채무를 이행하지 못하면 채권자는 그 보증 선 사람에게, 혹은(일종의 저당잡는 식으로) 약속한 사람에게 그 책임을 물을 수 있었다. 타국인과 사업 거래를 하는 데 있어서 같은 이스라엘 사람들끼리의 관계에 대한 원리들과는 다른 원리들이 적용되었다(참고 신 15:2-3).

   제10 강론(6:6-11). 이 강론은 게으르고 태만한 사람에 대한 것이다. 지혜교사는 학생들에게 개미의 근면함에서 교훈을 얻으라고 했다. 동물들의 행동을 인용하는 교수법은 지혜문학에서 흔히 있는 일이다(참고 잠 30:19, 25-31). 열왕기서 기자는 솔로몬이 초목들과 동물들의 세계에서 따 온 주제들에 대해 논하였다고 했다(왕상 4:33). "저가 또 초목을 논하되 레바논 백향목으로부터 담에 나는 우슬초까지 하고, 저가 또 짐승과 새와 기어 다니는 것과 물고기를 논한

지라."

제11 강론(6:12-19). 여기에서는 불량한 자에 대한 언급과 심판에 대한 말이 나온다. 13절에 있는 몸짓들은 아마도 경멸과 증오를 표현하는 몸짓이었을 것이다.[58] 물론 마술적인 몸짓일 수도 있다.[59]

16절의 시적 기교, 즉 수(數)를 사용하는 잠언(밋다)은 구약의 다른 부분에서도 볼 수 있다(잠 30:15-31; 암 1:3-2:8; 욥 5:19-22).[60] 이것은 시적 효과를 살리기 위한 것일 뿐만 아니라, 쉽게 암기할 수 있도록 하는 것이기도 하다. 이 잠언은 하나님께서 싫어하시는 것 일곱가지를 열거했다.

제12 강론(6:20-35). 이 부분은 5:1-23과 비슷한 주제로 되어 있는데, 그 서두는 다른 것들에 비해서 좀 길다(20-23절). 지혜 교사는 육체와 관련된 죄들에 대해 경고했다. 이 죄의 영향력은 너무도 커서 그 죄를 짓는 사람들을 파멸시키기까지 한다. 음란은 두 가지 비유, 즉 불을 가지고 노는 것(27-29절)과 훔치는 것(30-31절)에 비유되었다.

제13 강론(7:1-27). 이 강론에서는 지혜교사가 음란에 대한 그의 훈계를 더 강조하기 위해서 비유로 이야기하고 있는데, 이 점에서 이 부분은 앞의 강론과 구분된다. 그는 거리를 지나다가 음녀의 유혹에 빠져드는 젊은이의 이야기를 다루었다. 그 음녀는 화목제에 대해 말했는데(참고 레 7:11-36), 이 화목제의 일부는 그 제사 드리는 자가 먹는 것이었다(레 7:15). 분명히 그녀는 음식을 먹는다고 그 젊은이를 집으로 초대하여 뻔뻔스럽게 죄를 지었다. 그러나 그녀의 집은 결국 음부로 가는 길이었다(27절).

---

58) Toy, p. 126.
59) Whybray, p. 39.
60) 수를 이용하는 방법은 B.C. 5-6세기 지혜문서인 "아히카르의 말씀"에서도 사용되었었다. Pritchard, *ANET*, pp. 27-30, 92행.

제14 강론(8:1-36). 이 절묘한 시의 구조는 근본적으로 양식비평학자들이 찾아내어 정리한 강론들의 구조와 일치한다. 즉 서론(1-11절), 훈계(12-31절), 그리고 서로 대조되는 두 길에 대한 내용을 담고있는 결론(32-36절)으로 이루어져 있다. 이 공통된 구조 외에 그 언어들이 유사하고(3:7; 8:13; 3:15; 8:11; 3:16; 8:18 등), 또 그 주제가 비슷하기 때문에(참고 1:20-33; 3:13-26) 이 시의 저자는 그 강론들의 저자와 동일 인물인 것으로 여겨진다.

비록 신적 속성인 지혜를 의인화한 것은 시적 효과를 위한 것이기는 하지만, 우리는 이 작품이 신약에 있는 로고스의 존재론적 의미를 밝히고 있다는 것을 부인하지 않는다(요 1:2-3; 골 1:15-16; 히 1:3). 지혜는 부귀를 얻는 것보다 더 바랄만한 것이어서(18-21절), 우리는 하나님의 그 속성을 매개체로 하여 인간 존재의 동기부여자이신 바로 그 하나님을 향하여 가게 된다. 야훼께서 영원하신 것처럼, 그의 속성들도 영원하다. 그래서 지혜는 하나님께서 이 세상을 창조하실 때 거기 있었던 것이다(참고 3:19). 어떤 학자들은 22절의 동사를 "창조하다"로 번역하는데, 그 원래 의미는 "가지다"이다.[61] 4:5에서 지혜교사가 학생들에게 지혜를 얻으라고 할 때도 이것과 똑같은 단어가 사용되었다.

제15 강론(9:1-18). 이 부분은 실제로 세 단락으로 구성되어 있다. (1) 결론적으로 지혜가 지혜의 집을 짓고 사람들을 초청한다. (2) 지혜는 생명의 길을 강조하기 위하여 지혜에 대한 두가지 반응을

---

61) 참고, W. A. Irwin, "Where Shall Wisdom Be Found?" *JBL* 80(1961): 142. 그는 이렇게 말한다. "저자에게 있어서 지혜는 인간 영혼의 총체적—감정적, 도덕적, 지적—가치들이었다는 것을 이해하기 전에는 이 단어의 의미를 정확히 파악할 수 없다. 저자는 이 가치들이 궁극적으로 하나의 신적 자질로서 창조 훨씬 이전에 하나님 안에 존재하고 있었다고 말한다. 그러한 실정에 맞추어 하나님께서는 이 세상을 만드시면서 그 가치들을 소위 이 세상의 본질로 지으셨고, 특히 인간 존재 안에 그것들을 심어 놓으셨다. 이것은 고대 사상의 오랜 관심거리였던 질문, 즉 어떻게 인간이 짐승과 아주 비슷하면서도 전혀 다를 수 있는가에 대한 히브리식 답변이었다"(출판사의 허락으로 재발행함).

첫째 단락에서 제시한다. 이것은 셋째 단락에서 어리석은 자가 제시한 죽음의 길과 대조된다. 4절에서 말을 꺼내기 시작했던 지혜가 본문의 화자일 것이다(11절, "나로 말미암아"로 되어있는 것을 주목하라). "여호와를 경외하는 것이 지혜의 근본이요"라는 선언은 이 강론이 절정에 이르렀음을 보여주며, 1:7에서 진술되었던 그 표어를 연상시킨다. (3) 마지막 단락은 어리석은 자의 집으로 초청하는 내용이다. 이것은 처음 단락에서처럼 그 집의 주인이 말하는 것으로 되어있다. 그 용어들에 나타난 바와 같이 어리석은 젊은이는 "죽은 자가 거기에 있다"(18절)는 것을 알아야 한다. 이것은 마치 지혜의 길이 생명으로 인도한다는 것을 명심해야 했던 것과 같다.

솔로몬의 잠언: 제 1 집(10:1-22:16)

이 부분에는 "솔로몬의 잠언"이라는 제목이 붙어있는데(칠십인경과 페쉬타 역본에는 빠져있음), 이것은 처음 부분에 있는 "다윗의 아들 이스라엘 왕 솔로몬의 잠언"(1:1)이라는 제목에 비해 상당히 짧은 표제이다. 어떤 학자들은 여기에 저자에 대한, 즉 저자를 밝히는 말이 있다는 것은 서로 다른 모음집들이 함께 편집되어 가는 과정에 있음을 입증한다고 생각한다.[62] 비록 그 반복되는 빈도가 많기는 하지만, 보통의 경우 그 중복되는 문맥을 살펴보면 그 반복되는 목적을 찾을 수 있다.

이 모음집은 대부분 이행경구, 혹은 시적인 대구 형식으로 표현된 잠언들로 구성되어 있다. 여기에 사용된 평행법은 거의 대조형인데, 특히 10:1-15:33에서 이같은 경향이 짙다. 이 경구집이 완전히 비종교적이라고 말할 수 없는 것은 때때로 야훼가 언급되고 있으

---

62) 예를 들어, Scott, p. 17; Whybray, *Proverbs*, p. 57.

며, 또 의로움과 야훼를 경외함이 그 신학적 바탕이 되고 있기 때문이다. 그 주제들은 사업윤리, 개인적인 생활이나 일상적인 일들에서 나타나는 품행, 절제, 사회적인 예절, 일반상식, 교육적인 훈계, 그리고 가족관계에 이르기까지 매우 다양하다.[63] 윌리엄 맥케인 (William McKane)은 양식비평학적 방법에 따라 이 자료를 다음과 같이 세 종류로 분류할 것을 제안했다.

종류 A: 옛 지혜 형식으로 구성되어 있으며, 각 개인들로 하여금 성공적이고 조화된 삶을 누릴 수 있도록 교육하는 것을 목적으로 하는 문장들이다.

종류 B: 개인적인 시각보다는 공동체의 유익에 대한 내용으로 구성된 문장들인데, 이것들은 종종 반 사회적인 행동이 공동체에 끼치는 영향에 촛점을 맞춘다.

종류 C: 하나님과 관계된 용어들, 혹은 그밖에 야휘스트 시에서 나온 도덕적인 교훈들이 담겨져 있는 것으로 알려진 문장들이다.[64]

맥케인은 종류 C를 구약의 지혜 발달사에서 후대에 속한 것으로, 즉, 종류 A의 자료를 재해석하기 위한 목적을 가지고 있는 것으로 보았다.[65] 그는 각 장을 이 분류 체계에 따라 구분했다.

이 비평적인 방법이 가지고 있는 문제들 중 하나는 수집자(들)의 생각이나 의도와는 상관없는 다른 체계를 그 자료에 억지로 결부시킨다는 것이다. 더구나 맥케인의 주장은 최종 모음집을 완성하기 위하여 해석적인 절차가 개입되었다는 것을 전제한다. 그러나 잠언이 반드시 획일적인 진화과정에 따라 단순한 문장 형식에서 출발하여 더욱 긴 교훈에 이르게 되었다고 볼 필요가 없다고 이미 말한 바 있듯이, 시대별로 또 문학적 양식상으로 여러 다양한 단계들이 중복되어 있을 수 있다. 즉, 다양한 잠언 형식들이 역사적으로 오랫

---

63) 이 부분에 있는 잠언들을 주제적으로 배열한 것으로는 Scott, pp. 130-31을 보라.
64) Willian McKane, *Proverbs, A New Approach*, pp. 11, 415.
65) Ibid., pp. 11.

동안 공존했을 가능성이 높다는 것이다.

이 잠언들이 솔로몬과 관계가 있다는 데는 의심의 여지가 없다. "왕"이라는 언급이 자주 나오는데(예를 들어, 16:10, 12-15; 19:12; 20:2, 8, 26, 28; 21:1), 이는 이 작품이 포로시대 이전, 특히 단일 왕국의 전성기, 이스라엘에 왕의 통치권이 정립되는 시기인 솔로몬 시대에 속한 것임을 시사한다. 비록 솔로몬이 그의 말년에 개인적인 품행이나 정치적인 활동에 있어서 그의 지혜를 충실히 따르지는 않았지만, 적어도 그의 시작은 좋았다(왕상 3:6-28).

지혜있는 자의 말씀: 제1집(22:17-24:22)

어떤 주석가들과 번역자들은 22:20에 있는 난해한 히브리 단어를 "삼십"으로 번역하였는데(RSV, NIV), 이것은 모음만 약간 바꾸면 그렇게 된다(KJV와 NASB는 "excellent things"["탁월한 것들": 개역성경에는 "아름다운 것"으로 되어 있음—역자 주]로 번역되어 있다).[66] 그러나 이 부분에 대한 해석은 그 수정에 의해 달라지지 않는다. 에르만(Erman)이 이 문서와 아멘-엠-오펫의 교훈이라는 이집트 문서와의 유사성을 발견한 이후에, 학자들은 이 주제를 다루는 데 많은 힘을 기울였다.[67] 그러나 이 두 작품 사이의 언어적인 유사

---

66) 맛소라 본문에는 난해하게 샬리쉬옴으로 되어 있는데, 이것은 "옛날에"라는 의미의 히브리어 쉴숌에 가깝다. 맛소라 학자들도 이 단어가 난해하다는 것을 알고 "관원들"이라는 의미의 단어인 샬리쉽을 그 여백에 기록했다. 칠십인경, 벌게이트 역본, 그리고 탈굼 역본은 "삼 배" 혹은 "세 번"이라고 번역했다. 어떤 학자들은 이것이 원래 "삼십"이었을 수도 있다고 생각한다. 히브리 단어의 난해성을 고려하여, 또한 잠언의 이 부분과 비슷한 아멘-엠-오펫의 교훈으로 알려진 이집트 문서의 "삼십 편"(장)에 비추어, 우리는 이와 같은 수정을 최종적인 해결책으로 받아들일 수 있다.
67) 이 두 문서간의 관계에 대해서는 이 장 앞 부분 pp. 161-65에 있는 "잠언서에 대한 해석학적 고찰"편을 보라.

성은 대개 22:17-23:14에 국한된다는 것이 널리 인정되고 있다. 어떤 작품이 먼저 된 것이든지 간에 직접적으로 번역되었다거나, 또는 하나가 다른 하나를 완전히 베낀 것은 아니다.[68]

이 단원의 소재들은 다른 부분의 소재들 만큼이나 다양하고 그 주제들도 역시 다양하다. 여기에 담겨있는 내용들은 다음과 같다. 가난한 자들에 대한 적절한 대우(22:22-23), 분을 내는 자와 함께 하지 아니함(22:24-25), 약속을 함에 있어서 지혜롭게 처신함(22:26-27), 지계석을 움직이지 말 것을 규정함(22:28; 23:10-11), 탐식자들에 대한 권고(23:1-3, 20-21), 무절제하게 부를 얻으려고 애쓰는 것에 대한 경고(23:13-14), 이기심에 대한 가르침(23:6-8), 아이들을 훈계함(23:13-14), 죄인들을 부러워하지 말것을 권고함(23:17-19; 24:1-2, 19-20), 무절제한 음주에 대한 권고(23:20-21, 29-35), 부모의 조언을 명심할 것을 권면함(23:22, 24-25), 음란에 대한 경고(23:27-28), 지혜를 권장함(24:3-7, 13-14), 악한 자가 넘어짐을 보고 기뻐하지 말 것을 권고함(24:17-18).

이러한 모음집이 젊은이들을 가르치기 위하여 왕궁에서 또 그밖에 다른 학교에서 교재로 사용되었을 가능성이 아주 높다. 비록 지혜가 왕궁만의 전유물이 아니었던 것은 분명하지만, 지혜의 가르침이 활발했고 또 그것을 형성한 곳은 주로 왕궁이었을 것으로 생각된다. 이 단원을 마감하는 시점에 와서 우리는 "이것도 지혜로운 자의 말씀이라"(24:23)는 새로운 서두형식을 보게된다. 게다가 칠십인경은 24:23을 30:14뒤에 오게 했는데, 이 단원 역시 비슷한 자료를 담고 있어서 헬라어 번역자는 24:23-34을 따로 구분되는 단위로 간주했던 것 같다.

잠언서에서 이 부분에 있는 잠언 문학 양식들의 종류는 그 주제만큼이나 다양하다. 비록 사행연구(tetrastich)가 많이 쓰이기는 했

---

68) Whybray, p. 132.

지만, 간단한 이행연구에서부터 잠언송(proverb ode)에 이르기까지 그 형식이 다양하다.

지혜로운 자의 말씀: 제2집(24:23-34)

이 단원은 재판정에서의 부정(24:23b), 악한 것을 선하다고 떠벌리는 것(24:24-26), 집안 일을 처리함에 있어서의 우선 순위(24:27), 거짓증거(24:28), 보복법(24:29)에 대한 경구들을 담고 있다. 또 직업 윤리에 있어서의 지혜라고 제목을 붙일 수 있는 긴 문단(24:30-34)도 있는데, 잠언에 있는 이런 종류의 긴 문단들은 지혜 교사가 짧은 지혜 경구들에 대한 해석을 붙인 경우를 보여주는 실례들이다. 여기의 긴 문단은 하나의 비유이거나, 그 지혜 교사의 개인적인 경험에서 나온 것으로 생각된다. 그 주제는 거의 결론에 가까운 6:6-11에서 이미 다루어졌던 것이다(참고, 6:10-11; 24:33-34).

24:29에는 보복법(동해복수법[同害復讐法]: 그 고전적인 형식은 출 21:24에서 볼 수 있다―눈에는 눈, 이에는 이, 손에는 손, 발에는 발)과 반대되는 내용이 있는데, 이것은 마태복음 5:38-42에 있는 예수의 가르침으로 가는 이정표와 같다. 이 경우에서 보듯이 어떤 면에서 지혜 문학은 구약 율법의 참 정신을 깨닫고 그것을 강조했다.

솔로몬의 잠언: 제2집(25:1-29:27)

이 모음집에서부터 시작하여 잠언서는 저자들의 이름이 맨 처음에 나오는 연속된 세 단원들로 이루어져 있다. 25:1―솔로몬; 30:1―아굴; 31:1―르무엘("르무엘의 말씀"은 엄밀히 말하자면 그의 어머니의 말씀이다. 그러나 분명 르무엘에게 훈계된 말씀이다).

　많은 주석가들이 첫 단원을 두 부분으로 나눈다. 첫번째 모음(25:1-27:27)은 10:1-22:16과 거의 마찬가지로 잡다한 경구들을 담고 있기는 하지만, 여기의 경구들이 보통 더 길다. 여기에는 주로 이행 형식으로 된 비교형과 대조형 잠언들이 많지만, 삼행 형식과 사행 형식들도 있다. 첫번째 모음에 비해서, 두번째 모음(28:1-29:27)은 10:1-22:16에 있는 잠언들의 내용과 형식을 더욱 가깝게 반영하고 있다. 그러나 그렇다고 해서 첫번째 모음을 다른 저자의 것으로 돌릴 이유는 없다. 왜냐하면 솔로몬의 문학 활동은 다양한 것으로 알려져 있기 때문이다.

　이 잠언들의 수집과 필사 과정에서 히스기야의 역할은 흥미롭고도 의미심장하다. 솔로몬 왕궁에서 활발했던 문학 활동이 계속해서 유다 왕궁에서 유지되었거나 아니면 적어도 히스기야에 의해 부활되었던 것으로 보인다. "필사" 활동이 어느 정도 선에서 이루어졌는지, 즉 그것이 단순히 베끼는 정도를 넘어서 수정과 편집 과정이 함께 했는지 그렇지 않았는지에 대해서는 우리가 어떻게 단정지을 수 없다. 25:1에 쓰인 그 단어의 의미는(베끼다, 한 책이나 두루마리에서 다른 곳으로 옮기다)[69] 기록된 문서들이 그들 손에 있었음을 암시하고 있는데, 이 자료들은 왕궁의 문서 보관소에 보존되어 있었을 것으로 보인다. 히스기야의 서기관들은 이 자료에서 현재 우리가 가지고 있는 모음집(25-29장)을 베껴 썼고, 그 당시의 교육적인 목적에 맞도록 더 증보된 교훈서를 편집했을 것이다.

　이 단원은 왕들의 지혜와 그 앞에서 갖추어야 할 태도에 대한 간략한 강론으로 시작한다(25:2-7). 이와 같이 왕들과 관원들에 주목하는 것은(25:2-7, 15; 28:15-16; 29:4, 14, 26) 그 잠언집이 왕의 것으로 여겨지며, 왕의 감독아래 수집된 것이라는 사실과 잘 들어맞는다. 게다가 가난한 자들과 압제당하는 자들을 공정하게 대우하는

---

69) Brown, Driver, Briggs, p. 801a.

것뿐 아니라, 공의와 율법에 따라 생각해야 한다는 것(28:1-13)은 고대 이스라엘 군주들에게 해당하는 종교적 사법적 책임을 가리킨다. 이와 같은 사실들에 비추어 우리는 이 잠언들이 솔로몬 치세 초기에, 즉 그의 지도력이 지혜와 총명으로 특징지워지던(왕상 3:6-15) 그 시기에 기원했다고 말할 수 있다.

비록 이 단원에는 있는 많은 자료들이 서로 별개의 잠언들로서 각각 잡다한 주제들을 다루고 있기는 하지만(특히 27:1-22과 29장),[70] 다음과 같이 서로 공통된 주제나 사상을 담고 있는 잠언들을 몇 단락으로 함께 묶을 수 있다.

잠언의 주제별 단락(Units)

25:2-7	왕들의 지혜와 그 앞에서의 태도
25:8-28	말로하는 의사소통의 힘과 위험성
26:1-12	어리석은 자와 어리석음
26:13-16	게으른 자
26:17-28	참견하기 좋아하는 자와 심술궂은 자
27:23-27	가축 떼의 가치
28:1-13	공의와 율법
28:15-16	현명한 지도력

이 단락들 중에는 다른 잠언들이 느슨하게 삽입되어 있는 것도 있다. 29장에는 서로 다른 성격의 잠언들이 모여있음에도 불구하고 히스기야의 서기관들의 노력으로 보이는 공통된 요소가 있다. 그들은 여러 다양한 잠언들을 통해 어리석은 자와 지혜로운 자, 혹은 악인과 의인 사이의 차이점을 요약하려 했다. 젊은이들에게 삶에 대한 이 두 표본을 보여줌으로써, 의로운 삶을 통해 얻게 될 유익이 악한 삶을 훨씬 능가한다는 것을 가르치고자 하는 동기가 이 지혜 문학의 핵심이다.

---

70) 이 잠언들의 주제에 대한 분류로는 Scott를 보라.

아굴의 말씀(30:1-33)

칠십인경에는 마지막 두 273단원이 히브리 성경의 배열과 다르게 되어 있다. 다음은 헬라어 역본의 순서이다.

잠언 22:17-31:31에 대한
칠십인경의 재구성

22:17-24:22
30:1-14
24:23-34
30:15-33
31:1-9
25:1-29:27
31:10-31

칠십인경의 번역자는 고유명사들을 제대로 파악하지 못하고 '아굴'을 동사로("경외하다") '이디엘'은 "하나님을 믿는 자들"로 각각 번역했다. 비록 헬라어 역본의 재구성이 어떤 단원들을 따로 구분하는데 도움이 되기는 했지만(예, 24:23-34), 그렇다고 여기에 의거하여 히브리 본문의 배열이 잘못되었다고 결론지을 수는 없다. 아마도 헬라어 번역자가 배열이 잘못된 히브리 본문이나 헬라어 본문을 가지고 작업을 했거나, 아니면 스스로 그것을 재구성했을 것이다. 히브리 본문의 순서가 더 신빙성 있다.[71]

1절에 있는 히브리 단어를 새미국 표준성경(NASB)은 "the oracle"(함맛사, 신탁)로 번역했고, 흠정역은 "the prophecy"(예언)로 번역했는데, 이 단어는 "야게의 아들"이라는 어구와 바로 연결

---

71) 이 장 앞부분에 있는 "칠십인경의 본문 순서"를 보라.

되어 있어서 아마도 종족을 나타내는 명사일 수도 있다. 아라비아 북쪽에 살던 한 이스마엘 족속이 이런 이름을 가졌다(창 25:13-14; 대상 1:30). 이 구절 나머지 부분은 그 의미가 모호하다. 어떤 이들은 이 히브리어를(보통 "이디엘에게, 이디엘과 우갈에게"로 번역) 아람어 식으로 모음을 붙여서 "하나님은 없다! 하나님은 없다. 그래서 나는 할 수 있다…"라고 번역한다.[72] 그러나 이것은 불완전한 문장이 되게 하므로 좀 어색하다. 그렇지만 만약 그 수정을 받아들인다면 1b-4절은 한 회의주의자의 도전이 되고, 5-6절은 그 도전에 대한 답이 될 수 있을 것이다.

숫자를 사용한 잠언들이 7-9절과 15-31에서 발견된다.[73] 11-14절에 있는 세 편의 말씀들은 모두 다 "세대"(NASB "종류", 개역성경에는 "무리"—역자주)라는 말로 시작된다는 공통점이 있다. 마지막 두 말씀(32-33절)은 난해하다.

르무엘의 말씀(31:1-9)

잠언에서는 유일하게 이 부분이 왕을 교훈하는 내용이다. 그러나 이집트와 메소포타미아 문헌에서는 이같은 경우가 흔히 있다. 맛사는 30:1에서와 마찬가지로 고유명사일 수도 있다. 그런데 르무엘은 구약에서 여기말고는 언급된 곳이 없다. 그가 이스라엘이 아닌 다른 나라의 왕인 것은 분명하다.

어머니의 가르침과 그 중요성에 대해서는 이미 앞에서 언급했다 (1:8; 6:20). 그리고 단지아버지의 훈계만 언급되었을 때에도 사실은 어머니의 훈계가 거기에 포함되어 있었을 것이다. 왕의 어머니

---

72) 예를 들어, Scott, pp. 175-7.
73) 앞에서 본 6:16에 관한 내용을 보라.

가 이 구절에 있는 말씀을 했다는 것은 참으로 적절하다. 그 어머니는 이 단원 마지막에 묘사된 "현숙한 여인"의 표본이었을 것이다. 또한 이 강론의 내용은 왕에 의해 대부분 기록되어 누군가에 의해 수집된 책에 대한 결론으로 안성맞춤이다. 이것은 왕이 됨으로써 누리는 유익에 초점을 맞춘 것이 아니고, 그 직책에 따르는 책임에 초점을 맞춘 것이다.

어진 아내에 대한 칭송(31:10-31)

이 시는 흥미로울 뿐만 아니라 몇 가지 중요한 면들을 가지고 있다. 이것은 알파벳 시이다. 즉 히브리 알파벳 순서에 따라 각 글자들이 각 절을 시작한다. 18:22은 아내를 얻는 자의 축복에 대해 말한바 있는데, 그 사상이 여기에서 더 발전되어 있다. 또한 이 여인이 감당해야 할 책임들은 고대 이스라엘 세계에서 여자의 위치가 얼마나 중요했는지를 잘 보여주고 있다. 여자는 가족들과 종들을 위하여 의복과 음식을 제공하며(13-15절), 부동산을 관리하고(16절), 가난한 자들을 돌보며(20절), 손수 일한 것들을 팔고(24절), 가르치는 일을 한다(26절). 이 시가 이 책 전체의 사상과 일맥상통하도록 "현숙한 여인"의 가치와 성공은 이 책 시작에 제시되었던 바로 그 종교적 기준에 의해 결정되었다. 즉, "오직 여호와를 경외하는 여자는 칭찬을 받을 것이라"(30b)는 것이다. 어머니와 아내의 중요성에 대한 이 장편시는 잠언서에 나타난 사회 계층 구조를 균형잡히게 한다. 즉, 이 책이 남성 중심적인 용어들로 구성되어 있어서 그 사회의 여성들로 하여금 종교적인 책임을 면제해주는 것처럼 보이지 않도록, 이 시는 여성에게도 즐거운 마음으로 종교적인 의무를 이행하도록 촉구한다.

6
전도서

    히브리 신앙과 기독교 신앙은 항상 인간의 회의적인 정신이 머물 수 있는 여지를 남겨 놓았다. 전도서가 정경, 즉 성경 안에 있다는 사실이 이 진리에 대한 실제적인 증거이다. 비록 히브리-기독교 전통이 신자들에게 믿음을 요구하기는 했지만, 다른 한 편으로 이 전통은 인생과 신앙에 높고 낮음이 있다는 것, 또한 때로는 의심과 회의에서 믿음이 생겨나고, 그것들로 말미암아 더 자랄 수도 있다는 것을 알고 있었다.
    히브리 신앙이 욥기와 전도서를 포용할 만큼 관대했다는 것은 참으로 다행스러운 일이다. 우리가 회의주의자를 대하게 되는 날에는 전도서를 그 출발점으로 삼을 수 있다. 또한 과격한 말들로 표현해야 자신들의 주장이 가장 잘 관철될 수 있다고 생각하는 사람들은 전도서의 부드러운 분위기에서 많은 도움을 얻을 수 있을 것이다.

전도서에 대한 개론적 문제들

욥이 사람과 하나님께 대하여 도전적이었던 반면, 코헬렛—전도서의 화자—은 욥의 과감성을 지니고 있기는 하지만 그의 주제는 자신을 옹호하는 것이라기 보다는 행복과 영속적인 가치를 추구하는 것이었다. 그는 도전적이거나 경멸적으로 하나님과 사람에게 반박하지 않았다. 욥과 마찬가지로 그는 부자였다. 그러나 욥과 달리 그는 물질적인 것들을 잃지 않았다. 그러나 그는 채워져야 할 허전함이 많다는 것을 깨달았다. 그가 인생의 덧없음을 알고 절망에 빠져 있을 때, 세상의 많은 것들이 그에게 고통을 안겨다 줄 때, 결코 부귀가 그 마음을 위로해 줄 수 없었다. 그러나 그는 그의 영적인 동료 욥처럼 하나님의 설명을 요구하지는 않았다. 비록 그가 그의 부유한 제자들에게 자선을 베풀며 살도록 권고하기는 했지만, 그는 그 현실을 받아들였고 심판의 날을 기다렸다. 인생의 덧없음을 보상하기 위하여 그는 현재의 즐거움을 하나님으로부터 온 선물로 알고 그것을 누리라고 하였다.

전도서는 잠언에 있는 실제적인 지혜와 균형을 잘 이룬다. 비록 전도자 역시 실제적인 지혜가 유용하다는 것을 알고 있기는 했지만, 그는 사색적인 길을 따라 지혜를 얻은 것이다. 전도자에게 지혜의 경구들은 길에서 주어모은 돌덩이들이 아니고 땅 속에서 캐낸 보화였다. 그의 경구들은 삶의 행복과 의미에 대한 오랜 산고 끝에 얻어낸 것들이었다. 그가 이것을 지은 때는 욥기나 잠언이 지어진 시기보다 후대인 것 같은데, 그의 입장은 철학과 실제적인 정신 그 사이에 있다. 어떻게 보면 그는 사색적이면서 동시에 실제적인 지혜에 대한 명상을 대변한다고 할 수 있겠다.

제목

 구약의 다른 많은 책들이 그렇듯이, *Ecclesiastes*라는 영어 제목 역시 칠십인경에서 유래하였다. 칠십인경은 이 책을 *Ekklesiastes*라고 칭하였으나, 히브리 원문의 제목은 코헬렛(Qoheleth)이다. 이것은 여성 단수 분사형으로 "소집하다, 모으다"라는 의미를 가진 어근에서 파생되었다. 이 어근의 의미에 근거하여 제롬(Jerome)은 이 책의 제목을 콘씨오나토르(Concionator, 즉, "회중을 모으는 자")라고 했다. 현대 영어 번역본들은 보통 그 히브리 단어를 "Preacher"(설교자)로 번역한다. 이것은 특별히 회중을 소집하는 자(왕상 8:1), 권면하는 자, 혹은 설교자(왕상 8:55-61)인 솔로몬의 역할을 염두에 둔 것이다. 그러나 솔로몬을 여성 분사로 지칭한 것은 논쟁의 여지가 있다. 이것은 일반적으로 다음의 두가지 방법으로 설명된다. (1) 코헬렛이라는 명칭은 여성으로 표현되는 지혜를 말하는 것이다. 그래서 지혜의 표본으로서 솔로몬에게 이 명칭이 적용되었다. 또는 (2) 그 명칭은 소페렛("서기관"—스 2:55과 느 7:57에서 한 종족을 지칭하는 말로 나오는데, 아마도 그들의 전문적인 직책에 따라 그렇게 이름이 불려졌던 것 같다)이나 포케렛("묶는 사람"[양 따위를], 스 2:57, 직책을 나타내는 종족의 이름)과 같이 어떤 직책을 언급하는 것이다.[1]

 제목에 붙은 두 어구, 즉 "다윗의 아들, 예루살렘 왕"에 근거하여 역사적으로 솔로몬이 이 책의 저자로 여겨져 왔다. 이 책 어느곳에서도 솔로몬이라는 이름이 기록되지 않았지만, 다윗의 아들로서 예루살렘의 왕이 된 사람은 솔로몬 밖에 없다. 저자는 특별히 자신을 예루살렘의 왕이라고 두 번 칭하였고(1:1, 12), 자기보다 먼저 예루살렘에 있던 자들과 관련시켜 자신의 위치를 세 번 피력하였다

---

1) 여성으로 표기된 것에 대한 다양한 설명으로는 Christian D. Ginsburg, *The Song of Songs and Coheleth*, pp. 8-9을 보라.

(1:16; 2:7, 9). 자기 앞에 비교적 많은 왕들이 있었다고 하는 것은 분명히 솔로몬의 경우와 맞지 않는 것처럼 보인다. 올브라이트(W. F. Albright)는 멜렉을 몰렉이나 말록("상담자")으로 수정해야 한다고 주장했다.[2] 이것은 단지 모음만 바꾸면 된다. 물론 이것은 솔로몬의 저작권 문제를 어느정도 해결하는 것일 수도 있다. 왜냐하면 이 말은 그 저자가 다윗의 후손으로서 왕은 아니지만 예루살렘에 있던 한 관원이었을 것이라는 의미가 되기 때문이다. 이 해결은 그럴듯 하지만, 그렇게 본문을 수정하는 것은 너무 쉽게 문제를 해결하려는 것이다. 차후에 저자에 대해 생각하면서 이 제목의 의미를 더 논의하고자 한다.

문학적 구조

전도서의 문학적 구조를 구성하기가 어려운 이유 가운데 하나는 이 책의 내용을 총괄하는 사상적인 논리적 전개가 없다는 것이다 (1-2장은 예외이다). 심지어 아이스펠트(Eissfeldt)는 이 책은 "단순히 경구들을 모아 놓은 것"에 불과하다고 말한다.[3] 경구들이 본문 안에 삽입되어 있다는 것은 부인할 수 없는 엄연한 사실이지만, 여기에서 사상의 흐름이나, 반복되는 주제들을 찾아낼 수 있다는 것도 역시 분명하다. 게다가 통일된 사상전개가 없는 가운데에서도 유사한 통일성이 있으며, 전체적인 내용이 조화를 이룬다. 고르디스(Gordis)는 전도자가 보통 다음의 서너 가지 사상 중 한 가지로 각 단락을 결론짓는다는 것을 파악했다. (1) 인간이 성취한 것의 미약함, 혹은 덧없음, (2) 불확실한 인간의 운명, (3) 이 세상에서 참 지

---

2) W. F. Albright, "Some Canaanite-Phoenician Sources of Hebrew Wisdom," *WIANE*, p. 15, n. 2.
3) Otto Eissfeldt, *The Old Testament: An Introduction*, p. 499.

식을 얻는 것이 불가능함, 그리고 (4) 삶을 즐길 필요가 있음[4] 이 기준을 적용하여 그는 전도서를 19단원으로 구분했고, 반면에 스캇은 이 책을 24단원으로 나누었다.[5] 각 단원을 좀 더 넓게 잡으려고 시도한 대표적인 학자로는 긴스버그(Ginsbrug)를 꼽을 수 있다. 그는 서문과 후문이 있으며 그 사이에 4단원이 있다고 했다.

전도서의 구조에 대한 분석

서문	1:2-11
1 단원	1:12-2:26
2 단원	3:1-5:20
3 단원	6:1-8:15
4 단원	8:16-12:7
후문	12:8-12.[6]

이 책은 "전도자가 가로되 헛되고 헛되며…모든 것이 헛되도다!"(1:2; 12:8)라는 문구로 시작해서, 그것과 기본적으로 거의 동일한 문구로 끝이 난다. 또한 처음 세 단원의 끝에서 저자의 탐구 결과를 알려주는 문구가 반복되며(2:26; 5:20; 8:15), 네번째 단원은 처음에 선포했던 말을 반복함으로 끝이 난다(12:8). 분명히 이 대단원들 안에 소단원들이 있다. 이 소단원들에 대해서는 이 책을 분석해 가면서 보다 구체적으로 살펴보게 될 것이다.

이 책을 하나의 경구 모음집으로 보았던 학자들은 정통적인 주제들이 반복되는 것은 후대 편집자가 이 책을 정통 유대교 안으로 끌어들이기 위한 노력의 일환으로 첨가한 것이라고 주장했다. 이러한 학파의 대표적인 사람이 아이스펠트(Eisfeldt)이다. 그는 다음의 구절들을 삽입된 것으로 보았다. 2:26; 3:17; 7:18b, 20b; 8:5, 12b, 13a; 11:9b; 12:7b; 12:12-14(12, 13-14절은 각각 다른 사람에 의해

---

4) Robert Gordis, *Koheleth-The Man and His World*, p. 252.
5) R. B. Y. Scott, *Proverbs, Ecclesiastes*.
6) Ginsburg, pp. 17-21

삽입됨).⁷⁾ 그러나 전도서의 문학적 통일성이 학자들에 의해 점차 밝혀지고 있는 추세이다.⁸⁾ 문체상의 특징뿐 아니라 일정한 철학적 분위기가 이 책 전체에 스며있다.

"전도자가 가로되"라는 말이 1:2; 7:27; 12:8에서 나오고, 12:9-10에서는 전도자가 3인칭으로 언급되기는 했지만 전도자는 대체로 1인칭 표현기법으로 자신이 삶에 대해 직접 관찰한 바를 전달하고 있다. 어떤 학자들은 이 3인칭으로 표현된 것들이 후대 편집자의 작품이라고 보지만,⁹⁾ 선지자들이 종종 그랬듯이 저자가 자신을 3인칭으로 칭할 수 없다고 가정할 만한 마땅한 이유가 없다. 특히 전도자라는 이름이 저자의 필명임을 감안할 때 3인칭으로 표현한 것이 이상한 일이 아니므로, 그 반론은 자연히 기각된다. "전도자가 가로되"라는 말은 전도자가 "나"라고 표현한 것이나 다름없다.

목적과 의의

전도자의 최우선의 목적은 교훈적인 것이었다. 그는 오랫동안의 사색과 경험을 통하여 얻은 사상적인 또한 실제적인 유익을 자신의 젊은 학생들에게 전달하고자 한 지혜교사였다. 그 자신도 분명히 부자였고, 미래의 지도자감으로 잘 교육받은 상류층의 젊은이였다 (2:24; 3:12, 22; 5:18-19; 8:1-9; 11:1-6). 전도자는 그 학생들이 그저 자신들의 부를 축적하는 데 그칠 수도 있고, 아니면 그것을 선하게 누릴 수도 있다는 것, 즉 그들이 그것을 압제와 불의의 무기로 사용할 수도 있으며, 아니면 보람있는 형제애의 도구로 사용할

---

7) Eissfeldt, p. 499.
8) Gordis, Koheleth-The Man and His World, pp. 69-74.
9) 예를 들어, George Aaron Barton, A Critical and Exegetical Commentary on the Book of Ecclesiastes, p. 44

수도 있다는 것을 염두에 두고 그들을 후자의 길로 인도하려고 했다. 전도자 자신은 경험과 관찰을 통해 그 사실을 배웠었다. 그러므로 그는 훌륭한 스승으로서 그의 학생들에게 한편으로 탐욕으로 말미암아 얻게 될 손실을 피하고, 다른 한편으로 어리석게 탕진하는 것을 방지할 수 있는 삶의 방향을 제시하며, 또 그 학생들로 하여금 최고의 부와 지혜를 누릴 수 있는 중용의 길을 갈 수 있도록 도와주려고 했다. 그의 인생관은 이 땅에 기준을 두고 있었지만, 그렇다고 천박하게 먼지 속에 뒹구는 그런 것은 아니었다. 그는 실제적인 지혜에 만족하지 못하고 인생과 이 세상의 신비를 파헤치고자 시도했으나 성공하지 못했다(7:23-25). 결국 그는 다시 실제적인 지혜로 돌아갔다. 그러나 공허한 실용주의에 빠진 것은 아니었다. 그것은 오히려 그의 사색적인 연구를 통해 얻은 실제적인 철학이었다. 어떻게 보면 전도자의 충고가 잠언서에 특징적으로 나타나는 충고보다 양적으로는 더 나을 것이 없지만, 질적으로는 훨씬 뛰어나다. 그가 자신의 학생들에게 전달하고자 했던 것이 바로 이러한 질적인 차이였다.

전도자의 의의는 그의 사상에서 전형적으로 나타나는 다음의 세 가지 면, 즉 (1) 행복과 영원한 것에 대한 추구, (2) 신적 주권과 섭리, (3) 사람의 품행에 대한 귀감에서 찾을 수 있을 것이다. 이 책은 삶의 의미에 대한 연구과정을 보여주는 것이 아니고, 연구를 통해 전도자가 얻어낸 결론들을 직접 전달한다. 그러나 그 결론들이 신빙성을 갖게 되려면 타당한 실험에 의해 추론된 것임을 증명해야 하므로, 저자는 그 자세한 내용들을 잘 밝히고 있다.

첫째, 그는 인생에 행복과 영속적인 가치를 가져다 줄 수 있는 하나의 행동이나 원리를 찾고자 하였다. 그는 인생의 덧없음을 지혜(1:12-18)와 즐거움(2:1-11)으로 극복해 보려고 했지만, 지혜나 즐거움이 별로 도움이 되지 못했다. 인생의 덧없음은 인간의 모든 안정과 행복을 다 앗아가 버리기에 충분하다. 인간존재에 그 어떤 유익함이 있다 하더라도 인생의 덧없음은 그것을 무의미하게 만들어 버린다. 그래서 전도자는 결국 "헛되고 헛되니 모든 것이 헛되도다!"(1:2; 12:8)라는 결론에 도달하게 되었다. 이 결론은 전도서의 독자로 하여금 잠시 길을 멈추고 비관주의와 절망의 안개속에 헤메이게 한다. 그러나 우리는 삶을 포기한 사람들이 성경 안에서 새롭게 재기할 힘을 얻는다는 것에 대해 감사하게 될 것이다.

전도자의 두번째 사상적인 특징은 하나님의 주권과 섭리에 대한 깊은 확신이다. 즉 하나님께서 이 땅의 일들을 다스리시고(2:26; 3:14;7:13-14; 8:16-9:1; 11:5) 인간의 삶과 운명을 예정해 놓으셨다는 것과, 하나님께서 인간에게 제공하신 것들을 즐기는 것이 인간에 대한 하나님의 우주적인 계획의 최고 관심사라는 것이다. 이 기본적인 논지를 이해하는 것은 이 책을 해석하는 데 있어서 매우 중요하다. 전도자는 자신의 체험을 통해 이 결론을 확신하게 되었을 뿐만 아니라, 그 결론이 충분한 신학적 가치가 있는 것이라고 믿었다. 그러므로 이런 확신 가운데서, 또한 인생의 덧없다는 것과 죽음을 피할 수 없다는 안타까운 현실에서(8:16-9:3) 더 자극을 받아 전도자는 다음과 같이 인생을 즐기라고 권고한다. "사람이 먹고 마시며 수고하는 가운데서 심령으로 낙을 누리게 하는 것보다 나은 것이 없나니, 내가 이것도 본즉 하나님의 손에서 나는 것이로다"(2:24 또한 3:12, 22; 5:18; 8:15; 9:7-9; 11:7-10).

이 책에 나타난 세번째 특징은 전도자의 판단에 사람이 본받을 수 있는 유일한 삶의 표본이 중용(中庸)의 덕이라는 것이다. 이것은 지나친 행동을 피하고 적절한 길을 따르는 것을 말한다. 전도자는 깊은 우울증에 빠질 수도 있었다. 그렇지만 그는 우울증에 압도되기에는 너무도 삶을 아끼는 사람이었다(7:5-14). 삶은 하나님의 선물이며, 인간은 그 삶을 충분히 누려야 할 책임을 지고 있다. 그런데 경솔하게 혹은 비도덕적으로 아무렇게나 살아간다는 것은 그 선물을 배은망덕하게 저버린 것과 같으며, 오직 비참한 실망감만

안겨다 줄 뿐이다(9:18; 10:1-3). 삶을 완전하게 누리는 두가지 요소는 부와 그것을 누릴 기회를 갖는 것이다. 탐욕이나 기회부족으로 부를 누리지 못하는 것은 결국 헛된 결과(6:1-6, 7-11)를 초래할 뿐이다.

전도자는 그의 인생 철학의 다른 면에서 중용의 정신을 보여주었다. 비록 즐거움과 행복을 추구한다 하지만, 그는 현재에 만족했다(7:10). 불의에 대해서 알고 있었고, 또 그 원인에 대해서도 느끼는 바가 있었지만, 그럼에도 불구하고 그는 극단적인 방법으로 그것을 바로 잡는 데 대해서는 세심한 주의를 기울였다(8:1-9; 10:8-11). 그는 부드러운 말로 달랬으며(10:12-14) 분을 내거나 성급하게 행동하지 않았다(7:8-9).

지성적이고 중용의 덕을 따르는 이 전도자의 종교성을 보자면, 그는 지나친 경건주의나 전통 파괴주의에 빠져들지 않았다(7:15-25). 그의 기본적인 방침은 역시 중용이었다. 그의 종교는 대중적인 것이 아니고 체험에서 배운 주권자 하나님에 대한 근본적인 믿음이었다. 욥과 달리 그는 증명하고 옹호해야 하는 강경한 신학적 주장을 가지고 있지 않았다. 그의 종교적인 신앙의 근본 요소는 "하나님을 경외"하는 것이었다(5:7; 12:13). 이러한 성향은 사람으로 하여금 중언부언하는 기도나 허황된 서원을 하게 만드는 것이 아니고, 오직 순종하는 자세를 갖게 한다(5:1-7; 12:13). 이와 같이 전도자의 삶과 철학은 처세술이나 개인적인 품행에서 뿐만 아니라 종교에 있어서도 중용을 취하였다는 것으로 특징지워진다. 그는 실의와 교만의 한 가운데서 오직 하나님을 경외함으로 균형을 맞추며 나아갔다. 비록 체험이 요긴했고 타당성있는 것이기는 했지만, 그렇다고 그가 체험적인 교리를 잠언서만큼 확실한 것으로, 즉 마치 될 수 있는 한 최선을 다하여 그 체험적인 결론에 맞추어 살아야 할 것처럼 확실한 것으로 내세운 것은 아니다. 그의 신앙은 욥의 신앙처럼 극적이지도 않았다. 왜냐하면 그는 아주 신중하고 중용적이어서 그의 신앙은 대담하거나 도전적일 수 없었기 때문이다.

전도자나 욥이 인내심을 쉽게 잃을 수밖에 없었던 것은 그들의 영적인 시각이 아무리 넓고 깊어도, 그리스도 안에 나타난 하나님의 계시의 신약적 차원에 이르지 못하였기 때문이다. 이 점에 대해서는 델리취(Delitzsch)가 잘 설명하고 있다.

> 한편으로, 전도서는 유일신이시요 모든 지각에 뛰어나신 창조주요 세상을 다스리시는 하나님을 믿는 신앙에 바탕을 두고 있는 계시에 대한 확실한 증거이다. 이 계시는 종교적인 의식 속에 깊이 확고하게 자리잡고 있어서 이 세상에서 가장 감당하기 어렵고 혼란스러운 생각들이라 할지라도 그것을 요동시키지 못한다. 다른 한편, 이것은 구약의 형태로 계시된 종교가 아직은 완전하지 못하다는 것에 대 한 증거이기도 하다. 왜냐하면 이 땅에서의 단조로움과 혼란, 그리고 그 비참함에서 야기된 불만족과 슬픔은 구속사가 진행되어 이 세상 저편의 하늘의 일들이 드러나 보이기 전까지는 여전히 해결되지 않고 그대로 남아 있을 것이기 때문이다.[10]

기원에 대한 문제

저자. 이 책에서 솔로몬의 이름이 거론되지는 않았지만 그 표제 구절이나 혹은 전도자를 왕적인 존재로 언급한 내용들에(1:12; 2:7, 9) 비추어 유대 전통은 솔로몬이 전도서의 저자라고 믿었다(바빌로니아 탈무드, 메길라 7a, 샤바트 30; 아람어 탈굼; 미드라쉬 전도서 랍바). 더우기 지혜자가 큰 지혜(1:16)를 얻었고, 큰 사업들을 이루었다(2:4-11)는 사실은 이 입장을 뒷받침한다. 루터 시대까지만 해도 기독교 학자들은 일반적으로 솔로몬의 저작권을 인정했다. 루터

---

10) Franz Delitzsch, *Commentary on the Song of Songs and Ecclesiastes*, p. 184.

는 처음에 전도서 주석에서 같은 입장을 취했지만,[11] "탁상에서의 대화"(Table Talk)에서는 이 책이 예수 벤 시락(Jesus Ben Sirsch)의 작품이라고 했다.[12] 사실 솔로몬의 저작권에 대한 가장 확실한 증거는 그 제목이 들어있는 구절(1:1)과 유대인의 전통이다. 코헨(A. Cohen)은 솔로몬의 저작권을 인정하는 현대 학자인데, 그는 전도서에 헬라적인 요소가 있다는 주장에 대하여 그것들은 무시해도 좋을 만큼 사소한 것이라고 한다. 우리는 여기에 동의할 수 있다. 또 코헨은 계속해서 전도자의 삶에 대해 묘사하고 있는 내용들이 솔로몬에 대해 묘사된 것과 똑같다고 했다. 더구나 그 언어가 비록 미쉬나 히브리어(Mishnaic Hebrew)에 가깝기는 하지만, 도저히 그 책을 포로시대 후기의 것으로 볼 수 없는데, 그 이유는 여기에 견줄만한 히브리 문헌이 아주 불충분하기 때문이라고 한다.[13]

이 질문을 다른 각도에서 생각해 보자. 솔로몬의 저작권을 부인하는 이유는, 첫째, 그 책에 솔로몬이 썼다는 기록이 없다는 것이다. 고르디스(Gordis)는 이렇게 말한다. "만약 저자가 자신의 작품을 솔로몬의 것인양 가장하려고 했다면, 그는 '코헬렛'(전도자)이라는 수수께끼같은 이름을 사용하지 않고, 이 책과 대체적으로 같은 시기의 것으로 보이는 위경들에서 보듯이 차라리 '솔로몬'이라는 이름을 직접적으로 사용했을 것이다."[14] 솔로몬의 다른 작품들에는 그의 이름이 기록되어 있다(예를 들어, 잠언). 솔로몬 왕처럼 탁월한 사람이라면 혹시라도 자신의 필명을 짓고 싶었음직 하다. 우리가 설령 전도서를 솔로몬이 자신의 치세 때 쓴 하나의 풍자라고 본다

---

11) Martin Luther, *Luther's Works*, ed. Jaroslav Pelikan, wol. 15. *Notes on Ecclesiastes, Lectures on the Song of Solomon, Treatise on the Last Words of David*, pp. 305, passim.
12) Martin Luther, *The Table-Talk of Martin Luther*, p. 13. 루터의 말은 다음과 같 다. "집회서(Ecclesiasticus)는 잠언만큼 분명하게 솔로몬의 책이라 할 수 없다. 이 둘은 모두 다른 사람들에 의해 수집되었다." 물론 그가 잠언서와 함께 집회서를 언급했지만, 사실은 전도서(Ecclesiastes)를 의미했음이 틀림없다.
13) A. Cohen, *The Five Megilloth*, pp. 106-7.
14) Gordis, p. 40.

하더라도 여전히 문제는 남는다. 비록 솔로몬의 치세 동안에도 부정이나 혹독한 정치가 있기는 하지만(왕상 12:1-4), 전도자가 만약 솔로몬이라고 한다면 그가 불의에 대해 아무런 조치도 취할 수 없는 것처럼 보이는 것이(예를 들어 3:16; 4:1; 5:8) 이상할 수도 있다. 하지만 드라이버(Driver)가 잘 지적했듯이 "그 [전도자]가 왕들에 대해 언급할 때 그는 평민의 시각에서, 즉 왕들의 잘못된 통치로 인해 고통받는 백성 중 한 사람의 시각에서 말한 것이다."[15] 솔로몬의 저작권을 옹호하는 사람들은 그 표제 구절이 솔로몬을 화자로 나타내고 있다고 한다. 그들은 또 만약 다른 입장을 취하게 되면 성경의 진리에 의혹을 갖는 것이라고 주장한다. 그러나 우리는 이 표제 구절이 애매하다는 것을 인정해야 한다. 비록 그것이 솔로몬을 암시한다 하더라도, 거기에는 풀리지않는 수수께끼가 남아 있다. 왜 솔로몬은 그가 저작하는 것에 가명을 선택했을까? 만약 그가 생애 말년에 이르면서 그가 삶 속에서 얻게 된 회의주의적인 결론을 나타내고자 했다면, 왜 차라리 자신의 이름으로 저작해서 그것을 읽는 독자들에게 더 강한, 더 확실한 효과를 거두게 하지 않았을까?

솔로몬을 지칭하는 데 있어서 "예루살렘 왕"(1:1)이라고 하는 표현은 여기 말고 다른데서는 찾아볼 수가 없다. 그는 보통 "이스라엘 왕"(예, 왕하 23:13)이라고 칭해졌고, 느헤미야 13:26에서는 "이스라엘 왕", 그리고 "온 이스라엘 왕"으로 언급되었다. 열왕기상 11:42에 "솔로몬이 예루살렘에서 온 이스라엘을 다스리다"는 말이 나오는데, 그나마 이것이 전도서의 표제 구절과 가장 가까운 표현이다. "다윗의 아들"이라는 표현은 여전히 솔로몬을 분명하게 암시하는데, 이것은 저자가 이 책을 솔로몬의 작품인 것처럼 가장하려고 의도한 것인지 아닌지라는 문제를 일으킨다. 이에 대해서는 앞에서 언급한 바와 같이 고르디스가 그렇지 않다고 답변했다.

---

15) S. R. Driver, *An Introduction to the Literature of the Old Testament*, p. 470.

우리는 문학적인 양식으로서 가명성을 띤 것과 위조된 문학과의 차이를 구별해야 한다. 후자의 경우는 저자가 자신의 작품이 즉각적으로 읽혀지도록 권위를 부여하기 위해 일부러 자기 자신의 정체를 감추고 고대에 유명한 사람의 이름을 빌어서 저작하는 것이다. 그러나 이와 달리 하나의 문학적인 양식으로서 가명성을 띤 것은 그런 동기에서 나온 것이 아니고, 한 역사적인 인물에 의해 대표적으로 드러난 한 사상을 강조하기 위한 것이요, 그의 정신세계를 통해서 말하고자 하는 것이다. 이 방법은 저자가 전달하고자 하는 그 멧세지를 위한 특별한 분위기를 조성한다. 물론 다른 방식으로 할 수도 있었겠지만, 그랬었다면 더 어려운 문학적인 노력이 요구되었을 것이다. 더구나 그런 경우에는 필요한 분위기를 조성하는 데 필수적인 많은 효과들을 잃게 될 수밖에 없다. 그러나 우리가 지금 다루는 경우에서처럼, B.C. 10세기로 거슬러 올라가서 솔로몬의 사상을 전도자의 메시지에 실어서 전달한다면 이것은 아주 높은 효과를 가져올 것이고, 사전 준비가 따로 필요없을 것이다. 전도자는 자신이 솔로몬이 아니고, 또 그렇게 가장할 필요도 없다는 식의 많은 단서들을 보여주고 있다. 그러나 그의 말들과 또 그가 그렇게 말한 정황들을 살펴보면, 이것들은 솔로몬처럼 부와 기회를 충분히 가졌던 사람에게나 해당하는 것들이다. 필자는 욥이 실제 인물이고 또 그 변론 부분도 실제로 일어났던 내용이라고 보지만, 어떤 학자들은 이것이 극적인 가명성이라고 생각한다. 각 입장마다 할 말이 많을 것이다. 그러나 우리가 분명히 인정하고자 하는 것은 극적인 가명성을 하나의 문학적 기교로 보는 것이 타당하다는 사실이다.

우리 주님도 이런 양식이 효과적인 것을 알고, 그의 비유에 사용하셨을 것이다. 부자와 나사로 비유를 그 예로 들 수 있다(눅 16:19-31). 그 비유 속에서 아브라함은 구약 신앙의 실체를 나타내며, 율법과 선지자를 대변하여 말한다. 믿음의 조상, 족장 아브라함이 부자에게 이야기하고 있는 것은 언약 백성으로서의 특권과 책임을 상기시킨다. 이 이야기가 실제로 일어난 일이 아니고 극적인 구성임을 알 수 있는 단서는 이것이 비유 형식으로 되어 있다는 것에서 찾을 수 있다.[16] 전도서의 경우에 그 단서들을 단지 세 가지만 열거해 보자면, 표제 구절(1:1), "나는 예루살렘에서 이스라엘의 왕이었다"(1:12, I was King over Israel in Jerusalem, KJV, "I was"[나는…이었다]라는 말은 지금은 그 위치에 있는 것이 아니라는 사실을 의미한다)는 진술과 전도자가 목격했던 학대를 바로 잡을 능력이 없다는 것이다.

이 주장과 다른 입장에서 말한다면, 1:12를 다음과 같이 번역하여 위의 문제를 해결할 수 있다. "I, the precher, became king over Israel in Jerusalem,"이나 "I, the Preacher, have been king over Israel in Jerusalem."(NASB, 개역 성경은 이 두 번역에 가까움. "나 전도자는 예루살렘에서 이스라엘 왕이 되어"—역자 주). 하지만 그 화자에게 학대를 바로 잡을 능력이 결코 없는 것처럼 보이는 것에 대해서는 반박하기가 쉽지 않다. 만약 솔로몬이 단지 철학적인 시각에서 혹은 지나간 역사를 묘사하는 정도로 그렇게 말했다고 가정한다면, 저자가 묘사했던 상황을 저자와 상관없는 것으로 만듦으로써 이 책의 호소력을 감소시키는 결과가 되고 만다. 그가 다룬 문제들이 그렇게 예리할 수 있었던 것은 바로 그 자신이 직접 관찰했기 때문이다.

일반적으로 솔로몬의 저작권에 대해 반대하는 가장 강력한 이유들 중 하나는 그 책에 대한 언어학적 분석에서 나온다. 최근에 학자들은 전도서의 히브리어가 후대의 것임을 밝혀냈다. 이것은 미쉬나 히브리어에 가까운 것으로써 아람어 단어들과 페르시아에서 유래한 두 단어가 들어 있다(파르데스, "park"[개역성경에는 "과원", 果園—역자 주]—2:5; 피트감, "decree"[개역 성경에는 "징벌"—역

---

16) 비유는 하나의 진리를 가르치는 문학적인 방법으로서, 그 진리로 가르치고자 하는 바를 하나의 일상적인 이야기로 설명하는 양식이다.

자주]—8:11). 델리취는 성경에서 단 한번씩 쓰인 단어들과 후대의 언어에 해당하는 단어들의 목록을 제시했다.[17] 이 점에 있어서 그는 확신을 가지고 이렇게 말했다. "만약 전도서가 솔로몬 시대에 기원한 것이라고 한다면 히브리어의 역사는 무용지물이다."[18]

이 주장과 다른 입장에서, 글레슨 아처(Gleason Archer)는 앞에서 이미 언급했던 코헨(A. Cohen)과 마찬가지로 언어학적 고찰을 결정적인 단서로 보지 않았다. 아처는 전도서의 독특한 문체와 언어는, 어떤 특별한 장르의 책이 특별한 문체와 언어를 처음 사용하면 나중에 그 장르에 속하는 다른 작품들의 문체와 언어가 그 처음 것을 따르게 된다는 논리로 설명할 수 있다고 했다. 즉, 그는 전도서가 후대에 같은 장르에 속하는 저작들의 문체와 언어에 영향을 끼쳤다고 했다. 그러므로 이 가정에 의하면 전도서는 솔로몬 시대 이전에 북이스라엘에서 발달되었던 철학적 변론의 한 장르에 속하는 것으로, 이 장르에 특징적인 문체와 언어가 담겨 있는 히브리 문학의 한 예이다.[19] 이 주장은 비록 어느정도 가상적으로 구성된 감이 있기는 하지만, 그래도 우리는 언어학적 분석이 결정적인 것은 아니라는 아처의 의견에는 동의할 수 있다. 델리취는 아이러니칼하게도 아주 드물게 현재 우리가 가지고 있는 언어학적인 자료들로는 정확한 히브리어 역사를 구성하기가 불가능하다는 점을 지적했다. 언어학적인 논증은 대체로 가설적인 것일 수밖에 없다.

지금까지의 증거가 솔로몬의 저작권에 대한 과거의 견해를 뒷받침하는 것이라는 사실을 확신할 수 없다면, 우리는 최근의 정통 개신교 학자들의 의견에 동의하게 될 것이다. 예를들어, 영(E. J. Young)은 과거의 입장에 대해 강하게 반박했다.[20] 그 경우에 전도서의 저자가 정말로 누구인지는 가려내기가 불가능하다. 확실한 것

---

17) Delitzsch, pp. 190-96.
18) Ibid., p. 190.
19) Gleason L.archer, Jr., *A survey of Old Testment Introductoion*, pp. 466-67.
20) Young, *An Introduction to the Old Testament*, pp. 347-49.

은 유대인으로서 엄청난 부와 기회를 가졌던 한 지혜교사(12:9-10)였을 것이라는 사실이다.

연대. 만약 이 작품이 솔로몬의 것이라면, 그 연대는 아마도 그의 치세 말일 것이다(B.C. 10세기 후반). 그러나 위에서 살펴봤던 솔로몬의 저작권에 대한 반대입장을 받아들인다면 그 시기는 포로시대 후기가 될 것이다. 헹스텐베르그(Hengstenberg)는 이스라엘이 내부적으로 부패하고 군주의 힘이 몰락한 시기는 페르시아 시대라고 믿고, 그 증거에 비추어 전도서의 시기를 싸이러스(Cyrus, 개역성경의 고레스―역자주)와 크세르크세스(Xerxes, 개역성경의 아하수에로―역자주) 사이(B.C. 525-475)로 잡았다. 이 주장을 더 강화하기 위하여 그는 이 책과 선지서 말라기의 유사한 점들을 예로 들고, 이 두 책이 기본적으로 같은 시대에 선포된 것이라고 제안했다.[21] 델리취는 좀 더 늦은 연대, 즉 에스라-느헤미야 시대를 택했고(B.C. 5세기 후반),[22] 긴스버그(Ginsberg)는 페르시아 시대 후반을(B.C.350-340년 경),[23] 고르디스(Gordis)는 B.C. 250년경을[24] 각각 주장했다. 우리는 출발점을 페르시아 시대 초기(B.C. 6세기 말)로 잡고 종결점을 전도서에 의존했던 벤 시락의 시대(벤 시락의 작품은 B.C. 190년경)로 잡을 수 있겠다.[25] 교리적으로 고착화 시킬만큼 증거가 충분하지는 않지만, 헹스텐베르그가 주장한대로 페르시아 시대 초기로 보는 것이 타당한 것 같다.

때때로 4:13-14과 9:14-15, 이 두 구절들이 역사적인 암시를 담고

---

21) Ernest W. Hengstenberg, *A Commentary on Ecclesiastes with Treatise on the Song of Solomon Job, Isaiah, Sacrifices, ets.*, pp. 10-15
22) Delitzsch, p. 197.
23) Ginsburg, p. 255.
24) Gordis, pp. 63, 67.
25) 벤 시락이 전도서에 의존하고 있다는 것에 대해서는 Barton, pp. 53-56을 보라. 또 한 쿰란 동굴의 파편 문서들에 의거하여 연대를 추정한 뮐렌버그 대해서는 Barton, pp. 53-56을 보라. 또 한 쿰란 동굴의 파편 문서들에 의거하여 연대를 추정한 뮐렌버그(Muilenburg)의 의견에 대해서는 이장 뒷부분 "전도서의 쿰란 파편 문서들"을 보라.

있는 것으로 여겨져 왔다. 첫번째 구절은 두 왕에 대해 언급한 것으로 이 두 왕이 어떤 역사적인 인물을 가리키는 것인가를 밝히려는 많은 시도가 있어왔다. 두번째 구절은 원수들에게 에워쌓였던 한 성이 어떤 가난한 지혜자에 의해 풀려난 것을 말하고 있다. 엉뚱하게도 이 성이 어디를 말하는 것인지를 밝히려는 노력이 4:13-14의 대상들을 밝히려는 시도만큼이나 계속되어 왔다.[26] 고르디스가 이 구절들은 역사적인 것이 아니라 하나의 전형적인 예들을 의미한 것이라고 말했는데 아마도 그의 의견이 타당할 것이다.[27]

출처. 비록 전도서에 헬라 영향이 두드러진다는 것이 많은 주목을 끌어와왔지만[28] 지역적인 배경은 팔레스타인(아마도 예루살렘)이 타당한 것 같다.[29] 특히 저자가 희생제사 제도와 성전을 언급(5:1-6)하는 것을 보면 더욱 그렇다. 플럼트러(Plumtre)와 다른 학자들은 이 책에서 스토아 학자들의 철학(3:1-9)과 쾌락주의 철학(3:18-22; 5:18-20)의 자취를 찾아냈다.[30] 그러나 이것은 실재라기 보다는 우연일 것 같다.

짐머맨(Zimmermann)[31]과 긴스버그(Ginsburg)[32]는 이 책이 아람에서 기원했을 것이라고 주장했는데, 그렇게 널리 인정받지는 못했다. 그러나 그 어휘들과 문법을 보면 아람어 영향이 분명히 나타나므로 저자가 아람어를 잘 알고 있었을 것이라는 결론을 짓기에 충분하다.[33] 그렇지만 원래 작품은 히브리어로 기록되었을 것으로 여겨진다.

---

26) Gordis, pp. 65-66. 그는 이에 대해 몇가지 예를 제시하고 있다.
27) Ibid., p. 66.
28) Barton, pp. 32-43; E. H. Plumptre, *Ecclesiastes; or the Precher*, pp.38-50을 보라. 바튼은 대체로 언어상으로나 사상적인 면에서 헬라 영향이 있다는 것을 부인하는 반면 플럼트러는 헬라 영향을 시인하는 쪽이다.
29) Gordis, p. 76.
30) Plumprte, p. 55.
31) Frank Zimmermann, *The Inner World of Qoheleth*, pp. 98-122
32) H. L. Ginsburg, Studies in Koheleth, pp. 16-39.
33) Gordis, pp. 59-62. 또한 아람어 단어들로는 p. 363 각주 7을 보라.

정경성

전도서가 오랫동안 정경으로 인정받아 왔을 것이라는 사실은 일반적으로 두 권의 고대 외경이 그 책에 대해 취하는 태도에서, 그리고 샴마이 학파와 힐렐 학파가 그 책의 신성함에 대해 논쟁한 내용에서 알 수 있다. 라이트(Wright)[34]와 몇몇 학자들은 벤 시락(B.C. 190년경)이 그 책을 정경으로 인정하고 사용했다는 것을 밝혀냈다.[35] 그러나 롸이트와 다른 학자들이 입증하듯이 다른 외경인 솔로몬의 지혜서(B.C. 1세기경)는 전도서에 대해 강한 이의를 제기한다.[36] 미쉬나에 보면 샴마이 학파와 힐렐 학파가 이 책에 대해 논증한 내용이 나온다. 에뒤오드(Eduyoth) 단편(5:3)에 보면 샴마이 쪽에서는 전도서를 거부하고 힐렐쪽에서는 이를 받아들인 것으로 기록되어 있는데, 일반적으로 샴마이는 성경에 대해 보수적인 입장이고 힐렐은 자유주의적인 입장인 것을 생각해보면 이 경우는 예외적이라 할 수 있다. 랍비 유다(Judah)도 야다임(Yadaim) 단편(3:5)에서 이 논쟁에 대해 말하고 있다. 자유주의적인 힐렐학파 쪽으로 점차 승세가 기울어 얌니아 공의회(A.D. 90년경)에서 전도서가 정경으로 받아들여지게 되었다.

플럼트러는 로마서 8:20과 야고보서 4:14에서 전도서의 자취를 찾을 수 있다고 주장했지만,[37] 신약에 직접적으로 인용된 바가 없기 때문에 이 정경성에 관한 주제에 있어서는 신약이 별로 도움이 되지 못한다.

---

34) C. H. H. Wright, *The Book of Koheleth*, pp. 41-46.
35) 롸이트(Wright)는 전도서에 나온 경구(E)들이 벤시락의 책에서도 발견되는 경우들(BS)을 다음과 같이 연결했다. BS 12:13/E 10:11; BS 13:25/E 8:1; BS 19:16/E 7:20-22; BS 22:6-7/E 3:7; BS 21:25-26/E 10:2-3; BS 27:26/E 10:8; BS 7:14/E 5:2; BS 21:12/E 1:18; BS 14:18/E 1:4; BS 16:30/E 3:20; BS 13:22-23, 그리고 10:23/E9:14-16.
36) Ibid., pp. 55-76.
37) Plumptre, p. 88.

그러나 초대교회가 이를 받아들였다는 증거는 있다. 헤르마스 (Hermas)는 전도서 12:13을 인용했고,[38] 순교자 저스틴(Justin Martyr)은 12:7을 암시하였으며,[39] 알렉산드리아의 클레멘트 (Clement)는 전도서 1:16-18과 7:13을 이름까지 들어 인용했다.[40] 터툴리안(Tertullian)은 전도서 3:1을 세 번 인용했고,[41] 오리겐 (Origen)은 여러번 그 책을 인용했다. 그러므로 유대인들 사이에서는 전도서의 정경성에 대해 일치된 의견이 없었다 할지라도, 전도서를 받아들인 힐렐학파가 우세해진 것은 어쩌면 초기 기독교 세계에서 이것이 상대적으로 널리 사용되게 된 길을 닦는 결과가 된 것 같다.

전도서에 대한 해석학적 고찰

유사 지혜문학

다른 지혜 문헌들을 연구할 때와 마찬가지로 전도서를 연구함에 있어서도 히브리 지혜사상이 생겨나고 발전하게 된 넓은 배경을 먼저 이해하지 않으면 안된다.[42] 초기 이집트의 지혜문학은 교훈집들을 많이 내었는데, 이것들은 연로하고 경험많은 사람이 젊은이들을

---

38) Similitude VII(2세기).
39) *Dialogue with Trypho* 6(2세기)
40) *Stromata* 1:13(2세기와 3세기 초).
41) *Against Marcion 5:4; On Monogamy 3; On the Veiling of Virgins 1*(2세기 말과 3세기초).

교훈하는 문학적 양식으로 되어 있다. 그 자료들 중 하나는 아멘-엠-헷의 교훈(*The Introduction of Amen-em-het*)으로 왕인 아버지가 자기 자리를 승계할 아들을 권고하는 내용이다.[43] 바빌로니아에서도 전도서의 사상과 비슷한 예들이 발견되었는데, 두 가지만 생각해 보자. 첫째는 주인과 종의 비관주의적 대화(A Pessimistic Dialogue Between Master and Servant)[44]로 주인이 종에게 순종을 명령하고 있다(참고 전 8:2-5). 게다가 그 주인이나 종이 모두 여자들에 대해서 조심할 것과, 또 여자들로 인하여 즐거움을 누려야 한다는 것을 말하고(참고 VIII편과 전 7:26-28, 그리고 9:9), 종교에 있어서도 중용을 지킬 것을 말하고 있다(IX편과 전 5:1-6). 두번째 자료는 인생의 비참함에 대한 대화(A Dialogue About Human Misery)[45]로 "바빌로니아 전도서"라고도 일컬어져 왔다. 이것은 지혜로운 종이 불의와 인생의 비참함에 대해 불평을 토로하는 내용으로 되어 있는 것 같다(참고 전 3:16; 4:1; 5:13). 그러나 번역된 자료에 의하면, 그 종의 종교적인 열정은 전도자의 온건한 자세보다 지나친 것으로 여겨진다.

물론 히브리 지혜사상이 독자적인 현상이 아니라는 사실을 명심하는 것이 도움이 되기는 하지만, 이집트와 메소포타미아에서 전도자나 욥이 보여준 고등한 사상 체계를 갖추고 있는 문서들이 없다는 것도 알아야 할 것이다.

---

42) 독자들은 긴스버그의 책 pp. 27-99(유대적 관점)와 pp. 99-243(기독교적 관점)에서 주석적 작업에 대한 장편의 개요를(긴스버그 자신은 이것을 "개괄적인 스케치"라고 부른다) 보게 될 것이다. 여기에서 조금 더 진보한 것으로는 Sheldon H. Bland의 책(pp. XV-XXV, XXiV-XXXV)을 보라. 여기에는 연대와 기원에 대한 주석이 있다.
43) James B. Pritchard, ed., ANET, pp. 418-19. 아멘-엠-헷(Amen-em-het)의 연대는 아마도 B.C. 1500에서 1100년 사이에 해당할 것이다.
44) Ibid., pp. 437-38.
45) Ibid., pp. 438-40. 이 자료는 아마도 B.C. 14세기나 15세기의 것일 것이다.

문자적 해석 방법

전도서를 문자적인 방법 외에 다르게 해석할 이유는 없다. 어떤 이들은 이것을 풍유적으로 이해하려고 노력했다. 제롬(Jerome)의 주석은 4세기만큼 이른 시기의 증거들을 담고 있다. 제롬은 유대인들이 3:2-8을 자신들의 과거와 미래에 대한 것으로 해석했다고 말했다.[46] 그러나 풍유적인 해석은 어떤 경우에 있어서도 지나친 감이 있다.

암시인가, 명령인가?

전도서는 그 책 자체에 또 다른 해석적인 문제를 안고 있다. 즉, 전도서는 영감으로 기록된 성경에 포함되어 그렇다면 우리가 전도자의 주장을 신적인 명령으로 받아들여야 하는가라는 문제이다. 그 질문에 대한 답은 아마도 지혜문학 자체의 성격을 규명하는데서 찾을 수 있을 것이다. 하나님의 말씀을 전달하는 형식("그러므로 주께서 가라사대")은 지혜서들에서 자주 발견되지 않는다. 지혜문학에서 신적명령으로 인정되는 것은 일반적으로 "하나님을 경외하라"는 기본적인 내용에 제한된다. 이것은 종종 명령형이나 선언형식으로 표현된다(욥 28:28; 잠 1:7; 9:10; 15:33; 전 3:14; 12:13). 비록 하나님을 경외하라는 것이 율법과 선지서들에 있는 신적 명령을 전제한 것이기는 하지만 지혜문학 자체는 삶 속에서 계시된 종교로 여겨진다. 지혜문학은 하나님을 경외하는 것에 대한 실제적인 내용을 암시하며, 그 목적을 달성하는 데 있어서 현실 속에서 시간을

---

46) Ginsburg, pp. 34-35.

두고 입증된 방법들에 주목한다. 그러므로 전도서의 신적 명령은 "하나님을 경외하고 그 명령을 지킬지어다"(12:13)라는 근본적인 명령이다.

또한 우리 중에 누가 전도자의 주장을 신봉하고 싶다 하더라도 그럴 수 없는 것은, 우리에게는 그 필수적인 요소 즉 부와 그 부를 누릴 수 있는 기회가 어느 하나가 없든지 아니면 둘 다 없기 때문이다. 그렇지만 우리가 그의 주장을 그대로 수용할 필요는 없다하더라도 현재의 상황을 즐거워하되 방탕하거나 어리석게 인생을 허비하지 않고 오늘과 오늘의 즐거움을 하나님께서 직접 주신 선물로 인정하는 그의 자세는 받아들일 수 있다. 우리 주님께서도 우리에게 이와 비슷한 자세를 가질 것을 명령하셨다. "그러므로 내일 일을 위하여 염려하지 말라. 내일 일은 내일 염려할 것이요 한 날 괴로움은 그 날에 족하니라"(마 6:34).

근본적 중용적 전제

끝으로 이미 앞에서 관찰했듯이 전도자는 지혜문학에서 공통적으로 볼 수 있는 하나님 경외 사상을 가지고 있는데, 이 근본적인 전제는 전도자의 철학의 중추적인 요소가 되었다. 이것은 흔들리는 추를 중심으로 다시 오게 하는 힘이요, 전도자의 삶의 지표가 되는 원동력이었다. 그는 쾌락과 비존재라는 인생의 극단적인 체험들을 가질 수 있었다(4:2-3). 우리는 그를 쾌락주의자로 내몰거나 또는 반대로 허무주의자로 낙인찍어서는 안된다. 그는 양쪽의 장점들을 볼 수 있었지만, 중간적인 철학을 선호했다. 이 철학은 이 두 입장 모두와 긴밀한 관계에 있어서 그가 그것들의 단점을 결코 잊을 수 없는, 즉 그의 중용의 태도를 확실하게 정착시키는 그런 것이었다.

전도자의 사상은 세계를 정복할 만한 것은 아니었지만, 그렇다고 세상을 쉽게 포기하는 그런 것도 아니었다. 그것은 사회를 변화시키려 하지 않았다. 그렇게 하기에는 너무나도 온건하다. 그 사상은 급진적인 개혁이 결국 파괴를 일으킬 수밖에 없다는 것을 인식하기에 충분할 만큼 현실적이다. 이 세상이 정복될 수 없다는 것, 전도자는 이 사실을 깨닫고 그 상황 자체에서 얻을 수 있는 즐거움에 순응하려 했다. 그는 일종의 현실주의를 대변한다. 이 현실주의는 어느 면에서 우리가 우리 자신들에게 운명지어진 것들을 성취할 수 있기도 전에 상심하여 자포자기의 상태에 빠지지 않도록 우리를 붙들어 준다. 물론 모든 인생철학이 이렇게 현실주의적일 필요는 없다. 전도자와 같은 사람들이 이 세상에 많아지면 죄와 고통으로 가득한 세상만큼이나 불행한 세상이 될 것이다. 그는 정당한 분노심이 부족했다. 그러나 전도자 같은 사람들이 전혀 없는 세상은 증오와 탐욕, 지나친 무절제함의 불길로 잿더미가 되고 말 것이다. 즉 그런 세상은 망할 것이고 절망 속에 죽어갈 것이다.

    전도자는 신자들이 잠시 쉬고 그 마음을 달랠 수 있는 장소를 제공한다. 이 장소는 그 신자에게 영원한 처소는 아니고 다만 그의 영혼으로 하여금 재충전하고 다시 사색할 수 있는 충분한 휴양지를 제공할 뿐이다. 그가 거기서 쉬는 동안 그는 중간 평가를 할 수 있을 것이고, 적절한 자세로 살아가는 비결을 배우며, 현재의 중요성을 다시 깨닫고 인생의 덧없음을 다시 볼 수 있게 될 것이다. 그리고나서 그는 하나님께서 그의 운명으로 정하신 것들을 성취하기 위하여 자신의 길을 떠날 수 있게 된다. 하나님께서는 전도자의 사상이 이 세상을 정복하지 않도록 정하셨다. 그러나 다른 한편 하나님께서는 이 세상도 역시 멸망되지 않도록 정하셨다.

전도서의 해설과 분석

제목(1:1)

　우리는 이미 앞에서 이 제목에는 전도자가 솔로몬이 아니라는 것, 또 그 저자가 수수께끼같은 이름과 "예루살렘 왕"[47]이라는 이상한 문구를 사용하여 우리로 하여금 그렇게 생각하도록 했다는 단서들이 있음을 밝혔다. 그렇지만 그는 자신의 사상을 전달하기 위한 문학적 기교로서 솔로몬인 것처럼 나타냈다. 고르디스는 이렇게 말한다.

> 전도서는 "솔로몬의 지혜서"처럼 저자가 자신의 작품을 솔로몬의 것으로 돌리는 그런 위경이 아니다. 그는 첫 서두에서만 솔로몬인 것처럼 가장했는데, 이는 그가 지혜와 즐거움이 모두 삶의 목표로서는 가치없는 것임을(1:16-18; 2:1-12) 입증하고자 했는데, 솔로몬은 이 두가지를 모두 엄청나게 소유하고 있는 사람으로 유명했기 때문이다.[48]

　전도자(Qoheleth)라는 이름은 이 책에서 일곱 번 나온다(1:1, 2, 12; 7:27; 12:8, 9, 10). 7:27에서 여성형 동사가 사용된 것 말고는 모두 남성 명사로 쓰였다. 한 차례(12:8) 관사가 접두되었다. 이 단어는 일반적으로 "설교자"("Preacher", 개역성경에는 전도자—역자 주), 혹은 "소집자"("assembler")로 번역된다.[49] 이 책에서 가르치는

---

47) 이 장 앞부분, "저자"에 관한 내용을 보라.
48) Gordis, p. 194.
49) 이 장 앞부분 "제목"에 관한 부분을 보라.

자로서의 화자의 역할을 감안한다면, 양쪽 모두 타당한 것 같다. 왜냐하면 그는 가르침을 위해 그가 소집한 학생들에게 선포할 내용을 가지고 있었기 때문이다.

주제와 서문(1:2-11)

이 땅의 모든 것들이 헛되다는 메시지는 굉장한 효과를 불러 일으킨다. 왜냐하면 이것은 모든 재물을 소유했고 또 그것들을 삶의 순간마다 즐길 수 있었던 솔로몬 같은 사람이 선포한 말이기 때문이다. "헛되다"(헤벨, "실체가 없는")는 단어는 계속해서("숨을 쉬기가")곤란하다는 의미이다. 비록 이 단어가 이 책에서 여러 번 쓰였고 또 이 외침이 12:8에 다시 나타나기도 하지만, 그렇다고 해서 이것이 전도서의 주제가 되는 것은 결코 아니다. 이것이 의미하는 바는 각 사람들과 그들의 체험이 부질없고 덧없다는 것이다. 저자가 모든 것이 쓸 데 없다고 한 이유는 그가 행한 그 어떤 것도, 혹은 그가 얻은 그 어떤 것도 그에게 계속 유지되는 실체와 행복을 제공하지 못했기 때문이다.

헹스텐베르그(Hengstenberg)는 이 말들에 "체념적인 빈정거림"이 내포되어있지 않다는 사실을 올바로 지적했다. 왜냐하면 전도자는 이땅의 것들이 무익함을 깨닫고서 그것을 사실로 받아들였기 때문이다. 헹스텐베르그는 또 다음과 같은 점을 관찰했다. "부정적인 지혜는 긍정적인 지혜의 조건이요 바탕작업이다. 우리가 무엇보다도 먼저 이 세상에 의해 우리 앞에 놓인 가장된 선의 헛됨을 깨닫기 전에는 참으로 최고의 선이신 하나님을 볼 수 없다."[50]

---

50) Hengstenberg, p. 47.

"이익"(이트론)이라는 단어는 남은 것, 나머지, 차액을 의미한다. 따라서 이 단어는 이득이 되는 것을 가리킨다. 이 단어는 성경 중에서 오직 이 책에서만 쓰였는데(2:11, 13; 3:9; 5:8, 15 [개역성경에는 5:9, 16—역자주]; 7:12; 10:10, 11 [개역성경에는 "이익", "유익", "뛰어남", "아름다움" 등 놀라울 정도로 다양하게 번역되어 있음—역자주]), 후대의 히브리 저작들에서는 자주 볼 수 있다. 저자의 선언의 바탕이 되는 증거는 그가 관찰한 자연 세계의 순환 과정에서 온 것이다.—한 세대가 가고 다른 세대가 온다; 해는 떴다가 지고 그 떴던 곳으로 빨리 돌아간다; 바람은 정해진 길을 따라 분다; 물은 바다로 흐르나 그것을 채우지 못하며, 흐르는 곳에서 또 흘러간다. 만물이 끊임없이 변한다. 만약 그것을 바라보는 자가 뭔가 새로운 것을 찾았다 할지라도 그것은 단지 그가 전에 그런 현상을 보지 못했기 때문일 뿐이다(10-11절).

첫번째 시험(1:12-18)

이제 저자는 불멸을 향한 인간의 소원을 만족시키려 하는 모든 인간적인 노력이 헛되다는 자신의 주장을 입증할만한 증거를 더 제시하고 있다. 저자의 특징적인 스타일대로 그는 먼저 결론을 말하고(14-15절), 그 다음에 그가 어떻게 그 결론에 도달하게 되었는지를 설명하고 나서(16-17절), 최종적으로 자신의 결론을 간략하게 요약한다(18절). 그는 지혜(91:12-18)와 즐거움(2:1-26)이라는 두가지 증거를 제시했다.

그는 1:1에서 자신을 소개하면서 썼던 그 필명을 사용하며 솔로몬임을 자처하고 있지만, 이 책의 저작권을 혼란스럽게 할 목적으로 그런 것은 아니다. 흠정역(KJV)이 "I the Preacher was king over

Israel in Jerusalem"(이탤릭체는 가미된 것임)으로 번역한 것이나, 새미국표준성경(NASB)이 "I…have been"(이탤릭체는 가미된 것임)으로 번역한 것은(꼭 그런 것은 아니지만) 솔로몬이 이 말을 하고 있을 당시에는 더 이상 왕이 아니었다는 것을 암시한다고도 할 수 있다.[51] 우리가 가지고 있는 역사적 기록상으로는 이런 견해를 받아들일 수 없는데, 그 이유는 그 왕이 죽을 때까지 왕의 위치에 있었기 때문이다. 저자는 1장과 2장에서 솔로몬의 입장이 되어 그를 통하여 자신의 입장을 설명한다. 그러나 그는 여기에 대해서 속임수를 쓰고 있는 것은 아니다. 왜냐하면 그는 어디에서도 자신이 솔로몬이라고 주장하지 않았기 때문이다. 오히려 필명인 코헬렛("전도자")을 사용함으로써 그는 거짓된 인상을 남기지 않았다. 그것은 단지 문학적 기교였을 뿐이다. 델리취는 "여기에서 왕으로서 자신의 생애를 돌아보는 사람은 바로 이 책의 저자에 의해 솔로몬으로 나타난 바로 그 사람이다"라고 말했다.[52] 전도자가 왕이었지만 이 말들을 할 때는 왕이 아니었다는 암시에 따라 아람어 탈굼역본은 솔로몬이 왕위에서 물러나 다시 복위할 때까지 얼마 동안 그 나라를 떠돌아 다녔다는 옛날 미드라쉬 해석을 받아들이게 되었다.[53]

저자는 솔로몬이라고 가정함으로써 문학적인 장애를 극복하였다. 왜냐하면 적어도 왕이라면 지혜와 삶의 의미를 찾기 위해서 어떤 비용이라도 치를 수 있을만큼 부자였기 때문이다. 더구나 솔로몬은 고대세계에서 지혜의 표본이었다. 저자는 자신의 논지가 잘못이라는 것을 증명하려고 했으나 불행하게도 그것이 옳다는 것이 입증되고 말았다. 지혜가 모든 일을 살펴보는 수단이었으나("지혜를 써서," 13절), 그의 결론은 그 수단마저도 결국 처음에 이 연구를 시

---

51) 이구절에 대한 논의로는 Archer, p. 469를 보라.
52) Delitzsch, p. 226.
53) 긴스버그(Ginsburg)의 탈굼역, *The song of Songs and Coheleth,* appendix 1, pp. 502-19를 보라.

작하게 했던 번뇌와 근심을 더 늘게 할 뿐이라는 것이었다(18절).

두번째 시험(2:1-11)

이제 전도자는 그의 논지에 대한 두번째 시험, 즉 인생에 행복과 의미가 전혀 없는 것이 아니라는 주장을 입증하기 위해 여전히 솔로몬의 입장에 선다. 그는 즐거움으로 화제를 돌렸다.

이 문단(2:1-11)은 저자의 방식대로 그의 결론적인 주장으로 시작하고 그것으로 끝을 맺는다(2:1-2, 11). 그의 시도에 대한 묘사는 3-10절에서 찾을 수 있다. 그 시도들 중에는 술로 자극하는 것도 포함되어 있었다. 이것은 자포자기 상태로 중독증세에까지 이르는 그런 것이 아니고, 이성적인 사고능력을 잃지 않은 채 즐거운 정도로 자극을 주기에 충분한 양을 마시는 것이었다(3절). 두번째 시도는 노예들과 여흥꾼들, 그리고 처첩들을 비롯하여 자신의 사업과 소유를 늘리는 것이었다. 여기에서 그는 원하는 모든 것을 가졌던 사람이다—"무엇이든지 내 눈이 원하는 것을 내가 금하지 아니하며 무엇이든지 내 마음이 즐거워하는 것을 내가 막지 아니하였으니"(10절). 그러나 그의 결론은 절망적이었다. "보라, 모든 것이 헛되어 바람을 잡으려는 것이다." 이것은 세상의 지혜와 지식을 추구하였던 첫번째 시도에서 얻었던 결론과 일치한다. 저자는 여기에서 두번째 결론을 더 확대하여 다음과 같은 말을 덧붙였다. "해 아래서 무익한 것이로다"(11절; 참고 1:3). 이것은 인간의 체험에서 겪은 손실을 상쇄할만한 그 어떤 대체 가치도 없다는 말이다. 그 부채는 결코 갚을 수가 없다.

저자가 솔로몬임을 자처하고 있다는 것은 역사적인 기록들에서도 찾아볼 수 있다. 솔로몬의 종들은 오빌에서 금 420달란트를 수입해 왔고(왕상 9:28), 스바 여왕이 그에게 금 일백이십 달란트를 주었다. 이 왕은 그가 정복한 지방에서 거두어 들인 공물 외에 금 666 달란트를 1년 동안에 축적했다고 했다(왕상 10:14-15). 솔로몬이 다스리는 동안 은이 얼마나 많았는지 열왕기서의 저자가 예루살렘에는 은이 돌같이 흔했다고 말할 정도였다(왕상 10:27). 스바 여왕이 겪은 일들은 솔로몬의 부를 직접 본 사람이 느꼈을 감동을 여실히 드러내고 있다.

> 스바 여왕이 솔로몬의 모든 지혜와 그 건축한 궁과 그 상의 식물과 그 신복들의 좌석과 그 신하들의 시립한 것과 그들의 공복과 술관원들과 여호와의 전에 올라가는 층계를 보고 정신이 현황하여(왕상 10:4-5)

솔로몬의 건축공사에는 엄청난 노동력이 투입되었으며, 그의 막대한 재산이 소요되었다(왕상 7:1-8; 9:17-19).

처음 두 장에서 전도자는 지혜와 즐거움이 모두 행복을 보장해 줄 수 없다는 것을 보여줬다(1:13-18; 2:1-11).

지혜와 어리석음을 비교(2:12-17)

저자는 솔로몬의 체험을 통하여 지혜가 어리석음보다 유익한 삶의 방식임을 살펴보았다. 이 비교는 12절에서 소개되었다. 그가 앞에서 지혜를 부인한 것은(1:12-18) 그것이 삶을 보장하려는 그 목적을 달성시킬 수 없고 또 가치있는 삶을 만들 수 없는 것을 깨닫고 있음을 말해주고 있다. 그의 연구는 두 가지 결론으로 귀결되었다. (1) 지혜는 인간의 이해의 폭을 넓혀준다는데 유익(이트론—이 단어는 전 1:3; 2:11, 13; 3:9; 5:9, 16; 7:12; 10:10-11에서 볼 수 있다, 앞의 역자 주에서 밝힌 바 있듯이 개역성경에는 여러 단어로 다양하게 번역되어 있음—역자 주)이 있다. (2) 그러나 바로 그 사실 때문에 지혜는 이 세상에 생명의 은줄을 풀리게 하는 죽음이 있다는 사실에서 기인한 절망감을 더욱 깊게 만든다. 지혜가 가지고 있는 고유의 유익은 생명이 있는 동안에는 만족스러울지라도 결국 죽음에 의해 아무 것도 아닌 것이 되고 마는데, 이것은 지혜자나 우매자가 똑같이 겪는 운명이다(14b-16절). 전도자의 사색은 그를 절망의 상태에 빠트리고, 그가 전에 도달했던 결론과 똑같은 결론으로 이끈다. 즉, "다 헛되어 바람을 잡으려는 것임이로다"(17절; 참고 1:14, 17; 2:11)라는 것이다.

유일한 대안(2:18-26)

절망적인 심적상태에서 전도자는 자신의 모든 수고를 한탄한다. 그의 수고의 결과는 종종 자녀에게 물려줄 수조차 없고 지혜자이든지 우매자이든지 간에 낯선 사람의 손에 떨어지게 된다(18-19절). 지혜나(1:12-2:11) 즐거움이(2:12-23) 영원한 것을 추구하는 사람의 갈망을 만족시켜줄 수 없다는 것을 결론짓고 난후, 전도자는 현재를 실재적으로 누리는 것이 유일한 대안이라고(24a) 제시한다. 그러나 그것조차도 인간이 스스로의 의지대로 가질 수 있는 것이 아니었다. 그것은 하나님의 선물이었다(24b-26). 그렇지만 그 유일한 대안조차도 "헛되어 바람을 잡으려는것이로다"(26c)라는 진리를 알아야 한다. 영원한 것에 대한 인간 영혼의 깊은 열망을 채워줄 수 있는 것은 아무 것도 없다. 고르디스는 이 최종적인 선언이 다음과 같은 사실을 나타낸다고 보았다. "이 희락의 목적은 자신의 운명 가운데서 하나님의 뜻을 찾는 경건한 신자를 즐거움으로 만족시키는 것이라기 보다는 피할 수 없는 현실에 전도자가 체념하는 것을 나타낸다."[54]

때와 삶의 의미(3:1-15)

여기의 목록에서 우리는 사람의 행동에는 모두 다 그 적당한 때가 있다고 이해할 만한 근거를 찾을 수 있겠지만, 이것이 그 저자가 의도하는 바는 아니다. 오히려 다음에 오는 해설적인 문단에 비추어보면, 저자는 하나님께서 모든 것의 적당한 때를 정해두셨다는 것을 말하려고 했다. 인간이 겪는 끊임없는 순환은 우연도 아니고 인간 스스로 만든 것도 아니다. 다만 하나님께서 친히 계획하시고 실행하셨다(11절). 계속해서 전도자는 하나님의 행사와 계획이 완전하다는 것, 그리고 그것들이 인간에게 경외심을 불러일으키게 하려는 것임을 확신했다(14절). "하나님이 이같이 행하심은 사람으로 그 앞에서 경외하게 하려 하심인 줄을 내가 알았도다"(14절).

그러므로 만물이 하나님으로 말미암아 변함없이 고정되었고 인간의 노력은 그것들을 변화시킬 수 없다는 것을 알고, 전도자는 이 사실들에서 두 가지 교훈을 얻었다. 이 두 교훈은 모두 "내가 알았다"는 말로 표현되어 있다(12, 14절). (1) 사람의 운명은 하나님께서 정해주신 것을 즐거워하는 것이며(12절; 또한 2:24과 3:22), (2) 하나님의 행하시는 일은 영원하고 완전하여(14절), 사람이 거기에 더할 수도 없고 뺄 수도 없다.

일반적으로 2-8절에 있는 각 쌍들은 서로 반대 혹은 반대에 가까운 것들이다. 즉, 서로 대조되든지 아니면 상호 암시적이다.

"(하나님이) 사람에게 영원을 사모하는 마음을 주셨느니라"(3:11)—어떤 주석가들은 "올람"(NASB "eternity", 영원)이라는 단

---

54) Gordis, p. 218.

어가 "세상"을 의미한다고 주장한다.[55] 긴스버그(Ginsburg)는 이 단어가 구약에서 "세상"을 의미하는 경우로 쓰인 적이 결코 없으며, 어떤 사람들이 주장하는 것처럼 "세상 일", "세상의 기쁨", 혹은 "세상의 지혜"를 의미한 적도 없다고 주장했다. 이 책에서 그 단어는 오직 "지나간 시간" 혹은 "현재, 측량할 수 없는 시간, 영원"을 뜻하는 용어로 쓰였다(1:4; 2:16; 3:14; 9:6; 12:5). 더구나 이 단어는 여기에서 에트("시간")에 반대되는 말로 쓰였다. 그러므로 저자는 "영원"을 말하려고 했던 것으로 보인다.[56] 델리취는 다음과 같이 결론지었다.

> 저자는 하나님께서 각 사람들을 역사 속의 제 자리에 배치해 놓으셨으며, 그렇게 함으로써 인간의 의식 속에 그의 존재가 결정되었음을 깨우치게 하셨다는 사실을 말하고 있을 뿐만 아니라, 하나님께서 인간 속에 일시적인 것을 넘어 영원한 것을 추구하게 하는 열정을 심어 놓으셨다는 것을 말하려고 한다. 그 열정은 그의 천성 속에 내재되어 있어서 일시적인 것에 만족하지 아니하고, 그를 둘러막고 있는 벽을 뚫고 넘어서 그가 처한 속박과 불안에서 벗어나게 하며, 또한 그의 생각을 영원으로 향하게 함으로써 끊임없이 변하는 이 세상에 있는 그를 위로한다.[57]

불의(3:16-4:3)

그 다음에 전도자는 행복을 추구하는 인간을 좌절시키는 장애 중 하나인 불의에 대해 연구한다. 먼저 그는 의인과 악인이 모두 재판을 받게되는 심판이 있을 것이라는 해결책을 생각해본다(17

---

55) 예를 들어, Gordis, pp. 221-22.
56) Ginsburg, pp. 310-11.
57) Delitzsch, p. 261.

절). 그러나 그는 아직 그 대답으로 만족하지 못하는데, 그 이유는 그가 즉시 인간과 짐승의 다른 점을 생각하여 보지만 결국 인간이 짐승과 다름없다는 것을 깨닫는 능력이 인간에게 있다는 것만 다를 뿐임을 알게 되었기 때문이다. 죽음의 선고는 인간이나 짐승에게 모두 내려져 있다. 인간이나 짐승은 모두 흙에서 육체로, 육체에서 다시 흙으로 돌아가는 자연의 순환법칙에서 벗어날 수가 없는 것이다(20절).

전도자는 절망에도 불구하고 인간의 미래를 짐승들의 미래에 비교하여 그것을 교리화하려고 하지 않았다. 차라리 그는 이 문제를 인정하지도 거부하지도 않고 보류해 두었다. 하지만 어떤 결정을 내리기에 충분한 자료가 없으므로, 그가 어느 정도 확신을 가지고 제시할 수 있었던 유일한 해결책은 현재의 삶을 즐거워하는 것뿐이었다(22절, 2:24; 3:12).

저자는 인생이 겪는 일들을 직접 목격한 사실들을 언급하면서 권력을 가진 자들에 의해 자행되는 불평등의 문제를 생각하였다. 그들의 압제에 희생된 사람들을 위로할 자는 아무도 없었다(4:1). 이 세상에 불의가 가득함을 생각하면서 저자는 차라리 죽은 자들과 출생하지 않은 자들이 더 나을 것이라고 믿었다(4:2-3).

인간의 수고가 덧없음(4:4-16)

전도자는 힘써 수고함으로 얻게 된다고 말하는 유익에 대해 생각해 보았다. 첫째, 일반적으로 사람들이 생각하는 것과 반대로 힘써 수고하는 것은 따지고 보면 경쟁심에서 비롯된 것이다(4절). 한편 저자는 힘써 수고할 것을 격려하는 유명한 경구를 인용하고 있는 것 같다. 즉 "우매자는 손을 거두고 자기 살을 먹느니라"(5절)인데, 이것은 아마도 수고하지 않고 자기 자신의 음식을 먹으므로 탐진하는 사람을 빗대어 하는 말일 것이다(참고, 잠 6:10-11; 19:15; 21:25; 24:33). 그 다음에 오는 구절은 그러한 태도에 대한 전도자 나름대로의 충고인 듯하다. 즉 평온함이 수고하는 것보다 훨씬 낫다는 것이다(6절).

우리는 여기에서 이 경구들이 직접 인용한 것임을 알려주는 어떤 형식에 의해 소개된 것이 아니라는 사실을 보게 된다. 그러나 이것은 전도자에게서나 그밖에 다른 구약성경에서 이상한 일이 아니다.[58]

'힘써 수고함이 무슨 유익이 있겠는가'라는 데 대한 두번째 단원은 가족이나 그 어떤 책임도 없는 한 구두쇠에 대한 이야기로 시작한다. 특별한 도입 형식 없이 인용하는 경우를 여기 8절에서 보게 된다. "묻지 **아니하기를**(개역성경에는 "이르기를"—역자주) 내가 누구를 위하여 수고하고 내 심령으로 낙을 누리지 못하게 하는고 하나니." 여기에서 굵은 글씨로 된 부분은 히브리 본문에는 없지만 번역자들이 명확하게 하기 위해서 추가한 것이다. 짐짓 순수한 근면인 것처럼 가장해도 전도자가 이미 앞에서 수고와 교묘한 일들이 이웃에 대한 깊은 시기심에서 나온 것임을 보았듯이(4절) 사실은 이기적이고 독단적인 마음이 거기에 깔려 있다고 한다. 이러한 생각을 없애기 위해 그는 협동하는 것의 유익을 네 가지로 말한다. (1) 혼자 하는 것보다 둘이서 하면 더 많은 일들을 이룰 수 있다(9절). (2) 한 사람이 넘어지면, 그 동료가 그를 일으켜 줄 것이다(10절). (3) 추운 밤에도 두 사람이 함께 누우면 서로를 따뜻하게 해 줄 수 있다(11절). (4) 두 세 사람이 함께 하면 쉽게 강도나 도적들에게 패하지 않는다(12절).

힘써 수고하는 것이 그다지 유익이 되지 않는 세번째 이유는 그

---

58) 전도자가 인용구들을 어떻게 처리하는가에 대해서는 Gordis, pp. 95-108을 보라.

렇게 해서 이룬 것이 결코 길게 가지 못하기 때문이다. 여기에서 열심히 수고하여 그 결과로 얻은 명성을 경험이 없는 젊은 왕에게 빼앗기는 어떤 어리석은 왕에 대한 예화를 들고 있다. 그러나 그 젊은 왕의 명성도 머지않아 그의 뒤를 이을 수많은 사람들에 의해 잊혀지게 되었다(13-16절).

종교적 문제들에 대한 권고(5:1-7)

전도자는 종교적인 의식에 대한 세 가지 규례를 말하고 있다. 첫째, 그는 순종[59]의 자세가 희생제사보다 훨씬 낫다고 하면서 순종하라고 명령한다(5:1). 두번째 규례는 기도와 관계가 있다. 그는 하나님 앞에서 말을 적게 하는 것이 더 낫고, 또 이것이 장황스럽게 떠벌리는 것보다 오히려 더 하나님을 경외하는 것이라고 충고했다(5:2-3). 긴스버그는 이렇게 말했다. "우리보다 높은 분들 앞에서 말을 적게 하는 것은 그 분들의 고상함에 대하여 경의를 표현하는 것이요, 우리들의 부족함을 겸손하게 인정하는 것이다."[60] 세번째 규례는 서원에 관련된 것이다. 성전과 관련된 두 가지 문제들에 대해 말한 다음에 이제 전도자는 성전 밖에서의 품행에 대해 언급하고 있다. 어떤 특정한 임무에 대해서 또는 어떤 식으로 행동하겠다는 식으로 서원하는 것은 자주 있는 일이었다(레 27:3-13; 신 23:21-23). 이것은 어떤 요구에 따라 된 것이 아니고 순전히 자발적으로 이루어지는 것이다. 그러므로 자발적으로 서원을 맺고서 그것을 지키지 않는 것은 이중으로 죄를 짓는 결과가 된다.

---

59) Ginsburg, p. 335. 고르디스는 리쉬모아를 "이해하다"(개역성경에는 "듣다"―역자 주)로 생각했다. Gordis, p. 237.
60) Ginsburg, p. 336. 유사한 사상들에 대해서는 외경 집회서 7:14: 32:9을 보라.

마지막 교훈은 전도자의 종교와 지혜의 일반적인 원리인 "하나님을 경외할지니라"(7절)이다. 이것은 단지 감정적인 성향을 말하는 것이 아니다. 하나님을 경외하는 것은 경배의 행위와 윤리적인 덕행을 포함한다.

압제의 정치 체제(5:8-9)

델리취는 하나님을 경외하는 것과 왕을 경외하는 것을 연결하는 지혜의 원리가(잠 24:21) 여기 전도자의 사상에서도 입증되고 있음을 주목했다.[61] 8절의 핵심은 정부의 압제적인 체제에 대한 지나친 근심을 방지하자는 것이다. 즉, 압제와 불의가 그 체제 아래 있는 민중들을 억누를 때, 상위직급에 있는 관리들과 감독들이 스스로 바로 잡아주기를 희망하고 있는 것이다.

9절은 난해해서 여러 가지로 해석되어 왔다. 헹스텐베르그(Hengstenberg)는 여기의 "왕"을 하나님으로 이해하고, 그 시대의 독재적인 정치체계에서 관심을 돌려 "정하신 때에 모든 것을 다시 복원시키실 하늘의 왕"을 향하게 하는 것이 8-9절의 핵심이라고 해석했다.[62] 그러나 본문에서는 그 최고 권력자 왕이라 하더라도 그 체제의 하부 계층인 농민들에게 의존하고 있는 것으로 보인다. 그래서 탈굼 역본은 이 부분을 다음과 같이 해석했다. "땅을 경작하여 얻은 이득이 가장 최고의 것이다. 왜냐하면 한 나라의 국민들이 반역해서 그 왕이 그들을 피해 시골로 도망했을 때 그에게 먹을 양식이 없으면 왕이라 할지라도 밭일하는 사람의 지배 아래 놓이게 된다."[63]

---

61) Delitzsch, p. 291.
62) Hengstenberg, p. 140.
63) Targum 5:8. 긴스버그의 번역 p. 509를 보라.

생명과 부(5:10-6:9)

전도자는 부가 없는 인생은 헛되다는 잘못된 주장에 반박하여 부를 얻고도 누리지 못하는 것이 덧없다는 자신의 주장을 내놓는다. 사실 전도자는 부를 얻는 것이 효용체감의 법칙에 꼼짝없이 매이는 것이라고 주장한다. 더 가지면 가질수록 만족은 줄어들게 된다(5:10). 게다가 재산이 늘어나면 이에 비례해서 그것을 먹는 자가 늘어난다고 했다(11절). 그 잘못된 주장이 13-15절에 있는 전형적인 예화, 즉 오직 자신만을 위해 부를 축재하는 사람에 대한 예화 저변에 깔려있다. 15절에 진술된 그 원리는 욥기 1:21을 연상시킨다. 이 잘못된 주장을 폭로한 전도자는 누리지도 못하고 부를 쌓는 것이야말로 헛된 것이라는 자신의 주장을 내놓았다(18절; 2:24; 3:12, 22). 전도자의 이같은 입장에는 부요함이 하나님의 선물이라는 부에 대한 신학적 암시가 깔려 있다(19절; 2:24-26).

전도자는 5:13과 유사한 형식으로 전형적인 한 예를 소개하면서, 하나님으로부터 부요와 존귀를 받았지만 그것을 누리도록 허락받지 못한 어떤 사람에 대해 말하고 있다(6:1-6). 이 사람이 그 재산들을 어떻게 사용하려고 의도했는지에 대해서는 아무 말이 없고, 다만 부요함이 탐욕적인 요소와 결탁하든지(5:10-15절에 있듯이) 아니면 그 부요함을 누릴 기회가 부족하든지 그 결과는 똑같이 헛되다고 말한다.

그러므로 저자는 부요함이 그 자체로 선과 만족을 가져다줄 수 없다는 것을 입증한 셈이다. 부는 하나의 목적에 이르는 수단일 뿐이고, 그 목적이란 다름아닌 인간에게 만족을 가져다주는 것이다. 저자는 자신의 주장을 더욱 확실하게 하기 위해 차라리 낙태된 자가 불만에 가득찬 부자보다 낫다고 선언한다(3b-5절). 전도자는 누리지 못하는 인생은 아예 존재하지 않은 인생보다 더 못하다고 생각했다. 그런데 장수하는 것이 누리지 못한 것을 보상할 수도 있다고 논박할 수도 있을 것이다. 이점에 대해서 전도자는 장수하는 자 체로는 별 의미가 없으며, 그것이 결코 즐거움 없는 삶을 보상할 수는 없다고 확신했다. 그는 오직 삶의 질이 인간존재를 가치있게 한다고 보았다(6절).

인간의 불우한 운명(6:10-12)

왜 부요함이 인간이 갈망하고 또 필요로 하는 행복을 보장해주지 못하는가에 대해 보다 좋은 설명이 있다면, 그것은 하나님께서 인간들의 운명을 부동적으로 고정시켜 놓으셔서 이 물질적인 세상에 그 어떤 가치있는 것이라 할지라도(예, 부요함) 그 자체가 인간의 운명을 바뀌게 할 수 없도록 하셨다는 사실에서 찾을 수 있다. 전도자의 인생철학의 근저에는 역시 하나님의 주권 사상이 깔려있다.

잡다한 경구들 : 제1집(7:1-14)

지혜 교사들은 교훈하는 방식에 있어서 한 가지 방법에 얽매이지 않았다. 사색적인 교사들은 종종 그 학생들을 가르치기 위하여 전통적인 경구형식을 사용하기도 했다. 잠언서에서 볼 수 있는 대중적인 형식의 경구들이(잠 10:1-22:16) 사색적인 욥기와 전도자의 사색적인 부분에 삽입되어 있다. 그러므로 전통적인 경구들로 구성된 이 단원이 여기에 있다고 해서 놀랄 것이 없다. 일부 학자들은 이 구절들의 전통적인 문체와 내용(3-5, 7-8절)에 근거하여 이것들이 후대에 이 책에 첨가된 것이라고 결론지었는데, 여기에 담긴 주제들은 전통적인 것도 있고 전통적이지 않은 것도 있다. 죽음을 피할 수 없다는것(2b; 참고 4:2), 인간의 수고의 덧없음(6절), 역사의 순환(10절; 참고 1:9-10; 6:10a), 이 모든 주제들은 이 단원이 전도자의 저작임을 나타낸다.

이 문단의 핵심은 각각 '좋다' 라는 말로 시작되는 일곱 편의 말씀(1, 2, 3, 5, 8[두번], 11)으로 이루어져 있다(개역 성경에서는 11절 '아름답고'를 제외하고 모두 '낫다'로 번역되어 대부분 문장 뒷부분에 온다—역자주). 구조적으로 보면 유사형 평행법(1, 7, 8절)과 대조형 평행법(4절)을 볼 수 있고 서로 대조되는 경우를 사용하는 경우도 있으며(2, 3, 5절), 또 각 경구들이 서로 단절되어 있음을 알 수 있다.[64] 내용상으로는 1-4절은 죽음에서 산 자를 위한 교훈을 끌어내고 있고, 반면에 5-14절은 삶에서 산 자를 위한 교훈을 가져왔다.

죽음에서 얻는 교훈들(7:1-4). 부가 행복을 가져올 수 없기 때문에, 명예로운 이름을 남기는 것이 몸의 악취를 나지 않게 하기 위해서 비싼 값을 치루고 얻는 기름보다 낫다(1절, 참고 잠 22:1). 전도자는 모든 것에 때가 있다는 말을 할 때 출생과 죽음에 대한 언급으로부터 시작했던 것처럼(3:2), 여기에서 경구들을 시작할 때도 출생과 죽음에 대해 언급하고 있다. 초상집에 가는 것이 잔치집에 가는 것보다 낫다는 말은(2절) 삶의 덧없음을 기억해야 한다는 전도자의 사상체계에서 이해해야 한다. 역시 같은 맥락에서 그는 부질없음에 대하여 고뇌함으로 슬퍼하는 얼굴이 낫다고 했는데, 그 이유는 그 얼굴 뒤에는 사색하는 마음이 있기 때문이라는 것이다(3절). 이것은 즐거워하는 것이 바람직한 삶이라고 했던 그의 사상과(참고 2:24) 모순되는 것이 아니다. 오히려 그는 삶의 무상함을 깨닫지 못하는 것이 부질없다는 것을 말하고 있는 것 같다. 그러므로 4절은 3

---

64) 앞에서 논의된 5장 잠언에 있는 "시적구조"를 보라.

절의 사상에 대한 부연 설명이다.

삶에서 얻는 교훈들(7:5-14). 전도자의 우울한 성향에도 불구하고 그는 삶의 무상함에 대한 생각에 치우쳐 어떻게 사는 것이 최선인지를 신중하게 배우지 못하게 되는 그런 과오를 용납하지 않았다. 그래서 그는 그의 학생들에게 지혜자들의 말이 책망이라 할지라도 우매자들의 부질없는 말들을 듣는 것보다 지혜자들의 말을 귀담아 들으라고 권고한다(5절). 이 권고는 6절에서 부연설명되고 있는데, 여기에서 저자는 우매자의 부질없는 말들을 바싹 마른 가시나무가 타는 것에 비교하였다. 그들의 말은 맹렬하게 타오르지만 쉬 사라져서 음식 솥을 끓이지도 못한다. 7절과 8절은 5a에 담긴 사상을 더 부연하고 있다고 볼 수 있다. 왜냐하면 여기에서 공정한 재판을 하지 않는 지혜자는 뇌물에 쉽게 넘어간다고 하였기 때문이다(참고 출 23:8; 신 16:19). 또한 지혜자의 책망은 비록 처음에는 아프게 느껴지지만, 그 일이 다 지나서 분명히 그 문제를 평가할 수 있게 되면, 그것이 오히려 유익했음을 깨닫게 된다고 했다. 그러므로 끝이 시작보다 낫고, 그 과정에서 가져야 할 마음가짐은 교만이 아니라 인내라는 것이다.

8절의 결론은 "급한 마음으로" 노를 발하지 말라는 전도자의 충고로 더 자세히 설명되고 있다.[65] 물론 8절이 어떤 의미에서 5절에서 제기되었던 문제를 결론짓는 것이지만, 이것은 또 다른 문제에 대한 도입이기도 하다. 그 문제는 인내심에 대한 것으로, 전도자는 인내심이 현재에 만족하는 것으로 표현된다고 말한다(10절). 현재를 만족하지 못하는 것은 과거를 자랑하는 양상으로 나타날 것이다.

전도자의 특징 중 하나는 지혜와 부가 완전히 조화를 이룰 때 인생에 최고의 즐거움과 행복이 깃든다고 주장하는 것이다(11절). 하

---

65) Gordis, p. 262.

지만 그는 더 깊은 생각에서 지혜가 부요함보다 더 유익하다고 한다(12절). "지혜는 지혜얻는 자의 생명을 보존함이니라"는 것이 그 이유이다.

이 단원을 결론지으면서, 저자는 3:14의 논지를 되뇌인다. 즉 하나님의 계획은 불변하므로 인간은 하나님의 방식과 지혜에 순응해야 한다는 것이다.

적당한 생활(7:15-25)

먼저 전도자는 통속적인 신학에서 나온 결론들이 항상 체험에 의해 정당화 되는 것이 아님을 관찰하고 있다. 즉 의인은 종종 젊어서도 죽는 반면, 악인이 종종 장수할 때가 있다는 것이다(15절). 이 관찰을 토대로 그는 사람이 종교적으로 광신주의에 빠지거나 사악한 방탕에 젖어들지 않아야 한다고 주장한다(16-18절). 그가 추천할만한 것은 어느 한 쪽에 치우치지 않고 중용의 덕을 쌓는 것이었다. 과시적인 경건은 다른 사람과 거리가 생기게 하고, 반면에 사악한 방탕은 나이가 차기도 전에 죽음에 이르게 한다. 19절은 일상적으로 통용되던 경구인데(참고, 잠 21:22; 24:5), 20절에서 전도자는 거기에 대한 자기 자신의 반대 견해를 제시한다. 전도자는 완전한 의인같은 존재는 있을 수 없다는 것을 깨닫고, 인간의 약함과 결점을 깨닫는 것이 스스로 의로운 체하거나 위선을 부리는 데서 벗어날 수 있다는 점을 지적했다(21-22절, 참고 갈 6:1). 전도자는 결코 실용적인 지혜의 유익에서 참 만족을 얻을 수 없었다. 그래서 그는 하나님의 섭리의 신비를 곰곰히 생각하고 감춰진 삶의 의미를 깨닫고자 했으나, 욥이 그랬던 것처럼(욥 28) 그도 역시 실패하고 말았다. 그래서 그는 다시 실용적인 지혜의 유익에 매달렸다(25절).

여자에 대한 전도자의 견해(7:26-29)

고르디스가 관찰한 바와 같이 여자에 대한 전도자의 불신감은 오히려 그들이 그에게 굉장히 매력적이었음을 드러낸다.[66] 아담 때부터 남자들은 자신들의 과오를 여자에게 전가시켜서 책임을 회피하려는 행동을 하였는데, 이것은 결코 고상한 행동이 아니고 또 성경이 이를 인정하는 것도 아니다. 이것은 남성의 결백을 드러낸다기 보다는 그 약점을 나타내는 것이다.

전도자가 얼마나 여자를 무시하는 견해를 가졌든지간에 어쨌든 그는 29절에서 남성이나 여성 모두("남자"[히브리어 원문으로는 하 아담으로 직역하면 "그 남자"—역자주]라는 단어는 여기에서 "사람"을 가리키는 일반명사로 쓰였다) 하나님께서 정직하게 지으셨으나 사람들이 창조자가 정해준 길에서 벗어났다고 결론지었다.

왕에게 순종(8:1-9)

전도자가 상류계층의 학생들에게 말하고 있다는데 대해서는 반문의 여지가 없다. 부요함 그리고 그것을 보완하기 위해 필요한 지혜를 강조하는 것이 그 증거이다. 여기에서 그는 왕의 궁궐에 출입하는 상류계층의 젊은이들에게 전반적으로 유익할만한 한 주제를 다루었다. 이 지혜교사는 그의 학생들에게 왕에게 순종하라고 가르쳤다. 그 이유는 무엇보다도 그들이 왕의 대관식 때 그렇게 한다고 서원했기 때문이라고 했다(2절). 그 외에도 왕에게 충성을 다하여 순종해야 할 또 하나의 이유는 비록 왕이 불의한 통치를 한다 해도

---

66) Gordis, p. 262.

그가 심판을 받게 될 날이 반드시 오기 때문이라는 것이다(6-8절). 그러므로 왕의 백성들로서 인내하며 견디면 언젠가 보응의 때가 오게 된다는 것이다.

모든 것의 무상함과 운명(8:10-9:3)

징벌의 실패(8:10-15). 비록 전도자는 보응의 때가 정해져 있음을 믿는다고 하기는 했지만, 그는 악인이 종종 죽어 묻히면서 칭송을 받는다는 사실을 간과할 수 없었다(10절의 본문과 그 의미가 불확실하다는 것은 주석들에 잘 나타나 있다). 다른 사람들은 징벌이 속히 실행되지 않는 것을 보고 악한 일을 자행한다(11절). 그런데 전도자는 때때로 악인이 칭송을 받고 의인이 벌을 받는 모순을 목격하지만, 그래도 의인이 잘되고 악인은 징벌을 받게 된다는 신념을 굽힐 수 없었다(12-13절). 비록 눈에 보이는 현실은 이론적인 원리와 모순되는 것 같았지만(14절), 전도자는 그 신념을 버릴 수 없었던 것이다. 그러나 이와같이 이 세상의 도덕적 체계 안에 있는 불의에 대처할 만한 어떤 좋은 대안이 없으므로, 그 지혜교사는 삶을 누리라는 자신의 철학을 또 다시 강조한다(참고 2:24; 3:12, 22; 5:18).

모든 사람의 공통적인 운명(8:16-9:3). 이제 전도자는 그의 학생들에게 어떻게 해서 그가 8:15의 결론에 이르게 되었는지를 설명한다. 하나님의 신비로운 섭리하심을 연구하려는 그의 노력, 즉 왜 이 세상의 도덕적인 질서가 그렇게도 자주 무너지는지 그 이유를 밝히려는 노력이 부질없음이 밝혀졌다(16-17절). 사람은 모든 일들이 잘 될지 그렇지 않을지 알지 못한다. 그것은 오직 하나님의 은혜에 달려있다(9:1). 그러나 이상하게도 한 가지 확실한 것이있는데 그것은 의인이나 악인에게 모두 죽음이 임한다는 것이다(2-3절). 전도자는 일찌기 이 주제를 피력한 바 있다(2:14-16; 3:18-21; 7:15; 8:8). 우리는 이것이 어떻게 그의 인생 철학 곧 누구나 현재의 즐거움을 누려야 한다는 철학을 형성하는 데 기여했는가를 살펴본 바 있다.

인간의 주요 의무(9:4-12)

전도자는 모든 인간의 공통적인 운명이라는 주제에서 또 다른 중요한 주제로 옮겨가고 있다. 그 주제는 사람이 사는 동안 삶 속에서 모든 행복을 찾아야 한다는 것이다. 이 단원의 핵심은 바로 이 주제가 표현된 7절이다. 앞에서 여자를 무시하는 듯한 견해를 밝힌 바 있는데(7:26-28), 여기에 균형을 맞추어 즐거움을 누리라는 이 권고는 사랑하는 아내에게서 얻는 즐거움을 포함시키고 있다(9절). 8절의 흰 의복과 기름은 잔치 중임을 의미한다.

어리석은 자로 말미암아 지장받는 지혜(9:13-10:1)

"내가 또…보고"라는 문구는 새 문단의 시작을 알린다. 어떤 사람들은 여기에 나오는 성읍을 원수들에 의해 에워 쌓인 성읍으로 보려고 시도했지만, 아마도 전도자는 부와 권세가 동반되지 않는 지혜의 유익이 오래가지 못한다는 것을 보여주기 위해 이 모형적인 이야기를 꾸며냈던 것으로 보인다. 지혜로운 그의 권고로 성읍을 건졌던 그 가난한 사람은 기억 속에서 사라졌다. 그래서 9:1에 언급된 그 확신 곧 지혜자의 행위라 할지라도 하나님의 손 안에 있으며 그의 주권적인 섭리에 따르게 된다는 확신이 분명해졌다. 전도자는 어리석은 사람이 많은 지혜를 저해한다는 그의 요지를 설명하는 두 편의 경구로 이 단원을 결론짓는다(9:18b; 10:1).

잡다한 경구들: 제2집(10:1-11:6)

비록 어리석은 자에 의해 지혜가 무시되고 그 유익이 사라져 버린다 해도 전도자는 여전히 지혜가 어리석음을 능가한다고 믿었다(10:2). 지혜와 어리석음은 모두 일상적인 생활에서 드러난다(10:3). 10:4에서 저자는 독재적인 군주에게 순종하는 것이 더 무서운 잔인함을 피할 수 있다는 원리를 설명한다.

전도자는 우매자를 높이고 지혜자를 낮추는 악한 군주를 여러번 보았다(10:5-7). 그렇지만 그는 그 군주를 억지로 폐위시키려고 하는 것은 마치 사냥꾼이 짐승을 잡으려고 파놓은 함정에 모르고 빠지는 것처럼, 혹은 집의 담을 헐다가 거기에 둥지를 틀었던 뱀에게 물린 사람처럼 자기 생명을 위태롭게 한다는 것을 알고 있었다(10:8). 예화는 9절에서도 계속되어 뭔가 좋은 것을 만들려고 했다가 그 와중에 다치게 되는 장인들의 이야기가 나온다. 10a는 여러 가지로 번역되었는데, 그것은 준비하지 않고 어떤 일을 떠맡는 것은 많은 힘을 소요하게 된다는 의미인 것 같다. 그래서 이것은 4절의 지혜로운 권면에 대한 예화가 된다.[67] 11절은 군주에게 순종하는 것이 제일 상책이라는 경구를 담고 있다. 전제 군주는 아주 기민하게 반대자들의 어설픈 시도를 물리쳐서 그들의 노력을 무색하게 만들 수 있다.

최선의 방침은 화해하는 것이고(12-14절), 말은 화해를 위한 가장 좋은 수단의 하나이다. 우매자는 전혀 알지 못하는 미래의 일들에

---

67) Ginsburg, p. 431.

대해 떠벌림으로써 자신의 어리석음을 드러낸다(14절). 그의 길은 그가 하는 말들 만큼이나 어리석으며, 그 사람은 성읍에 들어가는 길을 어떻게 찾아야 할지도 알지 못한다(15절). 즉 그는 가장 평범한 것들조차도 알지 못한다.[68]

그 다음에 전도자는 그가 막 주장했던 그 입장이 전제주의를 슬며시 옹호하는 것이 아님을 밝힌다. 그는 왕과 대신들이 무절제한 관습에 빠지는 나라에 대해 탄식한다. 아침에 잔치를 벌리고 술을 마신다는 것은 방탕함을 나타낸다(참고 사 5:11; 행 2:15). 17절에서 그는 16절에 묘사된 상황들과 정 반대되는 상황을 제시한다. "왕은 귀족의 아들이요 대신들은…마땅한 때에 먹는 이 나라여"(17절) "왕은 소년이요(개역 성경에는 '어리고'—역자주) 대신들은 아침에 연락하는 이 나라여"(16절). 헹스텐베르그는 이 책이 페르시아 시대 초기에 기원했다는 자신의 입장에 따라 이 구절들을 페르시아 제국과 궁궐에 대한 묘사로 보고 "소년"이라는 말은 페르시아 군주들의 나이를 말하는 것이 아니고 그들의 "소년같은 특성"을 의미하는 것이라고 했다.[69] 이 구절들이 페르시아 왕들을 가리키는 것이든지 그렇지 않든지 간에 "소년"에 대한 그의 해석은 옳은 것 같다. 왜냐하면 전도자는 그 시대의 어떤 통치자들의 정신상태와 성향을 통렬히 비난하고 있기 때문이다. 그러나 이것은 젊은이들에게 일반적인 지침을 가르쳐 그들로 하여금 왕궁에서의 업무를 준비하게 하고 있다는 사실을 감안할 때, 정치적인 상황에 대한 묘사보다는 교훈적인 성격이 강한 것임을 알 수 있다.

18절과 19절에서 전도자는 16절의 의미를 더 자세히 드러내고 있다. 포학한 통치자들에 의해 야기된 재난의 상태는 역시 태만과 극심한 방탕으로 특징지워진다. 그 다음에 4절에서 시작된 전제 군주에게 순종함에 대해 생각하는 이 단원을 결론짓기 위해 전도자는

---

68) Ibid., p. 439.
69) Hengstenberg, pp. 232-33.

20절에서 신중함이라는 주제로 돌아간다.

　상류층의 학생들에게 그들보다 위에 있는 사람들에 대한 올바른 자세를 제시하고 나서 전도자는 이제 사회적으로 부유층 아래 있는 사람들에 대한 올바른 자세에 대해 말한다(11:1-6). 이 주제는 자선을 베풀어야 한다는 것이다. 사람이 미래 일이나 혹은 자신의 행위의 결과를 알지 못하고 또 달리 조절할 수도 없기 때문에, 지나치게 인색하지 말고 자선을 베풀며 근면하게 살아야 한다. 여기에서 다시 전도자는 이 세상의 일들 가운데 하나님의 주권이 있음을 인정하고 있다(참고 1:13; 2:26; 3:14; 7:13-14; 8:16-9:1).

젊음과 늙음에 대한 최종적인 충고(11:7-12:8)

　전도자는 상당히 감동적이면서 세련된 어조로 젊은이들에게 충고하면서 그들의 육체적 정신적 힘이 아직 생생할 때 삶의 즐거움을 누려야 할 책임이 있다는 것을 말해주었다(11:7-12:1). 그는 자신의 주장의 요지를 세 번 되풀이하여 고취시켰고(11:7-8a, aa:9a; 11:10a), 그의 충고에 대한 이유를 세 번 밝혔다(11:8b; 11:9b; 11:10b). 세월이 덧없이 흘러간다는 것(8a, 10b)과 각 사람이 인생에서 가장 큰 즐거움을 누릴 기회를 어떻게 적절히 운영했는가에 따라 심판을 받게 된다는 것이(9b) 그 이유들이었다.

　비록 몇몇 학자들이 11:9b를 후대에 경건한 편집자에 의해 삽입된 것으로 생각하지만,[70] 저자가 이미 3:17에서 심판에 대한 사상을 주장한 바 있고 이 책의 마지막도 유사한 경고로 끝을 맺고 있다

---

70) 예를 들어, George A. Buttrick et al., eds., *The Interpreter's Bible*, vol. 5; O. S. Rankin, *The Book of Ecclesiastes*, p. 83; Scott, p. 254.

(12:14). 델리취와[71] 긴스버그는[72]는 둘 다 전도자에게서 조악하나마 미래 심판에 대한 사상이 있음을 인식했다. 특히 악인들이 이 세상에서 종종 징벌을 받지 않는다고 말한 전도자의 주장을 고려해 본다면 그에게 미래 심판 사상이 있었다는 것은 더욱 신빙성이 있다 (8:14).

두번째 수려한 문학적 기교로 늙고 쇠약해지는 것을 피할 수 없다는 사실을 말함으로써 젊음의 기회가 소중한 것임을 밝히고 있다 (12:1-8). 이 구절들에 대해서는 여러 가지 견해가 있다.

전도서 12:1-8의 다양한 해석

1. 이것은 몸의 특정한 기관들이 쇠약해져 가는 것을 묘사한다 (바빌론 탈무드, 샤바트 152a; 아람어 역본).
2. 이것은 폭풍이 불어 닥치는 것을 상징으로 하여 나이들어감에 따라 쇠약해지고 무기력해지는 것을 묘사한다(긴스버그).[73]
3. 늙어가는 상황을 비가 많이 오는 팔레스타인 지역의 겨울철에 비유한 것이다(델리취).[74]
4. 늙는 현상을 부유한 집이 망하는 것으로 묘사한 것이다(고르디스).[75]
5. 늙는 현상을 여러 가지 상징들로 종합하여 묘사한 것이다.

여기에 있는 모든 비유들을 위의 기준들 중 어느 한 가지에 국한시키기가 어렵다는 것을 감안할 때, 그래도 마지막 방법이 최선일 것 같다. 2절에서는 팔레스타인의 비오는 겨울철을 상징으로 든 것이고, 반면에 3-4절은 부자집의 몰락을 묘사한 것 같다.[76] 그런데 5a는 문자 그대로 높은 곳을 무서워하는 고소공포증과 길을 가며 위험을 겪을까봐 두려워하는 것을 묘사하는 것 같다. 이런 두려움

---

71) Delitzsch, p. 401.
72) Ginsburg, p. 454.
73) Ibid., p. 458.
74) Delitzsch, pp. 403-5.
75) Gordis, p. 329.
76) Ibid., p. 333.

들은 늙어 기력이 감퇴하면서 생기는 것들이다. 그런데 고르디스와 몇몇 사람들은 이 구절의 앞 부분은 성적인 정력이 감퇴하는 것을 언급한다고 이해한다.[77] 아몬드 나무(개역성경에는 살구 나무—역자 주)의 꽃은 하얗기 때문에 이것은 늙어서 머리가 희어지는 것을 말한다고 볼 수 있다.[78] 5절 끝부분의 의미는 분명하다. 늙으면 사람은 무덤("영원한 집")으로 가게 된다는 것이다. 죽음에 대해서 6절에 두가지 상징이 사용되었다. 즉, 은줄에 달려있던 금 등잔이 그 줄이 끊어지면서 깨지게 된다는 것과, 항아리와 그것을 떠받치던 바퀴가 우물에서 깨져 물을 길어 올릴 수가 없다는 것이다.

전도자가 사후세계를 의심했든지 그렇지 않았든지 간에 그는 생명이 하나님께로부터 말미암았다는 것은 분명히 알고 있었다(7절). 우리는 그의 사후세계관이 욥의 사후 세계관보다 진보한 것이 거의 없다고 말할 수 있겠다. 그는 그 사상을 확실히 받아들일 수는 없었다. 하지만 그는 이것을 반박하지는 않았다. 단지 그는 자신이 알고 있는 것, 또 자신이 체험한 것에 기초한 논리들을 주장했다. 그는 이 땅에서 겪는 고통과 문제들을 벗어버리기 위해 천국을 기대할만한 그런 여지가 없었다. 이세상, 이 현재의 순간이 그가 가진 전부였으며, 그는 현재의 즐거움을 다 누려야 한다고 주장했다. 그래서 그는 처음에 시작할 때의 말로 이 책을 끝맺는다(1:2)—여기에는 그 어느 것도 인간에게 행복과 안정을 줄 수 없다는 단호한 선언이 들어있다(8절). 그는 자신의 주장을 적절하게 입증했다고 믿었다. 즉 행복에 이를 수 없다는 것을 생각할 때 적절한 대안책은 그가 이미 제시했던 사항이라는 것이다(2:24; 3:12, 22; 5:18; 8:15; 9:7-9; 11:7-10).

---

77) Ibid., pp. 336-37.
78) Ibid., p. p. 337; Scott, p. 255.

후문(12:9-14)

비록 많은 학자들이 후문은 다른 저자의 작품이라고 주장하지만,[79] 그 문체와 어휘들은 바로 전도서의 특징을 그대로 드러내고 있다.[80] 이 책의 최종적인 결론은 "하나님을 경외하고 그 명령을 지킬지어다"(13절)이다. 이것은 사람의 본분이다.[81] 마지막 말씀은 인간의 모든 행동이 하나님의 심판을 받도록 정해져 있다는 경고를 전달하고 있다.

쿰란에서 나온 전도서 조각 문서들

쿰란 제4동굴에서 나온 조각문서들 중에 세 편이 전도서에서 발췌한 간략한 문장들을 담고 있다. 첫번째 조각문서에는 5:13-17의 몇 마디와 6:3-8의 기본적인 내용, 그리고 7:7-9에서 온 다섯 마리 말들이 기록되어 있다. 다른 두 작은 조각문서에는 7:1-2와 7:19-20이 실려 있다. 고서체(古書體) 연구자료에 근거하여 뮐렌버그(Muilenburg)는 이 문서들의 연대를 B.C. 2세기 중엽으로 보고 전도서가 이때까지는 이미 정경으로 인정되었다고 주장했다. 그리고 또 그는 이 문서들은 아람어 원어에서 번역된 흔적이 없고 히브리

---

79) Gordis, p. 339; Scott, p. 256: 고르디스는 아마도 이 저자는 전도자와 같은 시대의 사람일 것이라고 한다. 스캇은 전도자의 견해에 동조한 어떤 편집자가 이 후문을 추가시켰으며, 이 책의 제목을 붙이고 또 1:2, 7:27, 그리고 12:8에 "전도자가 가로되"라는 말을 덧붙였을 것이라고 한다.
80) Delitzsch, pp. 206-7, 430.
81) Gordis, p. 345. 그는 이 문구를 숙어적으로 해석한다. KJV도 마찬가지인데 이점에 있어서는 NASB("this applies to every person"["이것은 각 사람에게 적용된다"]) 보다 낫다.

원문에서 베낀 것이라는 견해를 밝혔다.[82]

---

82) James Muilenburg, "A Qoheleth Scroll from Qumran," BASOR 135(1954):20-28.

7
아가서

아가서의 문화적 시각

　인간이 자아도취에 빠지고, 감각적인 쾌락이 최고의 선으로 여겨지는 그런 세상에서 아가서는 성경의 신앙을 접할 수 있는 계기를 제공한다.
　비록 오늘날 풍토가 인간의 성(性)을 감각적인 면 이상의 것으로 생각할 수 없게 하지만, 고대 히브리 사상은 인간 품성의 감각적인 면을—단지 쾌감을 위한 것이 아니라—선한 것으로 여겼으며, 또 하나님을 알 수 있도록 암시된, 그래서 변명할 수 없게 하는 그런 것으로 보았다. 즉 인간이 남자와 여자로 창조된 것은 사람에게 있는 하나님 형상의 중요한 요소를 구성한다는 것이다(창 1:27-31). 이것은 그의 통일성이 궁극적으로 그의 복합성을 통해 이해되는 하나님의 상호 교통의 성품에 대한 영원한 유형적 표식이었다. 남녀라는 이중성을 통해서 하나님은 인간에게 신적 통일성을 가르치고

자 하셨던 것이다(창 2:24).

아가서에는 남성에 대한 여성의 기본적인 헌신(창 2:23), 여성에 대한 남성의 헌신(창 2:24), 그리고 그들이 누리는 상호 의존적 관계(창 2:25)가 그 저변에 깔려 있다. 고대 히브리 사상은 인간의 성을 하나님과 동떨어진 별개의 것으로 생각할 수 없었다. 이것은 곧 인간을 하나님께 의존하지 않고 스스로 지어진 피조물로 생각할 수 없는 것과 같은 이치이다. 현대 사회가 인간을 하나의 생물학적인 존재로, 그리고 그 심리적 성품은 오직 이 현상적인 세상과의 관계에서만 파악될 수 있다고 믿는 것은 인간의 고도화된 지성에 대한 증거가 아니라 오히려 그 영적 무지에 대한 증거인 것이다.

그러므로 아가서에 대한 최근의 주석들은 사람으로 시작해서 사람으로 끝나는 인문주의에 바탕을 두고 있다. 이 인문주의는 아가서에 대한 하나의 해석으로서 바로 우리 시대에 대한 주석 혹은 그 이상의 것이기도 하다. 물론 주석가가 자신의 시대적 배경을 완전히 떨쳐 버릴 수는 없겠지만, 주석을 하려면 이런 요소가 있음을 인식하고 인간으로서 할 수 있는 한 최선을 다하여 그것을 최소화하여 본문 속에서 성령의 음성이 명확히 들려올 수 있도록 해야 한다. 그렇게 하기 위한 기본적인 방법들 중 하나는 저자와 그 문헌의 주요인물들의 심리를 그 문헌 자체에 따라, 그리고 그 당시의 역사적 고고학적 기록에 따라 재구성하는 것이다. 이 작업에는 항상 과감하게 위험을 무릅쓰는 용기가 있어야 한다. 그 위험 요소는 일반적으로 의사소통 과정에 포함된다. 의사소통을 한다는 것은 잘못 이해될 수도 있다는 위험성을 감수하는 것이고, 또 잘못 이해되었다는 것은 다음 단계의 의사소통을 필요하게 한다. 이러한 과정이 계속되면서 원래의 메시지를 더욱 분명하게 이해할 수 있을 것이라고 기대된다.

아가서는 구약의 여느 책과 다름없이 이러한 과감한 시도의 대상이 되었다. 때때로 그 시도가 과감하다기보다는 무모한 모험에 가까울 때도 있었다. 다행스럽게도 우리는 복잡한 아가서를 놓고 고심하던 해석가들로 연결된 긴 사슬의 마지막 단계에 서 있다. 이 책이 어려우면 어려운만큼 그 해석들도 그만큼 천차만별이라는 것을 알 수 있다. 그러나 그 성과의 정도가 다양한 여러 시도들을 통해서 우리는 많은 것들을 배우게 된다. 심지어 가장 이상한 해석이라 하더라도 아가서에 관한 것이 분명하다면 그래도 우리에게 무엇인가 가르쳐주는 것이 있다.

아가서의 해석 방법

아가서 주석의 역사를 보면 참으로 흥미롭다. 이것은 인간의 정신적인 창작 능력을 대변할 뿐만 아니라 인간의 마음 깊숙이 자리잡고 있는 지식의 욕구를 나타낸다. 여기에서 그 역사를 다 살펴볼 수는 없겠지만, 독자들은 긴스버그의 주석 서문에서 아주 훌륭하게 정리된 자료들을 볼 수 있을 것이다. 근세기의 많은 주석가들이 그의 주석에서 많은 도움을 받았는데, 이 책은 쉘던 블랭크(Sheldon H. Blank)에 의해 개정판이 새로 출판되었다.[1] 여기에서는 중요한 해석방법들만 요약할 것이므로 독자들은 위의 책과 그 외 다른 부차적인 자료들을 참고하기 바란다.

---

1) Christian D. Ginsburg, *The Song of Songs and Coheleth*, pp. ix-xliv, 1-125.

풍유적(Allegorical) 해석 방법

　풍유법(allegory)은 하나의 문학 유형으로서, 분명히 더 깊은 의미 혹은 감추어진 의미를 가지고 상징적으로 그 의미를 표현하는 것이다. 이러한 문학 양식의 예들을 사사기 9:8-15; 이사야 5:1-7; 에스겔 16; 17:1-10; 23에서 볼 수 있다. 그런데 이 모든 경우에 있어서 이 문학 유형은 저자 자신이 분명하게 그 의도하는 바를 밝히고 있다. 그러나 풍유적 해석(allegorizing)은 풍유법과 전혀 다른 것으로, 저자 자신에 의해 의도된 것이 아닌 경우임에도 불구하고 해석자가 나름대로의 의미를 해석하는 것을 말한다. 이러한 예로는 갈라디아서 4:21-31에서 바울이 사라와 하갈을 풍유적으로 사용한 경우를 들 수 있다. 어떤 학자들은 아가서의 문학 유형이 풍유법에 해당한다고 주장하겠지만, 일반적으로 아가서에 적용된 해석방법은 바로 풍유적 해석에 해당한다.

　어떤 학자들은 랍비 아키바(A.D. 135년에 순교)가 성경의 여러 책들 중에서 이 책을 "지극히 거룩한 책"이라고 부른 것은 그가 아가서의 해석 방법을 풍유법으로 암시한 것이라고 주장한다.[2] 지금까지 알려진 바로는 이것이 이 책에 대한 유대적 해석방법에 대한 언급으로서 가장 오래된 것이다. 아가서의 탈굼역본은 현존하는 것들 중에서 완전히 풍유적으로 해석한 최초의 예로서, 아가서가 출애굽 시대부터 메시아의 도래와 제3성전의 재건 시대까지 이스라엘의 역사를 풍유적으로 다룬 것으로 보고, 여기에 나오는 "사랑하는 자"를 야훼로 그리고 그 여인을 이스라엘로 해석하였다.[3] 그런데 이 무명의 해석의 현재 그 상태의 연대는 A.D. 6세기보다 빠르지는

---

2) Herbert Danby, trans. and ed., The Mishnah. Tractate *Yadaim* 3.5.
3) Hermann Gollancz, trans., "The Targum to the Song of Songs," *Translations from Hebrew and Aramaic*, pp. 15-90.

않을 것 같다.[4] 물론 그 원본은 그보다 훨씬 오래 전에 있었을 것이다. 기독교는 이 해석 방법을 받아들여 "사랑하는 자"를 그리스도로, 그리고 그 여자를 교회로 해석하였다. 이러한 해석은 아가서에 대한 오리겐의 주석에서도 볼 수 있다. 물론 그는 이것이 솔로몬과 바로의 딸의 결혼에 대한 축시로서 역사적 의미를 가지고 있다는 것을 기꺼이 인정한다.[5] 또한 니케아 회의에서 영예롭게 승리한 알렉산드리아의 대주교 아타나시우스(296-373)는 아가서에서 그리스도의 신성에 대한 가르침을 발견했다. 예를 들면, 그는 1:2("Let him kiss me with the kisses of his mouth"[그의 입의 입맞춤으로 네게 입맞추게 하라], KJV)에 대한 주석에서 이것은 고대 이스라엘이 그 말씀에게 성육신하시라고 호소하는 것이라고 했다.[6]

중세시대에 와서 이 해석 방법은 철학의 힘으로 인해 더욱 가속화되었다. 조셉 이븐 케스퍼(Joseph Ibn Caspe, 13세기)는 사랑하는 자를 능동적인 지성으로 그리고 사랑받는 자를 수동적이고 물질적인 지성으로 풀이하였다. 당대의 다른 사람들도 이러한 철학적 경향을 따랐다.[7]

근세기에 이르러 매튜 헨리는 이 책에 대한 주석에서 기독교 풍유해석의 좋은 실례를 제공한다. 아가서에 대한 개론에서 그는 이것이 하나님과 이스라엘을 상호관계성에서 묘사한 풍유일 것이라고 주장했다. 그리고 나서 그는 다음과 같은 말을 덧붙였다.

> 이것은 기독교 교회에서 쉽게 영적인 의미로 받아들여질 수 있다. 왜냐하면 신적 사랑의 겸손하게 낮아짐과 그 전달은 율법 아래에서보다 오히려 복음 아래에서 더 풍성해지고 자유롭기 때문이며, 또 복음아래에서 하늘과 땅의 의사소통도 더욱 친밀히 이루어졌기 때문이다…그리스도와 일반적인 교회에 대한 이 상징에 준하

---

4) Ginsburg's date is A.D. 550.
5) Ginsburg, p. 61.
6) Ibid., pp. 62-63.
7) Ibid., pp. 46-58.

여, 그리스도와 각 신자들도 풍성한 상호존중과 사랑의 관계에서 함께 대화하고 있는 것이다.[8]

이 방법에 대한 반대 이유로는 솔로몬이 하나님이나 그리스도를 대표하기에 적합한 후보일 수 없다는 것도 포함이 된다. 열왕기서의 저자는 솔로몬의 생애와 그의 통치에 대해 분명하게 다음과 같이 평가한다. "솔로몬의 나이 늙을 때에 왕비들이 그 마음을 돌이켜 다른 신들을 좇게 하였으므로 왕의 마음이 그 부친 다윗의 마음과 같지 아니하여 그 하나님 여호와 앞에 온전치 못하였으니"(왕상 11:4). 이 오래된 해석 방법을 따르는 많은 해석가들이 만약 이 책이 단지 정숙한 사랑의 기쁨을 제시하는 것이라면 영감으로 된 정경으로서 가치가 없다는 전제에서 그렇게 해석한다는 것도 비평의 여지가 된다. 이런 이유 때문에 저자가 풍유법을 의도한 것이 틀림없다고 하지만, 사실 이 전제 밑에는 남편과 아내의 성관계가 원래 상태의 것이 아니라 인간의 타락으로 말미암은 것이라는 확신이 깔려있다. 그러나 우리는 번성하라는 명령이 타락 이전에 있었던 것을 알 수 있다(창 1:28). 이러한 점에서 로울리(H. H. Rowley)의 다음과 같은 주장은 적절하다. "교회는 남녀가 결혼하여 연합하는 것을 항상 신성시했으며, 결혼이 신적 의식이라고 가르쳤다. 그러므로 결혼생활을 지탱하는 영적 육체적 감성들을 표현한 책이 정경에 자리잡고 있다는 것이 결코 이상한 일이 아니다."[9]

계속해서 풍유적 해석방법은 이 책의 주인공들이 두 사람이 아니고 세 사람이며, 그 여인의 사랑의 대상은 왕이 아니고 목동이라고 믿는 사람들에게 답변을 제시하기에 어려움이 있다. 비록 풍유적 해석방법이 오늘날에는 한물 간 것으로 여겨지지만, 우리 시대에 와서는 신화론적 해석 방법이라는 양상으로 다시 재기되고 있

---

8) Mattew Henry, *Commentary on the Whole Bible*, 3:1053.
9) H. H. Rowley, "The Interpretation of the Song of Songs," *The Servant of the Lord and Other Essays of the Old Testament*, p. 234.

다. 여기에 대해서는 다음에 논의할 것이다. 비록 우리가 이 해석 방법을 받아들일 수는 없지만, 그렇다고 해서 이 고대 해석 방법을 면전에 두고 우리 자신의 고도의 지성적인 주석 방법을 함부로 과시할 수도 없다. 왜냐하면 이 고대 방법도 수세기 동안 이스라엘과 교회를 위하여 아가서에 특별한 의미와 활력을 불어 넣었기 때문이다.

우리는 이 책이 상징들로 가득 차 있음을 인정한다. 그 여인은 꽃으로(2:1-2), 사랑하는 목자는 사과나무로(2:3), 사랑의 달콤함과 즐거움은 열매로(2:3), 포도주로(1:4; 5:1; 7:2), 그리고 포도원으로(8:12) 비유되었다. 그 여자가 사랑하는 이를 찾아가지 못하도록 막는 것은 덮은 우물과(4:12) 높은 성벽으로(8:9) 비유되었으며, 또 사랑하는 사람이 사랑을 누리도록 초청하는 것은 포도원과(2:15) 샘(4:15), 그리고 동산을(4:16) 즐기도록 부르는 것으로 비유되었다. 이와같이 상징법이 놀랍도록 빈번하게 사용된 것은 해석가로 하여금 풍유법이나 모형론을 선호하게 만든다. 왜냐하면 상징들이 많다는 것은 문자적인 해석 방법으로 해석하기 곤란한 것처럼 여겨지기 때문이다. 고르디스는 이와 같이 상징법이 풍부한 것에 대해 다음과 같은 의견을 제시했다.

> 예를 들어, 2:4 이하에서 그 여인이 자기가 사랑때문에 병이 났음을 말하고 건포도와 사과로 기력을 회복하게 해달라고 요구했을 때, 그녀는 확실히 구체적인 음식을 요구했다. 그러나 이와 동시에 그녀가 사랑을 상징하는 그 과일들을 선택함으로써, 그녀는 오직 자기가 갖고자 하는 것들로 만족케 될 때 자기가 회복될 수 있다는 것을 나타냈다.[10]

물론 고르디스는 풍유적 해석 방법을 받아들인 것은 아니지만, 그는 문학적인 상징법은 해석자의 적절한 보충 설명이 있어야 그

---

10) Robert Gordis, *The Song of Songs*, p. 38.

효과가 제대로 드러난다는 것을 알고 있었다. 풍유법 또는 풍유적 해석은 이러한 보충 설명을 제공하는 기본적인 방법이었다. 우리는 지나치게 풍유적으로 해석한 경우 그것이 본심에서 나온 잘못이 아니라 사고방식에 따른 착오임을 알 수 있다.

앤드류 하퍼(Andrew Harper)는 19세기 후반의 한 학자의 말을 인용하면서 동양적인 사고방식은 감각주의와 신비주의를 쌍둥이같이 꼭 닮은 사상으로 취급한다는 것을 관찰했다.

> 사실은 감각주의와 신비주의는 쌍둥이처럼 꼭 닮은 사고방식으로서, 상호간의 특성들이 본디부터 아주 쉽게 교류되는 것으로 정평이 나있다. 이것은 오직 인간의 본성에 대한 연구를 전통적이고 공통적인 것에만 국한시킨 사람들에게나 이상스러울 뿐이다. 정반대의 것도 거리낌없이 받아들이기 때문에 이러한 육체적-영적 사고는 스스로를 자생적인 모호성이라는 용어로 표현하기를 좋아한다. 왜냐하면 바로 이 모호성이 그 존재의 근원에 놓여있기 때문이다.[11]

풍유적 해석방법을 아예 무시하고 그것을 쓸모없는 것으로 몰아붙이는 것은, 서양의 심리학적 문학적 구조를 동양의 고대 저자에게 뒤집어 씌우는 서구적 사고방식에 의한 강압적 주석 방법들의 소치이다. 비록 이 해석방법에 대한 서구적 자세가 하나의 합법적인 경고가 될 수는 있겠지만, 현대의 성경해석학이 주석적 방법을 남용하는 타성에 젖어서는 안된다. 더구나 우리가 이 책의 풍유적 의미에 감화를 받은 이스라엘과 교회의 성도들에게서 특징적으로 볼 수 있는 하나님에 대한 깊고도 열정적인 사랑을 경멸할 수 있는 위치에 있는 것도 아니다.

---

11) Walter Leaf, "Versions from Hafiz," *The Song of Solomon*, by Andrew Harper, pp. xxxvii-xxxviii.

모형론적 해석방법

풍유법은 기본적으로 저자에 의해 의도적으로 구성된 한 문학적 유형인 반면, 모형론은 해석가에 의해 사용된 방법이다(풍유적 해석도 마찬가지로 해석가에 의해 사용된 것이다). 실제로 원래의 저자나 청중들은 작품에 나타나 있는 역사적 사건이나 인물, 또는 사물의 모형론적 개념에 대해 아주 조금 알고 있거나 혹은 전혀 몰랐을 수도 있다. 풍유법과 모형론이 근본적으로 다른 이유 중 하나는 바로 역사때문이다. 풍유법은 하나의 문학적 유형으로서 상징이라는 형식을 통해서 역사적 사건들을 이야기하는 것이라고 할 수 있다. 여기에서 그 상징은 실제 역사가 아닐 수도 있다. 반면에 모형론은 엄밀한 역사적 실재에 의거한다.[12] 아가서를 모형론적으로 해석하는 사람들은 이책의 역사적 근거는 솔로몬이 바로의 딸이나 혹은 다른 공주들과 결혼하는 것이고, 그 결혼은 모형으로서 그리스도와 이방인들의 연합을 나타낸다고 주장한다.[13]

루터는 그의 주석 서문에서 이것이 바로의 딸에 대한 연가라는 주장을 일축시켰다. "우리는 이것이 솔로몬에게 사랑받는 바로의 딸에 대한 연가라고 생각하는 사람들에 대해 결코 찬성할 수 없다. 또한 이것을 하나님과 유대인의 연합으로 보거나 혹은 비유해석가들이 그랬듯이 하나님과 신실한 영혼의 연합으로 설명하는 것도 만족스럽지 못하다"[14] 그는 "이 책의 가장 단순한 의미와 진가"를 드러낼 수 있는 새로운 방법을 자신이 제시하고 있다고 믿었다. 그는 하나님께서 솔로몬의 왕국과 통치권을 세우시고 확고하게 하신 것

---

12) 모형론에 대한 논의와 모형론과 풍유법에 대한 차이점을 논의한 것으로는 Berkely Mickelsen, *Interpreting the Bible*, pp. 236-64를 보라.
13) 몹수에스티아의 테오도르(Theodore of Mopsuestia)가 처음 이 주장을 폈다(p. 429).
14) Martin Luther, *Luther's Works*, vol. 15, *Notes on Ecclesiastes, Lectures on the Song of Solomon, Treatise on the Last Words of David*, p. 194.

에 대해 솔로몬이 하나님께 찬양을 돌리는 것이 아가서의 진정한 의미라고 믿었다.[15] 그러나 누구든지 그의 주석을 다 읽기도 전에 루터가 모형론적 해석을 분명히 받아들였다는 것을 알게 될 것이다. 예를 들어 바알하몬에 있는 솔로몬의 포도원에 대하여 주석을 달면서 그는 이렇게 주장했다. "솔로몬은 전체교회를 그의 포도원이라 칭하고 그것이 바알하몬에 있다고 했다. 즉 교회가 엄청나게 많은 무리 중에 풍성한 곳에 있다는 것인데 이는 바알은 '주인'을, 그리고 하몬은 '무리'를 의미하기 때문이다".[16]

프란츠 델리취같이 약간 현대적인 학자들은 이책에 풍유적 특성이 있다는 것을 부인하고, 모형론적 해석이 정당하다고 인정했다.

> 그러나 솔로몬이 그의 영광에 있어서 영적 다윗의 모형이고 지상에서의 사랑은 하늘에서의 사랑의 그림자이며 아가서는 성스러운 역사와 정경의 일부이기 때문에, 우리는 그리스도와 그의 교회간의 사랑이 이 책 안에서 그 그림자를 드리우고 있다는 것을 여기저기에서 언급하기를 주저하지 않을 것이다.[17]

그러나 실제로 아가서가 신랑과 신부의 결혼을 묘사하지 않고 있다. 더구나 신부는 평범한 포도원지기였고(1:6; 8:12) 신랑은 목자였다(1:7). 그리고 비록 모형론적 해석이 풍유적 해석이라는 숲속을 헤쳐나오는 길을 제시해 주었다 하더라도 그 방법 자체는 풍유적 해석방법만큼 널리 알려지지도 않았고, 풍유적 해석방법이 끌었던 흥미에 미처 도달하지도 못했다.

---

15) Ibid., p. 191.
16) Ibid., p. 262.
17) Franz Delitzsch, *Commentary on the Song of Songs and Ecclesiastes*, p. 6.

신화론적 해석방법

역사가 많은 아이러니를 가지고 있듯이 주석도 그렇다. 때때로 기상천외하고 터무니 없는 것들이 지식과 기술이 발달하면서 사라졌다가 근대적인 옷을 입고 다시 나타난다. 구약의 주석에도 이같은 현상이 예외없이 나타났다. 신화론적 혹은 의식적 이론이 바로 이런 범주에 해당한다고 할 수 있다. 이 입장은 믹크(T. J. Meek)에 의해 강하게 대두되었다. 그는 아가서가 탐무즈-이쉬타르 예전 의식에 사용된 예전서였다고 주장했다.[18] 두 사람이 신 탐무즈와 여신 이쉬타르의 역을 맡아서 탐무즈가 죽었다가 이쉬타르의 도움으로 지하세계에서 다시 살아난다는 것을 연기했다는 주장이 대두되었다. 믹크는 도디(보통 '내 사랑하는 자'로 번역됨)가 고유명사였으며, 이것은 시리아-팔레스타인 문서에서 앗두, 다드 혹은 다두[19]로 불리우는 수메르-악카드판 탐무즈에만 해당한다고 주장했다. 그는 5:9이 분명히 신 도드와 관계된 것으로 인용했다. "도드 말고 누가 네 사랑하는 자이겠는가?"[20]

이러한 입장은 근대에 널리 유행되었고, 아주 최근에는 마빈 포프(Marvin Pope)가 예전적인 배경이 아가서를 해석하는 데 있어서 가장 적합한 맥락을 제시한다는 자신의 신념을 주장했다. 8:6에서 죽음보다도 강한 사랑의 힘을 칭송하는 내용을 보고 그는 이것이 고대의 예전적 장례식과 관련이 있을 것이라고 제안했다. 이 장례식에서 흥청망청하는 잔치와 난잡한 성관계와 같은 가장 원초적인

---

18) T. J. Meek, "*Canticles and the Tammuz Cult*," AJSL 39(1922-23): 1-14; 또한 미크의 소논문 "The Song of Songs and the Fertility Cult," *The Song of Songs, A Symposium*, ed. Wilfred H. Schoff, pp. 48-69.
19) Ibid., pp. 4-5.
20) Ibid., p. 5, n. 2.

방법들을 통해 생명이 다시 선언된다는 것이다.[21] 여러 주석가들과 함께 포프는 이 심오한 선언을 아가서의 절정으로 보았다.[22] 이것을 단서로해서 그는 사랑이 죽음에 맞설 수 있는 유일한 힘이기 때문에 죽음의 힘 앞에서 사랑을 선언하는 예식이 행해졌다는 이론을 제시했다.[23]

에스겔 8:14을 보면 B.C. 587년 예루살렘이 함락되기 전에 탐무즈(개역성경에는 담무스—역자주) 예전의식이 성행했다는 것을 알 수 있다. 에스겔은 이것을 가증한 것이라고 말했다. 아가서가 예전의식과 연결되어 있다면 풍유적 해석방법에 의해 예전적 요소만 제거된 채로 이 책이 정통주의 안에서 정경으로 받아들여지게 되는 길이 열렸을 가능성은 정말로 희박하다. 포로시대 후 초기에는 그렇게 단단히 연결된 고리를 제거하기는 상당히 어려웠을 것이다. 특히 반 우상숭배의 분위기를 생각해보면 더욱 그렇다. 이 상황이 헬라시대 후기에는 좀 더 쉬웠을지도 모른다. 그러나 그때에도 평민들에게는 그렇지 않았겠지만 성경의 수호자들이라 할 수 있는 제사장들과 서기관들은 그런 문제에 민감했을 것이다.

탐무즈가 지하세계에서 빠져나와 다시 살아나게 된다는 생각에 대해 또 하나의 이의가 제기되었다. 크레이머(S. N. Kramer)는 이 문제의 양쪽 입장을 다 취하여서 애매모호한 입장을 남겼다. 처음에 주장할 때만 해도 그는 탐무즈의 부활에 대한 증거가 없음을 강조했다.[24] 다른 학자들도 여기에 동의했다.[25] 그러나 나중에 가서 수메르 신화의 마지막 부분이 발견되자 그는 두무지(탐무즈)의 죽음

---

21) Marvin H. Pope, *Song of Songs, A New Translation with Introduction and Commentary*, p. 229.
22) Ibid., p. 18.
23) Ibid., p. 210.
24) S. N. Kramer, "Mythology of Sumer and Akkad," *Mythologies of the Ancient World*, pp. 94-137.
25) D. J. Wiseman, "Tammuz," *The New Bible Dictionary*, ed. J. D. Douglas, p. 1238; E. M. Yamauchi, "Tammuz and the Bible," JBL 84(1965): 283-90.

과 부활이 그리스도에 대한 이야기에도 영향을 미쳤다고 할 정도에 이르렀다.[26] 현재 이 문제는 모호하고, 또 그 자료는 너무 단순하고 희박해서 확실한 결론을 내릴 수 없다. 그러나 우리는 구약 연구에서 제기된 예전의식 가설들은 일반적으로 지나치게 강조되어 왔다는 점을 지적할 수 있을 것이다. 구약성경은 여러면에서 이방의 예전의식을 거부했는데, 이와 반대로 현대 예전적 이론가들은 구약성경이 결국 시간이 지나고 기억이 감퇴하면서 점차로 무해하게 된 예전의식의 요소를 받아들이게 된 하나의 예라는 전제를 가지고 있다. 예전적 견해를 지지하는 학자들이 아가서가 이스라엘 신앙에 받아들여지기에 적합하도록 재구성되었는가 그러지 않았는가에 대해서 서로 일치하지 않는다는 사실도 흥미롭다. 믹크는 많은 예전적 요소들이 점차 잊혀지고 또 어떤 것들은 의도적으로 변형되었다고 생각하는 쪽이다.[27]

신화론적 해석방법이 풍유적 해석방법과 다른 것은 바로 아가서가 인간의 사랑을 기념한 것이 아니고 남신과 여신의 결혼을 기념하는 것이라는 주장에서 찾을 수 있다. 풍유적 해석방법은 아가서에 대한 가설적인 연구에서 시작하는데, 신화론적 혹은 예전의식적 이론도 마찬가지이다. 그 가설은 아가서의 신화적 성격을 감추기 위해 유대인들이 풍유법을 사용하고, 또 풍유적 해석방법을 적용했다는 것이다. 이 입장의 장점이라면 고작해야 고대 이스라엘의 삶과 발전의 배경인 종교적 문화적 환경을 진지하게 살펴보았다는 것밖에 없다. 이 가설적인 입장은 지나치게 외부적인 것에 의존하고 있다.

---

26) Kramer, "The Sacred Marriage and Solomon's Song of Songs," *The Sacred Marriage Rite: Aspects of Faith, Myth, and Ritual in Ancient Sumer*, p. 133.
27) 예전적 가설에 대한 다른 비평들로는 다음을 보라. Rowley, pp. 213-32; Gordis, pp. 3-7. 그리고 각주 30.

문자적 방법

만약 남녀간의 정숙한 사랑을 기념한 책이라 하더라도 정경에 자리잡을 가치가 있다는 것에 동의한다면, 아가서를 문자적 의미 그대로 해석하는데 전혀 어려움이 없을 것이다. 인류가 남성과 여성으로 창조된 것과 그들에게 성적관계가 주어진 것은 원래의 질서대로 된 것이지, 타락 후에 변질되어 생겨난 것이 아니다. 결혼에 대한 바울의 견해를 보면 결혼관계는 보다 고차원적인 관계 즉 그리스도와 교회의 관계를 비춰주는 거울이었다(엡 5:21-33). 요한도 구속의 완성을 "어린 양의 혼인"으로 묘사했다(계 19:7-9). 성경은 남편과 아내의 사랑의 관계를 높이 평가했으므로 그러한 이상적 사랑을 제시한 책을 무시해서는 안된다. 또한 건전한 주석학적 토대에서 아가서를 문자적으로 해석하고 더 깊은 의미를 찾는 노력을 중지한 사람들을 범죄자 취급해서도 안된다. 물론 이 방법이 우리에게 현실적이지 않을 수도 있다.

일반적으로 현대 주석가들은 이 방법을 선호한다. 긴스버그는 현대의 이 추세를 모세스 멘델손(Moses Mendelssohn, 1729-86)에까지 거슬러 올라간다.[28] 긴스버그 자신도 이 견해를 지지하고 많은 사람들이 이에 동조하였다. 신화론적 해석방법을 지지하는 사람들을 제외하고는 문자적 해석가들이 근 1세기 동안 이 영역을 주도하고 있었다. 그러므로 학자들은 아가서에 있는 그대로의 의미를 찾아서 그 작품의 문학적 특성에 큰 관심을 기울였다.

이와 관련하여 어떤 학자들은 고대 이집트의 연가들에 관심을 두고 아가서를 그것들과 비교하였다. 그 연가들은 일반적으로 아가서와 마찬가지로 인간적인 사랑을 노래하는 사랑의 시들이다. 마이클 팍스(Michael V. Fox)는 이 노래들을 철저하게 연구하고 아가서

---

28) Ginsburg, pp. 58-59.

연구에 있어서 이것들이 아주 중요하다는 사실을 발견했다. 그는 아가서가 통일성 있는 한 단위의 문학 작품이지만 거기에 어떤 해설적 구조가 의도되어 있는 것은 아니라는 결론을 내렸다.[29] 그 구조가 느슨하기는 하지만 주제와 어휘들이 밀접하게 연결되어 있어서 그 통일성이 유지되고 있다.[30] "아가서는 한편의 사랑이야기로서 마치 보석과 같이 이리 돌리고 저리 돌려서 여러 측면을 감상하는 것과 같다. 그렇게 해서 독자들은 결국 그 보석 전체를 보게 되는 것이고, 그 여러면이 나타나는 순서는 그다지 큰 문제가 되지 않는다."[31] 팍스의 견해로는 그러한 연가들이 종교적인 경축일의 여가시간 동안에 베풀어진 잔치에서 불러졌을 것이라고 한다.[32]

아가서에 대한 개론적 문제들

특성과 목적

풍유적 해석가들은 일반적으로 그 문학적 형식보다는 그 의미에 더 관심을 기울이는 반면에, 풍유적 해석을 거부하는 사람들은 한결같이 아가서의 문학적 특성을 연구하는 데 모든 힘을 기울였다.

---

29) Michael V. Fox, *The Song of Songs and the Ancient Egyptian Love Songs*, p. 224. 문학적 통일성에 대한 그의 논의로는 pp. 209-22를 참조하라. 또 G. Lloyd Carr, *The Song of Solomon: An Introduction and Commentary*를 보라.
30) Fox, p. 226.
31) Ibid.
32) Ibid., p. 227.

왜냐하면 어느 작품이든지 문학적 형식과 그 의미 사이에는 본질적인 관계가 형성되기 때문이다. 성경도 예외는 아니다. 1787년에 로버트 로우드(Robert Lowth)는 다른 사람들과 함께 아가서가 솔로몬의 결혼을 축하하는 결혼축시였다고 주장했고,[33] 또 이것을 신비적 풍유법이라는 범주로 구분하였다. 신비적 풍유법은 "어떤 역사적 사실의 베일 아래 더욱 성스럽고 숭고한 의미를 감추는 것"[34]이라고 했다. 그러나 이 책의 형식에 대해서는 더 정확한 묘사가 요구되었는데, 로우드는 이것이 희곡의 형식을 띄고 있지만 일반적인 희곡은 아니라고 했다.[35]

델리취 역시 이 책이 희곡이라는 이론에 동조하고 아가서를 "극적인 전원시"라고 칭했다. 그는 로우드와 마찬가지로 아가서가 극장에서 통하는 그런 의미의 희곡이 아니라는 것을 알고 있었다. 왜냐하면 셈족에게는 극장같은 공공 장소가 없었기 때문이다. 다만 이것은 서정시와 희곡 사이의 한 발전단계에 해당한다고 한다. 로우드가 그랬듯이 델리취도 "예루살렘의 딸들"은 그리스 연극의 합창단과 같은 역할을 한다고 생각했다. 로우드는 부셋(M. Bousset)이 7일간의 결혼잔치(창 29:27; 삿 14:12를 보라)에 근거하여 이 책을 일곱 부분으로 나눈 반면, 델리취는 이것을 6막으로 나누고 또 그 각 부분이 2장으로 구성되어 있다고 했다.[36]

이 책을 희곡으로 보는 이론은 아가서의 통일성을 전제로 한 것이기 때문에 비평을 받아왔다.[37] 비평가들은 말하기를 통일성을 전제하는 것은 있을 수 없다고 한다. 그러나 어떤 해설의 기틀이 전제되지 않는다면, 해석가에게는 겉으로 보기에 세속적인 성향을 띤

---

33) Robert Lowth, *Lectures on the Sacred Poetry of the Hebrews*, vol.2, lect. 30, p. 298.
34) Ibid., lect. 31, pp. 326-27.
35) Ibid., lect. 30, p. 307.
36) Delitzsch, pp. 8-10.
37) Gordis, p. 13.

서로 연관성이 없는 연가들의 모음집만 남아있을 뿐이다. 물론 이 노래들이 정경으로 인정받기 전에 종교적으로 해석되었을 가능성은 있다. 시편과 같은 명시집이 히브리 정경에 포함된 여러 이유들은 쉽게 찾을 수 있을 것이다. 그러나 순전히 인간적인 사랑을 칭송하기 위해 창작된 연가집이 고대 신자들과 현자들에게 인정받기란 쉽지 않았을 것이다. 이것은 인간적인 사랑이라는 미덕들이 정경으로 인정받을 만한 가치가 없다는 말이 아니고, 다만 인간적인 사랑의 미덕과 타당성이 있다 하더라도 그것 자체만으로는 의미가 없고 종교적 차원이 깃든 사랑이어야 한다는 말이다.

어떤 사람들은 룻기나 에스더 같은 구약의 다른 책들이 가지고 있는 정경으로서의 가치를 생각할 때, 거기에도 그 나름대로 문제가 있다는 식의 이의를 제기할 것이다. 이것을 부인할 수는 없다. 그러나 룻기의 경우 역사적 사건들과 인물들에 나타난 신적 섭리는 다윗의 출생, 그리고 신적 경륜 안에서 다윗이 차지한 영향력과 그의 위치를 위한 준비였다. 에스더의 경우는 대충 읽어봐도 그 의의를 찾을 수 있는데, 그것은 이 책이 그의 백성들을 다스리시고 또 그들을 가장 무서운 원수에게서 구원하시는 하나님의 능력을 기록하고 있기 때문이다.

그러므로 우리는 최소한 "문자적인 의미에서 아가서는 신적 영감의 가치가 있는 위대한 도덕적 교훈을 우리에게 가르쳐준다."[38]는 긴스버그의 의견에 동의할 수 있다. 긴스버그는 사랑을 기리는 것이 비록 정경에 들 만한 가치가 있다 하더라도 그것이 이 책의 목적은 아니고 "미덕의 한 예를 기록한 것이 그 목적인데 이것은 거룩한 정경에 들만한 충분한 가치가 있다"고 결론지었다.[39] 이 메시지는 우리의 사회와 세상에 커다란 유익을 가져다 줄 수 있다.

현대의 학자들에게 가장 호소력 있는 가설들 중 하나는 1873년에

---

38) Ginsburg, p. xlv.
39) Ibid., p. 104.

벳츠스타인(J. G. Wetzstein)이 세운 "타작판"설로서, 이것은 아가서가 "수집된" 작품이라는 이론을 뒷받침하는 것이다.[40]

벳츠스타인은 다마스커스에서 독일 고문관으로 일하면서 시리아의 결혼식을 구경했다. 거기에서는 신부와 신랑이 타작 마당의 수레에 높이 태워져 "왕"과 "여왕"으로 지정됨으로써 영예롭게 된다. 결혼식이 다 마쳤다는 선포뒤에 축하하는 춤을 추게 될 때에 와습(wasf)이라 칭하는 노래가 불리는데, 이것은 두 사람의 육체의 완전함과 아름다움을 언급하는 내용이다. 아가서에서는 4:1-7, 그리고 5:10-16과 함께 7:2-7이 이 범주에 속한다. 또한 "왕"이라는 언급도 여러번 나온다(예, 1:4; 3:9, 11; 7:5). 벳츠스타인의 주장은 이 책에 대한 계속되는 연구에 많은 영향을 끼쳤다. 예를 들어, 고르디스는 이 이론이 가진 장점들을 높이 평가하고 다음과 같이 주장했다.

> 아가서는 사랑과 자연의 노래들을 담고 있는 수려한 서정시집으로 구혼과 결혼에 대한 시집이다. 이것은 솔로몬 때부터 페르시아 시대까지 적어도 5세기 동안의 히브리 역사 안에서 생겨난 것이다. 그러므로 아가서는 그 범위가 상당히 작지만 그래도 시편에 견줄만한 것으로 하나님에 대한 인간의 동경과 사랑을 노래한 명시선이다.[41]

이와 반대로 르로이 워터맨(Leroy Waterman)은 "타작판"설이 본문의 많은 부분을 삭제하거나 순서를 뒤바꾸고 또 수정을 가하게 하는데다, 기독교시대 초기 이후에나 있었던 상황들을 비유들로 제시한다는 이유로 이 이론을 비판했다.[42]

물론 이 책의 통일성은 그 자체의 내적 흐름 위에 기초한 것이 틀림없기는 하겠지만, 그외에도 이러한 통일성을 보여주는 몇 가지

---

40) 델리취는 자신의 아가서 주석 부록에 벳츠스타인의 몇가지 주장을 언급하고 있다. pp. 162-76.
41) Gordis, p. x.
42) Leroy Waterman, *"Dodi in the Song of Songs,"* AJSL 35(1919):101-10, esp. p. 101.

요소들이 있다. 이 책을 하나로 엮어주는 역할을 하는 것으로 여겨지는 한 가지 요소는 "예루살렘 여자들"이다(3:5; 5:8, 16; 8:4). 그들은 그 여자의 말을 듣고 또 그녀에게 말을 했던 왕궁의 여인들이었을 것이다. 전체를 연결하는 두번째 요소는 2:7; 3:5 그리고 8:4에서 반복되고 있는 다짐받는 형식이다. 명백하게 통일성을 유지하게 하는 세번째 요소는 그 주인공들이다. 아가서의 주인공들이 두 사람, 즉 그 여자(6:13에서 소위 "술람미"라 칭함)와 솔로몬인지(전통적 견해), 아니면 그 여자와 그 여자의 진짜 연인인 목자, 그리고 왕이라는 구실로 유혹하여 그 목자에 대한 그 여자의 사랑을 자기에게로 돌릴려고 시도하는 솔로몬 이렇게 세 사람(현대적 견해, 혹은 "목자설")인지에 대해서는 많은 논란이 있다. 후자의 입장이 가장 그럴듯한 견해일 것 같다. 긴스버그는 이 주장이 자코비(J. T. Jacobi[1771])에게서 비롯되었다고 했다.[43] 이 주장을 받아들인 대표적인 사람들만 대충 꼽아보면 긴스버그[44]와 하퍼[45] 드라이버[46]가 있다. 비록 이 증거들이 결정적인 것은 아니라 하더라도 최소한 통일성을 지지하고 있다.

아가서의 저자가 의도한 줄거리가 있다 하더라도 그것을 재구성하기는 매우 어렵다. 그 저자가 의도했든지 안했든지간에 이 책이 정경화될 때부터 대다수의 해석자들이 그 줄거리를 제시해 왔었다고 보는 것이 타당할 것이다. 현대의 사고방식으로는 종교적인 관련성이 없는 연가집이라는 것이 문제가 되지 않을 수도 있지만, 아가서를 그런 식으로 이해하고서도 그것을 정경으로 인정하게 되었다고 보기는 어렵다. 사실상 이제 최종적인 분석으로 정경상의 실제 문제를 다루어야 한다. 그렇다면 문제는 아가서를 이해하고 높

---

43) Ginsburg, pp. 87-88.
44) Ibid.
45) Harper, pp. xlvi-xlvii.
46) S. R. Driver, *An Introduction to the Literature of the Old Testament*, pp. 444-46. 여기에서 그는 이 견해를 옹호하고 있다.

이 평가했으며 그래서 그 책을 신적 영감으로 된 것으로 간주한 사람들의 입장을 무시하는 것이 타당한가 그렇지 않은가 하는 것이다. 더구나 우리는 이 책이 정경의 범주 안에 들도록 역사한 성령의 섭리를 무시해서는 안된다. 필자는 개인적으로 성경의 윤리적 계명이 남녀간의 불륜적인 사랑을 기념한 어떤 책을 용납할 여지가 없다고 확신한다. 남녀간의 결혼상의 신뢰에 대한 헌신의 맥락에서 볼 때 결혼관계에 따른 성적관계를 생각하는 것은 전혀 문제될 것이 없다. 그러나 이 범위를 넘어서서 순전히 세상적이고 육감적인 연가집이라면 이것은 성경적인 규범에 어긋나는 것이 된다.

그렇다면 아가서의 해석자는 이 책이 정경으로 인정되었다는 그 점에서부터 출발해야 한다. 필자는 이 입장이 일종의 종교적 의미가 전제된 어떤 줄거리가 있다고 가정하는 것과 관계가 있다고 본다. 물론 우리는 델리취와 긴스버그가 그랬던 것처럼 이 이야기의 뼈대를 재구성하려고 할 때 거기에 위험이 있다는 것을 인정해야 한다.

금세기 초에 르로이 워터맨은 아가서가 하나의 풍자였다고 제안했는데,[47] 이것은 아가서를 이해하는 핵심적인 열쇠가 보통 "나의 사랑하는 자"로 번역되는 단어 도디(dodi)에 달려 있다는 그의 신념에서 온 것이다. 이 단어는 아가서 말고 다른 성경에서 보통 "삼촌"으로 번역되는데 이와 같은 성경문헌상의 용례들을 검증한 결과에 근거해 그는 "나의 사랑하는 자"라고 번역하는 것이 타당하지 않다고 결론지었다.[48] 워터맨은 말하기를 도디는 도다이라는 고유명사라고 했다.[49] 그는 5:9을 "What is thy Dodai in comparison with David"("너의 도다이는 다윗과 비교했을 때 어떠한가")로 번역했다.[50] 그렇다면 이 말은 그 다스리는 왕으로서 다윗의 집을 언급하

---

47) Leroy Waterman, "Dodi in the Song of Songs."
48) Ibid., pp. 102-103.
49) Ibid., p. 107.

는 것이 된다. 계속해서 워터맨은 B.C. 722년에 사마리아가 함락되고 나서 남왕국이 북왕국의 문헌을 보관할 책임을 떠맡게 될 때에, 도디라는 용어가 잘못 이해되어서 이것이 솔로몬을 칭송하는 것으로 여겨졌는데, 사실 그는 원래 이 이야기에서 악역이었다고 주장했다.[51]

필자는 워터맨의 제안이 기발하기는 해도 도디를 고유명사로 해석할 필요가 있다는 점에 대해 확신할 수 없다고 본다. 그러나 아가서의 특성과 목적에 대한 그의 기본적인 결론, 즉 "이 시는 솔로몬의 시대와 그 이상에 대한 아주 분명한 풍자요 북왕국을 미화시키는 것으로 원문의 글자 하나라도 전혀 삭제할 필요가 없다"[52]는 데 대해서는 동의한다.

아가서는 북왕국에서 기원한 것으로서[53] 에스드라엘론 평원에 살고 있는 한 소박한 시골처녀가 솔로몬의 구애를 거절했을 때 일어난 몇가지 사건들 중의 하나를 기념하는 것으로 여겨진다. 목동설(현대의 견해)에 입각한 이 해석에 따르면 아가서는 솔로몬을 주목하는 것이 아닌 것 같다. 더구나 열왕기서의 저자가 기억하고 있는 그의 명성은(왕상 11:1-11) 자신의 부와 권력으로 그 시골 처녀의 관심을 끌 수 있고, 또 그 평범한 목동을 사랑하는 그녀의 마음을 돌릴 수 있다고 믿는 한 왕에 대한 묘사와 다르지 않을 것이다.

더구나 북왕국의 사정은 솔로몬의 치세 때 심한 고역과 무거운 세금 때문에 아주 열악해져서, 그가 죽을 때에는 북쪽 지파들의 민심이 이미 분단 쪽으로 돌아서 있었다(왕상 12). 그 풍자적인 분위기는 북왕국의 감정적인 상태와 아주 잘 맞아 떨어졌는데 특히 솔로몬의 치세 말기에는 그같은 분위기가 더욱 심화되었다. 그래서

---

50) 도드는 다윗과 자음이 같아서, 모음점이 안찍힌 본문에서는 이 두 단어가 같은 것으로 보인다.
51) Ibid., pp. 105-6.
52) Ibid., p. 104.
53) 다음 단원 "저자와 출처"를 보라.

우리는 여기에서 그 여자가 목동인 연인에 대한 연민 때문에 왕의 구애를 사양했다는 것 이외에도 솔로몬왕의 행차가 오고 있을 때 물었던 질문과 유사한 질문으로 시작되는 마지막 문단을 보게 된다 (3:6; 8:5). 첫번째 질문은 왕의 치장품들을 언급하고 있는 반면 두 번째 질문은 시골풍의 소박함으로 특징지워진다. 또한 후자의 경우는 왕의 감언이설과 막강한 권력보다는 그 여자가 가지고 있는 그런 종류의 사랑을 칭송하고 있다(8:6-7).

그렇다면 아가서는 문자적인 의미에서 남녀간의 사랑을 노래한 것으로 볼 수 있을 뿐 아니라 그 이상으로, 즉 왕의 유혹으로도 살 수 없는 진정한 사랑의 승화를 기리는 것이라 할 수 있다. 이것은 하나님의 사랑과 같이 자유롭게 그리고 대가없이 주어지는 것이다.

문학적 구조

아가서와 같은 책의 문학적 구조를 결정하기 위해서는 먼저 그 내용을 검토해야 한다. 우리는 아가서에서 직접적인 대화를 보게 되는데, 이것은 우리의 수고를 덜어주기도 하고 어렵게 하기도 한다. 왜냐하면 대체적으로 누가 화자인지 언급되어 있지 않고, 또 그 주어진 연설의 내용도 그 화자를 파악하기에 쉽지 않은 경우가 종종 있기 때문이다.[54] 그러나 어떤 구도가 파악될 수는 있다. 그 여자는 세 번 예루살렘 딸들에게 부탁했고(2:7; 3:5; 8:4), 또 5:1은 하나의 종지형식이라 할 수 있다. 또한 아가서는 솔로몬의 애정행각에 대한 풍자로서 그 풍자적 의도를 강조하기 위한 질문, 즉 "거친 들에서 올라오는 자가 누구인고?"(3:6; 8:5, 두 구절에 대한 개역성

---

54) 이 문제를 풀기 위해서 헬라어 시나이 사본(B.C. 4세기)과 알렉산드리아 사본(B.C. 5세기) 화자와 청자를 표시하는 여백기록을 남겼다.

경의 번역에는 미묘한 차이가 있지만 히브리어 원문상으로는 똑같다—역자주)라는 문구로 시작되는 두 장면을 부각시키는데, 이 두 장면은 서로 유사하면서도 동시에 대조적이다. 한 편은 자신의 구애의 대상을 유혹하기에 충분한 모든 부와 수단을 가진 왕을 가리키고, 다른 한편은 그런 유혹에 흔들리지 않고 오직 그 마음이 순수하고 무조건적인 헌신으로 가득찬 그 여자를 가리킨다.

델리취는 이 자료를 각각 2장으로 된 6막으로 구분했다.

아가서의 문학적 분석

1막	1:2-2:7	장: 1:2-8	1:9-2:7
2막	2:8-3:5	장: 2:8-17	3:1-3
3막	3:6-5:1	장: 3:6-11	4:1-5:1
4막	5:2-6:9	장: 5:2-6:3	6:4-9
5막	6:10-8:4	장: 6:10-7:6	7:7-8:4
6막	8:5-14	장: 6:10-7:6	8:8-14[55]

긴스버그는 이 책을 다섯 부분으로 구분했는데 이것은 우리의 설명과 잘 어울린다. (1) 1:1-2:7, (2) 2:8-3:5, (3) 3:6-5:1, (4) 5:2-8:4, 그리고 (5) 8:5-14.[56]

아가서를 연가집이라고 믿고 있는 학자들은 여기에 서로 별개의 단편들이 많이 있다고 주장한다. 예를 들어 고르디스는 29문단으로 나누어 번역했고,[57] 아이스펠트는 25문단으로 제시했다.[58]

---

55) Delitzsch,, p. 10.
56) Ginsburg, pp. 7-11.
57) Gordis.
58) Otto Eissfeldt, *The Old Testament: An Introduction*, pp. 489-90.

연대

아가서의 연대를 추정하는 것은 올바른 해석적 방법을 찾는 것만큼이나 어려운 작업이다. 만약 표제에 있는 "레 쉘로모"("of/to/for Solomon"["솔로몬의/에게/을 위한])의 정확한 의미를 알 수만 있다면 그 연대는 더 쉽게 파악할 수 있을 것이다. 그러나 우리가 시편의 표제에서 보았듯이 이 전치사가 항상 저자를 가리키는 것이 아니고, 어떤 경우에는 기원, 또 지금과 같은 경우에는 아마도 증정을 언급한 것일 수도 있다. 그러므로 그 표제 자체만으로는 연대와 저자를 추정할 만한 단서가 될 수 없기 때문에 우리는 다른 단서를 모색해야 한다. 이 표제 외에도 일반적으로 세 가지 단서들이 거론된다. (1) 이 책에 나타난 솔로몬의 모습 (2) 6:4에서 예루살렘과 병행하는 디르사에 대한 언급, 그리고 (3) 아가서의 언어, 특히 비 셈족언어와 아람어를 사용하고 있다는 점이다.

우리는 이 책에서 솔로몬의 이름이 일곱 번 언급된 것을 볼 수 있다(1:1, 5; 3:7, 9, 11; 8:11, 12). 이 용례들 중에 다섯 번은 솔로몬의 실제 모습과 행동에 대한 묘사와 관련이 있다(3:7, 9, 11; 8:11, 12).[59] 한편 1:5의 "솔로몬의 휘장"은 직유법으로 사용되었다. 몇 개의 외래어들을 제외하고는(이에 대해서는 앞으로 논의될 것이다), 이 책의 뛰어난 시들은 분명 히브리어가 우수한 형태로 있었던 때의 것임을 말한다. 아마도 솔로몬의 시대가 여기에 잘 맞을 것이다.

두번째 단서는 디르사를 예루살렘과 평행하여 언급한 경우인데 이것은 아가서의 연대를 디르사가 북왕국의 수도일 당시(아마도 마아사에 의해 수도로 세워졌을 것이다, 왕상 15:21)보다 더 앞선 것

---

59) Gordis, pp. 19-20. 고르디스는 3:6-11에 있는 이 시가 실제로 솔로몬의 결혼식들 중의 하나를 묘사하는 것이라는 입장을 취한다. 아마도 그것은 애굽 공주와의 결혼일 것이라고 한다. 그러므로 이 노래는 이 책 전체를 솔로몬의 것으로 보는 전통에 대한 결정적인 단서라는 것이다.

으로 볼 수 없다는 증거로 인용되었다. 그러나 이 도시가 이미 여로보암 1세 때부터 제2의 왕궁일 수도 있었다는 증거가 있다(왕상 14:17). 실제로 이 도시는 수도로 정해지기 전부터 웅장하고 아름다웠을 수도 있다. 그러므로 이 논리는 받아들이기 곤란하다.

언어에 근거한 논리들은 종종 확실하지 않을 수도 있다. 왜냐하면 셈족 언어들의 역사에 대한 확실한 자료들이 충분치 않기 때문이다. 예를 들어, 한 때는 어떤 책에 아람어 영향이 있으면 이것이 포로시대 혹은 포로시대 이후의 작품임을 나타낸다는 주장이 있었다. 왜냐하면 이스라엘 사람들은 바벨론 포로기 동안에 혹은 그 이후에 아람어의 영향을 많이 받았을 것으로 보이기 때문이라는 것이다. 그러나 우리는 이제 아람어 영향이 B.C. 2천년 경까지도 소급된다는 것을 알고 있다.[60] 특별히 주목을 끄는 것은 아가서에서 아람어 관계대명사가 쓰인다는 사실이다(아쉐르 대신에 쉐가 쓰인다. 전자는 제목에서 볼 수 있다. "Which is to Solomon"[솔로몬의 아가라] 이탤릭은 필자의 것). 이 단어는 성경의 초기 시(삿 5:7)와 산문(삿 6:17; 7:12; 8:26)에서도 찾아볼 수 있다.[61] 고르디스는 아가서에 이 단어가 쓰인 것은 이것이 북쪽지방에서 기원한 것임을 시사한다고 했다.[62] 그러므로 아람어에 근거한 논리는 초기 혹은 후기 연대를 결정지을만한 요소가 되지 못한다. 비록 다른 외래어들을 비롯하여 4:13에 있는 파르데스(페르시아어로 '공원' 혹은 '정원'을 의미)나 앞피르욘(아마도 헬라어 포레이온, '가마'[개역성경에는 '연'—역자주]와 관련이 있는 것 같다) 같은 단어들이 후기 연대쪽을 지지하는 것처럼 보이지만,[63] 우리는 여기에서 이 책이 계속

---

60) K. A. Kitchen, "Aram," *The New Bible Dictionary*, ed, J. D. Douglas, p. 55.
61) Driver, p. 449, 각주를 보라.
62) Gordis, p. 25.
63) Ibid., p. 24. 고르디스는 이것이 페르시아 시대에 편집된 것으로서, 그 시기는 B.C. 5세기보다 늦지는 않았을 것이라고 주장한다. 아이스펠트는 물론 이 노래들이 오래 된 자료들에 배경을 두고 있을 것이라는 사실을 인정하기는 하지만 실제로 이 노래들이 지어진 때는 3세기일 것이라고 주장한다(Eissfeldt, p. 490).

사용되면서 포로시대 동안에는 페르시아와 그리스의 영향을 받았다는 증거들을 쉽게 찾을 수 있다. 1:12(향기), 4:13, 14(나도, 번홍화, 창포, 그리고 침향) 등에 있는 단어들은 아마도 인도에서 유래한 것으로서 솔로몬 시대에 활발한 무역교류로 말미암아 이 시대에는 널리 알려졌을 것이다.

챠임 라빈(Chaim Rabin)은 B.C. 3천년과 2천년대에 인더스 계곡의 인디안 문화와 시가 메소포타미아와 인근의 문화에 영향을 끼쳤다는 확실한 증거를 제시했다.[64] 포프(Pope)는 B.C. 20세기의 것으로 추정되는 한 도장자국을 면밀히 검토했는데, 이것은 남부 바빌로니아에서 나온 것으로써 인더스 문양이 새겨져 있었다. 이것은 인더스 계곡과 메소포타미아 계곡에 상호문화적 교류가 있었다는 증거이다.[65] 라빈의 제안에 따르면 아가서는 유대인들과 남 아라비아, 남 인도와의 무역이 한창일 때 이 두 곳을 여행하던 타밀(Tamil)시에 익숙했던 어떤 사람에 의해 지어졌다는 것이다. 라빈은 아가서에 인도시 선율의 주제와 문체가 배어 있는데 이것은 어떤 유대인 작가가 지었거나 아니면 여러 단편들을 모은 것이라는 제안을 했다.[66] 물론 이것은 솔로몬 시대를 아가서가 지어진 시기로 볼 수 있다는 것을 의미한다. 그러나 포프는 보통 아가서를 목축적인 전원시로 보이게 하는 요소로서 "양을 치다"(라아)라는 동사와 그 분사형 "양치기, 목동"이 자주 반복된다는 것이 라빈의 가설에 대한 반증의 하나임을 밝혀냈다.[67] 라빈은 이 용어가 전문적인 의미를 가진 것으로 낙타를 다루는 것과 관련있는 것이라고 봄으로써

한편 해리슨은 만약 그 작품 전체가 솔로몬의 것이 아니라고 한다면 최종 편집은 포로시대 직후에 이루어졌을 것이라고 한다(R. K. Harrison, *Introduction to the Old Testament*, p. 1052).
64) Chaim Rabin, "The Song of Songs and Tamil Poetry," *Studies in Religion 3*(1973): 205-19.
65) Pope, p. 27. 또한 B. Buchanan, "A Dated Seal Impression Connecting Babylonia and Ancient India," *Archaeology* 20(1967): 104-7을 보라.
66) Rabin, pp. 216-17.
67) Pope, pp. 30-31.

그 문제점을 해결하고자 했다.[68]

세갈(M. A. Segal)도 역시 아가서를 솔로몬시대의 작품으로 보고, 이것이 비록 솔로몬 자신이 저작한 것은 아니라 하더라도 솔로몬과 깊은 연관이 있다고 보았다.[69]

결론적으로 연대에 대한 논증들은 솔로몬 시대부터 페르시아 시대에까지 이르는 다양한 의견들이 나름대로 근거를 가지고 있다. 그러나 지금까지 살펴본 바에 따르면 이것이 솔로몬 시대에 저작되었다고 생각하는 것에 대해 분명한 문제점이 있는 것은 아니라는 결론을 내릴 수 있다.[70] 이 시대에 국제적인 무역정책을 편 것, 왕궁의 호사스러운 생활, 또한 절묘한 히브리 시, 이 모든 것들이 이 입장을 지지하고 있다.

저자와 출처

현대의 학자들은 대부분 솔로몬이 저자라는 것을 부인했다. 예를 들어, 로울리(H. H. Rowley)는 솔로몬의 저작설을 지지하지 않았다. 그렇지만 그는 반복 어구들과 주제와 문체의 통일성에 근거해 저자에 의한 통일성이 있다는 것은 인정했다.[71] 솔로몬의 저작설을 주장하는 학자들중에 글레슨 아처는 그렇게 생각하는 근거들을 제시하면서 저자가 식물과 동물에 대해 상당한 지식을 가지고 있었다는 것을 꼽았다(왕상 4:33). 아가서 저자는 21종의 다양한 식물들과 최소한 15종의 동물을 알고 있었고, 또 솔로몬이나 누렸을 것으로 생

---

68) Rabin, p. 214.
69) M. A. Segal, "The Song of Songs," VT 12(1962): 470-90.
70) 다른 두 주석들을 들자면, 긴스버그(Ginsburg, p.125)와 델리취(Delitzsch, p.11)인데, 둘 다 이 책이 솔로몬 시대에 지어진 것으로 주장한다.
71) Rowley, pp. 212-13.

각되는 값비싼 수입품들과 호사스러운 물건들을 알고 있었다.[72]

어떤 주석가들은(예, 아이스펠트[73]) 이것이 남쪽지방 예루살렘에서 혹은 그 인근에서 기원한 것이라고 제안하지만, 북동쪽 지명들이 주로 언급된 것으로 미루어보아 북왕국에서 기원한 것으로 보인다.[74] 물론 우리는 단지 추측에 의존하고 있다는 것을 인정한다. 그렇지만 솔로몬이 아가서에서 제일 돋보이는 인물이 아니라는 사실 또한 솔로몬이 북쪽지파들에게 지운 무거운 세금과 고역들 때문에 그 왕에 대한 반감이 있었던 북쪽지방에서 아가서가 기원했을 것으로 생각하게 한다.[75] 그러므로 우리는 솔로몬의 치세 말기에 혹은 바로 그 직후에 북쪽에서 그러한 풍자적인 작품이 나왔다고 해서 놀랄 것이 없다. 이스라엘 사람들의 삶의 정치적 차원에 개입되어 있었던 왕이라면 어떤 무명 작가가 그를 사회적 관계에서 실패한, 적어도 여기에서는 실패한 그런 인물로 묘사했음직도 하다. 그렇게 해서 정치적인 권력은 사랑의 힘과 신뢰성의 뒷전으로 밀려나게 되는 것이다.

정경성

아가서가 정경으로 된 경위에 관련된 변천사는 우리에게 잘 알려지지 않았다. 랍비 아키바(Akiba)는 이 문제를 다음과 같이 정리했다.

---

72) Archer, p. 474.
73) Eissfeldt, p. 490.
74) 아가서에 언급된 북부 지명들은 다음과 같다. 레바논, 헤르몬, 다메섹, 디르사, 샤론, 길르앗, 헤스본, 마하나임, 바드랍빔, 술람미.
75) 이장 앞단원 "특성과 목적," 특히 세번째 단락에서 시작하는 부분을 참조하라.

이스라엘의 그 누구도 아가서가 손을 부정하게 하지 않는다고 이의를 제기한 적이 없다. 왜냐하면 아가서가 이스라엘에 주어진 때는 그 어느 시대보다도 귀중한 때이기 때문이다. 아울러 모든 성문서가 거룩하지만 아가서는 거룩한 것 중에서도 가장 거룩하기 때문이다.[76]

그러나 미쉬나의 이 구절은 이 문제에 있어서 어떤 동요가 있었음을 시사한다.

랍비 유다가 가로되 아가서는 손을 부정하게 한다. 그러나 전도서는 문제의 여지가 있다. 랍비 요세가 가로되 전도서는 손을 부정하게 하지 않는다. 그리고 아가서도 문제의 여지가 있다.[77]

우리는 그 문제의 여지가 어떤 성질의 것인지 정확히 알지 못한다. 다만 아가서의 육감적 특성과 관련이 있을 것이라는 추측을 할 수 있다. 의심할 바 없이 풍유적 해석방법은 이 문제들을 해결하는 데 도움이 되었다. 탈무드의 정경목록에는 아가서가 포함되어 있다.[78] 그러나 이 책이 교훈적인 것으로서 남녀간의 순수한 사랑의 신뢰성과 그 미덕을 가르치기 위한 것이라는 견해를 인정한다면, 아가서는 바로 그 유익만으로도 정경으로서의 가치가 있는 것이다.

아가서의 해설

다음에 오는 해설들은 주로 문자적 해석방법을 따른 것이다. 독자들은 풍유적, 신비적, 그리고 예전적 해석방법으로 본문을 분석해

---

76) 미쉬나, 야다임 단편 3:5. "손을 부정하게 한다"는 표현은 영감으로 된 책, 즉 정경을 지칭하는 랍비식 표현이다. 이에 대한 설명은 다음을 보라. I. Epstein, ed., Babylonian Talmud, *Baba Schabbath* 14a.
77) Ibid.
78) Babylinian Talmud, *Baba Bathra* 14.

서 다른 의미들을 제시하고 있는 주석들을 참고할 수 있을 것이다. 특히 포프의 주석은 유용하다. 왜냐하면 그가 많은 문제들을 우가릿 시에 의존해서 해결하려고 하기는 했지만, 그래도 고대와 현대의 저작들에 있는 아가서에 대한 이 세 가지 해석 방법들을 일관되게 다루고 있기 때문이다.

표제(1:1)

표제에 있는 "노래들 중의 노래"(이것은 개역성경 '아가'라는 제목 원문을 문자적으로 풀이한 것이다—역자주)는 "최상의 노래"를 의미한다. 이것은 마치 "거룩한 것들 중의 거룩"이 "지성소"를 의미하는 것과 같은 이치이다. 이미 앞에서 본 바와 같이, 두번째 어구(개역성경의 맨 앞 어구—역자주) "솔로몬의/에게/위한"은 일반적으로 저자나 기원을 의미하는 것으로 사용된다. 그런데 여기에서 이 어구는 증정의 의미로 사용된 것 같다. 이것은 솔로몬의 생애의 한 사건을 다룬 것이기는 하지만 실제로 그가 쓴 것은 아닐 수도 있다. 포프는 우가릿 문서들에 전치사 레(-의/-에게/-을 위한)가 종종 바알신이나 영웅 케렛이나 아캇과 같은 고유명사들에 접두된 표제들이 있는 것을 발견했다. 물론 그 문서들이 그 신화적 인물들에 의해 지어진 것이 아니다. 따라서 표제가 항상 저자를 의미하는 것이 아니고 그 저작품이 다루고 있는 영웅의 이름을 가리킬 수도 있다.[79] 이같은 사실을 염두에 두면 우리는 이 증정이 순전히 명예로운 것이 아니고 풍자적인 의미를 가지고 있음을 보게 된다. 왜냐하면 여기에서 솔로몬의 계획은 성공하지 못하였기 때문이다.[80]

---

79) Pope, pp. 295-96.
80) 다시 이 장의 앞 단원 "특성과 목적"을 참조하라.

제1부(1:2-2:7)

처녀(1:2-7). 아가서의 본문을 연구함에 있어서 필자는 아가서의 주인공들이 두 사람이 아니고, 처녀와 솔로몬 왕 그리고 그 처녀의 진정한 연인인 목동, 이 세 사람이 주인공이라는 입장에서 이 연구를 진행하고자 한다. 물론 아가서의 어떤 구절들은 편견없이 보면 이 입장을 지지하는 것일 수도 있고 또는 주인공들이 그 여자와 솔로몬 왕이라는 전통적인 입장을 지지하는 것일 수도 있지만, 이 책 전체를 놓고 보면 현대의 견해가 그래도 문제점이 적은 것 같다.

그 여자는 솔로몬의 왕궁에 있었을 것이다. 그러나 그 여자가 어떻게 해서 거기에 있게 되었는지 알려진 바 없다. 전통적인 입장을 따르는 사람들은 4절을 그 여자가 솔로몬에게 말하고 있는 것으로 보고, 현대적인 입장을 지지하는 사람들은 그녀가 그 자리에 없는 자기의 연인을 향하여 하는 말로 생각한다.

기독교 풍유해석가들은 이 왕을 그리스도로, 그리고 그 여자를 교회로 보았다. 그들은 서로 존중함을 표현하고 있다는 것이다.[81]

거기에 없는 연인을 향한 그녀의 독백은 5-6절에서 그녀의 거무스름한 피부에 대한 설명이 삽입됨으로써 끊어졌다.[82] 그녀는 왕궁의 여자들에게 말하고 있는데 우리는 그녀의 피부가 그들에게 불쾌감을 주어서 이 설명이 필요했을 것이라고 추측할 뿐이다. 그녀가 거무스름한 피부를 갖게 된 이유는 아주 간단했다. 그녀의 형제들이 그녀를 포도원지기로 삼았던 것이다. "내 어미의 아들들"이란 말과 그 형제들이 부모의 책임을 맡았다는 것은 그녀의 아버지가 죽었을 것을 시사한다. 델리취는 이 구절들이 의붓형제들이 거칠게

---

81) Henry, 3:1053
82) "검다"의 의미에 대한 포프의 자세한 논의를 보라. Pope, pp. 307-18. 그는 이것이 검은 여신을 언급한 것이라고 설명함으로써 아가서를 예전적으로 해석하려는 자신의 의도를 표현하였다. 팍스는 그녀가 밖에서 일해야 했었기 때문에 피부가 검었다고 설명한다. Fox, p. 101.

군 것을 의미한다고 보았는데,⁸³⁾ 실제로 그 형제들이 왜 그렇게 했는지 그 이유에 대해서는 전혀 알 수 없다.

7절에서 그 여자는 자기 연인을 다시 부르기 시작하면서 그가 어디에서 그의 양떼를 먹이는지 자기에게 말해주기를 소원한다. 여기에서 그 여자의 연인을 솔로몬으로 보는 데 있어서 문제가 생기는데, 그 이유는 이 여자의 연인이 목자라고 기술되어 있기 때문이다.

메튜 헨리에 의해 대변되는 기독교 풍유해석 방법에 따르면 예루살렘의 딸들은 보편교회로서 각 지교회에게 교회의 고난으로 인하여 실족하지 않도록 권면하고 있다고 한다.⁸⁴⁾

왕궁의 여자들(1:8). 왕궁의 여자들이 그 처녀의 보이지 않는 연인을 향한 물음에 응답하고 있는데 이것은 그 여자가 멀리 떨어져 있는 연인에게 말하고 있을 때 이 여자들이 듣고 있었음을 입증한다. 그 처녀도 역시 목자였다는 것은 "너의 염소새끼"라는 언급에서 알 수 있다.

솔로몬(1:9-11). 이것은 솔로몬이 말한 것으로 간주할 수 있는 처음 연설이다.⁸⁵⁾ 다정스러운 용어로 "내 사랑아"(혹은 "내 여자 친구야")라고 부르면서,⁸⁶⁾ 그 왕은 그 목자 연인에게서 그 처녀의 마음을 돌이켜 자기를 사랑하게 하려고 첫 시도를 꾀한다. 그가 그 처녀를 바로의 병거의 암말(개역성경에는 '준마'—역자주)에 비유한 것은 결코 무시해서가 아니다. 왜냐하면 그 당시에 말들은 아주 높이 평가받는 대상이었기 때문이다. 그러나 그의 감언이설도 세련된 장신구들로 유혹하는 것도 결코 그 여자의 환심을 사지 못했다. 기

---

83) Delitzsch,, p. 27.
84) Henry, 3:1057.
85) 어떤 주석가들은 솔로몬의 말들은 그 여자의 진정한 연인의 말들에 비교해 볼 때 그 억양히 다소 냉정했다는 견해를 제시한다. 예, Driver, p. 446.
86) 다음의 구절들에서 그 연인도 이 여자를 이렇게 부른다. 1:15; 2:2, 10, 13; 4:1, 7; 5:2; 6:4

독교 풍유해석 방법에서는 보통 이 말을 듣는 대상이 교회이고, 이 말을 하는 주체는 그리스도 혹은 하나님이라고 본다.

처녀(1:12-14). 이 구절의 언어들을 보면 우리는 그 처녀가 말하고 있음을 알 수 있다. 이것은 분명히 솔로몬의 구애에 대한 그 처녀의 응답이다. 그녀는 왕의 상에 대해 말했는데 이것은 아마도 그가 식사할 때에 기대는 긴 안락의자였을 것이다. 이 구절이 의미하는 바는 왕이 잔치에 있을 동안 내내(만약 우리가 델리취의 제안을 받아들인다면) 그녀는 자기의 진짜 연인을 생각하고 있었다는 것인 듯 하다. 그를 가리키는 용어들은 나도(인도에서 수입된 향나무), 몰약(잎사귀와 꽃들을 주머니에 넣고 싸서 향기를 발하게 하는 방향 식물),[87] 그리고 엔게디 포도원의 고벨화 송이였다(엔게디는 사해 서쪽에 위치한 곳으로 천연수가 나오는 샘이 있다).[88]

목자(1:15). 15절의 화자와 16절의 화자가 다르다는 사실은 히브리어 여성 대명사들과 형용사들(15절, 솔로몬을 화자로 간주하든지 아니면 목자를 화자로 간주하든지), 그리고 남성명사들과 형용사들이(16절, 그 여자의 응답임을 의미함) 각각 사용되고 있다는 것에서 알 수 있다.

처녀(1:16-2:1). 3명의 인물 구도로 보면 15절의 화자를 목자로 보는 문제가 더 쉽게 해결된다. 왜냐하면 그 여자의 응답 역시 아주 친밀하게 나오기 때문이다. 그 여자는 자신들의 사랑이 시작된 전원 풍경을 회상한다. 여기에는 백향목과 잣나무가 그들의 집 구조를 이루고 있었다. 그 다음에 그녀는 자기 연인에 대한 찬사를 멈추고 자신을 골짜기에 피는 평범한 꽃들의 하나로 묘사한다.

풍유 해석가들은 그리스도가 겸손하게 자신을 "샤론의 수선화"

---

87) Delitzsch, p. 37.
88) Ginsburg, p. 139.
89) Henry, 3:1061-62.

(2:1)로 그리고 교회를 백합화(2:2)로 선언하고 있다고 보았다.[89]

목자(2:2). 목자는 2절에서 찬사를 그녀에게 돌린다. 델리취는 이것을 "상호간의 사랑을 칭찬하며 맞장구치는 응답"이라고 불렀다.[90] 그녀를 묘사하기 위하여 "백합화"라고 똑같은 단어를 사용했는데, 그는 이것을 일상적인 것으로 받아들인 것이 아니라 특별한 것, 즉 가시나무 가운데 백합화로 바꾸어 묘사했다. 이꽃은 아마도 빨간색이나 진홍빛 꽃이었을 것이다. 왜냐하면 5:13에서 그 사랑하는 자의 입술이 이 백합에 비교되었기 때문이다.

처녀(2:3-7). 그 여자가 응답한다. 그녀의 사랑하는 자는 다른 젊은 남자들과 비교했을 때 수풀 가운데 사과나무 같다. 이 부분은 전통적 견해와 가깝다. 왜냐하면 그 소박한 목자와 "잔치집"은 서로 어울리지 않는 것으로 보이기 때문이다. 물론 이것들을 상징적인 것으로 본다면 또 다를 것이다(긴스버그가 그렇게 해석했다).[91]

델리취는 히브리인들에게 하나님이 아닌 다른 사람들끼리 탄원하는 것이 허락되었다는 제안을 하기는 했지만(그러나 다른 것을 두고 서원하는 것은 아니다), 그럼에도 불구하고 그는 이것이 성경에 있는 유일한 경우라는 것을 시인한다.[92] 고르디스는 좀 더 타당성있는 제안을 한다. 즉 그 연인이 사랑의 육체적인 매력과 연관시켜 하나님의 이름을 언급하는 것을 피하려고 일상적으로 쓰이는 서원 형식 벨로헤 체바오트(만군의 하나님으로) 대신에 사랑을 상징하는 짐승들을 골라서 비츠바오트 오 베아예로트 핫사데("노루와 들사슴으로", 7절)라고 비슷한 소리가 나는 어구를 사용했다는 것이다.[93] 만약 이것이 사실이라면 원래 이 노래를 들은 사람들은 이 관습을 알고 있었을 것이고 그렇다면 아가서에는 어느 정도 종교적

---

90) Delitzsch, p. 41.
91) Ginsburg, p. 142.
92) Delitzsch, pp. 45-46.
93) Gordis, p. 28.

성향이 함축되어 있는 셈이다.

제2부(2:8-3:5)

장면이 바뀌었다고 직접 표현된 것은 없지만 "나의 사랑하는 자의 목소리로구나 보라"는 서두의 말은 일련의 사건 속에서 새로운 장면이 시작되었음을 암시한다. 왕궁의 여자들이 아직 남아서 말하고 있는 것으로 봐서 아직 왕궁이 배경일 수도 있다. 예루살렘 여자들을 향해 처음 한 말이 그랬던 것처럼(1:5-6), 여기에서도 그 처녀의 말은 설명을 목적으로 한 것으로서 아마도 자기가 포도원에 오게 된 상황을 밝히고 있는 듯 하다. 마지막 부탁은 처음 장면과 마찬가지로 왕궁의 여자들에게 말한 것으로 여겨진다(2:7/3:5).

처녀(2:8-10a) 추억에 잠기는 듯한 어조로 그 여자는 어떻게 목자 연인이 겨울(우기, 11절)이 끝날 즈음에 찾아와서 자기를 불러 들에 나갔는가를 회상한다.

목자(2:10b-14). 포프가 주장하는 바에 의하면 마치 수메르 여신이 완전히 준비가 될 때까지는 자기의 연인을 기다리게 하는 것처럼 신부가 치장하는 동안 신랑은 신부 집 밖에서 기다리는데, 그동안에 그가 창문넘어 그녀를 보면서 나오라고 유혹한다는 것이다.[94] 물론 포프는 이 구절의 배경에 예전적인 의미가 있다고 보았다.

꽃이 피고, 반구(팔레스타인 남부에서 겨울을 지내고 4월초 봄에 새싹이 푸릇푸릇할 즈음에 돌아오는 철새)의 소리가 들리고, 무화과 나무열매가 익은 것이 모든 것들이 봄을 묘사하고 있다. 바위 틈에 숨어있는 비둘기를 비유로 한 것은 여자가 조심스럽게 처신하

---

94) Pope, *Song of Songs*, p. 392.

고 있다는 것을 말한다. 비둘기들은 바위 틈에서 겁에 질려 있을 때에는 사랑을 나눌 수 없다(14절).

기독교 풍유 해석 방법은 그 신부가(2:8) 그리스도께서 오시는 것을(요 3:29) 기뻐하고 있는 것이라고 보았다. 그리스도께서 와서 교회를 자기에게로 부르시며 "나로 네 얼굴을 보게 하라 네 소리를 듣게 하라"고 말씀하신다는 것이다(2:14).[95]

처녀(2:15-3:5). 긴스버그는 그 처녀를 연인에게서 멀리 떼어보냈던 그녀의 형제들이 15절의 지시를 내렸을 것으로 보았다. 그러나 그보다 더 신빙성이 있는 것은 이 구절을 14절에서 그녀의 목소리를 듣게 하라는 그 연인의 요청에 대하여 그 처녀가 응답하는 노래로 보는 것이다.[96] 그리고 이것은 여기에서 그녀가 꽃이 핀 포도원으로 상징된 그녀와 그 연인의 아름다운 관계를 망칠 수 있는 상황들이나 사람들(우리는 여기에서 그 여우들이 포도원을 손상한다는 것 말고는 그들이 누구를 상징하는지 확실히 말할 수 없다)에 대해 염려하고 있다는 것을 그녀의 연인에게 표현하고자 하는 목적을 가지고 있다.

두 연인들 간의 관계는 16a에 있는 "나의 사랑하는 자는 내게 속하였고 나는 그에게 속하였다"라는 말에 잘 표현되어 있고, 이것은 또한 6:3에서 다시 볼 수 있다. 16절은 그 처녀의 독백이거나 또는 왕궁의 여자들에게 하는 말, 아니면 15절에서 시작된 노래의 연속일 것이다. 하지만 17절은 분명히 그녀의 연인에게 하는 말로써, 그가 찾아왔다는 것이 발각될 위험이 확실히 적은 저녁때까지 멀리 있으라고 권고하고 있다. "날이 숨쉴 때까지"(NASB "until the cool of day"[날이 신선할 때까지; 개역성경에는 "날이 기울고"—역자 주])라는 표현은 저녁을 말하는 것으로 보인다(참고 창 3:8, "날이

---

95) Henry, 3:1066-67.
96) Harper, *Song of Songs*, p. 17.
97) Henry, 3:1066.

서늘할 때에", KJV와 NASB는 "in the cool of the day"로 번역함). "그림자가 갈 때에"라는 구절도 역시 마찬가지다. 여기의 묘사는 2:9의 그 연인에 대한 묘사와 유사하다. 풍유적 해석방법에 따르면 16절은 교회가 그리스도와의 관계를 고백하는 것이라고 한다.[97]

지조가 있는 그 여자는 계속해서 추억에 잠기거나 아니면 꿈을 꾸고 있다.[98] 풍유적해석가들은 이 장면을 해석하는데(예, 그녀가 침상에서 자기 옆에 있는 연인을 발견한 것과 성중에 돌아다니며 그 목자를 찾는 것) 특별한 어려움을 느끼지 않는다. 왜냐하면 굳이 그 문자적 의미를 설명할 필요를 느끼지 않기 때문이다. 그녀는 그 연인이 저녁에 돌아올 것을 기대했지만 그가 돌아오지 않자 실망하여 그를 찾아 나선다. 성중에 들어가서 가까스로 파수꾼들을 찾아 묻고, 그를 찾았을 때 그녀는 그를 자기 어머니 집으로 데려갔다(4절). 그 다음에 그 여자가 부탁하는 내용의 의미가 확실하지는 않지만 아마도 그녀가 왕궁의 여자들에게 자기더러 다른 사람을 사랑하라는 요구를 하지 말아달라고 부탁하는 의미인 것 같다(5절).

제3부(3:6-5:1)

솔로몬은 1:9-11에 등장해서 그 여자를 유혹했다. 그러나 그 뒤로 지금까지 그는 다시 나타나지 않았다. 그가 어디에 있었는지 알 수는 없지만 지금 장면은 그의 행렬을 묘사하고 있는데, 아마도 예루살렘으로 오고 있는 모습일 가능성이 가장 높다.

미상의 화자(3:6-11). 이 단원의 화자들이 누구인지는 분명하지 않을 뿐더러 그들의 말속에서도 그들의 정체를 파악할 수가 없다. 6

---

98) Delitzsch, p. 91, 델리취는 이것이 실제 삶에서 일어날 수 있는 것으로는 볼 수 없기 때문에 꿈이 틀림없을 것이라고 한다.

절은 아마도 그 여자나 아니면 그 왕궁의 여자들이 말한 것 같다. 7-11절은 그 여자가 하는 말일 것이다. 그녀는 거친 들에서 오는 자가 누구인가 묻는다. 그 다가오는 행렬은 "연기 기둥"으로 주목을 끌고 있다. 이것은 그 행차에 나선 사람들이 일으킨 먼지구름일 수도 있으나, 왕을 높이기 위하여 그 행렬 앞에 피운 향에서 나는 연기 기둥이었을 가능성이 높다.

7-10절에 있는 그 행렬의 묘사를 보면 솔로몬왕이 존경받는 방문자라는 데 의심의 여지가 없다. 그 왕의 가마는 귀빈이 앉거나 기대는 안락의자와 유사하게 생긴 것으로 덮개가 덮혀 있고 햇빛을 차단하는 휘장이 둘러져 있는 것으로서, 왕의 수행원들이 이것을 메고 다녔다.[99] 이것은 솔로몬의 궁궐에 있는 여인들이 그에 대한 사랑을 보여주기 위해 아주 공교하고 아름답게 장식했다(10절).

이 단원의 마지막 화자는 예루살렘 여자들에게 말하기를, 나와서 행복을 상징하는 면류관을 쓰고 있는 솔로몬을 보라고 한다. 우리가 아는 바로는 그 여자가 솔로몬의 신부가 된 적이 없기 때문에 그가 그날 그녀와 결혼할 것을 의도한 것이 아닌 한 이것이 결혼 면류관일 수는 없다. 물론 그가 결혼할 것을 의도했고 그것이 이 이야기의 긴장감을 더하고 있다고 말할 수도 있을 것이다. 즉 그 여자의 바램과 달리 그녀는 거의 그 왕과 결혼할 뻔 했다는 것이다. 유대의 풍습에 따르면 신랑과 신부는 면류관을 썼다. A.D. 70년 로마와의 전쟁 후, 애도의 표시로 이 풍습이 사라졌다.[100]

기독교 풍유 해석 방법에서 솔로몬은 그리스도의 모형으로 비춰진다. 그가 앉은 안락의자(3:7)는 그의 교회를 가리킨다고 한다. 또 어떤 사람들은 그 가마(3:9-10, 개역성경에는 "연"—역자 주)는 그의 신성이 거하시는 그의 인성으로 본다.[101]

솔로몬(4:1-5). 솔로몬의 행렬이 이제 막 등장했기 때문에 여기에

---

99) Ginsburg, p. 152.
100) Gordis, p. 84.
101) Henry, 3:1071.

서 그를 화자로 보는 것이 논리적으로 자연스럽다. 1절 전반부("내 사랑 너는 어여쁘고도 어여쁘다…비둘기 같고")가 그 목자 연인이 말한 것으로 여겨지는 1:15과 똑같은데, 만약 우리가 생각하는 대로 이 화자가 솔로몬이라면 그 두 인물이 한 말에 대한 그 여자의 대답은(1:16-17, 4:6) 서로 대조된다. 전자의 경우는 상호간의 애정이 어려있는 반면, 후자의 경우는 은둔의 삶을 작정하는 것이다.

솔로몬은 그 처녀의 육체의 아름다움을 일곱가지 차원에서 묘사하였다. 즉 눈, 머리털, 이, 입술과 입, 뺨, 목, 그리고 유방이다. 이 화자의 시적 비유에서 보듯이 그 여자는 대단히 아름다웠다. 그 상징들은 대부분 자연에서 온 것으로 그 왕은 그 젊은 여인에게 찬사를 보냈다. 그런데 그녀의 목을 "다윗의 망대"에 비교한 것은 분명히 찬사이기는 하지만, 이것이 어느 망대를 언급하는 것인지 궁금증을 불러 일으킨다. 이것은 아마도 병기 창고로 사용되었던 것으로 보이는데, 만약 그렇지 않다면 그 망대는 단지 장식용이었을 것이다. 에스겔은 두로에 이런 풍습이 있음을 언급했다(겔 27:11).

이와 같이 묘사적인 성격을 띤 이 단원은 풍유적으로 그리스도가 그의 신부된 교회를 묘사하는 것으로 여겨졌다. 눈은 교회의 성직자들을, 머리털은 교회의 아름다운 행실을 이는 다시 교회의 성직자들을, 입술은 하나님에 대한 교회의 찬양을, 뺨은 교회의 겸손과 정숙을, 목은 교회의 신앙을, 그리고 그녀의 유방은 신·구약을 상징한다고 한다.[102]

처녀(4:6). 여기의 화자는 솔로몬이 아니고 그 처녀이다. 2:17에서 그녀는 똑같은 단어를 사용하여 그녀의 사랑하는 자에게 도망가라고 권고했다. 그녀가 은둔하고 싶어하는 이유를 명상이라고 보는 것은 몰약과 유향이 상징으로 사용되었기 때문인데, 이것들은 성전

---

102) Ibid., 3:1073-74.
103) Delitzsch, p. 78.

에서 매일 아침과 저녁에 사용되었다(출 30:34-38).¹⁰³⁾

목자(4:7-16b). 만약 이 책의 자료들이 보여주듯이 여기에 세 인물이 있다고 한다면, 여기의 화자가 약혼하지도 않은 그 여자를 가리켜 계속해서 신부라고 부르는 것은 정말로 이상하다. 4:1-5의 화자를 솔로몬으로 보는 것은 자연스러운 것 같다. 왜냐하면 바로 앞 구절에 그의 행렬이 오고 있었기 때문이다(3:6-11). 그러나 여기에서는 "신부"라는 명칭이 사용된 것으로 보아 그 화자가 오히려 목동이라는 생각이 들게 한다. 2:17에서 그 여자는 4:6에 있는 것과 비슷한 말을 한 다음에 나가서 자기의 사랑하는 자를 부지런히 찾았는데, 여기에서는 그녀가 말하고 난 후 실제로 그가 나타났다. 예고없이 그가 다시 나타난 것은 저자의 문학적 스타일의 하나이다. 그 목자 연인은 솔로몬이 은신처인 산으로 데리고 간 그 여자를 다시 찾고자 했다. 만약 이 구절들이 없었다면 우리는 장소가 바뀐 것을 전혀 알 수 없었을 것이다. 9절의 동사는 "마음을 강하게 하다" 혹은 "누군가의 마음을 빼앗다"(NASB "made my heart beat faster"[내 심장고동을 빠르게 했다])라는 의미일 것이다. 왜냐하면 그 히브리 어근(피엘)은 강의(强意)나 제거의 의미가 있기 때문이다.¹⁰⁴⁾ 우리는 여기에서 강의의 의미("마음을 강하게 하다")가 더 어울린다는 긴스버그의 의견에 동의한다.¹⁰⁵⁾ 그러나 만약 솔로몬이 화자라고 한다면, 제거의 의미("누군가의 마음을 빼앗다")가 낫다는 것을 인정해야 한다.

그 여자를 "누이"로 지칭하여 말하는 것은 때때로 사랑하는 사람을 가족적인 용어로 부르는 히브리어 용례들과 잘 어울린다. 그 결혼이 다 이루어지지 않았고 또 아가서에 다뤄진 이런 종류의 사랑이 난잡한 것이 아니라는 사실은 그 연인이 자기의 약혼녀를 "잠근

---

104) Francis Brown, S. R. Driver, and Charles A. Briggs,K. *A Hebrew and English Lexicon of the Old Testament*, p. 525b.
105) Ginsburg, pp. 158-19.

동산"이요 "덮은 우물"(12절)이라고 묘사한 것에서 분명히 알 수 있다. 근동 지방에서 동산과 우물은 침입자들을 막기 위해서 보통 폐쇄된다. 계속해서 그 연인은 아주 아름답게 사랑을 동산에 비유한다. 그는 한가롭게 흐르는 시내를 비롯해서 동산에 있는 특별한 것들을 묘사한다(13-15절).

처녀(4:16c). 이 구절 처음 부분에서 화자가 그 여자의 사랑을 아직도 "나의 동산"이라고 언급한 사실은 목자가 화자임을 의미한다. 그러나 이 구절의 마지막 세번째 부분은 그 여자가 사랑하는 자에게 자기의 사랑을 받아달라고 청하는 내용일 것이다.

> 나의 사랑하는 자가 그 동산에 들어가서 그 아름다운 실과 먹기를 원하노라

때때로 풍유적 해석방법은 4:16을 성령이 교회의 삶에 임하기를 구하는 기도, 즉 오순절날 성령이 강림함으로 응답된 기도(행 2장)로 본다.[106]

목자(5:1). 여기에서 그 여자의 연인은 분명히 그의 신부의 사랑의 요청을 받아들이고 있다. 비록 그 동사들이(들어오다, 거두다, 먹다, 마시다) 과거로 해석될 수도 있고 현재로 해석될 수도 있지만, 만약 4:16c가 그 여자의 사랑의 요청이라고 한다면 분명히 이 구절은 신랑의 수락으로 이해되어야 하고, 또 그 동사들은 현재 시제로 번역되어야 한다. 먹고 마시자는 부름은 그 잔치에 친구들을 모으기 위한 것이거나 아니면 신부와 신랑을 부르는 것일 것이다. 그 초청을 받는 사람이 누구이든지 간에 이것은 사랑이 서로 제안되고 받아들여졌다는 점에서 아가서의 절정을 이루는 것이다.

---

106) Henry, 3:1078.

제4부(5:2-8:4)

처녀(5:2-8). 여자는 꿈을 꾸고 있다. 꿈 속에서 그녀는 사랑하는 자가 문을 두드리고 있다고 생각한다. 여기에 설정된 배경은 결혼식 직전인 것 같다. 목자 연인이 문에 다가와서 그녀에게 자기는 밤이슬에 젖었다고 말한다(2절). 그러나 그 여자는 잠잘 준비를 다 하고 있어서 문열기를 주저한다. 그런데 그 사랑하는 자가 문두드리기를 멈추자 그녀는 걸어가서 문을 열었지만 그는 가고 없었다(5-6a). 그 다음에 그녀는 그를 찾아 성중에 들어가는데 파수꾼들이 그녀를 수상한 여자로 생각하고 붙잡았다. 그녀는 그들에게서 벗어나기 위해 그들의 손에 자기의 겉옷을 남겨놓고 온 것이 틀림없다(7절). 이 단원은 역시 꿈에서의 일인 3:1-4의 상세한 내용과 매우 유사하다.

델리취는 그녀가 들이 아닌 성중을 찾아 헤맸다는 것이 목자설에 치명적인 것이라고 주장한다.[107] 그러나 우리는 이것이 꿈일 뿐 실제 상황을 보고하는 것이 아니라는 것을 기억해야한다. 그러므로 그 이의제기는 타당성이 거의 없다.

그 꿈은 8절에서 끝이 났지만 그것은 너무나 진짜 같아서 그녀는 아직도 예루살렘 여자들에게 만약 그들이 그를 보거든 자기의 열렬한 사랑을 그에게 말해달라고 부탁한다.

메튜 헨리는 풍유해석적 방법에 따라 이 장면은 교회의 불순한 행실로 그리스도가 교회에서 멀어지게 되는 경우들 중의 하나로 본다.[108]

왕궁의 여자들(5:9). 사랑하는 사람에 대한 이 여자의 깊은 헌신에 감동한 예루살렘 여자들은 호기심에 그 남자가 다른 남자들보다 나

---

107) Delitzsch, p. 96.
108) Henry, 3:1080.

은 것이 무엇인지를 묻는다. 긴스버그가 지적했듯이 그들의 질문은 그 사랑하는 자가 솔로몬이 아니라는 것을 보여준다. 왜냐하면 만약 이것이 솔로몬을 언급하는 것이라면 그런 질문은 필요가 없기 때문이다.[109]

처녀(5:10-16). 여자들의 질문에 대답하여 그 여자는 먼저 그의 아름다운 안색으로부터 시작해서 그 사랑하는 자에 대해 묘사한다. 그 다음에 머리에서 점점 내려와 가장 아름다운 상징들로 그의 육체에 대한 멋진 그림을 말로써 그려내고 있다. 이 묘사는 그의 몸을 멋진 식물들과 진풍경, 그리고 아름다운 산들로 유명한 레바논과 같다고 비유하는데서 절정을 이룬다.

왕궁의 여자들(6:1). 5:9에서 예루살렘의 여자들은 그 여자에게 그녀의 사랑하는 자가 다른 남자들보다 나은 것이 무엇인가 물어 보았다. 여기에서 그들은 다시 그에 대한 그녀의 설명에 감동되어 그녀에게 그가 어디로 갔는지 묻는다. 그래서 그녀와 함께 그를 찾으러 가려는 것이다.

처녀(6:2-3). 그 처녀는 아마도 그들이 자꾸 묻는 것에 의심을 갖고 석연치 않게 대답한다. 그녀는 말하기를 자기의 사랑하는 자가 그의 동산으로 내려갔다고 했다. 여기에서 동산은 그가 양떼를 먹이는 들을 다르게 표현한 것일 것이다. 왜냐하면 그는 목자이기 때문이다. 그렇지만 4:12과 5:1에서 "동산"은 그 처녀의 상징이었다. 그녀는 그들 상호간의 결속을 다시 선언한다. 아마도 이것은 다른 처녀들이 그녀와 함께 그를 찾으러 가자고 제안한 것에 대한 응답일 것이다. 3절의 선언은 2:16과는 약간 다르다.

풍유 해석 방법의 견해에서 보면 그리스도를 찾는 자들이 그에게로 간다고 한다(6:2-3). 그는 일상적인 곳(예를 들면, 길거리)에서

---

109) Ginsburg, p. 167.

찾을 수 없고 이 세상과 떨어진 은밀한 곳에서 찾을 수 있다는 것이다.110)

솔로몬(6:4-10). 여기에 쓰인 용어들을 보면 솔로몬이 그 화자임에 분명하다. 왜냐하면 그가 왕후와 비빈들을 언급하고 있기 때문이다(8-9절). 그 처녀가 1:7에서 자기의 사랑하는 자가 어디에 있는지 물은 다음에 1:9에서 솔로몬이 개입한 것처럼, 여기에서도 그녀가 자기의 연인에 대해 말할 때 다시 끼어들었다. 그는 그녀의 아름다움을 두 도시, 즉 북왕국의 디르사와 남왕국의 예루살렘에 비겨 묘사하였다. 디르사는 비록 수도는 아니었지만 여로보암 1세 때 북왕국의 주요도시였다(왕상 14:17). 이 도시는 오므리(B.C. 887-876년)가 수도를 사마리아로 옮길 때까지 그 왕조의 본거지였다(왕상 16:24). 그 단어의 어원의 의미가 '아름다운'인 것으로 보아 디르사는 이미 솔로몬의 통치때에도 아름답기로 유명했던 것 같다.

4:1-5의 화자가 솔로몬일 것이라는 우리의 가정이 맞다면 여기에 있는 그 처녀에 대한 묘사는 앞에 나온 내용을 재차 강조라는 것이라고 볼 수 있다. 왜냐하면 두 세 단어만 제외하고는 6:5b-6의 본문과 4:1b-2의 본문은 중복된 것이기 때문이다. 이 어여쁜 처녀에 대해 왕궁의 여자들이 보내는 찬사의 골자는 10절에 분명히 나타나 있다.

만약 이 본문을 풍유적으로 보면 그리스도가 그의 교회에 돌아와 교회의 죄악된 행동을 용서해 주는 것이 된다.111)

처녀(6:11-12). 그 처녀는 이제 자기가 어떻게해서 솔로몬의 궁에 있게 되었는지에 대해 말한다. 그녀는(아마도 그녀가 사는 시골집 가까운 곳에서) 동산의 수목들을 살펴보고 있다가 납치당했다. 솔직히 12절은 해석하기가 굉장히 까다로워서 저마다 다른 해석들이

---

110) Henry, 3:1086-87.
111) Ibid., p. 1088.

나온다. 포프는 이것을 "Unawares I was set/ In the chariot with the prince"[부지 중에 내가 태워졌다/ 수레에 그 귀인과 함께]로 번역했는데, 그의 해석은 우가릿신화에서 도움을 얻은 것이다.[112]

미상의 화자(들)(6:13-7:6). 여기의 화자는 왕궁의 여자들이 아니면 솔로몬일 것이다. 그 처녀를 술람미로 언급한 것은 이번이 처음이다. 이곳은 전통적으로 수넴(현대 아람어로는 "술렘")으로 알려진 곳인데, 이곳은 이스갈 족속의 영토 안에 있는 에스드라엘론에 위치하고 있었다. 다윗의 노후에 그에게 데려왔던 수넴 여자 아비삭과(왕상 1:3), 엘리사에게 친절했던 수넴 여자(왕하 4:8-37; 8:1-6)가 아마도 이 도시 출신이었을 것이다.

우리가 알기로는 마하나임은 종교적인 춤을 추는 그런 종류의 절기와 관계가 없다. 그러나 우리는 그런 절기가 실로에서 거행되었다는 것을 알고 있다(삿 21:19). 그 처녀가 그런 종류의 춤을 춘 것 같다. 그리고 그녀의 몸에 대한 묘사는 그녀가 춤을 추는 동안에 지어진 것이다. 그러나 하퍼는 왕궁의 여자들이 그 여자의 방에서 그녀가 옷입는 것을 도와주면서 그녀의 몸에 대해 묘사하는 것이라고 주장한다. 따라서 그 취지는 그 처녀의 마음을 움직여 왕의 구애를 받아들이게 하려는 것이라고 한다.[113] 그들의 취지를 이와같이 보는 견해에 대해 5절이 뒷받침한다고 할 수도 있겠으나, 이것은 그 처녀가 그 여자들과 솔로몬 앞에서, 혹은 그 여자들이나 솔로몬 앞에서 어떤 춤을 추는 것으로 보인다. 그 묘사는 그녀의 발에서 시작하여 점점 위로 올라간다(참고 4:1-5에서의 묘사는 머리에서 시작하여 밑으로 간다).

솔로몬(7:7-9). 이 대목에서 솔로몬이 화자일 것이라는 단서는 그 왕이 언급된 5절에서 찾을 수 있다. 그 왕이 그 처녀가 춤추는 것을

---

112) Pope, pp. 552, 574-92.
113) Harper, pp. 48-49.

직접 봤는지 안봤는지는 말할 수 없지만, 그 비유된 것들이 4:1-5에서 그 왕이 사용했던 것들과 유사하다(참고, 특히 4:5와 7:3). 마지막으로 솔로몬이 그녀의 사랑을 구하고 그는 다시 나타나지 않는다.

처녀(7:10-8:4). 그 술람미 여자는 다른 사람을 마음에 두고 있음을 분명히 말하면서 그 왕의 구애를 거절한다(10절). 그 처녀가 자기의 사랑하는 자에게 자기와 함께 떠나자고 부르는 독백을 하고 있는 것으로 봐서(11절) 그 왕이 철수했을 것이라고 추측할 수 있다. 그녀가 바라는 것은 아직도 그녀의 사랑하는 자뿐이다(7:13). 그녀는 그 연인이 차라리 자신의 형제여서, 사람들 앞에서 거리낌없이 자기의 사랑을 그에게 보여줄 수 있었으면 하고 원했다(8:1-2).

세번째, 마지막으로 그녀는 그 여자들에게 사랑하는 자에 대한 자기의 사랑을 다른 사람에게로 돌리게 하지 말아달라고 부탁한다(8:4; 2:7; 5:8을 보라).

풍유적 해석방법으로 보면 7:1-9에서 그리스도는 다시 그의 교회에 대한 큰 사랑을 나타내고, 이어서 교회가 그에 대한 기쁨을 표현한다(7:10-13). 계속해서 교회는 그 소원이 그리스도와 더욱 깊은 연합을 갖는 것이라고 말하고(8:1-3) 예루살렘 여자들에게 그 연합을 방해하지 말라고 부탁하고 있다고 한다(8:4).[114]

제5부(8:5-14)

이제 장면은 왕궁 즉 궁궐에서 시골로 바뀌고 그 처녀와 그녀의 연인이 등장한다.

---

114) Henry, 3:1091, 1095.

미상의 화자(8:5a). 3:6에서와 마찬가지로 우리는 그 사랑하는 자를 의지하고 오는 처녀에 대해 언급하는 미상의 화자의 목소리를 듣게 된다. 그녀는 결국 그와 함께 연합하게 됨으로써 그 신실함에 대한 보상을 받은 것이다. 3:6에서는 솔로몬의 행렬이 다가올 때 이 질문이 있었는데, 여기에서는 소박한 그 처녀와 그녀의 신랑이 오는 것에 주목하고 있다. 히브리어 여성형들이 쓰인 것은 그 대상이 처녀임을 밝히는 것이다. 여기에서 우리는 이 책이 솔로몬에게 증정된 그 풍자적인 정신을 조금이나마 엿볼 수 있다. 여기에는 허세나 요란스러움이 없지만(참고 3:7-11), 그 열렬한 사랑은 결국 성취되었다.

처녀(8:5b-c). 술람미 여자는 목자 연인에게 말하면서(대명사 접미들이 남성형이다), 사과나무에 다가가 그 아래에서 옛날의 사랑의 순간을 회상한다(5b).

처녀(8:6-7). 이 부분이야말로 아가서의 절정이라 할 수 있을 것이다. 이것은 절정에 이른 사랑의 찬가로, 아가서에 그려진 진정한 사랑을 찬미하고 있다. 이 사랑은 죽음같이 강하고 여호와에게서 나온 격렬한 불과 같다.[115] 이 사랑은 홍수라도 꺼뜨리지 못하고, 솔로몬이 그랬던 것처럼(1:11) 재물로도 살 수 없는 것이다. 대부분 번역본들이 6절에 "투기"라고 번역한 것은 사실 "헌신적이고 격렬한 사랑"[116]을 뜻한다. 그 의미는 곧 사랑이 음부와 같이 그 목적하는 바를 포기하지 않는다는 것이다.

미상의 화자(8:8-9). 여기의 화자는 술람미 여자이거나 그 형제들 중 한 사람일 것이다. 하퍼는 그 처녀가 화자로서 그녀가 어렸을 때에 그녀의 형제들이 거칠게 말했던 것(참고 1:6)을 회상하는 것

---

115) 사자명(四字名)의 생략형(야, yah)인 이 명사에 대해서는 다음을 보라. Gordis, p. 26, 각주 90.
116) Ginsburg, p. 188.

이라는 그럴듯한 제안을 했다.[117] 이 입장에서 보면 그 형제들은 그 자매가 결혼 적령기에 이르기 전까지 그녀를 보호하려는 생각을 가지고 있었다.

처녀(8:10-12). 그 신부는 이제 자기가 아이를 가질 수 있는 정조있는 성벽임을 입증했다고 선언한다. 그 형제들은 만약 그녀가 정절을 증명한다면 그녀에게 최고의 영예를 돌릴 것이라고 했다(9절).

11-12절에서 그 처녀는 계속해서 솔로몬이 그녀에게 아주 탐나고 훌륭한 포도원을 맡겼지만, 그녀는 자기에게 속한 것을 지키기로 했음을 말하고 있다. 그녀는 자기가 왕의 구애를 거절하고 그녀에게 속한 소박하지만 행복한 소유를 택하였음을 되뇌이고 있다.

솔로몬의 포도원의 위치에 대해서는 확실하게 알려진 바 없다. "바알-하몬"이라는 이름은 어떤 효과를 위해 지어진 것("부귀의 주[主]")일 수도 있지만,[118] 그렇다고 한다면 왜 다른 고유명사들을 그런 식으로 지어진 것으로 볼 수 없는지 의아하다. 이것은 아마도 예루살렘 근처에 위치했을 것이다.

목자와 처녀(8:13-14). 목자는 그 처녀에게 한 노래를 불러달라고 요청하고 있는데, 그녀는 실제로 14절에서 이 노래를 부른다. 2:14에서 그녀의 사랑하는 자가 그녀의 목소리를 듣게 해달라고 요청하자, 그녀는 지금 여기에 쓰인 단어들과 거의 흡사한 노래로 마무리지었다(2:17).

기독교 풍유해석방법은 8:13-14을 그리스도와 교회가 잠시 떨어지는 것으로 본다. 즉 그리스도는 하늘로 가고("향기로운 산들") 교회는 땅에("동산") 머물러 있다는 것이다. 또 교회는 그리스도가 속히 돌아오시도록 그에게 간구한다고 한다.[119]

---

117) Harper, p. 59.
118) Gordis, p. 98.
119) Henry, 3:1100-1101.

참고 문헌

일반문헌

The Babylonia Talmud. Edited by I. Epstein. 35 vols. London: Soncino, 1948.

Bamberger, Bernard. "Fear and Love of God in the Old Testament." *Hebrew Union College Annual* 6(1929): 39-53.

Brichto, Herbert C. "Kin, Cult, Land and After life-A Biblica; Complex." Hebrew Union College Annual 44(1973): 1-54.

Brown, Francis; Driver, S. R.; and Briggs, Charles A. *A Hebrew and English Lexicon of the Old Testament*. 1907. Reprint. Oxford: Clarendon, 1959.

Charles R. H. *The Apocrypha and Pseudepigrapha of the Old Testament in English*. 2 vols. 1913. Reprint. Oxford: Clarendon, 1973.

Charlesworth, Jame H., ed. *The Old Testament Pseudepigrapha*., 2 voles Garden City, N. Y. L Doubleday, 1983, 1985.

Childs, Brevard S. *Old Testament Theology in a Canonical Context*. Philadelphia: Fortress, 1985.

Cohen, A., ed. The Fove Megilloth. *The Soncino Books of the Bible*. London: Soncino, 1952.

Danby, Herbert, trans. and ed. *The Mishna*. London: Oxford U., 1933.

Driver, S. R. *An Introduction to the Literature of the Old Testament*. 1897. Reprint. Cleveland: World, 1956.

Eichrodt, Walther. *Theology of the Old Testament*. Translated by J. A. Baker. 2 vols. Philadelphia: Westerminster, 1967.

Eissfeldt, Otto. *The Old Testament: An Introduction*. Translated by Peter Ackroyed. New York: Harper & Row, 1965.

Eerman, Adolf. *The Literature of the Ancient Egyptians*. Translated by Aylward M. Blackman. 1927. Reprint. New York: Blom, 1971.

Fohrer, Georg. *Introduction to the Old Testament*. Translated by David E. Green. Nashville: Abingdon, 1968.

Freeman, H., and Simon, Maurice, eds. *Midrash Rabbah.* 10 vols London. Soncino, 1939.

Gelin, Albert. *The Key Concepts of the Old Testament.* Translated by George Lamb. London: Sheed and Ward, 1955.

Gordon, E. I. *Sumerian Proverbs: Glimses of Everyday Life in Ancient Mesopotamia.* Philadelphia: University Museum, 1959.

Harrison, R. K. *Introduction to the Old Testament.* Grand Rapids: Eerdmans, 1969.

Irwin, W. A. "Where Shall Wisdom Be Found?" *Journal of Biblical Literature* 80(1961): 133-42.

Kaufmann, Yehezkel. *The Religion of Israel.* Translated by Moshe Greenberg. Chicago: U. of Chicago, 1960.

Kitchen, K. A. *Ancient Orient and Old Testament.* Chicago: InterVarsity, 1966.

_____. "Aram." *In The New Bible Dictionary*, edited by J. D. Douglas. Grand Rapids: Eerdmans, 1962.

_____. "The Basic Literary Form and Formulations of Ancient Instructional Writings in Egypt and Western Asia.: In *Seperatum aus Studien zu Alaegyptischen Lebenslehren.* Edited by Erik Hornung and Othmar Keel. Orbis Biblicus et Orientalis 28. Fribourg: 1979.

_____. "Proverbs and Wisdom Books of the Ancient Near East: The Factual History of a Literary Form." *The Tyndale Bulletin* 28(1977): 69-114.

Kramer, S. N. *Mythologies of the Ancient World.* Garden City, N. Y.: Doubleday, 1961.

Lichtheim, Miriam. *Ancient Egyptian Literature: A Book of Readings.* 3 vols. Berkeley, Calif.: U. of California, 1973.

McKenzie, John L. *A Theology of the Old Testament.* Garden City, N. Y.: Doubleday, 1974.

Miamonides, Moses. *The Guide of the Perplexed.* Translated by Shlomo Pines. Chicago: U. of Chicago, 1963.

Mickelsen, A. Berkley. *Interpreting the Bible*, Grand Rapids: Eerdmans, 1963.

Millgram, Abraham. *Jewish Worship.* Philadelphia: Jewish Pub. Soc., 1971.

Oesterley, W. O. E. *The Jewish Backgroud of the Christian Liturgy.* 1925. Reprint. Gloucester, Mass.: Peter Smith, 1965.

Pederson, Johannes. *Israel, Its Life and Culture.* 2 vols London: Oxford U.,

1926.

Pfeiffer, Robert H. *Introduction to the Old Testament*. New York: Harper & Row, 1948.

Pritchard, James B., ed., *Ancient Near Eastern Texts Relating to the Old Testament*. 2nd ed. Princeton, N. J.: Princeton U., 1955.

_____. *The Ancient Near Easter: Supplementary Texts and Pictures Relating to the Old Testament*. Princeton, N. J. :U., 1969.

Roth, W. M. W. *Numerical Sayings in the Old Testament, A Form-Critical Study*. Supplemantary *to Vetus Testamentum*, vol. 13. Leiden: Brill, 1965.

Rowley, H. H., ed. *The Old Testament and Modern Study*. Oxford: Clarendon 1951.

Speiser, E. A. *Genesis*. The Anchor Bible. Garden City, N.Y.: Doubleday, 1964.

Von Rad, Gerhard. *Old Testament Theology*. Translated by D. M. G. Stalker. 2 vols. New York: Harper & Row, 1962, 1965.

Vriezen, C. *An Outline of Old Testament Theology*, 2nd ed., rev. and enl. Newton, Mass.: Branford, 1970.

Westermann, Clause. *Creation*. Translated by John J. Scullion. Philadelphia: Fortress, 1974.

Young, E. J. *An Introduction to the Old Testament*. Rev. ed. Grand Rapids: Eerdmans, 1960.

히브리 시

Alter, Robert. *The Art of Biblical Poetry*. New York: Basic Books, 1985.

Budde, Karl. "Poetry(Hebrew)." In A *Dictionary of the Bibl*e, edited by James Hastings: 2-13. New York: Scribner's, 1905-11.

Craigie, P. C. "The Poetry of Ugarit and Israel." *The Tyndale Bulletin* 22(1971): 3-31.

Gottwald, N. K. "Hebrew Poetry." In *The Interpreter's Ditionary of the Bible*, edited by George A. Buttrick, 3:829-38. Nashville: Abingdon, 1962.

Gray, George Buchanan, *The Forms of Hebrew Poetry*, Prolegomenon by David Noel Freeman, 1915. Reprint. New York: KTAV, 1972.

Harrison, R. K. "Hebrew Poetry." In *Zondervan Pictorial Encyclopedia of the Bible*, edited by Merril C. Tenney, 3:76-87. Grand Rapids: Zondervan, 1975.

Krasovec, Joze. "Antothetic Structure in Biblical Hebrew Poetry," Supplements to *Vetus Testamentum*, vol. 34. Leiden: Brill, 1984.

Kugal, J. *The Idea of Biblical Poetry*. New Heaven, Conn., Yale U., 1981.

Lowth, Robert. *Lectures on the Scared Poetry of the Hebrew*. Translated by G. Gregory. 2 vols. 1787. Reprint. New York: Garland, 1971.

Robinson, Theodore H. *The Poetry of the Old Testament*. London: Duckworth, 1947.

구약의 지혜서

Albright, W. F. "Some Canaanite-Phoenician Source of Hebrew Wisdom," In *Wisdom in Israel and in the Ancient Near East*, edited by M. Noth and D. Winton Thomas, pp. 1-15. Supplements to *Vetus Testamentum*, vol. 3 Leiden: Brill, 1955.

Andrew, Elias. *Modern Humanism and Christian Theism*. Grand Rapids: Zondervan, 1939.

Barre, Micheal, "'Fear of God' and the World View of Wisdom," *Biblical Theology Bulletin* 11(1981): 41-43.

Barry, F. R. *The Relevance of Christianity: An Approach to Christian Ethics*. London: Nisbet, 1947.

Baumgartner, W. "The Wisdom Literature." In *The Old Testament and Modera Study*, edited by H. H. Rawley, pp. 210-37. Oxford: Clarendon, 1951.

Blank, S. H. "Wisdom." In *The Interpreter's Dictionary of the Bible*, edited by George A. Buttick, 4: 852-61. Nashville: Abingdon, 1962.

Crenshaw, James L. "Method in Determining Wisdom Influence upon Historical Literature." *Journal of Biblical Literature* 88(1969): 129-42.

_____. *Old Testament Wisdom. An Introduction*. Atlanta: John Knox, 1981.

_____. "In Search of Divine Presence(Some Remarks Preliminary to Theology of Wisdom)," *Review and Expositor* 74(1977): 353-70.

Erman, Adolf. *The Literature of the Ancient Egyptians*. Translated by Aylward M. Blackman, 1927. Reprint. New York: Bolm, 1971.

Glemser, Bernard. "The Spiritual Structure of Biblical Aphoristic Wisdom." In *Studies in Ancient Israelite Wisdom*, edited by James L. Crenshaw, pp. 208-19. New York: KTAV, 1976.

Gordis, Robert. "The Social Background of Wisdom Literature." *Hebrew Union College Annual* 18(1944): 77-118.

Gunkel, Hermann. "Vergeltung." In *Die Religion in Geschichte und Gegenwart*. Tübingen: Mohr, 1927.

Hayes, John H., ed. *Old Testament Wisdom*. San Antonio, Tex.: Trinity U., 1974.

Hill, R. C. "The Dimensions of Salvation History in the Wisdom Books." *Scripture* 19(1967):97-106.

Kidner, Derek, "Wisdom Literature of the Old Testament." In *New Perspectives on the Old Testament*, edited by J. Barton Payne, pp. 157-77. Waco, Tex.: Word, 1970.

Lambert, W. G. *Babylonian Wisdom Literature*. Oxford: Clarendon, 1960.

Lindblom, Johannes. "Wisdom in the Old Teatment Prephets." In *Wisdom in Israel and in the Ancient Near East*, edited by M. Noth and D. Winton Thomas, pp. 192-204. Supplements to *Vetus Testamentum*, vol. 3. Lieden: Brill, 1955.

Malchow, Bruce V. "Social Justice in the Wisdom Literature," *Biblical Theology Bulletin* 12(1982): 1120-24.

Marcus, Ralph. "On Biblical Hypostases of Wisdom" *Hebrew Union College Annual* 23, no. 1(1950-51): 157-71.

McKane, William, *Prophets and Wise Mes. Studies in Biblical Theology*, no. 44. Naperville, Ill.: Allenson, 1965.

Morgan, Donn F. *Wisdom in the Old Testament Traditions*. Atlanta: John Knox, 1981.

Murphy, Roland E. "Assumptions and Problems in Old Testament Wisdom Research," *Catholic Biblical Quarterly* 29(1967): 407-18

_____. "From Cristicism and Wisdom Literature," *Catholic Biblical Quarterly* 31(1969): 475-83.

_____. "The Interpretation of Old Testament Wisdom Literature." *Interpretation* 23(1969): 289-301.

_____. "Wisdom and Creation." *Journal of Biblical Literature* 104(1985): 3-11.

North, M., and Thomas, D. Winton, eds. *Wisdom in Israel and in the Ancient Near East*. Supplements to *Vestus Testamentum*, vols. 3. Lieden: Brill, 1955.

Paterson, John. *The Wisdom of Israel: Job and Proverbs*. New York: Abingdon, 1961.

Pederson, J. "Wisdom and Immortality," *Vetus Testamentum* 3(1955): 238-46.

Rankin, O. S. *Israel's Wisdom Literature: Its Bearing on Theology and the History of Religion*, 1936. Reprint. Edinburgh: T. & T. Clark, 1954.

Rylaarsdam, J. Coert. *Revelation in Jewish Wisdom Literature*. Chicago: U. of Chicago, 1946.

Scott, R. B. Y. "Priesthood, Prophecy, Wisdom and the Knowledge of God." *Journal of Biblical Literature* 80(1961): 1-15.

_____. "Soloman and the Beginning of Wisdom in Israel." *Ventus Testamentum* 3(1955): 262-79.

Shelley, Bruce L., ed. *Call to Christian Character: Toward a Recovery of Biblical Piety*. Grand Rapids: Zondervan, 1970.

Sutcliff, Edmund F. *Providence and Suffering in the Old Testaments*. London: Thomas Nelson, 1953.

Terrien, Samuel. "The Play of Wisdom: Turning Point in Biblical Theology." *Horizons in Biblical Theology* 3(1981): 125-53.

Torcszyner, Harry. "The Riddle in the Bible." *Hebrew Union College Annual* 1 (1924): 125-49.

Urbach, Ephraim. "Class-Status and Leardership in the Wolrd of the Palestinian Sages." *Processings of the Israel Academy of Sciences and Humanities* 2(1966): 1-37.

Von Rad, Gerhard. *Old Testament Theology*. Translates by D. M. G. Stalker. 1: 418-59. New York: Harper & Raw, 1962, 1965.

_____. *Wisdom in Israel*. Translated by James D. Martin. London: SCM, 1972.

Westermann, Claus. *What Does the Old Testament Say About God?* Atlanta: John Knox, 1979.

Wuthwein, Ernst. "Egyptian Wisdom and the Old Testament." In *Studies in Ancient Israelite Wisdom*, edited by James L. Crenshaw, pp. 113033. New York: KATV, 1976.

Zimmerli, Walter. "Concerning tje Structure of Old Testament Wisdom." In *Studies in Ancient Israelite Wisdom*, edited by James L. Crenshaw, pp. 175-207. New York: KATV, 1976.

_____. *Old Testament Theology in Outline*. Translated by David E. Green. Atlanta: John Knox, 1978.

외경의 지혜서

Clarke, Ernest G. *The Wisdom of Solomon*. The Cambridge Bible Commentary on the New English Bible. Cambridge: Cambridge U., 1973.

Dentan, Robert C. *The Apocryphy, Bridge of the Testaments*. New York: Seabury, 1964.

Geyer, John. *The Wisdom of Solomon*. Torch Bible Commentaries. London: SCM, 1963.

Gregg, R. A. F. *The Wisdom of Solomon*. The Cambridge Bible for Schools and Colleges. Cambridge: Cambridge U., 1909.

Levi, Gerson B. *Gnomic Literature in Bible and Apocrapha*. Chicago: n. p., 1917.

Metzger Bruce M. *An Introduction to thw Books of the Apocrypha*. New York: Oxford U., 1957.

Oesterley, W. O. E. *An Introduction to the Books of the Apocrapha*. London: Soc. for Promoting Christ. Knowledge, 1958.

_____. *The Wisdom of Jesus, The Son of Sirach, or Ecclesiasticus*. The Cambridge Bible for Schools and Colleges. Cambridge: Cambridge U., 1912.

Rieder, Joseph. *The Book of Wisdom*. Dropsie College ed. Jewish Apocrypha Literature. New York: Harper, 1957.

Snaith, John G. *Ecclesiasticus or the Wisdom of Jesus Son of Sirach*. The Cambridge Bible Commentary on the New English Bible. Cambridge: Cambridge U., 1974.

욥기

Andersen, Francis I. Job, *An Introduction and Commentary*. London: InterVarsity, 1976.

Beeby, H. D. "Ehihu: Job's Meditator?" *Southeast Asia Journal of Theology* 7(1965): 33-54.

Bowker, John. *Problems of Suffering in Religionsd of the World*. Cambridge: Cambridge U., 1970.

Crenshaw, J. L. "Popular Questioning of the Justice of God in Ancient Israel." *Zeitschrift für die alttestamentliche Wiessneschaft* 82(1970): 380-95.

Davidson, A. B. *The Book of Job*. The Cambridge Bible for School and Colleges. Cambridge: Cambridge U., 1985.

Delitzsch, Franz. *Biblical Commentary on the Book of Job*. Translated by Francis Bolton. Clark's Foreign Theological Library. 21 vols. Edinburgh: T. & T. Clark,1869.

Dhorme, E. *A Commentary of the Book of Job*. London: Nelson, 1967.

Di Lella, Alexander. "An Existential Interpretation of Job." *Biblical theology Bulletin* 15(1985): 49-55.

Driver, S. R., and Gray, G. B. *A Critical and Exegential Commentary on the Book of Job*. The International Critical Commentary. 2 vols. New York: Scribner's, 1921.

Ellison, H. L. *From Thagedy the Triumph*. London: Pasternoster, 1958.

Fine, Hillel. "The Tradition of the Patient Job." *Jornal of Biblical Literature* 74(1955): 28-32.

Fitzmyer, Joseph A. "The Contribution of Qumran Aramai to the Study of the New Testament." *New Testament Studies* 20(1974): 382-407.

_____. "Some Observation on the Targum of Job from Qumran Cave 11." *Catholic Biblical Quarterly* 36(1974): 503-24.

Freedman, D. N. "Elihu Speeches in the Book of Job." *Harvard Theological Review* 61(1968): 51-59.

Freehof, Solomon, *The Book of Job, A Commentary*. The Jewish Commentary for Bible Readers. New York: Union of Am. Heb. Congregations, 1958.

Gard, Donald H. "The Concept of the future Life According to the Greek Translator of the Book of Job." *Journal of Biblical Liturature* 73(1954): 137-51.

Gaster, T. H. "Rahab." In *The Interpretation's Dictionary of the Bible*, edited by George A. Buttrick, 4: 6. Nashville: Abingdon, 1962.

Ginsburg, H. L. "Job the Patient and Job the Impatient." *Ventus Testamentum* 17(1968): 88-111.

Godbye, A. H. "The Hrbrew Marshal." *American Journal of Semitic Languages and Literature* 34(1922-23): 89-108.

Gordis, Robert. *The Books of God and Man*. Chicago: U. of Chicago, 1965.

Gray, John. "The Book of Job in the Context of Near Eastern Literature." *Zeitschrift für die alttestamentliche Wiessenschaft* 82(1970): 251-69.

_____. "The Massoretic text of the Books of Job, the Targum and the Septuagint Version in the Light of the Qumran Targum," *Zeitschrift für die alttestamentliche Wiessenschaft* 86(1974): 331-50.

Gulliaume, A. *Studies in the Book of Job*. Supplement 2, Annual of Leeds University Oriental Society. Lieden: Brill, 1968.

Hable, Norman C. *The Book of Job*. The Cambridge Bible Commentary on the New English Bible. London: Cambridge U., 1975.

Hanson, A. T. "Jobin Early Christianity and Rabbinic Judaism." *Church Quarterly* 11(1969): 147-51.

Heras, H. "Standard of Jod's Immortality(Job 29:18)." *Catholic Biblical Quarterly* 11(1949): 263-79.

Irwin, W. A. "Job's Redeemer." *Journal of Biblical Literature* 81(1962): 217-29.

Kallen. Horacve M. *The Book of Job as a Greek Tragedy*. New York: Hill and Wang, 1959.

Kellner, M. M. "Gersonides, Providence and the Rabbinic Tradition." *Journal of the American Academy of Religion* 43(1974): 673-85.

King, Albion Roy. *The Problem of Evil: Christian Concepts and the Book of Job*, New York: Ronald, 1953.

Kramer, S. N. "Man and His God: A Sumerian Variation on the 'Job' Motif." In *Wisdom in Israel and in the Ancient Near East*., edited by M. Noth and D. Winton Theomas, pp. 170-82. Supplements to *Ventus Testamentum*, vol. 3. Lieden: Brill, 1955.

Laks, H. F. "Enigma of Job; Maimonides and Moderns." *Journal of Biblical Literature* 83(1962): 345-64./

LaSor, William Sanford: Hubbard, David Alan; and Bush, Frederic Wm. *Old Testament Survey: The Message, Form, and Background of the Old Testament*. Grand Rapidds: Eerdmans, 1982.

Lillie, W. "Religious significance of the Theophany in the Book of Job." *Expository Times* 68(1957): 355-58.

Mckeating, H. "Central Issues of the Book of Job." *Expository Times* 82(1971): 244-46.

Mckenzie, R. A. F. 'Purpose of the YHWH Speeches in the Books of Job."

Biblica 40(1959): 435-45.

_____. "The Transformation of Job." *Biblical Theology Bulletin* 9(1979): 51-57.

Meek, T. J. "Job XIX. 25-27." *Ventus Testamentum* 6(1956): 100-103.

Mikraoth Gedoloth(The Rabbinic Bible[in Hebrew]). New York: Pardes, 1951. Nat available in English.

Moore. Rick D. "The Integrity of Job." *Cotholic Biblical Quarently* 45(1983): 17-31.

Neiman, David. *The Book of Job*. Jerusalem: Massada, 1972.

Paterson, John. *The Wisdom of Israel: Job and Proverbs*. New York: Abingdon, 1961.

Pope, Marvin H. *Job*. The Anchor Bible. Garden City, N. Y.: Doubleday, 1965.

Sarna, Nahum M. "Epic Substratum in the Prose of Job." *Journal of Biblical Literature* 76(1957): 13-25.

_____. "Mythological Background of Job 18." *Journal of Biblical Literature* 82(1963): 315-18.

Skehan, P. W. "Job's Final Plea(Job 29-31) and the Lord's Reply(Job 38-41)." *Biblica* 45(1964): 51-62.

Smick, E. "Job." In *The Zondervan Pictorial Encyclopedia of the Bible*, edited by Merrill C. Tenney, 3:615. Grand Rapids: Zondervan, 1975.

Snaith, Norman. *The Book of Job: Its Origin and Purpose*. Studies in Biblical Theology, 2d sser. no. 11. Naperville, Ill: Allenson, 1968.

Sokoloff, Michael. *The Targum to Job from Qumran Cave XI*. Ramat Gan, Israel: Bar-Ilan U., 1974.

Tsevat, Matitiahu. "The Meaning of the Book of Job." *Hebrew Union College Annual* 37(1966): 73-106.

Westermann, Claus. *The Structure of the Book of Job: A Form–Critical Analysis*. Translates by Charles A. Muenchow. Philadelphia: 1977.

Williams, R. J. "Theodocy in the Ancient Near East." *Conadian Journal of Theology* 2(1956): 14-26.

Wilson, K. "Return to the Problems of Behemoth and Leviathan." *Ventus Testamentum* 25(1975): 1-14.

Zink, J. K. "Impatient Job: An Interpretation of Job 19: 25-27." *Journal of*

Biblical Literature 84(1965): 147-52.

시편

Alexander, J. A. *The Psalms*. 2 vols. New York: Baker and Scribner', 1851.

Alexander, William. *The Witness of the Psalms to Christ and Christianity*. The Bampton Lectures. 1876, 2d ed. New York: Dutton, 1877.

Barth, Christoph. *Introduction to the Psalems*. Translated by R. A. Wilson. New York: Scribner', 1966.

Binnie, William. *The Psalms: Their History, Theachings and Use*. London: Hodder & Stoughton, 1886.

Braude, William G., trans. *The Midrash on Psalms*. 2 vols. New Haven, Conn.: Yale U., 1959.

Briggs, Charles Augustus, and Briggs, Emilie Grace. *A Critical and Exgetical Commentary on the Book of Psalms*. The International Critical Commentary. 2 vols. New York : Scribner's, 1914.

Brueggeman, Walter. *Praying the Psalms*. Winona, Minn.: St. Mary's Press, 1982.

_____. "Psalmes and the Life of Faith : A Suggested Typology of Function." *Journal for the Study of Old Testament* 17(1980): 3:32.

Buttenweiser, Moses. *The Psalms, Chronoligically Treated with a New Translation*. Chicago: U. of Chicago, 1938.

Buttrick, George A., ed. *The Interpreter's Bible*. 12 vols. New York: Abingdon, 1955. Vol. 4, *The Book of Psalms*, by W. Stewart McCollough and William R. Taylor.

Calvin, John. *Commentary on the Book of Psalms*. Translated by James Anderson. 5.vols. Grand Rapids: Eerdmanns, 1949.

Cheyne, T. K. *The Book of Psalms*. London: Kegan, Paul, Torch, 1888.

Childs, B. S. "Psalms Titled and Midershic Exegesis." *Journal of Semitic Studies* 16(1971). 137-50.

_____ . "Reflections on the Modern Study of the Psalms." In *Magnelia Die: The Mighty Acts of God*, edited by Frank Moore Cross et al., pp. 377-87. Garden City, N. Y.: Doubleday, 1976.

Cohen, A. *The Psalms*. Soncino Books of the Bible. London: Sancino, 1950.

Crigie, Peter C. Psalms 1-50. *Word Bible Commentary*. Waco, Tex.: Word,

1982.

Dahood, Mitchell. *Pslams.* 3 vols. The Anchor Bible. Garden City, N. Y.: Doubleday, 1966, 1968, 1970.

Davison, W. T. *The Praises of Israel.* London: Kelly, 1902.

Delitzsch, Franz, *Biblical Commentary on the Psalms.* Translated by Francis Bolton. Clark's Foreign Theological Library. 3 vols. Edinburgh: T. & T. Clark, 1880-81.

Gruenthaner, Michael J. "The Future Life in the Psalms." *Catholic Biblical Quarterly* 2(1948): 57-63.

Gunkel, Hermann. *The Psalms, A Form-Critrcal Introduction.* Translated by Thomas M. Horner. Philadelphia: Fortress, 1967. This fascicle is from *Die Religion in Geschichte und Gegenwart*, vol. 1. Tübingen: Mohr, 1927.

Gunn, Gerorge S. *Singers of Israel: The Book of Psalm.* Bible Guiden No. 10. Edited by William Barclay and F. F. Bruce. London: Lutterworth, 1963.

Harmon, Alan. "Paul's Use of the Psalms." *Westminster Journal of Theology* 32(1969): 1-23.

Howard, G. "Hebrews and the Old Testament Quotations." *Novum Testamentum* 10(1968): 208-16.

Johnson, A. R. "The Psalms." In *The Old Testament and Modern Study*, edited by H. H. Rowley, pp. 162-209. Oxford: Claredon, 1951.

Keet. C. C. A *Study of the Psalms of Ascents: A Critrcal and Exegetical Commentary upon Psalms* 120-134. London: Mitre, 1969.

Kelley, Page H. "The Speeches of the Three Friend." *Review and Expositor* 68(1971): 479-86.

Kidner, Derek. *Psalms* 1-72: *Psalms* 73-150. 2 vols. Tyndale Old Thestament Commentaries. Downers Grove, III.: InterVarsity, 1973. 1975.

Kirkpatrick, A. F. *The Book of Psalms.* The Cambridge Bible for Schools and Colleges. 1092. Reprint. Cambridge: Cambridge U., 1910.

Kissane, Edward J. *The Book of Psalms.* 2 vols. 1953-54. Reprint(2 vols. in 1). Dublin: Browne and Nolan, 1964.

Kistemaker, Simon. *The Psalm Citations in the Epistle to the Hrbrew.* Amsterdam: Van Soest N. Y., 1961.

Lamb, John Alexander. *The Psalms in Christian Worship.* London: Faith, 1962.

Leslie, Elmer A. *The Psalms, Translated and Interpreted in the Light of Hebrew Life and Worship.* New York: Abingdon, 1949.

Leupold, H. C. *Exposition of the Psalms.* Columbus, Ohio: Wartburg, 1959.

Lewis, C. S. *Reflections on the Psalms.* New York: Harcourt, Brace & World, 1958.

McKeating, H. "Divine Forgiveness in the Psalms." *Scottish Journal of Theology* 18(1965): 69-83.

McKenzie, J. L. "The Imprecations of the Paslter." *American Ecclesiastical Review* 111(1944): 81-96.

Martin, Chalmers. "Imprecations in the Psalms." *Princeton Theological Review* 1(1903): 537-53.

Mowinckel, Sigmund. *The Psalms in Israel's Worship.* Translated by D. R. ApThomas. 2 vols. Nashville: Abingdon, 1962.

_____. "Psalm and Wisdom." In *Wisdom in Isreal and in the Ancient Near East*, edited by M. North and D. Winton Thomas, pp. 205-24. Supplements to *Vetus Testamentum*, vol. 3. Leiden: Brill, 1955.

Murphy, Roland E. "A Consideration of the Classification, 'Wisdom Psalms.'" *Vetus Testament Supplements* 9(1963): 156-67.

Oesterley, W. O. E. *The Psalms.* 1939. Reprint. London: Soc. for Promoting Christ. Knowledge, 1953.

Plummer, William S. *Studies in the Book of Psalms.* Piladelphia : Lippincott, 1867.

Ringgren, Helmer. *Faith of the Psalmists.* Philadelphia: Fortress, 1963.

Sanders, J. A. *The Psalms Scroll of Qumran Cave 11.* Discoveries in the Judaean Desert of Jordan. Vol. 4. Oxford: Clarendon, 1965.

Sakenfeld, K. D. *The Meaning fo Hesed in the Hebrew Bible: A New Enquiry.* Harvard Semitic Monographs 17. Missoula, Mont.: Scholars Press, 1978.

Smick, Elmer B. "Ugaritic and Theology of the Psalms." In *New Perspectives on the Old Testament*, edited by J. Barton Payne, pp. 104-16. Waco, Tex.: Word, 1970.

Tate, Marvin. "The Speeches of Elihu." *Review and Expositor* 68(1971): 487-96.

Terrien, Samuel L. "Creation, Culture and Faith in the Psalter." *Theological Education* 2(1966): 116-25.

_____. "The Yahweh Speeches and Job's Responses." *Review and Expositor* 68(1971): 497-510.

Thirtle, James William. *The Titles of the Psalms, Their Nature and Meaning Explained*. London: Frowde, 1904.

Tsevat, Matitiahu. *A Study of the Language of the Biblical Psalms*. Journal of Biblical Literature Monongraph, vol. 9. Philadelphia: Soc. of Bib. Lit., 1955.

Vogels, Walter. "The Spriitual Growth of Job: A Psychological Approach." *Biblical Theology Bulletin* 11(1981): 77-80.

Weiser, Artur. *The Psalms, A Commentary*. Translated by Herbert Hartwell. Philadelphia: Westminster, 1962.

Westermann, Claus. *Praise and Lament in the Psalms*. Translated by Keith R. Crim and Richard N. Soulen. Atanta: John Konx, 1985.

_____. *The Prais of God in the Psalms*. Translated by Keith R. Crim. Richmond: John Knox, 1965.

Wevers, John W. "A Study in the Form Criticism of Individual Complaint Psalms." *Vetus Testamentum* 6(1956): 80-96.

Williams, Donald L. "The Soeeches of Job." *Review and Expositsr* 68(1971): 469-78.

Wilson, R. D. "The Headings of the Psalms." *Princeton Theological Review* 24(1926): 1-37, 353-95.

Wolverton, W. I. "The Psalmist' Belief in God's Presence." *Canadian Journal of Theology* 9(1963): 82-94.

Yates, Kyle M., Jr. "Understanding the Book of Job." *Review and Expositor* 68(1971): 443-56.

잠언

Cohen, Abraham, *Proverbs*. Hindhead, Survey: Sonicno, 1945.

Crenshaw, James L. *Old Testament Wisdom, An Introduction*. Atlanta: John Knox, 1981.

Dahood, Mitchell. *Proverbs and Northwest Semitic Philology*. Rome: Pontificum Institutum Biblicum, 1963.

Delitzsch, Franz, *Commentary on the Proverbs of Solomon*. Translated by M. G. Easton. Clark's Foreign Theological Library, 1874-75. Reprint. 2 vols.

Grand Rapids: Eerdmans, 1970.

Elmslie, W. A. L. *Studies in Life from Jewish Proverbs.* London: Clark, 1917.

Erman, Adolf. "Eine ägyptische Quelle der 'Sprüche Saloms.'" *Sitzungsberichte der preussischen Akademie der Wissenschaften*(May 1924) pp. 86-93.

Fleming, James. "Some Aspects of the Religion of Proverbs." *Journal of Biblical Literature* 51(1932): 31-39.

Frisch, Charles T. The Book of Proverbs." In vol. 4 of *The Interpreter's Bible*, edited by George A. Buttrick. New York: Abingdon, 1955.

Gressman, H. "Die neugefundene Lehre des Amenemope und die vorexillische Spruchdichtung Estaels." *Zeirschrift für die alttestamentliche Wissenschaft* 42(1924): 272-96.

Herbert, A. S. "The Parables(mašal) in the Old Testament." *Scottish Journal of Theology* 7(1954): 180-96.

Kevin, Robert Oliver. *The Wisdom of Amen-em-opet and Its Possible Dependence upon the Hebrew Book of Proverbs.* Philadelphia: n. p., 1931.

Kitchen, K. A. "Proverbs and Wisdom Books of the Ancient Near East: The Factual History of a Literary Form." *The Tyndale Bulletin* 28(1977): 69-114.

Kovacs, Brian. "Is There A Class Ethic in Proverbs?" In *Essays in Old Testament Ethics*, edited by James L. Crenshaw and John T. Willis, pp. 171-89. New York: KTAV, 1974.

McKane, William. *Proverbs. A New Approach.* The Old Testament Library. Philadelphia: Westminster, 1970.

Oesterley, W. O. E. *The Book of Proverbs.* Westminster Commentaries. London: Methuen, 1929.

_____. "The Teaching of Amenemope and the Old Testament." *Zeitschrift Für die alttrestomentliche Wissenshuft* 45(1927): 9-24.

Perowne, T. T. *The Proverbs.* The Cambridge Bible for Schools and Colleges. Cambridge: Cambridge U., 1961.

Ruffle, John, "The Teaching of Amenemope and Its Connection with the Book of Proverbs." *The Tyndale Bulletin* 28(1977): 29-68.

Scott, R. B. Y. *Proverbs, Ecclesiastes.* The Anchor Bible. Garden City, N. Y.: Doubleday, 1965.

_____. "Solomon and the Beginning of Wisdom in Israel." In *Wisdom in*

Isreal and in the Ancient Near East, edited by M. Noth and D. Winton Thomas, pp. 262-79. Supplements to *Vetus Testamentum*, vol. 3. Leiden Brill, 1955.

Skehan, Patrick W. "The Seven Columns of Wisdom's House in Proverb 109." In *Studies in Israelite Poetry and Wisdom*, pp. 9-14. Washington, D C.: Cath. Bib. Assoc. of Am., 1971.

Stevenson, W. B. "A Mnemonic Use of Numbers in Proverbs and Ben Sira. *Transactions of the Glasgow University Oriental Society* 9(1938-39): 26 38.

Story, Cullen I. K. "The Book of Proverbs and Northwest-Semiti Literature." *Journal of Biblical Literature* 64(1945): 319-37.

Thompson, John Mark. *The Form and Function of Proverbs in Ancient Israe*. Paris: Mouton, 1974.

Toy, Crawford H. *A Critical and Exegetical Commentary on the Book c Porverbs*. The International Critical Commentary. New York: Scribner': 1094.

Whybray, R. N. *The Book of Proverbs. The Cambridge Bible Commentary o the New English Bible*. Cambridge: Cambridge U., 1972.

_____. *Wisdom in Proverbs: The Concept of Wisdom in Proverbs 1-9* Studies in Biblical Theology, no., 45. Naperville, Ill.: Allenson, 1965.

Williams, R. J. "The Alleged Semitic Original of the Wisdom o Amenemope." *Journal of Egypt Archaeology* 47(1961): 100-106.

전도서

Archer, Gleason L., Jr. *A Survey of Old Testament Introduction*. Chicago Moody, 1946.

Barton, George Aaron. *A Critical and Exegetical Commentary on the Book c Ecclesiastes*. The International Critical Commentary. New York Scribner's, 1908.

Crenshaw, James L. "The Shadow of Death in Quheleth" In *Israeli1 Wisdom: Theological and Literary Essays in Honor of Samuel Terrien*, pp 205-16. Missoula, Mont.: Scholars Press, 1978.

Delitzsch, Franz. *Commentary on the Song of Songs and Ecclisiaste*. Translated by M. G. Easton. Clak's Foreign Theological Library, 187 Reprint. Grand Rapids: Eerdmans, 1970.

Dahood, Mitchell. "The Language of Quheleth." *Catholic Biblical Quarterly* 14(1952): 227-32.

Ginsberg, H. L. "The Structure and Contens of Book of Koheleh." In *Wisdom in Israel and in the Ancient Near East*, edited by M. North and D. Winton Thomas, pp. 138-49. Supplements to *Vetus Testamentum*, vol. 3. Leiden: Brill, 1955.

_____. *Studies in Koheleth*. Texets and Studies of Jewish Theological Seminary of America. Vol. 17. New York: Jewish Theol. Sem. of Am., 1950.

Ginsburg, Christian D. *The Song of Songs and Coheleth*. 1857. Reprint. New York: KTAV, 1970.

Gordis, Robert, *Koheleth-The Man and His World*. Texts and Studies of the Jewish Theological Seminary of America. Vol. 19. 2d., ed. New York: Bloch, 1955.

_____. "Was Koheleth a Phoenician?" *Journal of Biblical Literature* 74(1955): 103-6.

Hengstenberg, Ernest W. *A Commentary on Ecclesiastes, with Treatises on the Song of Solomon, Job, Israel, Sacrifices, etc*. Translated by D. W. Simon. Clark's Foreign Theological Library, 3d ser. Vol. 6. Edinburgh: T. & T. Clark, 1869.

Ibn Ezra, Abraham. *Commentary on Qoheleth*. Introduction and chapter 1 translated by Christian D. Ginsburg. In *The Song of Song Coheleth*, pp. 47-54. Reprint. New York: KTAV, 1970.

Kidner, Derek. *A Time to Mourn, and a Time to Dance*. Downers Grove, Ill.: InterVarsity, 1976.

Knopf, C. S. "The Optimism of Koheleth." *Jouranal of Bilical Literature* 49(1930): 1959-99.

Luther, Martin. *Luter's Works*. Edited by Jaroslav Pelikan. 34 vols. St. Louis: Concordia, 1972. Vol. 15, *Notes on Ecclesiastes, Lectures on the Song of Solomon, Treatise on the Words of David.*

_____. *The Table-Talk of Martin Luther*. Translated by William Hazlitt. Philadelphia: United Luth. Pub., n. d.

Muilenberg, James. "A Qoheleth Scroll from Qumran." *Bulletin of the American Society of Oriental Research* 135(1954): 20-28.

Holm-Nielsen, Svend. "The Book of Ecclesiastes and the Interpretion of It in Jewish and Chistian Theology." *Annual of the Swedish Theological*

Instrtute 10(1976): 38-39.

Plumptre, E. H. *Ecclesiates; or, the Preacher.* The Cambridge Bible for Schools and Colleges. Cambridge U., 1907.

Rankin, O. S. "The Book of Ecclesiastes." In vol. 5 of *The Interpreter's Bible*, edited by George A. Buttrick. New York: Abingdon, 1956.

Reichert, Victor E., and Cohen, A. "Ecclesiastes." In *The Five Megilloth*, The Soncino Books of the Bible, London: Soncino, 1952.

Scott, R. B. Y. *Proverbs, Ecclesiates.* The Anchor Bible. Garden City, N. Y.: Doubleday, 1965.

Walsh, Jerome T. "Despair as a Theological Virtue in the Spirituality of Ecclesiastes." *Biblical Theology Bulletin* 12(1982): 46-49.

Whybray, R. N. *Wisdom in Proverbs.* Studies in Biblical Theology 45. London: SCM, 1965.

Wright, Addison. "The Riddle of the Sphinx: The Structure of the Book of Qoheleth." *Catholic Biblical Quarterly* 30(1968): 313-34.

Wright, C. H. H. *The Book of Koheleth.* London: Hodder & Stoughton, 1883.

Wright, J. Stafford. "The Interpretation of Ecclesiastes." *Evangelical Quarterly* 18(1946): 18-34.

Zimmerman, Frank. *The Inner World of Qoheleth.* New York: KTAV, 1973.

아가서

Buchanan, B. "A Dated Seal Impression Connecting Babyloia and Ancient India." *Archaeology* 20(1967): 104-7.

Carr, G. Lloyd. "Is the Song of Songs of 'Socred Marriage' Drama?" *Journal of the Evangelical Theological Society* 22(1979): 103-14.

_____. "The Old Testament Love Song and Their Use in the New Testament." *Journal of the Evangelical Theological Society* 24(1981): 97-106.

_____. *The Song of Solomon.* Leicester, England: InterVarsity, 1984.

Cook, Albert. *The Root of the Thing.* Bloomington, Ind.: Indiana U., 1968.

Delitzsch, Franz. Commentary on the Song of Songs and Eccelsiastes. Translated by M. G. Easton. Clark's Foreign Theological Library. 1877. Reprint. Grand Rapids: Eerdmans, 1970.

Fox. Michael V. *The Song of Songs and the Ancient Egyption Love Song.* Madison, Wisc.: U. of Wisconsin, 1985.

Freedman, H., and Simon, Maurice, eds. *Midrash. Rabbah.* 10 vols. London: Soncino, 1939. Vol. 9, *Esther, Song of Songs*. Translated by Maurice Simon.

Ginsberg, Christian D. *The Song of Song and Coheleth.* 1857. Reprint, with prolegomenon by Sheldon H. Blank. New York: KTAV, 1970.

Godet, F. "The Interpretation of the Song of Songs." In *Studies in the Old Testatment*, 9th ed., pp. 241-90. New York: Hodder & Stoughton, 1984,

Gollancz, Hermann, trans."The Targum to the Song of Song." In *Thransiations from Hebrew and Aramaic.* London: Luzac, 1908.

Gordis, Robert. *The Song of Songs.* New York: The Jewish Theol. Sem. of Am., 1954.

Harper, Andrew. *The Song Solomon.* The Cambridge Bible for Schools and Colleges. Cambridge: Cambridge U., 1902.

Hengstenberg, Ernest W. "Prolegomena to the Song of Solomon." In *Commentrary on Ecclesiastes*, translated by D. W. Simon, pp. 269-305. Edinburgh: T. & T. Clark, 1869.

Henry, Matthew. *Commentary on the Whole Bible.* 6 vols. 1710. Reprint. Vol. 3, "Job to Song of Solomon." New York: Revell, 1935.

Kramer, S. N. "The Sacred Mrarriage and Solomon's Song of Songs." In *The Sacred Marriage Rite: Aspects of Faith, Myth, and Ritual in Ancient Sumer*, pp. 85-106. Bloomington, Ind.: Indiana U., 1969.

Landsberger, Franz. "Poetic Units Within The Song of Songs." *Journal of Biblical Literature* 62(1954): 203-36.

Luther, Martin. *Luter's Works.* Edited by Jaroslav Pelikan. 34 vols. St. Louis: Concordia, 1972. Vol. 15, *Notes on Ecclesiates, Lectures on the Song of Solomon*, Treatise on the Last Words of David.

Meek, T. J. "Canticles and the Tammuz Cult." *American Journal of Semitic Languages and Literature* 39(1922-23): 1-14.

_____. "The Song of Songs." In vol. 5 of *The Interpreter's Bible*, edited by George A. Buttrick. New York: Abingdon, 1956.

_____. "The Song of Songs and the Fertility Cult." In *The Song of Song, A Symposium*, edited by Wilfred H. Schoff, pp. 48-69. Philadelphia: Commercial Museum, 1924. Facsimile ed., Ann Arbor, Mich.: U. Microfilms, 1977.

Murphy, Roland E. "Histroy of Exegesis as a Hermeneutical Tool: The Song of Songs." *Biblical Theology Bulletion* 16(1986): 87-91.

_____. "Interpreting the Song Songs," *Biblical Theology Bulletin* 9(1979): 99-105.

_____. "The Song of Songs: Critical Scholarship vis-a-vis Exegetical Tradition." In *Undetstanding the Word: Essays in Honor of Bernard W. Anderson*, edited by J. T. Butler et al., pp. 63-69. Sheffield: JSOT Supplement 37.

_____. "Towards a Comment on the Song of Songs." *Catholic Biblical Quarterly* 39(1977): 482-96.

_____. "The Unity of the Song of Songs." *Vetus Testamentum* 29(1979): 436-43.

Pope, Marvin H. *Song of Songs, A New Translation with Introduction and Commentary*. The Anchor Bible. Garcen City, N. Y.: Doubleday, 1977.

Rabin, Chaim. "The Song of Songs and Tamil Poety." *Studies in Religion* 3(1973): 205-19.

Rowley, H. H. "The Interpretation of the Song and Songs." In *The Servant of the Lard and Other Essay of the Old Testament*, pp. 189-234. London: Lutterworth, 1952.

Segal, M. H. "The Song of Songs." *Vetus Testamentum* 12 (1962): 470-90.

Suares, Carlo. *The Song of Songs: The Canonical Song of Solomol Deciphered According to the Original Code of the Qabala*. French ed., 1969. Berkeley: Shambala, 1972.

Waterman, Leroy. "Dôdî in the Song of Songs." *American Journal of Semitic Languagues and Literature* 35(1919): 101-10.

White, J. B. *A Study of the Language of Love in the Song of Songs and Ancient Egyption Poetry*. Society of Biblical Literature Dissertation Series. Chico, Calif.: Scholars Press, 1978.

Wiseman, D. J. "Tammuz." In *The New Bible Dictionary*, edited by J. D. Douglas, p. 1238. Grand Rapids: Eerdmans, 1962.

Wetzstein, J. G. "Remarks on the Song by Dr. J. G. Wetxdtein." In *Commentary of the Song of Songs and Ecclesiastes*, by Franz Delitasch, pp. 162-76. Translated by M. G. Easton. Clark's Foreign Theological Library. 1877. Reprint. Grand Rapids: Eerdmans, 1970.

Yamuchi, E. M. "Tammuz and the Bible." *Journal of Biblical Literature* 84(1965): 283-90.